Eberhard Rott | Michael Stephan Kornau |
Rainer Zimmermann

Testaments-vollstreckung

Vermögensnachfolgegestaltung für
Steuerberater und Vermögensverwalter

GABLER

Bibliografische Information der Deutschen Nationalbibliothek
Die Deutsche Nationalbibliothek verzeichnet diese Publikation in der Deutschen Nationalbibliografie; detaillierte bibliografische Daten sind im Internet über <http://dnb.d-nb.de> abrufbar.

1. Auflage 2008

Lektorat: RA Andreas Funk

Gabler ist Teil der Fachverlagsgruppe Springer Science+Business Media.
www.gabler.de

Umschlaggestaltung: KünkelLopka Medienentwicklung, Heidelberg
Druck und buchbinderische Verarbeitung: Wilhelm & Adam, Heusenstamm
Gedruckt auf säurefreiem und chlorfrei gebleichtem Papier
Printed in Germany

ISBN 978-3-8349-0721-9

Vorwort

Fachberater für Testamentsvollstreckung, zertifizierter Testamentsvollstrecker – oder Freund der Familie. Dies muss kein Widerspruch sein. Testamentsvollstreckung bedeutet in der heutigen Zeit weit mehr, als das Nachlassvermögen möglichst reibungslos von der einen auf die nächste Generation zu übertragen. Richtig verstandene Testamentsvollstreckung beginnt bereits zu Lebzeiten. Optimal eingesetzt dient sie der Vollendung des eigenen Lebensentwurfs. Dabei kommt dem Testamentsvollstrecker die Rolle eines Infrastrukturmanagers zu. Es liegt auf der Hand, dass ein derart verantwortlich agierender Generationenmanager sein Handwerk als Testamentsvollstrecker beherrschen muss.

Steuerberater und Vermögensverwalter sind für diese Aufgabe prädestiniert. Sie haben umfassenden Einblick in die Vermögensverhältnisse ihrer Mandanten und genießen deren volles Vertrauen. Längst hat es sich herumgesprochen, dass die Rechtsprechung und das Rechtsdienstleistungsgesetz als Nachfolger des überkommenen Rechtsberatungsgesetzes auch diesen Berufsgruppen den Zugang zur Testamentsvollstreckung eröffnen. In der Öffentlichkeit wird bereits von einem neuen Berufsbild des Zertifizierten Testamentsvollstreckers[1] gesprochen.

In diesem Zusammenhang versteht sich das vorliegende Werk ganz bewusst nicht als wissenschaftliche Auseinandersetzung mit der Vielzahl von Theorienstreitigkeiten, die es gerade im Bereich der Testamentsvollstreckung mannigfaltig gibt. Damit ist den Menschen – warum sprechen wir eigentlich von Kunden und Mandaten? – in der heutigen globalisierten Welt, in der sie schon genügend Probleme haben, nicht gedient. Die Menschen „wollen funktionierende, elegante Systeme, die ihnen ermöglichen, das zu tun, was Menschen eigentlich am besten können: Kreativ sein".[2] Die Grundlagen der Testamentsvollstreckung sollen daher praxisrelevant auf Basis eines ganzheitlichen Konzeptes der Vermögensnachfolgegestaltung dargestellt werden. Auf der Ebene der Berater erfordert dieses Konzept eine interprofessionelle Zusammenarbeit zwischen allen Berufsgruppen, die an einer erfolgreichen Vermögensnachfolgeplanung beteiligt sind; dessen sollte sich der Leser klar sein und hierauf sollte er sich auch einlassen wollen. Die drei Herausgeber repräsentieren diesen Ansatz und leben ihn in der Praxis: als Fachanwalt für Erbrecht und Steuerrecht sowie Zertifiziertem Testamentsvollstrecker (AGT), als Bankbetriebswirt und Certified Financial Planner (ebs) sowie Certified Estate Planner und als Steuerberater und Wirtschaftsprüfer. Sie stehen damit zugleich auch für das auf dem 1. Deutschen Testamentsvollstreckertag[3] am 29.11.2007 in Bonn propagierte Modell der interprofessionellen Testamentsvollstreckung, fernab von jedem „Standesdenken". In anderen Bereichen hat sich längst die Erkenntnis durchgesetzt, dass die Arbeitswelten des 21. Jahrhunderts aus temporären Teams bestehen, deren Mitglieder sich in Ihrem Fähigkeiten ergänzen und gerade durch die Unterschiede ihrer Mitglieder die begrenzten eigenen Horizonte überwinden.[4] Hierin besteht der spezifische Mehrwert der heutigen Wissensgesellschaft.[5]

1 Peter Cohrs, Berufsbild: Zertifizierter Testamentsvollstrecker – Damit Erben sich nicht streiten, http://www.wdr.de/radio/wdr2/rhein_und_weser/395944.phtml.
2 Matthias Horx, Zukunftsforscher,Zukunftszitate, http://www.horx.com/Zitate.aspx, Stand 10.02.2008.
3 Veranstaltet von der AGT – Arbeitsgemeinschaft Testamentsvollstreckung und Vermögenssorge e.V., Lievelingsweg 125, 53119 Bonn, www.agt-ev.de.
4 Matthias Horx, Zukunftsforscher, Anleitung zum Zukunftsoptimismus, 2007, S. 134 f.
5 Matthias Horx, a.a.O. S. 148, der zusätzlich auf die Fusion von Kreativität und Erfahrung abstellt.

Wer sich heute mit Testamentsvollstreckung beschäftigt, tut dies unter zwei Gesichtspunkten: Zum einen wird er als Gestalter von letztwilligen Verfügungen tätig, zum anderen als aktiver Testamentsvollstrecker. Er sollte daher idealerweise beide Seiten der Medaille kennen. Das vorliegende Werk trägt diesem Umstand Rechnung. Die Gestaltungshinweise richten sich in erster Linie an den denjenigen, der die Testamentsvollstreckung in der letztwilligen Verfügung anordnet, die Praxishinweise und Musterformulierungen vornehmlich an den vollziehenden Testamentsvollstrecker. Die Fallstudie soll den praktischen Ablauf einer Testamentsvollstreckung verdeutlichen und gleichzeitig als anschauliches Repetitorium dienen. Abgerundet wird das Werk mit einer Darstellung der Nachlassverwaltung. Sie ist zum einen Bestandteil der Fachberaterausbildung „Testamentsvollstreckung und Nachlassverwaltung" (DStV), zum anderen gehört sie zum „Handwerkszeug" jedes professionell agierenden Testamentsvollstreckers bei unbekannten oder gar überschuldeten Nachlässen.

Wir bedanken uns bei Herrn Rechtsanwalt Andreas Funk für das intensive Lektorat, bei Herrn stud. iur. Alexander Rott für die Zuarbeit in der Recherche sowie Herrn Rechtsreferendar Stefan Pflock und bei den vielen ungenannten Kolleginnen und Kollegen, die uns in den zahlreichen Vortragsveranstaltungen für die Fachberaterlehrgänge (DStV) sowie die Zertifizierungslehrgänge (AGT) immer wieder vor neue Herausforderungen gestellt haben. Verlag und Herausgeber freuen sich über jede kritische Anregung aus der Leserschaft zur Weiterentwicklung des Gedankens der geschäftsmäßigen Testamentsvollstreckung.

Bonn, im Mai 2008

Eberhard Rott Michael Kornau Rainer Zimmermann

Inhaltsübersicht

Literaturverzeichnis

Adams, Stefanie, Interessenkonflikte des Testamentsvollstreckers, jur. Diss., Bochum, 1996

Altendorf, Klaus / Tschubel, Anita, Erbengemeinschaft und Erbauseinandersetzung, BBEV 2008, S. 8-12

Bonefeld, Michael, Testamentsvollstreckung und Pflichtteilsrecht– Ausgewählte Probleme – Jubiläumsschrift zum zehnjährigen Bestehen der DVEV, 2005

Bamberger, Heinz Georg / Roth, Herbert, Kommentar zum Bürgerlichen Gesetzbuch Bd. 1: (§§ 1-610); Bd. 3: Familien- und Erbrecht (§§ 1297-2385), C.H. Beck München, 2003 („Beck-online"):
Baumbach, Adolf / Merkt, Hanno / Hopt, Klaus J, Handelsgesetzbuch. 31. Aufl., C. H. Beck München, 2003,

Bengel, Manfred / Reimann, Wolfgang, Handbuch der Testamentsvollstreckung, 3. Auflage, C. H. Beck München, 2001

Berndt, Dr. Hans, Stiftungen und Unternehmen, 7.Auflage, Neue Wirtschaftsbriefe, 2003

Bumiller, Ursula / Winkler, Karl, Freiwillige Gerichtsbarkeit, 8. Auflage, C. H. Beck München, 2006

Bunjes, Johann / Geist, Reinhold / Zeuner, Helga, Kommentar zum UStG, 7. Auflage, C. H. Beck München, 2007

Brox, Hans, Erbrecht. 19. Aufl., Carl Heymans Verlag, Köln, Berlin, Bonn, München, 2001

Damrau, Jürgen / Gottwald, Uwe, Praxiskommentar Erbrecht, 1. Auflage, zerbVerlag, 2004

Dauner-Lieb, Babara / Heidel, Thomas / Ring, Gerhard / Weidlich, Dietmar, Anwaltkommentar zum BGB: Bd. 5: Erbrecht. Deutscher Anwaltverlag Bonn, 2004

Dauner-Lieb, Babara, Unternehmen im Sondervermögen (zugl. Habil., Mainz), Mohr Siebeck Tübingen, 1998.

Grunsky, Wolfgang / Theiss, Wolfram, Testamentsvollstreckung durch Banken, WM 2006, S. 1561-1567

Faust, Florian, Die Testamentsvollstreckung am Anteil des persönlich haftenden Gesellschafters, DB 2002, S. 189-195

Feiter, Gregor, Die Testamentsvollstreckung – ein neues Geschäftsfeld für den steuerberatenden Beruf, DStR 2006, 484 ff.

Frank, Michael Adam: Die Testamentsvollstreckung über Aktien, ZEV 2002, 389-394

Frieser, Andreas / Sarres, Ernst / Stückemann, Wolfgang / Tschichoflos, Ursula, Handbuch des Fachanwalts für Erbrecht, 2005

Gesmann-Nuissl, Dagmar, Unternehmensnachfolge – ein Überblick über die zivil- und gesellschaftsrechtlichen Gestaltungsmöglichkeiten, Betriebsberater Special 06/2006, 2 ff.

Goebel, Joachim, Probleme der treuhänderischen und der echten Testamentsvollstreckung über ein Vermächtnisweise erworbenes Einzelunternehmen. ZEV 2003, S. 261-267

Götz, Hellmut / Lipps, Thorsten, „Doppelbesteuerung" von Testamentsvollstreckervergütungen mit Einkommensteuer und Erbschaftsteuer, DB 2004, S. 675-679

Grunewald, Barbara / Henssler, Martin, Werbung von Rechtsanwälten mit von „Privaten" erworbenen Titeln, NJW 2003, S. 1099-1100

Haas, Ulrich / Lieb, Andreas, Die Angemessenheit der Testamentsvollstreckervergütung nach § 2221 BGB, ZErb 2002, S. 202-212

Haegele, Karl / Winkler, Karl, Der Testamentsvollstrecker im bürgerlichen, Handels- und Steuerrecht, 14. Aufl. 1996

Hennerkes, Brun-Hagen / Schiffer, K. Jan, Regelungen der Unternehmensnachfolge durch Stiftungskonstruktionen?, BB 1992, S. 1940-1945

Huber, Herwart, Beirat und Beiratsmitglied - praxisrelevante Aspekte für ihre Tätigkeit, GmbHR 2004, S. 772-777

John, Uwe, Testamentsvollstreckung über ein einzelkaufmännisches Unternehmen, BB 1980, S. 757-761

Kapp, Rheinhard / Ebeling, Jürgen, Kommentar zum Erbschafts- und Schenkungssteuergesetz, 1. Auflage, Schmidt (Otto) Köln, 2005

Kegel, Gehard / Schurig, Klaus: Internationales Privatrecht, 9. Aufl., C.H. Beck München, 2004

Kerscher, Karl-Ludwig / Tanck, Manuel / Krug, Walter, Testamente in der anwaltlichen und notariellen Praxis, 3. Auflage, Deutscher Anwaltverlag Gm, 1999

Kerscher, Karl-Ludwig / Tanck, Manuel / Krug, Walter, Das erbrechtliche Mandat, 4. Auflage, Deutscher Anwaltverlag, 2007

Kirnberger, Christian, Testamentsvollstreckervergütung und Umsatzsteuer, ZEV 1998, S. 342-345

Kirnberger, Christian, Besteuerung der Testamentsvollstreckervergütung als Einkommen oder Vermögensanfall von Todes wegen, ZEV 2001, S. 267-268

Klümpen-Neusel, Claudia, Lukrative Tätigkeit für Steuerberater, ErbBstg 2006, 232 f.

Koller, Ingo / Roth, Wulf-Henning / Morck, Winfried: Handelsgesetzbuch. 4.Aufl., C.H. Beck München, 2003

Korn, Klaus, Kommentar zum Einkommenssteuergesetz, 1. Auflage, Stollfuß Verlag, 2000

Lange, Knut Werner / Werkmüller, Maximilian (Hrsg.), Der Erbfall in der Bankpraxis, 2002

Lenzen, Rolf, Kommentierung zu § 2221 BGB in Frieser (Hrsg.), Kompaktkommentar Erbrecht, 2007

Leverenz, Kenz, Testamentsvollstreckung durch Banken und Sparkassen, ZBB 1995, S. 156-169

Löhnig, Martin, Die Verjährung der im fünften Buch des BGB geregelten Ansprüche, ZEV 2004, S. 267-273

Lorz, Rainer, Testamentsvollstreckung und Unternehmensrecht (zugl. Diss., Konstanz) C.H. Beck München, 1995

Manthe, Ulrich, Geschichte des römischen Rechts, 3. Auflage, C. H. Beck München, 2000

Mayer, Jörg, Die Testamentsvollstreckung über GmbH-Anteile, ZEV 2002, S. 209-216

Mayer, Jörg / Bonefeld, Michael / Daragan, Hanspeter (Hrsg), Testamentsvollstreckung, 2000

Mayer, Jörg / Bonefeld, Michael / Wälzholz, Eckhard / Weidlich, Dietmar (Hrsg), Testamentsvollstreckung, 2. Auflage 2005

Meincke, Jens P. Erbschafts- und Schenkungssteuergesetz, 14. Auflage 2004

Möhring, Oskar / Beisswingert, Rolf / Klingelhöfer, Hans, Vermögensverwaltung in Vormundschafts- und Nachlaßsachen, 7.Auflage, Recht und Wirtschaft GmbH, 1999

Münchner Kommentar zum Bürgerlichen Gesetzbuch, Bd. 5: Besonderes Schuldrecht III (§§ 705-853). 4. Aufl., C.H. Beck München, 2004; Bd. 9: Erbrecht (§§ 1922-2385). 3. Aufl., C.H. Beck München, 1997

Muscheler, Karlheinz, Die Haftungsordnung der Testamentsvollstreckung (zugl. Habil., Freiburg). J.C.B. Mohr (Siebeck) Tübingen, 1994

Nieder, Heinrich, Testamentsgestaltung, 2. Aufl. 2000

Olbing, Klaus, Anmerkung zur Entscheidung BGH vom 11.11.2004, I ZR 182/02 und BGH vom 11.11.2004, I ZR 213/01, AnwBl. 2005, S. 289

Ott-Eulberg, Michael / Schebesta, Michael / Bartsch, Herbert, Erbrecht und Banken, 2000

Palandt, Otto, Bürgerliches Gesetzbuch. 67. Auflage C.H. Beck München, 2008

Reimann, Wolfgang, Die Kontrolle des Testamentsvollstreckers, FamRZ 1995, 588

Reimann, Wolfgang, Testamentsvollstreckung in der Wirtschaftspraxis, 3. Auflage, Köln, 1998

Reimann, Wolfgang, Die Berechnung der Testamentsvollstreckervergütung nach den neueren Tabellen, DStR 2002, S. 2008-2012

Pestke, Axel, Private Qualifizierungshinweise und Grundgesetz – Zur Vereinbarkeit der DStV-Fachberaterbezeichnungen mit § 43 Abs. 2 StBerG, stbg 2007, 224 ff.

Pestke, Axel, Verfassungsrechtliche Bedenken gegen das Verbot von Arbeitnehmertätigkeiten für Steuerberater und Steuerbevollmächtigte, Stbg 2007, S. 90-91

Roth, Gunter H. /Altmeppen, Holger, Gesetz betreffend die Gesellschaften mit beschränkter Haftung. 4. Aufl. C.H. Beck München, 2003

Rott, Eberhard, Kommentierung zu §§ 2197-2220; 2222-2228 BGB in Frieser (Hrsg.), Kompaktkommentar Erbrecht 2007

Rott, Eberhard, Ist der Steuerberater von heute der Testamentsvollstrecker von morgen?, Die Steuerberatung, 2007, 415-422

Rott, Eberhard / Kornau, Michael, Testamentsvollstreckung – Ertragreiches Geschäftsfeld nicht nur für mutige Kreditinstitute, Bankmagazin 2007, 50 S. ff.

Rott, Eberhard / Schiffer, K. Jan, Testamentsvollstreckung: Haftungsgefahren erkennen und vermeiden! in BBEV 2007, 391-397

Rott, Eberhard, Handlungsmaximen bei überschuldetem Nachlass, Erbfolgebesteuerung 2007, 291-294

Scherer, Stephan, Erfolgreiche Unternehmensnachfolge – Beratungsaspekte und Störfelder, Betriebsberater Special 05/2004

Schiemann, Gottfried, Der Testamentsvollstrecker als Unternehmer. Festschrift für Dieter Medicus, Carl Heymans Köln, Berlin, Bonn, München, 1999, S. 513-528

Schiffer, K. Jan, Stiftungen und Familienstiftungen in der Unternehmensnachfolge – Eine Bestandsaufnahme – Jubiläumsschrift zum zehnjährigen Bestehen der DVEV, 2005

Schiffer, K. Jan / Rödl, Christian / Rott, Eberhard, Haftungsgefahren im Unternehmen, 2004

Schiffer, K. Jan /Rott, Eberhard, Testamentsvollstreckung: Modernes Mittel zur Vermögensnachfolgegestaltung und neues Geschäftsfeld für Steuerberater, BBEV 2007, 351-358

Schiffer, K. Jan /Rott, Eberhard, Testamentsvollstreckung: Grundlagen der richtigen Gestaltung der Vergütung, BBEV 2008, 13 - 20

Schlieper, Hartmut, Vor- und Nacherbschaft oder Nießbrauchsvermächtnis - Zur zweckmäßigen Gestaltung der Verfügung von Todes wegen, MittRhNotK 1995, S. 249-264

Schmidt, Karsten Gesellschaftsrecht. 4.Aufl., Carl Heymans Köln, Berlin, Bonn, München, 2002

Schmidt, Ludwig, Kommentar zum Erbschaftssteuergesetz, 26. Auflage, C.H. Beck München, 2007

Schwarz, Günter Christian, Die Stiftung als Instrument für die mittelständische Unternehmensnachfolge, Betriebsberater 2001, 2381

Soergel, Hans Theodor, Bürgerliches Gesetzbuch mir Einführungsgesetz und Nebengesetzen. Bd. 21: Erbrecht (§§ 2064-2273) 13. Aufl., Kohlhammer Stuttgart, 2002

Staudinger, von, Julius / Baumann, Wolfgang / Reimann, Wolfgang, Kommentar zum Bürgerlichen Gesetzbuch mit Einführungsgesetz und Nebengesetzen, Paragraphen 2197-2264, 13. Auflage, Gruyter, 1996

Tilling, Johann, Die Vergütung des Testamentsvollstreckers, ZEV 1998, S.331-339

Tipke, Klaus / Kruse, Heinrich-Wilhelm, Kommentar zur AO (ohne Steuerstrafrecht) und FGO, Verlag Dr. Otto Schmidt, Loseblattausgabe, Lfg. 105

Trimborn v. Landenberg, Dieter, Anwaltliches Marketing im Erbrecht, Jubiläumsschrift zum zehnjährigen Bestehen der DVEV, 2005

Wälzholz, Eckhard, Der Beirat im mittelständischen Unternehmen - Chancen, Grenzen und Probleme, DStR 2003, S. 511-517

Wälzholz, Eckhard, Die Besteuerung unangemessen hoher Vergütungen für Testamentsvollstrecker, ZErb 2005, S. 247-250

Weidlich, Dietmar, Die Testamentsvollstreckung an Beteiligungen einer werbenden OHG bzw. Kommanditgesellschaft. ZEV 1994, S. 205-214

Zeising, Patrick, Pflichten und Haftung des Testamentsvollstreckers bei der Verwaltung von Großvermögen, 2004

Zimmermann, Walter, Die angemessene Testamentsvollstreckervergütung, ZEV 2001, S. 334-340

Zimmermann, Walter, Die Testamentsvollstreckung, 2. Aufl. 2003

Bearbeiterverzeichnis

Fachanwalt für Steuer- und Erbrecht sowie Partner der Anwaltskanzlei HÜMMERICH *legal* in Bonn **Eberhard Rott** ist Vorsitzender der Arbeitsgemeinschaft Testamentsvollstreckung und Vermögenssorge (AGT) e.V. in Bonn. Umfangreiche Vortragstätigkeit und zahlreiche Veröffentlichungen weisen ihn als Fachmann auf dem Gebiet der Testamentsvollstreckung aus.

Dipl. Bankbetriebswirt **Michael Stephan Kornau**, Certified Financial Planner(R) und Estate Planner (ebs) arbeitet als Finanzplaner und Generationenmanager bei der Sparkasse Vest Recklinghausen. Darüber hinaus engagiert sich der Master of Advanced Studies in Applied Ethics und Benediktineroblate in gemeinnützigen Stiftungen.

Dipl. Betriebswirt **Rainer Zimmermann** ist Wirtschaftsprüfer und Steuerberater sowie Partner der Bacher & Partner GmbH, Wirtschaftsprüfungsgesellschaft - Steuerberatungsgesellschaft in Bonn. Als Mitglied des Zentrums für Unternehmensnachfolge an der Universität Mannheim (zentUma e. V.) beschäftigt er sich schwerpunktmäßig mit den steuerlichen Aspekten der Nachfolgegestaltung.

§ 1 Die Testamentsvollstreckung als Geschäftsfeld für den modernen Steuerberater und Vermögensverwalter

A. Die Testamentsvollstreckung im Fokus der Öffentlichkeit

Die Enzyklopädie von Brockhaus aus dem Jahr 1995 beschreibt den Testamentsvollstrecker mit nur einem Satz als „vom Erblasser testamentarisch eingesetzte Person, die für die Erfüllung der im Testament festgelegten Bestimmungen zu sorgen hat".[1] 13 Jahre später findet sich in der Online-Enzyklopädie Wikipedia bereits folgende, sehr viel weiterführende Beschreibung: „Mit der Einsetzung eines Testamentsvollstreckers kann der Erblasser eine Absicherung seines testamentarischen Willens und – insbesondere bei mehreren Erben und Vermächtnisnehmern – eine ordnungsgemäße Abwicklung des Nachlasses erreichen. Die Testamentsvollstreckung kann helfen, Ansprüche von Erben und Vermächtnisnehmern zu schützen sowie ungewollte Einflußnahmen „böswilliger" Erben auf den Nachlass und dessen Auseinandersetzung zu verhindern. Auch kann der Erblasser bei Anordnung andauernder Verwaltung des Nachlasses durch den Testamentsvollstecker eine Zerschlagung seines Nachlasses langfristig verhindern".[2] Noch näher am Puls der Zeit erscheint der Bericht des Westdeutschen Rundfunks aus dem Jahr 2007, der unter dem Titel „Berufsbild Zertifizierter Testamentvollstrecker" berichtet: „Grundsätzlich kann jede Person das Amt des Testamentsvollstreckers übernehmen. Bei Freunden, Angehörigen oder Kollegen besteht jedoch die Gefahr, dass der Testamentsvollstrecker eine zu große persönliche Nähe zu den Erben hat. Möglichweise entstehen Konflikte oder Streit. Der zertifizierte Testamentsvollstrecker ist dagegen unabhängig. Mit dem Zertifikat weist er außerdem nach, dass er sich im Erb-, Familien- und Gesellschaftsrecht intensiv fortgebildet hat. Für eventuelle Schadensersatzforderungen verfügt der zertifizierte Vollstrecker über eine spezielle Haftpflichtversicherung".[3] Im Veranstaltungsbericht über den 1. Deutschen Testamentsvollstreckertag, der am 29.11.2007 in Bonn stattfand, wird von einer „rasanten Entwicklung der geschäftsmäßigen Testamentsvollstreckung von der Grundsatzentscheidung des Bundesgerichtshofes vom 11.11.2004 bis hin zum Rechtdienstleistungsgesetz"[4] gesprochen und die Bedeutung der Qualitätsoffensiven hervorgehoben, die die verschiedenen Erbrechtorganisationen in diesem Bereich initiiert haben.[5] Auch die zunehmende Zahl an Fachveröffentlichungen in der jüngsten Zeit zeigt die steigende Bedeutung auf, die die Testamentsvollstreckung durch die vermögensverwaltenden Berufsgruppen zu nehmen beginnt.[6] 1

1 Brockhaus Enzyklopädie, 19. Auflage 1995, Band 28, Seite 3377 (Stichwort: Testamentvollstrecker).
2 http://de.wikipedia.org/wiki/Testamentsvollstrecker (Stand: 04.02.2008).
3 http://www.wdr.de/radio/wdr2/rhein_und_weser/395944.phtml (Stand: 04.02.2008).
4 http://www.agt-ev.de/downloads/Testamentsvollstreckertag_2007_Veranstaltungsbericht.pdf (Seite 1).
5 Die hierzu im einzelnen A.V.
6 Grunsky/Theiss, Testamentsvollstreckung durch Banken, WM 2006, 1561; Klümpen-Neusel, lukrative Tätigkeit für Steuerberater, ErbBstg 2006, 232; Rott,/Kornau, Testamentsvollstreckung – Ertragreiches Geschäftsfeld nicht nur für mutige Kreditinstitute, Bankmagazin 2007, Rott, Ist der Steuerberater von heute der Testamentsvollstrecker von morgen?, Die Steuerberatung, 2007, 415 – 422; 50 S. ff..; Schiffer, /Rott, Testamentsvollstreckung: Modernes Mittel zur Vermögensnachfolgegestaltung und neues Geschäftsfeld für Steuerberater, BBEV 2007, 351 – 358.

1 Als richtungweisend für die Zukunft der Testamentsvollstreckung wird man die am 09.04.2008 veröffentlichte Einigung zwischen der Bundessteuerberaterkammer und dem Deutschen Steuerberaterverband über die Einführung und Verwendung der Fachberaterbezeichnung „Testamentsvollstreckung und Vermögenssorge" ansehen können.[7] Nach der im Sinne eines effektiven Verbraucherschutzes bedenklichen Zulassung der geschäftsmäßigen Testamentsvollstreckung durch jedermann ohne Qualifizierungsvoraussetzung durch das Rechtsdienstleistungsgesetz, wurde ein weiteres auf dem Beratermarkt wahrnehmbares Korrektiv geschaffen, das dem mündigen Verbraucher eine sachgerechte Auswahl „seines" Testamentsvollstreckers ermöglicht.

B. Die Testamentsvollstreckung als modernes Mittel der Vermögensnachfolgegestaltung

2 Die Antwort auf die Frage, warum ein erbrechtliches Gestaltungsmittel, das in Deutschland eine sehr lange Tradition hat und in seinem Ursprung auf den germanischen Rechtskreis zurückgeht, in der (fach-) öffentlichen Wahrnehmung der letzten Jahre eine so zunehmende Bedeutung erlangt, liegt auf der Hand. Die Testamentsvollstreckung ist als ein besonderes erbrechtliches Institut ganz speziell in der Lage, die zunehmend komplexer werdenden Nachlassstrukturen und Familienverhältnisse abzuwickeln, wie sie sich in der heutigen Lebenswirklichkeit darstellen. Ihre hauptsächlichen Einsatzgebiete erlangt die Testamentsvollstreckung bei der Unternehmensnachfolge, im Estate Planning sowie bei schwierigeren privaten Vermögensverhältnissen.

I. Testamentsvollstreckung und Unternehmensnachfolge

3 Es gibt keinen feststehenden Begriff der „Unternehmensnachfolge". Typischerweise versteht man hierunter den Übergang der Unternehmerstellung – insbesondere eines einzelkaufmännischen Unternehmens oder einer Gesellschaftsbeteiligung – an einen Nachfolger. Nach einer Studie des Institutes für Mittelstandsforschung in Bonn vom 19.07.2006 stehen gegenwärtig jährlich etwa 71.000 Familienunternehmen mit ca. 680.000 Beschäftigten davor, die Nachfolgefrage lösen zu müssen.[8]

4 Der Übergang des unternehmerischen Vermögens ist auf zwei Wegen möglich:

- durch lebzeitige Übertragung
- oder durch Übergang von Todes wegen.

5 Das menschliche Sein bringt es mit sich, dass es häufig nicht in der Macht des Unternehmers liegt, welcher der beiden Wege ihm letztendlich vergönnt ist. Richtigerweise müsste er also auf beide Situationen gleichermaßen vorbereitet sein.

Dass dies eine Illusion ist, zeigt wiederum ein Blick in die Statistik:

- Jede vierte Unternehmensnachfolge führt zu einer Unternehmenskrise,
- jede sechste endet innerhalb von fünf Jahren in der Insolvenz.[9]

6 Als wesentliche Gründe für das Scheitern von Unternehmensnachfolgen lassen sich folgende Ursachen ausmachen:

7 vgl. Gemeinsame Pressemitteilung der BStBK und des DStV e.V., vom 9.4.2008, www.dstv.de.
8 Nach einer die Studie des Institutes für Mittelstandsforschung, Bonn vom 19.07.2006, www.ifm-bonn.org.
9 *vgl. Creditreform 12/2006 „spezial Unternehmensnachfolge" S. 1 unter Hinweis auf eine Studie der KfW Mittelstandsbank, Frankfurt.*

- Die Nachfolgeplanung genießt nicht den Charakter eines Unternehmensziels, ihr liegt kein Business-Plan zu Grunde,
- Die Nachfolge wird nicht rechtzeitig angegangen, fünf Jahre sind für eine erfolgversprechende Nachfolge das Minimum,
- Die Nachfolge wird vom Unternehmer sowohl finanziell als auch von der Beraterwahl her nur halbherzig angegangen,
- Emotionale Gründe behindern die Beschäftigung mit der eigenen Nachfolge,
- unter den Erben und Nachfolgern entsteht Streit, insbesondere mangels klarer und kommunikativ abgestimmter Regelungen.

Bei der Unternehmensnachfolge aber nur das Unternehmen zu betrachten, greift viel zu kurz. 7
In persönlicher Hinsicht ist der Unternehmer regelmäßig in ein vorgegebenes familiäres Umfeld eingebunden, das nicht unberücksichtigt bleiben darf. Auch der Übergang der privaten Vermögenswerte des Unternehmers muss mit der gleichen Sorgfalt behandelt werden, wie die unternehmerische Nachfolge. Die Testamentsvollstreckung ist daher auch und gerade bei der Unternehmensnachfolgegestaltung ein wichtiges und probates Mittel, um Streit unter den Miterben zu vermeiden und die Nachlassabwicklung reibungslos zu gestalten.

II. Testamentsvollstreckung und Estate Planning

Eine erfolgreiche Testamentsvollstreckung kann nur in dem ganzheitlichen Zusammenhang der 8
postmortalen Vermögenssorge gesehen werden, dem sog. Estate Planning. Dieser Begriff stammt aus den USA. Die ganzheitliche Vermögensnachfolgeplanung spielt dort aufgrund der über bereits mehrere Generationen hinweg aufgebauten Vermögenswerte naturgemäß eine größere Rolle als in Europa. Die über 60-jährige Friedensperiode eröffnet der Methodik des Estate Planning nunmehr aber auch hierzulande ein weites Feld. Dabei gilt es, den in den USA schon lange entwickelten Grundsatz, dass kein Testament ohne professionellen Abwickler bleiben dürfe, mit Hilfe der Testamentsvollstreckung sinnvoll auf die hiesigen Verhältnisse zu übertragen. Denn Deutschland – aber eigentlich ganz Europa – hat sich im Hinblick auf die zur Übertragung anstehenden Vermögen in den letzten Jahrzehnten deutlich in Richtung der US-amerikanischen Verhältnisse entwickelt.

Wörtlich bedeutet Estate Planning soviel wie Erbschafts- oder Nachlassplanung. Praktisch ver- 9
steht man darunter

- die umfassende Planung der Vermögensnachfolge
- bereits zu Lebzeiten und
- konsequent über den Tod hinaus
- bezüglich aller Vermögenswerte – unternehmerisches und privates Vermögen, inländisches wie ausländisches -
- in einem interdisziplinären Beratungsprozess.

Ohne vorhergehende Strukturierung des Nachlasses macht eine Testamentsvollstreckung nur in 10
den seltensten Fällen Sinn. Nachlassvermögen, das aus rechtlichen Gründen der Testamentsvollstreckung nicht unterliegt, muss bereits lebzeitig umgewandelt werden, damit die Testamentsvollstreckung nicht ins Leere läuft.[10] Dies gilt insbesondere bei der Testamentsvollstreckung an Gesellschaftsanteilen. Aber auch Grundvermögen im Ausland bereitet regelmäßig Schwierigkeiten.

10 z. B. Lebensversicherungsverträge oder Grundvermögen im Ausland, wo die Testamentsvollstreckung nicht anerkannt wird, nicht oder nur sehr schwierig zu vollstreckende Unternehmensformen.

Überhaupt führen Lebenssachverhalte mit Auslandsbezug – und hierzu sind nicht nur die ausländischen Vermögenswerte zu zählen, sondern beispielsweise auch gemischt nationale Familienstrukturen – zu einem deutlich höheren Gestaltungsaufwand. Wird die Testamentsvollstreckung im Ausland nicht anerkannt – und hier sind wir von einer einheitlichen europäischen Rechtsordnung noch weit entfernt -, muss durch richtig gestaltete Ausweichlösungen – meistens handelt es sich um spezielle Vollmachten – Vorsorge dafür getroffen werden, dass der Wille der Mandanten gleichwohl in die Tat umgesetzt werden kann.

11 Es versteht sich von selbst, dass diese vielfältigen Aufgaben mit den üblichen Ausbildungsgängen nicht optimal zu bewältigen sind. Auch wird es betriebswirtschaftlich in den wenigsten Fällen Sinn machen, für alle denkbaren Fallkonstellationen das jeweils erforderliche Spezial-Knowhow vorzuhalten. Für den langfristigen Erfolg des geschäftsmäßigen Testamentsvollstreckers ist es daher von entscheidender Bedeutung, Zugriff auf ein interprofessionelles Netzwerk zu haben, das ihn in die Lage versetzt, das richtige Team an Spezialisten für den jeweiligen Nachlass verfügbar zu machen und dieses Team gekonnt zu koordinieren.

12 Idealerweise vollzieht sich die Nachfolgegestaltung in drei Stufen:

Auf der **ersten Stufe** geht es darum, ein ganzheitliches Nachfolgekonzept zu entwickeln und zwar

- für das Unternehmen und für den Privatbereich
- im Wege der vorweggenommenen (Schenkung) und der letztwilligen Verfügung

Auf der **zweiten Stufe** geht es darum, Vorsorge für die rechtliche Umsetzung des Nachfolgekonzeptes zu treffen, insbesondere durch

- Vorsorgevollmachten
- gesellschaftsvertragliche Regelungen
- Ehevertrag
- Erbvertragliche bzw. testamentarische Regelungen
- und selbstverständlich auch die steuerliche Gestaltung

In der **dritten Stufe** vollzieht sich die Durchsetzung der Nachfolgeregelung, soweit noch nicht zu Lebzeiten geschehen, über

- letztwillige Anordnungen (z. B. Erbeinsetzungen, Vermächtnisse, Auflagen)
- Testamentsvollstreckung

Die gewollte Wirkung kann eine Testamentsvollstreckung nur entfalten, wenn sie

- im Erbvertrag bzw. Testament präzise, d. h. auf den konkreten Einzelfall hin gestaltet und formuliert ist,
- im ganzheitlichen Zusammenhang mit der vorgenannten postmortalen Vermögenssorge, dem Estate Planning gesehen wird und
- eine fachlich und persönlich geeignete Person zum Testamentsvollstrecker bestimmt ist.

13 Unreflektiert aus Anleitungsbüchern übernommene Formulierungen verbieten sich hier von selbst. Gleichwohl ist in der Praxis immer wieder festzustellen, dass selbst in notariell gestalteten Testamenten die Anordnung der Testamentsvollstreckung in den seltensten Fällen den zu stellenden Ansprüchen genügt. Die Gestaltung eines Testaments mit Testamentsvollstreckung ist zeitlich deutlich aufwändiger, als die Gestaltung eines standardisierten Testaments. In der Bevölkerung sind die Chancen, die eine vernünftig gestaltete Testamentsvollstreckung bietet, bisher noch nicht ausreichend bekannt. Entsprechend hoch ist der zeitliche Beratungsaufwand. Jeder Berater ist da-

her gehalten, sich selbstkritisch die Frage zu stellen, ob er diesen Zeitaufwand zu leisten bereit ist. Und jeder Mandant muss verständig genug sein, um zu erkennen, dass dieser zeitliche Mehraufwand auch zu einem erhöhten Honoraraufwand führt.

III. Testamentsvollstreckung im Bereich der privaten Vermögen

Die Gründe, im Privatbereich eine Testamentsvollstreckung zu verfügen, sind vielfältig und ebenso unterschiedlich, wie die Erblasser selbst. Darunter gibt es sicherlich auch eher irrationale, wie die Vorstellung, die Erben noch aus dem Grab heraus mit kalter Hand dirigieren zu wollen. In der Praxis sehr viel häufiger stehen jedoch die wohlverstandenen Interessen des Nachlasses im Vordergrund. 14

Als Gründe für eine Testamentsvollstreckung im privaten Vermögensbereich lassen sich feststellen: 15

- immer werthaltigere und komplizierter strukturierte Vermögen

  (an dieser Stelle sind exemplarisch Fonds und Beteiligungen sowie das in bestimmten Kreisen zunehmend häufiger anzutreffende Auslandsvermögen zu nennen)
- immer weniger, oftmals ganz fehlende Abkömmlinge,
- fehlendes Vertrauen in die vorhandenen Abkömmlinge,
- Patchwork-Familienstrukturen,

  (sie ergeben sich heute häufig bei zwei oder mehr ehelichen oder nicht ehelichen Beziehungen; hier liegt die Gefahr auf der Hand, dass bei unvorhergesehener Versterbensreihenfolge das Vermögen in den „falschen" Stamm abwandert)
- karitative Erwägungen

  (aufgrund des damit verbundenen Imagegewinns in der Öffentlichkeit, oder aus schierer Dankbarkeit über das gelungene eigene Leben)
- Versorgung behinderter Abkömmlinge

  unabhängig von den Unwägbarkeiten der öffentlichen Hand,
- Vereinfachung und Sicherstellung der Nachlassabwicklung

  (haben die bedachten Abkömmlinge ihren Lebensmittelpunkt in Übersee und sollen sie mit den Formalitäten in Deutschland nicht belastet werden, stellt die Testamentsvollstreckung die passende, serviceorientierte Dienstleistung dar)
- Schutz des Nachlasses vor dem Zugriff von Eigengläubigern des Erben

  (die Zahl der Verbraucherinsolvenzfälle steigt kontinuierlich. Viele Erblasser möchten verhindern, dass in der Wohlverhaltensphase die Hälfte des auf den Schuldner entfallenden Nachlassteilsanteils an den Treuhänder und damit an die Gläubiger auszukehren ist)

Der rechtliche Schlüssel zu diesen Wohltaten, die die Testamentsvollstreckung bewirken kann, liegt in dem Umstand begründet, dass die Testamentsvollstreckung §§ 2205, 2211, 2214 BGB zu einer Trennung von Nachlassvermögen und Eigenvermögen des Erben führt, und automatisch ab dem Zeitpunkt des Erbfalls. Durch die geschickte Anordnung der richtigen Form der Testamentsvollstreckung in Verbindung mit weiteren erbrechtlichen Instrumentarien, häufig aus dem Bereich der Vor- und Nacherbschaft, ist es daher möglich, die persönlichen Gläubiger des Erben für die Dauer der Testamentsvollstreckung vom Nachlass fern zu halten.

C. Von der verbotenen Tätigkeit zum modernen Dienstleistungsangebot

16 Unter diesen Titel lässt sich kurz zusammengefasst die rechtsgeschichtliche Entwicklung der geschäftsmäßigen Testamentsvollstreckung stellen.

I. Juristische Restriktionen bis zum 10.11.2004

17 In der Erschließung neuer Geschäftsfelder ist die Kreditwirtschaft den freien Berufen um Jahre voraus. Dies zeigt bereits die lange Dauer der Diskussion um die Erweiterung der Fachanwaltschaften, die Einführung des Fachanwaltes für Erbrecht sowie der erst jüngst beigelegte Streit zwischen dem Deutschen Steuerberaterverband und der Bundessteuerberaterkammer um die Fachberaterbezeichnungen.[11] Beiträge zu der Thematik des Marketings im Bereich des Erbrechts waren nur sehr vereinzelt zu finden.[12]

Die Kreditwirtschaft hat hingegen die Testamentsvollstreckung – und auch die darauf gerichtete Gestaltungsberatung – schon seit vielen Jahren als Mittel entdeckt, ihre Geschäftsbeziehungen mit vermögenden Kunden und ihren Angehörigen auch nach dem Tode zu erhalten. Ihr Angebot, als Testamentsvollstrecker zur Verfügung zu stehen, wird von den Kunden gerne angenommen. Ihnen wird der Eindruck vermittelt, der Vollzug ihrer letztwilligen Verfügungen, die Verwaltung ihres Nachlasses für die Erben und die Einhaltung ihrer Auflagen und Wünsche werde mit besonderem Sachverstand durchgeführt. Spezielle Abteilungen für Nachlass- und Stiftungsmanagement, „Certified Financial und/oder Estate Planner", aber auch Syndikus-Rechtsanwälte treten dem Kunden Kompetenz ausstrahlend gegenüber. Dabei war die Rechtslage für die Banken alles andere als günstig. Die Entscheidung des Oberlandesgerichts Karlsruhe vom 27.05.1993[13] hatte das Angebot der Testamentsvollstreckung, soweit sie nicht durch Rechtsanwälte erfolgte, wegen Verstoßes gegen das Rechtsberatungsgesetz öffentlich in Zweifel gezogen.[14] Es dauerte acht Jahre, bis sich die Kritik im Schrifttum[15] Wirkung zeigte und die Rechtsprechung ihre strikte Auffassung relativierte. In seiner Entscheidung vom 07.05.2001[16] machte das Oberlandesgericht Düsseldorf erste Zugeständnisse für die Übernahme von Testamentsvollstreckertätigkeiten durch Kreditinstitute.[17]

II. Die Entscheidung des Bundesgerichtshofs vom 11.11.2004

18 Heute kann die Rechtsfrage als geklärt angesehen werden. Mit knappen Worten hat der Bundesgerichtshof in zwei im Wortlaut nahezu gleichen Entscheidungen vom 11.11.2004[18] erklärt, Ban-

11 vgl. Pressemitteilung des DStV vom 9.4.2008 (www.dstv.de).
12 vgl. beispielsweise Trimborn v. Landenberg, Anwaltliches Marketing im Erbrecht, Juliläumsschrift zum zehnjährigen Bestehen der DVEV, 2005.
13 OLG Karlsruhe, Urt. v. 27.05.1993 – 4 U 303/92, NJW-RR 1994, 236 ff.
14 OLG Düsseldorf, Urt. v. 30. 05 2000 – 20 I 41/00, DStR 2000, 2006 bestätigte diese Grundsätze für den Berufsstand der Steuerberater.
15 vgl. Leverenz ZBB 1995, 156, 157; Reimann, Testamentsvollstreckung in der Wirtschaftsrechtspraxis, Rn. 213 ff.; jeweils m.w.N..
16 vgl. OLG Düsseldorf, Urt. V. 07.05.2001 – 20 U 20/01, WM 2002, 807, 813.
17 Weitere Instanzgerichte folgten, vgl. LG Detmold, Urt. vom 21.8.2001 – 3 T 245/01, WM 2001, 2441, 2442).
18 BGH Urt. v. 11.11.2004 – I ZR 213/01, AnwBl. 2005, 289 (Testamentsvollstreckung durch Banken, BGH Urt. v. 11.11.2004 – I ZR 182/02 (Testamentsvollstreckung durch Steuerberater), AnwBl. 2005, 287, sowie BGH Urt. v. 24.02.2005 – I ZR 128/02 (Fördermittelberatung ist keine Rechtsberatung).

ken und Steuerberater dürfen – wie jeder andere auch -, für die Übernahme von Testamentsvollstreckungen werben, ohne gegen das Rechtsberatungsgesetz zu verstoßen. Das deutsche Erbrecht verlange vom Testamentsvollstrecker keine besondere juristische Qualifikation, wenn es rechtlich schwierige Fragen zu klären gäbe, sei der Testamentsvollstrecker verpflichtet, Rechtsrat einzuholen.[19]

III. Die geschäftsmäßige Testamentsvollstreckung nach dem Rechtsdienstleistungsgesetz

Im Ergebnis hat der Bundesgerichtshof mit seiner umfassenden Zulassung von nicht der Anwaltschaft angehörigen Testamentsvollstreckern eine Entwicklung vorausgenommen, die der Gesetzgeber seinerzeit ohnehin plante und mittlerweile auch umgesetzt hat. Am 01.07.2008 tritt das Rechtsdienstleistungsgesetz (RDG) in Kraft. Nach § 5 RDG ist die geschäftsmäßige Testamentsvollstreckung für jedermann möglich.[20] 19

D. Die Konkurrenzsituation

I. Rechtsanwälte und Notare

Die Anwaltschaft im allgemeinen hat den Kampf um ihr früheres Privileg der Testamentsvollstrekkung augenscheinlich aufgegeben. Nur selten wurden Stimmen laut, die sich gegen die vollständige Freigabe der geschäftsmäßigen Testamentsvollstreckung durch die geplanten gesetzlichen Neuregelungen zum Rechtsdienstleistungsgesetz (RDG) wandten. Zeitgleich lässt das Interesse der Anwälte an Fortbildungsveranstaltungen zum Fachanwalt für Erbrecht oder zum Zertifizierten Testamentsvollstrecker (AGT) nach. Es ist anzunehmen, dass man sich ersatzweise auf das Feld der Haftpflichtprozesse gegen Testamentsvollstrecker erschließen wird. Auf Seiten der Steuerberater ist hingegen eine deutliche Zunahme der Zertifizierungen zu verzeichnen. Die Notare äußern sich in der Öffentlichkeit zu der Thematik so gut wie nicht. Dies hängt sicherlich damit zusammen, dass sie nach § 27, 7 Nr. 1 BeurkG einem Verbot zu Übernahme von Testamentsvollstreckungen unterliegen, wenn sie selbst die letztwillige Verfügung beurkundet haben. Darüber hinaus besteht für Notare gemäß § 29 BNotO ein sehr restriktives Werbeverbot. 20

II. Die Kreditwirtschaft

Die Konkurrenz der Kreditinstitute wird man bei allem Respekt vor dem Engagement, das manche Banken in Sachen Testamentsvollstreckung entwickeln, nicht überbewerten dürfen. Eher scheint sich unter vielen Banken und Sparkassen Ernüchterung breit zu machen. Die wenigen Institute, die die Testamentsvollstreckung schon vor den Entscheidungen des Bundesgerichtshofs betrie- 21

19 Bemerkenswert ist nicht nur der Umstand, dass der BGH die geschäftsmäßige Testamentsvollstreckung durch Kreditinstitute auf eine Ebene stellt mit der Testamentsvollstreckung durch „jedermann", wie der ursprüngliche BGB-Gesetzgeber sie im Auge hatte, sondern auch die freiberuflichen Testamentsvollstrecker dem Risiko der gewerblichen Tätigkeit aussetzt, wie Olbing, AnwBl. 2005, 289 zu Recht feststellt.

20 Vgl. § 5 Abs. 2 Nr. 1 RegEntwurf zum RDL („stets zulässige Nebenleistung").

1

ben, fühlen sich bestätigt und gehen das Geschäftsfeld nunmehr etwas offensiver an. Die übrigen Institute zeigen sich zwar interessiert und schicken ihre Mitarbeiter zu Fortbildungsveranstaltungen, bleiben in der praktischen Umsetzung aber sehr zurückhaltend. Die bei großen Unternehmen typischen Ängste vor einem nicht zu bewältigenden administrativen Aufwand, vor dem Controlling, vor der Haftung und internes Kompetenzgerangel werden als Gründe ausgemacht.[21]

III. Neue Dienstleister nach dem Rechtsdienstleistungsgesetz

22 Die neu zu erwartenden Dienstleister, die sich der geschäftsmäßigen Testamentsvollstreckung annehmen werden, unterliegen keinerlei Ausbildungs- und Fortbildungsnachweispflichten. Sie unterliegen auch keinem Werbeverbot. Nicht sachbezogene Werbung für die Dienstleistung der Testamentsvollstreckung ist damit möglich – und erfahrungsgemäß auch zu erwarten. Das neu entstehende Dienstleistungsangebot der geschäftsmäßigen Testamentsvollstreckung unterliegt keinerlei Versicherungspflicht. Ferner gibt es keine ehrengerichtlichen Sanktionsmechanismen. „Rechtsrat vom Bestatter?" betitelte ein bekanntes Nachrichtenmagazin[22] seine Berichterstattung zum Rechtsdienstleistungsgesetz. Bereits jetzt bietet dieses Gewerbe neben Grabpflegeverträgen vielfach bereits Vorsorgevollmachten und Patientenverfügungen an. Die Erweiterung auf den Bereich der Testamentsvollstreckung ist hier sicherlich nur eine Frage der Zeit. Als „Ergänzung" zur Lebensversicherung erscheint die Dienstleistung auch für die Versicherungswirtschaft naheliegend.

E. Zertifizierungsmöglichkeiten für Testamentsvollstrecker

23 Wichtig wird es daher sein, sich mit dem eigenen Dienstleistungsangebot Testamentsvollstrekkung von den Mitwettbewerbern abzugrenzen. Dies beginnt bereits mit einer auf die besonderen Belange der Testamentsvollstreckung zugeschnittenen Büroorganisation. Hier bestehen sicherlich Vorteile für die Steuerberater. Ihre Büroorganisation ist für die vielfältigen Aufgaben einer Testamentsvollstreckung im Bereich der Abwicklungs- wie auch der Dauertestamentsvollstreckung von vorneherein weitaus besser aufgestellt, als die Organisation einer herkömmlichen Anwaltskanzlei oder gar eines Kreditinstituts. Darüber hinaus sollte jeder, der sich mit dem Gedanken trägt, seinen Mandanten eine qualitativ hochwertige Testamentsvollstreckung anzubieten, den zeitlichen Aufwand für eine vernünftige Aus- und Fortbildung in diesem Bereich nicht scheuen.[23] Sicherlich mag es Testamentsvollstrecker-Crash-Kurse geben, die es ermöglichen, in einem vergleichsweise kurzen Zeitraum ein „Zertifikat" zu erlangen, das vom Veranstalter selbst stammt. Es besteht jedoch die Gefahr, dass sich der Steuerberater, der ein solches Zertifikat führt, wettbewerbswidrig verhält. Sofern in der Bezeichnung nicht zum Ausdruck kommt, dass die Zertifizierung nur für Mitglieder erfolgt oder ein von der gleichen Institution angebotener kostenpflichtiger Lehrgang die Grundlage dieses Zertifikatsrates darstellt, ist die Werbung irreführend. Gleiches gilt, wenn die Lehrgänge nicht eine gewisse Länge und einen gewissen Schwierigkeitsgrad aufweisen.[24]

21 Rott /Kornau, Bankmagazin 2007, 50 S. ff..
22 Der Spiegel, Ausgabe 34/2006.
23 Rott, Ist der Steuerberater von heute der Testamentsvollstrecker von morgen?, in Die Steuerberatung 2007, 415 – 422.
24 Grunewald/Henssler, NJW 2003, 1099, 1100. Zur Vereinbarkeit privater Qualifizierungshinweise mit § 43 Abs. 2 StBerG im Lichte des Grundgesetzes vgl. Pestke, stbg 2007, 90 ff.

Die Auswahl des auf die eigenen Vorstellungen und Bedürfnisse hin ausgerichteten Spezialisierungslehrganges sollte daher mit Sorgfalt erfolgen. Wer auf das Fortbildungsbudget achten möchte, wird darüber hinaus auch Kurse in Erwägung ziehen, die aufeinander aufbauen und Redundanzen vermeiden.

I. Arbeitsgemeinschaft Testamentsvollstreckung und Vermögenssorge (AGT)

Die im Frühjahr 1997 gegründete Arbeitsgemeinschaft Testamentsvollstreckung und Vermögenssorge (AGT)[25] e.V. gilt als die einzige **interdisziplinäre Vereinigung** von natürlichen und Vertretern juristischer Personen aus den Bereichen der rechts- und steuerberatenden Berufe sowie der Banken in Deutschland. Sie versteht sich als **berufsständische Interessenvertretung** und ist zugleich Institution zum Gedanken- und Informationsaustausch ihrer Mitglieder, zur öffentlichen Meinungsbildung sowie zur Fortentwicklung des Rechts. Sie veranstaltet den Deutschen Testamentsvollstreckertag. Wer sich nach den von ihr erarbeiteten Richtlinien aus- und fortbilden lässt, erhält die Bezeichnung „Zertifizierter Testamentsvollstrecker (AGT)". Ein Zusatznutzen dieser Ausbildung besteht darin, dass der Interessant – in Abhängigkeit vom Lehrgangsveranstalter – die Möglichkeit hat, Teile der Zertifizierungkurse auf eine spätere Fachberaterausbildung des Deutschen Steuerberatervereins (DStV) anrechnen zu lassen. 24

II. Deutsche Vereinigung für Erbrecht und Vermögensnachfolge (DVEV)

Die Deutsche Vereinigung für Erbrecht und Vermögensnachfolge (DVEV) e.V.[26] wurde im Jahr 1995 gegründet. Sie verfolgt das Ziel der Information und Aufklärung der Bevölkerung über alle Fragen rund um das Erb-, Erbschaftsteuer- und Schenkungsteuer-Recht sowie die Fort- und Weiterbildung der auf dem Gebiet des Erbrechts und der Vermögensnachfolge tätigen Juristen, Steuerberater und verwandter Berufe. Die DVEV bietet den Praxislehrgang „Testamentsvollstreckung in der anwaltlichen und notariellen Praxis" an, nach dessen erfolgreichem Abschluss ein entsprechender Befähigungsnachweis erteilt wird. 25

III. European Business School (EBS)

Die European Business School gemeinnützige GmbH (EBS)[27] ist eine vom Land Hessen staatlich anerkannte Hochschule für Betriebswirtschaftslehre. Alleinige Gesellschafterin der GmbH ist die gemeinnützige Stiftung zur Förderung der European Business School, in der Firmen und andere Organisationen vertreten sind. Die EBS versteht sich als Top-Adresse für die Führungselite von morgen. Sie verzeichnet rund 220 Studienanfänger pro Jahr im Bachelor (B.Sc.) und 110 im Master (M.Sc.). Das Durchschnittsalter der Absolventen beträgt nach eigenen Angaben 23 Jahre. 26

25 Arbeitsgemeinschaft Testamentsvollstreckung und Vermögenssorge (AGT) e.V., Lievelingsweg 125, 53119 Bonn, www.agt-ev.de.
26 Deutsche Vereinigung für Erbrecht und Vermögensnachfolge e.V., Hauptstraße 18, 74918 Angelbachtal, www.dvev.de.
27 ebs European Business School gGmbH, Rheingaustraße 1, 65375 Oestrich-Winkel, www.ebs.de.

Im Bereich der Testamentsvollstreckung verfolgt die EBS einen auf die Ausbildung von Bankern zugeschnittenen Ansatz. Wer sich nach den von der EBS aufgestellten Richtlinien ausbilden lässt, erhält die Bezeichnung „Testamentsvollstrecker (ebs)“.

IV. Der Fachberater für Testamentsvollstreckung und Nachlassverwaltung (DStV)

27 Der Deutsche Steuerberaterverband (DStV)[28] bündelt seit 1975 die Interessen der Angehörigen der steuerberatenden Berufe. Er versteht sich als Mitgestalter für das aktuelle und zukünftige Umfeld des Berufsstandes und veranstaltet über das DStI den jährlichen Deutschen Steuerberatertag. Darüber hinaus unterstützt er seine Mitglieder bei der Qualitätssicherung. Wer sich nach den sog. Fachberaterrichtlinien fortbildet, erhält die Bezeichnung „Fachberater für …“ (DStV). Für den Bereich der Testamentsvollstreckung relevant ist der „Fachberater für Testamentsvollstreckung und Nachlassverwaltung (DStV)“ sowie in eingeschränkten Umfang bezüglich der erb- und vermögensgestalterischen Komponenten der „Fachberater für Testamentsvollstreckung und Nachlassverwaltung (DStV)“. Ein Zusatznutzen dieses Ausbildungsganges besteht darin, dass der Interessant die Möglichkeit hat, Kurse aus dem Zertifizierungslehrgängen der AGT auf die Fachberaterlehrgänge anrechnen zu lassen.

V. Zertifizierung von Testamentsvollstreckern im Vergleich

Anbieter	Arbeitsgemeinschaft Testamentsvollstreckung und Vermögenssorge (AGT) e. V.	Deutscher Steuerberaterverband (DStV) e. V.	Deutsche Vereinigung für Erbrecht und Vermögensnachfolge e.V. (DVEV)	EBS Finanzakademie
Webseite	www.agt-ev.de	www.dstv.de	www.dvev.de	www.ebs-finanzakademie.de
E-Mail-Kontaktadresse	info@agt-ev.de	dstv.berlin@dstv.de	bittler@dvev.de	info@ebs-finanzakademie.de
zu verleihende Bezeichnung	Zertifizierter Testamentsvollstrecker (AGT)	Fachberater Testamentsvollstreckung und Nachlassverwaltung (DStV)	Zertifizierter Testamentsvollstrecker (DVEV)	Testamentsvollstrecker (EBS)
Testamentsvollstreckerregister	Ja	Ja	Ja	Ja

28 Deutscher Steuerberaterverband e.V. (DStV), Littenstraße 10, 10179 Berlin, www.dstv.de.

Anbieter	Arbeitsgemeinschaft Testamentsvoll-streckung und Vermögenssorge (AGT) e. V.	Deutscher Steuerberater-verband (DStV) e. V.	Deutsche Vereinigung für Erbrecht und Vermögens-nachfolge e.V. (DVEV)	EBS Finanz-akademie
Nachweis theoretischer Kenntnisse	Teilnahme an von der AGT anerkannten Lehrgängen (i.d.R. 38 Zeitstunden) und Bestehen je einer 90-minütigen Klausur in den Bereichen Allgemeines Erbrecht (verzichtbar für Volljuristen) Testamentsvollstreckung I (verzichtbar für Fachanwälte und Absolventen eines Lehrgangs Fachanwalt für Erbrecht) Testamentsvollstreckung II	Teilnahme an von der DStV anerkannten oder vom DStI und seinen Mitgliedsverbänden veranstalteten Lehrgängen mit einer Mindestdauer von 120 Zeitstunden und Bestehen von mindestens zwei Klausuren mit einer Gesamtbearbeitungszeit von mindestens 270 Minuten.	Teilnahme am DVEV-Testamentsvollstreckerlehrgang (10 Zeitstunden) und erfolgreiche Teilnahme an einem Testat (Klausur) über das erworbene Wissen.	Teilname am Kompaktstudium Testamentsvollstreckung der EBS Finanzakademie (45 Zeitstunden) und Bestehen einer 200-minütigen Klausur.
Nachweis praktischer Fertigkeiten	zwei Jahre lang ausgeübte Tätigkeit als Rechtsanwalt, Justitiar, Richter, Notar, Rechtsbeistand, der Mitglied einer Rechtsanwaltskammer ist, Wirtschaftsprüfer, Steuerberater, vereidigter Buchprüfer oder certified estate planner (cep) oder durch drei erfolgreich durchgeführte Testamentsvollstreckungen, die der AGT gegenüber nachgewiesen werden	drei Jahre ausgeübte Tätigkeit als Person nach § 3 StBerG und zwei Fälle, die der Antragsteller persönlich auf dem Gebiet der Testamentsvollstreckung und Nachlaßverwaltung bearbeitet hat oder fünf Fälle bei weniger als dreijähriger Berufstätigkeit (Als Fall gilt beispielsweise: Jede Beratung des Mandanten auf dem Gebiet der Nachfolgeplanung und -gestaltung, der strategischen Finanz- und Vermögensplanung, die Übernahme von Testamentsvollstreckungen und Nachlaßverwaltungen u.v.m.)	nicht erforderlich	nicht erforderlich

1

Anbieter	Arbeitsgemeinschaft Testamentsvoll-streckung und Vermögenssorge (AGT) e. V.	Deutscher Steuerberater-verband (DStV) e. V.	Deutsche Vereinigung für Erbrecht und Vermögens-nachfolge e.V. (DVEV)	EBS Finanz-akademie
Vermögen-schadenhaft-plichtversi-cherung	mindestens 100.000 EUR pro Testaments-vollstreckung	gesetzlich vorgeschrie-ben (StBerG)	nicht erforderlich	nicht erforderlich
Fortbil-dungsver-pflichtung	15 Zeitstunden in drei Jahren als Teilnehmer einer Vortragsveran-staltung oder Fachver-öffentlichungen oder eigene Vortragsveran-staltungen auf dem Ge-biet der Testamentsvoll-streckung. Nachweis für Rezertifizierung nach drei Jahren erforderlich.	10 Zeitstunden p.a. als Teilnehmer einer Vortragsveranstaltung oder Fachveröffentli-chungen oder eigene Vortragsveranstal-tungen auf dem Ge-biet der Testaments-vollstreckung	nicht erforderlich	Zur freiwil-ligen Fort-bildung er-halten die Teilnehmer Zugang zum EBSNet, dem kostenpflich-tigen Interne-tangebot der EBS Finanza-kademie.
Kosten der (Erst)Zertifi-zierung	Besuch der Lehrveran-staltungen (bei Anbie-ter Fachseminare von Fürstenberg GmbH&co. KG): 1.360 EUR inkl. MwSt. (komplett) 980 EUR inkl. MWSt ohne Allgemeines Erbrecht 490 EUR inkl. MWSt. ohne Allgemeines Erb-recht und ohne Testa-mentsvollstreckung I Klausurgebühr: 50 EUR inkl. MwSt. pro Klausur Bearbeitung des Zerti-fizierungsantrags: 350 EUR inkl. MWSt.	Besuch der Lehr-veranstaltungen (bei Anbieter Fachsemi-nare von Fürstenberg GmbH&co.KG): 3.300 EUR inkl. MwSt. für Verbandsmitglieder 3.600 EUR inkl. MwSt. für alle anderen Teil-nehmer Absolventen des Kompaktlehr-gangs "Zertifizierter Testamentsvollstre-cker (AGT)" sind von fünf von 18 Unter-richtstagen befreit. Die Kursgebühr re-duziert sich anteilig. Klausurgebühr: 120 EUR inkl. MwSt. für beide Klausuren	Besuch der Lehr-veranstaltungen: 400 EUR zzgl. MwSt für DVEV-Mitglieder oder Mitglieder der AG Familienrecht im DAV 500 EUR zzgl. MwSt für Nichtmitglieder Klausurgebühr: 50 EUR zzgl. MwSt.	2.250 EUR zzgl. MwSt. (Kosten für Besuch der Lehrveran-staltungen und Klau-surgebühr) Absolventen des Intensiv-studiums Es-tate Planning und Certified Foundati-on and Es-tate Planner zahlen 2.100 EUR zzgl. MwSt.
Rezertifizie-rung	alle drei Jahre	(lfd. Fortbildungs-nachweis)	nicht erforderlich	nicht erforderlich

1

Anbieter	Arbeitsgemeinschaft Testamentsvoll-streckung und Vermögenssorge (AGT) e. V.	Deutscher Steuerberater-verband (DStV) e. V.	Deutsche Vereinigung für Erbrecht und Vermögens-nachfolge e.V. (DVEV)	EBS Finanz-akademie
Vorausset-zungen für Rezertifizie-rung	Fortbildungsnachweis und Nachweis der Un-terhaltung einer Ver-mögenschadenhaft-plichtversicherung	-	-	-

§ 2 Financial Planning und Estate Planning als Voraussetzung moderner Testamentsvollstreckung

A. Die Systematik der Finanz- und Nachfolgeplanung

I. Geordnete Nachfolgeregelung – ein originäres Interesse der Banken

1 Es kann durchaus als ein Verdienst der Banken angesehen werden, das Erfordernis nach einer geordneten Nachfolgeregelung in breiteren Kreisen der Bevölkerung bekannt gemacht zu haben. Dass sie damit zugleich auch eigene Interessen verfolgen, ist in diesem Zusammenhang nicht als schändlich anzusehen, sondern unserem Wirtschaftssystem geschuldet.

Im Bereich der Unternehmen ergibt sich das Interesse der Kreditinstitute an einer geordneten Nachfolgeregelung aus dem Scoring für Firmenkunden. Im Privatkundensegment überwiegt die Sorge um den Verlust ertragreicher Kundenbeziehungen. Durch eine konsequente Betreuung im Rahmen des Generationenmanagements soll die Geschäftsbeziehung über den Tod des Erblassers für das eigene Haus sichergestellt werden.

Die Testamentsvollstreckung im Bereich der Privatkunden spielt für Kreditinstitute in der Breite zwar immer noch eine eher untergeordnete Rolle, wird aber teilweise mit erheblichem Marketingaufwand propagiert. Anders verhält es sich mit der Testamentsvollstreckung an Unternehmen. In diesem Bereich sind die Banken nicht zuhause, hier kann nur an die Verantwortung der Kreditinstitute appelliert werden, ausgewiesene Experten hinzuzuziehen. In der Praxis nehmen die Banken diese Verantwortung auch wahr.

1. Das Verständnis von Finanzplanung (Financial Planning)

a) Überblick

2 „Financial Planning (FP) ist eine ganzheitliche Beratungsdienstleistung, die als ein systematisch koordinierter Planungsprozess – bestehend aus Auftragsvergabe, Datenaufnahme, Analyse, Planung, Dokumentation, Betreuung mit Realisierung und periodischer Kontrolle – organisiert ist. Financial Planning soll den Menschen in seinen möglichen Rollen als wirtschaftlich handelndes Individuum, Familienangehörigen oder Unternehmer in die Lage versetzen, seine durch den Eintritt oder die Erwartung bestimmten Lebensereignisse ausgelösten finanziellen Ziele zu konkretisieren und unter Berücksichtigung der spezifischen finanziellen, persönlichen und familiären Ausgangslage zu optimieren.“[1]

1 Tilmes, Rolf: Financial Planning im Private Banking. Kundenorientierte Gestaltung einer Beratungsdienstleistung. Bad Soden/Ts. 2002: 15 f.

Im Bild eines „Finanzarztes" gesprochen geht es um eine umfassende Anamnese (griech.: Erinnerung), welche die quantitativen Daten des konkreten Individuums aufnimmt und die Geld-Erfahrungen notiert und in einer handlungsfähigen Therapie mündet. Die vererbende Generation kennzeichnet sich durch die Erfahrung der Geldentwertung und den Aufbau nach den Kriegswirren und weist damit eine andere Beziehung zum Geld- und Sachvermögen als die Erbengeneration. Dies wird jedoch nicht so bleiben. Mit der Generation der heute Fünfzigjährigen stehen bereits die Wirtschaftswunderkinder mit ganz anderen Beratungsbedürfnissen in den Startlöchern. So steht die detaillierte finanzielle Versorgung im Alter ebenso auf der Agenda wie eine zielgerichtes Vermögensübertragungsregime bei komplexer sich gestaltenden Lebenswirklichkeit („Patchwork-Familien"; Bastelbiographien).

Den Regelkreislauf des Finanzplanungsprozesses mit den Nebenbedingungen zeigt folgende Grafik: 3

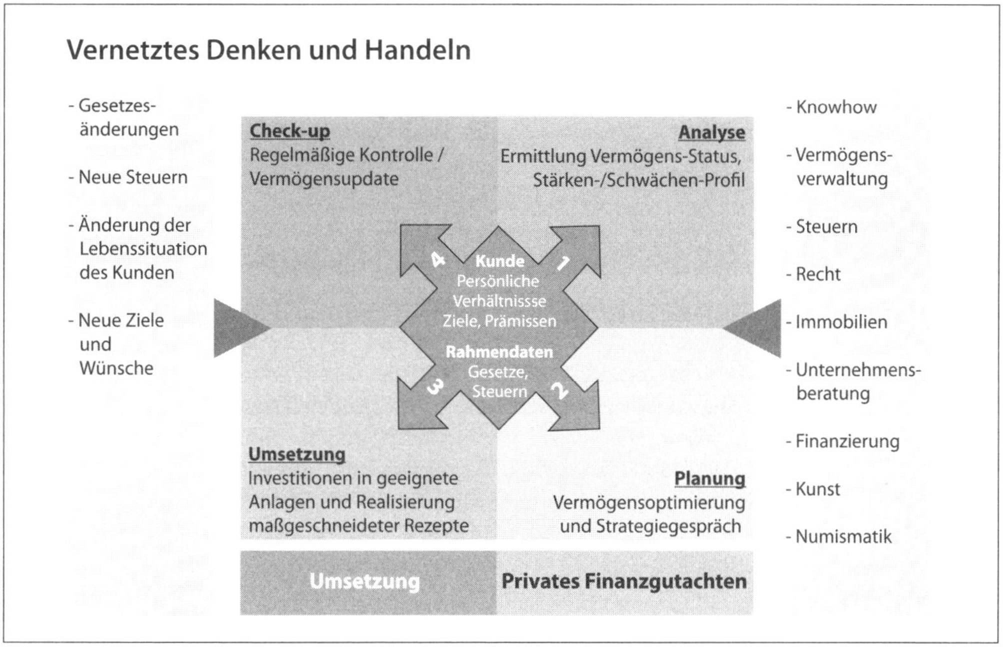

Die einzelnen Teilgebiete stehen in einer vernetzten Grundstruktur. Die Immobilieninvestition steht in Beziehung zur Refinanzierungsstruktur, hat steuerliche Komponenten, bedarf einer angemessenen Absicherung diverser Risiken und einer separaten Betrachtung bei einer Nachfolgeplanung unter dem Gesichtspunkt Erbengemeinschaft.

Der Finanzplan umfasst folgende Teilgebiete: 4

- Vermögensplanung
- Liquiditätsplanung
- Steuerplanung
- Investitions- und Finanzierungsplanung
- Vorsorgeplanung
- Altersversorgung
- Unternehmensnachfolge

5 Unter Vorsorgeplanung ist nicht die Analyse des Risikos einzelner Vermögensgegenstände oder des Gesamtvermögens gemeint. Vielmehr steht die Analyse der allgemeinen Lebensrisiken im Mittelpunkt:

- Krankheit und Pflege
- Berufsunfähigkeit
- Tod

6 Ohne eine bedarfsgerechte Absicherung der wichtigsten Lebensrisiken kann jede Vermögens-, Einkommens- und Liquiditätsplanung zur Makulatur werden. Als Ausgangspunkt eines Risiko-Szenarios wird grundsätzlich die Prämisse gewählt, dass der bisherige ökonomische Lebensstandard beibehalten werden soll. Das bedeutet, dass die bisherigen Lebenshaltungskosten auch im Risikofall zu erbringen sind, eventuell erhöht durch Kosten für Pflege, Medizin etc.

Praxishinweis:

Diese Überlegungen sind auch für den Testamentsvollstrecker von Bedeutung. Im Rahmen seiner Tätigkeit z.B. für minderjährige Erben muss er diese Risiken zusammen mit einem Finanzplaner erörtern und eine individuell angepasste Strategie entwerfen. Sollte ein berufliches Intermezzo im Ausland anstehen, so ist bei einer privaten Krankenversicherung die Anwartschaft zur sichern und hierfür ein Budget einzuplanen.

b) Die Grundsätze der ordnungsgemäßen Finanzplanung und der ganzheitlichen Beratung

7 Der hohe Anspruch an die Arbeit eines zertifizierten Finanz- und Nachfolgeplaners spiegelt sich in den Grundsätzen ordnungsgemäßer Finanzplanung (GoF) wider: Vollständigkeit, Vernetzung, Individualität, Richtigkeit, Verständlichkeit, Dokumentationspflicht und Einhaltung der Berufgrundsätze (Objektivität, Neutralität, Integrität, Vertraulichkeit, Kompetenz und Professionalität). Innerhalb der Systematik der Finanzplanung wird in zwei Phasen unterschieden:

- produktneutrale Finanzplanungsphase mit den Teilschritten Auftragsvergabe, Datenaufnahme, Analyse und Planerstellung, Präsentation und Strategiegespräch und
- die Umsetzungsphase.

Für die erste Phase gelten die GoF. Der Finanzplaner ist ausschließlich dem Kundeninteresse verpflichtet und sollte in der Regel honorarpflichtig sein. In der zweiten Phase gelten die Berufsgrundsätze Kompetenz und Professionalität ohne Abstriche.

8 Unabhängig davon, in welcher Form die Dienstleistung erbracht wird, ist der zentrale Grundsatz, durch den sich diese Form der Beratung z.B. von der Kapitalanlageberatung unterscheidet, der Grundsatz der Ganzheitlichkeit. Hierbei wird nicht nur zu einer einzelnen Kapitalanlage beraten, sondern es werden alle Faktoren der finanziellen, aber auch der persönlichen Lebenssituation und -planung berücksichtigt. Es müssen also folgende Aspekte in Betracht gezogen werden:

- Vermögen und Schulden
- Struktur des Vermögens und der Fremdfinanzierung
- Einnahmen und Ausgaben incl. Lebenshaltungskosten
- Steuerbelastung
- Renditen der Vermögensanlagen und zukünftige Wertentwicklung.

2. Das Verständnis von Nachfolgeplanung (Estate Planning)

Estate Planning (EP) ist ein rollierender, systematischer Planungsprozess der Vorbereitung zur Sicherung, Konservierung und Übertragung von Vermögen an die geplanten Nachfolger im Sinne des Vermögensinhabers. Dieser findet unter Berücksichtigung der spezifischen finanziellen, steuerlichen, rechtlichen, persönlichen und familiären Ausgangslage statt. Die Sichtweisen der abgebenden und aufnehmenden Generation sind in den Blick zu nehmen. In einem Bild ausgesprochen ist Estate Planning in letzter Konsequenz als Brücke zwischen Erblasser und Erben / Dritte zu sehen. Zur Bewältigung dieser Aufgabe bedarf es der Synergieeffekte unterschiedlicher Professionen, die wie nachfolgend grafisch zusammengefasst werden können. 9

Systematik der Finanz- und Nachfolgeplanung als Beratungsprozess

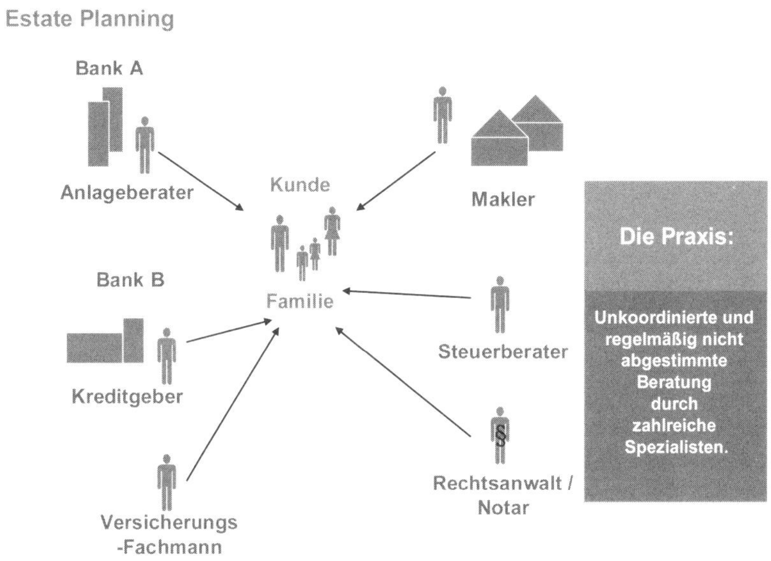

Das Mutterland der Nachfolgeplanung sind die Vereinigten Staaten. Nach dem dortigen Verständnis gehören Nachfolgeplanung nicht nur die notwendigen Schritte bezogen auf den unmittelbaren Vermögensübergang im Todesfall in den Fokus, sondern auch die notwendigen Maßnahmen zur Sicherung einer weitereichenden Einflussmöglichkeit auch im Falle einer vorübergehenden körperlichen und geistigen Behinderung. Der Mensch als risikobehaftetes Individuum sieht sich permanent mit seiner Kontingenz in Berührung und muss sich nolens volens mit der Faktizität seiner eigenen Vergänglichkeit befassen. Nur weiß er halt nicht, wann ihn der Tod aus dem Leben holt. Somit gehören auch sogenannte Notfallpläne in eine ganzheitliche Planung. 10

3. Überblick über den Markt

Die Zielgruppe der Personen, die für Financial und Estate Planning aus Bankensicht in Betracht kommen, liegt In Deutschland ca. 1,6 Mio und machen einen Anteil von 1,9 % an der Landesbevölkerung aus. Damit liegt Deutschland im europäischen Vergleich an der Spitze. Sie werden als 11

High-Net-Worth-Individuals bezeichnet und verfügen über ein Vermögen von mehr als 500.000 EUR. Der Anteil der über 61-jährigen liegt bei rund 36 %.[2]

Innerhalb der Zielgruppen wird typischerweise wie folgt differenziert:

Vermögen	Gruppierung
Affluent	ab 100.000 EUR Vermögen
HNWI (High-Net-Worth-Individuals)	ab 500.000 EUR Vermögen
VHNWI (Very-High-Net-Worth-Individuals)	ab 5.000.000 EUR Vermögen
UHNWI (Ultra-High-Net-Worth-Individuals)	ab 50.000.000 EUR Vermögen

Quelle: PWC, Global Wealth Management Survey, 2005

Für die Vermögensaufteilung der HNWIs zeigt der World Wealth Report 2006 folgendes Bild:

- Aktien 30 %,
- Renten 21 %,
- Immobilien 16 %,
- Alternative Anlagen 20 %
- Liquidität 13 %.

Bemerkenswert sind die Bewegungen in den Anlageklassen innerhalb kurzer Zeiträume. So stieg der Aktienanteil innerhalb eines Zeitraumes von fünf Jahren um 50 % und sank der Rentenanteil gleichzeitig um rund 45 %. Einen Aufschwung erfuhren die alternativen Investments mit 100 %.

Die Testamentsvollstreckung siedeln die Banken in den Bereich Finanz- und Nachfolgeplanung innerhalb des Private (Wealth) Banking an. Ein (interner) Support umfasst die Rechts- und Steuerabteilung, das Immobilien- und Versicherungsmaklerbüro und selten auch die Hausverwaltung. Dass ein Koordinator eingesetzt wird und dieser geeignete Personen hinzu zieht, die fachliche Expertisen aufweisen, ist wichtig und wird in der Praxis regelmäßig auch so gehandhabt. Insbesondere, wenn der Bankkunde bereits über eine gefestigte Beziehung zu einem Steuerberater oder Rechtsanwalt verfügt, werden diese Fachleute auch bereits im Vorfeld einer Testamentsvollstrekkung in die Nachfolgeplanung einbezogen.

4. Die Qualifikation des Finanz- und Nachfolgeplaners

12 In Deutschland gibt es eine Reihe hoch spezialisiert Ausbildungsgänge mit Zertifizierungsmöglichkeiten. Insoweit zeigt sich hier eine Vergleichbarkeit zur Entwicklung bei den Testamentsvollstrecker.[3] Um den nachhaltig hohen Standard bei den Beratern zu gewährleisten, finden periodisch Rezertifizierungen auf der Grundlage des Nachweises von zugelassenen Fortbildungsmodulen statt. Dabei wird die gesamte Spannweite des Finanzplanungswissen (Vermögensanlage, Immobilienökonomie, Versicherungswesen, rechtliche und steuerliche Grundlagen und Nachfolgeplanung) eingeholt.[4]

2 Aus der Vielzahl der Schlagzeilen sei nur diese zitiert: „15,1 Millionen Haushalte erben in den nächsten Jahren zwei Billionen €. Dabei haben nur 36,6% aller volljährigen Deutschen Vorsorge für den Nachlass getroffen.“ (präsentiert auf der Fachtagung Lombard Odier Darier Hentsch 23.-25.03.2007 in Zürich). Nach anderen Quellen (Volksbund) verfügen 77% aller Deutschen über keinerlei letztwillige Verfügung. Von den verbleibenden 23% erweisen sich nur 3% der Regelungen als wirksam.

3 Siehe oben § 1.

4 Eine Übersicht zu den Ausbildungsträger und das Leistungsspektrum findet sich in der Ausgabe 5.2007 des Magazins Cash. Abfrage über das Internet unter: http://www.fpsb.de/presse/publikationen/Cash_2.pdf.

5. Der Steuerberater als Finanzplaner

Das Berufsrecht ermöglicht dem Steuerberater alle üblichen Beratungstätigkeiten bis hin zur wirtschaftlichen Empfehlung. Die Grenzen sind eindeutig markiert: Die Berufsträger sind zur Unabhängigkeit und Objektivität verpflichtet und die Mandanten treffen die Entscheidungen selbst. Im Gegensatz zu den Finanzdienstleistern fehlt hier die Nähe zum Produktverkauf. Der Mandant erwartet und erhält vom Berater die Herstellung einer für die Entscheidungsfindung notwendigen Transparenz oft komplexer Ausgangssituationen. 13

Praxishinweis:

Die Resonanz von Mandanten auf ein solches Angebot der steuerberatenden Berufe wird in der Praxis sehr positiv gesehen, wobei aus berufsrechtlichen Erwägungen die Zusammenarbeit mit einem Honorarberater empfohlen wird, der Knowhow und Technik in Form eines Back-Office zur Verfügung stellt.[5] Damit stellt die Finanz- und Vermögensplanung durch Steuerberater zugleich auch eine sinnvolle Ergänzung zum Geschäftsfeld der Testamentsvollstreckung dar. Eine nicht zu verachtender Aufwand entsteht durch die Recherchen im Rahmen der Dokumentation beim Status-quo.

Die Vereinbarung einer produktunabhängigen Vergütung für die Finanzplanung dürfte für Steuerberater – im Gegensatz zu Finanzdienstleistern – kein nennenswertes Problem darstellen. Durchschnittlich kann mit einem Budget von 20 – 40 Arbeitsstunden kalkuliert werden, wobei es zu erheblichen Abweichungen je nach Auftragsumfang und konkreter Fragestellung kommen kann. Als Alternative zu einer Stundensatzvereinbarung hat sich in der Praxis die Vereinbarung eines Festpreises für jede Einzelanlage (z.B. Analyse je Immobilie 200 EUR, Versicherungscheck je Vertrag 50 EUR u.s.w.) bewährt. Ein Pauschalhonorar für den Gesamtplan scheint dem Mandanten oft weniger nachvollziehbar. Er bietet zwar subjektiv für den Mandanten die Sicherheit der von ihm zu erbringenden Leistung, regelmäßig bleibt bei solchen Vereinbarungen aber die Bemessung der Gegenleistung offen. Auf jeden Fall unterstützt Preistransparenz die Akzeptanz jeder Form von Vergütungsvereinbarung.

An einer solchen Preistransparenz fehlt es bislang beim Angebot der Banken. In ihrer Mehrzahl konnten sie sich bislang – jedenfalls in Deutschland – zu einer Honorarberatung nicht durchringen. Im Ausland wird dies bereits anders gesehen. Die Kantonalbank Luzern präsentiert auf ihrer Homepage die Honorarberatung im Private Banking eine übersichtliche Vergütungsliste. Danach beträgt der Stundensatz für die Erstellung einer Finanzplanung 200 CHF.[6] 14

Mit Interesse wird in Deutschland die von der Quirin-Bank[7] eingeleitete Entwicklung zu beobachten sein. Nach diesem Modell wird eine honorarpflichtige Beratung und offene Produktarchitektur kombiniert mit dem Wegfall hoher Vermittlungsprovisionen.[8]

5 Vgl. Farkas-Richling/Wolfgang Staab, Unabhängige Vermögensberatung durch Steuerberater, BBV 2005, 26 ff.

6 Vgl. http://www.lukb.ch/Meta/Konditionen/konditionen_financial_planning.htm (02.05.2008).

7 Die Bank weist auf ihrer homepage (http://www.quirinbank.de/quirin/cms/quirin/de_3888.html) auf die Erstattung der Vermittlungsprovision und Innenprovision hin. Im Gegenzug zahlt der Anleger eine monatliche „flate rate" von 75 EUR. Blättert der Interessent weiter, entdeckt er die Kostenposition „20 % vom echten Anlageerfolg."

8 Hierin dürfte die Zukunft der Vergütungsmodelle im Bereich der Banken liegen. Die jüngste Studie „Private Banking/Wealth Management Survey 2007" von PriceWaterhouseCoopers weist auf das Auslaufmodell einer rein emotional gesteuerten Bank-Kunden-Beziehung zu Gunsten einer stärkeren Professionalität in der Beratungsqualität. Der Banker als „relationship-Manager" singulär hat ausgedient. Besser passt das Bild des „Finanzarztes". Hiernach muss der Bankenbetreuer als Koordinator mit hoher Fachqualifikation und Verständnis für vernetztes Denken seine Qualitäten unter Beweis stellen. Die überwiegend noch segmentbezogene Kundenbetreuung ist obsolet und muss einer problemorientierten Kundenbegleitung weichen. Zu harmonisieren ist dies mit einer offenen Produktarchitektur und einer langfristigen Kundenbegleitung durch einen Bankenbetreuer (Stichwort: „Karriere am Kunden" und nicht regelmäßiger Berateraustausch).

II. Musterbeispiel: Von der finanzplanerischen Aufbereitung eines Lebenssachverhaltes zur späteren Testamentsvollstreckung

1. Der Sachverhalt

15 Die Eheleute Rosemarie und Hans H. sind seit über 40 Jahren verheiratet. Herr H. betreibt mit 64 Jahren eine Landschaftsgärtnerei in der Rechtsform einer GmbH. Frau H. zog sich aus dem Unternehmen vor einigen Jahren nach einem Unfall zurück. Aus dieser Ehe gingen zwei Kinder hervor. Tochter T verantwortet den kaufmännischen Bereich und ist kinderlos verheiratet. Der Sohn S. arbeitet ebenfalls im elterlichen Betrieb.

Der Vermögensstatus stellt sich wie folgt dar:

Bezeichnung	Anteil	EUR	Bezeichnung	Anteil	EUR
Aktiva	100%	2.236.437	Passiva	100%	2.236.437
A. Liquides Vermögen	53,2%	1.190.494	A. Darlehen	6,4%	143.915
Geldwerte	1,0 %	736.196	Gerwerbebetrieb		0
Wertpapiervermögen	1,0 %	454.298	Immobilien		143.915
B. Immobilien	43,2	965.399	Selbständige Tätigkeit		0
Eigengenutzte Immobilien		175.000	Kapitalvermögen		0
Fremdgenutzte Immobilien		790.399			
Geschlossene Immobilienfonds		0			
C. Beteiligungen	0%	0	B. Sonstige Verbindlichkeiten	0%	0
Unternehmensbeteiligungen		0			
Geschlossene Fonds		0			
D. Versicherungen	1,7%	37.881	C. Eigenkapital	93,6%	2.092.522
Kapital-Lebensversicherungen		37.881			
Fondsgeb. Lebensversicherungen		0			
Rentenversicherungen		0			
E. Sonstige Vermögenswerte	1,9%	42.663			

Dabei verteilen sich die Einnahmen wie folgt:

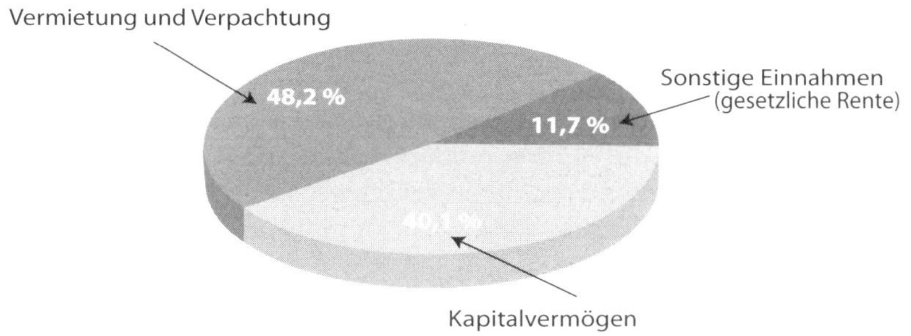

Im Rahmen der mittelfristigen Finanzplanung geht es den Eheleuten H. um die Frage der finanziellen Sicherung des Lebensstandards im Alter. Bei einem Berufsausstieg im Jahr 2010 stehen Ausgaben über 40,8 TEUR Einnahmen in Höhe von 68,7 TEUR gegenüber. 16

2. Der konkrete Planansatz

Im Rahmen einer privaten Einnahmen- / Ausgaben-Rechnung werden – ähnlich wie bei der Gewinnermittlung – die Geld-Zuflüsse und Geld-Abflüsse gemessen und erfasst. Sie unterscheidet sich aber hiervon in der Weise, dass keine Abschreibungen (AfA) erfasst werden. Es werden ausschließlich Geldströme berücksichtigt. Die Wertveränderungen des Gesamtvermögens gelangen mit in die Gesamtschau. 17

Praxishinweis:

Wichtig für die Finanzplanung ist der gewonnene Wert der freien Liquidität, der für die Vermögensbildung zur Verfügung steht. Im vorliegenden Fall stehen 17,9 TEUR zur Disposition.

Eine Analyse des Vermögens ergibt im vorliegenden Fall, dass die meisten Immobilien aus den 70-iger Jahren stammen, die Mieter alteingesessen sind und es einen erheblichen Renovierungsstau gibt. Bei einer Anschlussvermietung müssten Preiszugeständnissen gemacht werden und Sanierungsmaßnahmen für eine zeitgemäße Ausstattung und Energiebewirtschaftung erfolgen. Bei allen bisherigen Überlegungen unberücksichtigt geblieben ist eine Ferienwohnung in einer Alpenrepublik.

Weiterhin ist festzustellen, dass die liquiden Vermögensanlagen nicht zielorientiert, sondern eventgetrieben erfolgten und nicht zur deklarierten konservativen Risikoklassifikation der Eheleute H. passen. In der Vergangenheit erwarben sie überdurchschnittlich viele hoch verzinsliche Unternehmensanleihen mit teilweise niedriger Bonitätseinstufung.

Der Sohn ist mit 10 % an der GmbH neben seinem Vater beteiligt. Der Gesellschaftsvertrag sieht für den Todesfall von Herrn H. den Eintritt seiner Tochter vor.

Bei der familiären Anamnese ergibt sich, dass Sohn S spielsüchtig ist. Jährlich unterstützen die Eltern ihn mit einem fünfstelligen Betrag. Seine Leidenschaft führte bereits zu einer Verschuldungsproblematik. Mittlerweile ist er geschieden. Er zahlt unregelmäßig Unterhalt für sein Kind. Die Tochter lebt zu ihrem Bruder auf Distanz und will mit ihm privat nicht verkehren. Als Unternehmensnachfolger scheidet Sohn S nach den Vorstellungen der Eltern wegen seiner Spielsucht aus. Auch Tochter T kommt nicht in Betracht. 18

Im Rahmen der Ermittlung der erbrechtlichen Vorstellungen ergibt sich, dass die Eheleute über ein handschriftliches Berliner Testament verfügen, das sie ohne Beratung niedergeschrieben haben. Bei der Eheschließung vereinbarten sie vor dem Hintergrund der „Haftung für das Unternehmen“ die Gütertrennung.

Die bisherigen Bemühungen um einen Unternehmensverkauf gestalteten sich überaus schwierig. In diesem Zusammenhang fällt die Position Pensionsrückstellung in der Bilanz auf, die nach einer ersten Überprüfung durch einen Versicherungsmathematiker eine signifikante Unterdeckung aufweist. Die Mandanten rekurieren ihre Einschätzung zum Unternehmenswert anhand des Betriebsergebnisses der vergangenen Jahre.

Nach ihren Zielvorstellungen möchten die Eheleute H. der Gemeinschaft etwas von dem erfahrenen Lebensglück zurückgeben und überlegen die Gründung einer gemeinnützigen Stiftung, deren Ziel die Unterstützung von Familien in sozial benachteiligten Lebensumfeld sein soll. Gleichzeitig wollen sie aber auch ihre Kinder bedenken. Familienrechtler machen noch auf eine oft übersehene Tretmiene aufmerksam. Sollte der Sohn zeitlich relativ nah zum Scheidungszeitpunkt versterben, so kann die geschiedene Ehefrau noch Unterhaltsforderungen bis zur Höhe des fiktiven Pflichtteils, den Sie als Ehefrau hätte, geltend machen. (vgl. § 1585 b). So käme u.U. das Erbe der Eltern in unserem Beispiel teilweise in die Verfügungsgewalt der (ungeliebten) Ex-Schwiegertochter.

3. Die Ziele der Finanz- und Nachfolgeplanung

19 Ausgehend von den Vorgaben der Eheleute H. lassen sich die Ziele einer Finanz- und Nachfolgeplanung für den vorliegenden Fall wie folgt definieren:

- Überprüfung des Immobilienportfolios und Neustrukturierung in flexibel handelbare Einheiten
- Neupositionierung der liquiden Anlageformen unter Berücksichtigung des individuellen Chance-Risiko-Profils
- Liquide Vorsorge für den Pflegefall
- Überprüfung des Güterstandes
- Testamentarische Verfügung auf der privaten und unternehmerischen Ebene sowie für die Auslandsimmobilie der tatsächlichen Lebenswirklichkeit anpassen
- Überlegungen zum Thema Pflichtteilsverzicht / Pflichtteilsbeschänkung in guter Absicht
- Konzept für den Unternehmensübergang an einen Dritten.
- Ausfinanzierung der Pensionsrückstellung
- Konzept für eine (un-) selbstständige gemeinnützige Stiftung
- Immunisierungsstrategie gegen Vermögensübergang an die Ex-Schwiegertochter

Praxishinweis:

Da im vorliegenden Fall die Kompetenz der unterschiedlichsten Professionen angesprochen ist, wird das kollegiale Zusammenwirken der rechtlichen, steuerlichen und finanziellen Berater für das Gelingen der Planung und anschließende Umsetzung von essentieller Bedeutung sein.

4. Die Rolle des Testamentsvollstreckers

In der Systematik von Financial und Estate Planning ist die Testamentsvollstreckung wie folgt einzuordnen: 20

Der zeitliche Bezug von Financial Planning und Estate Planning

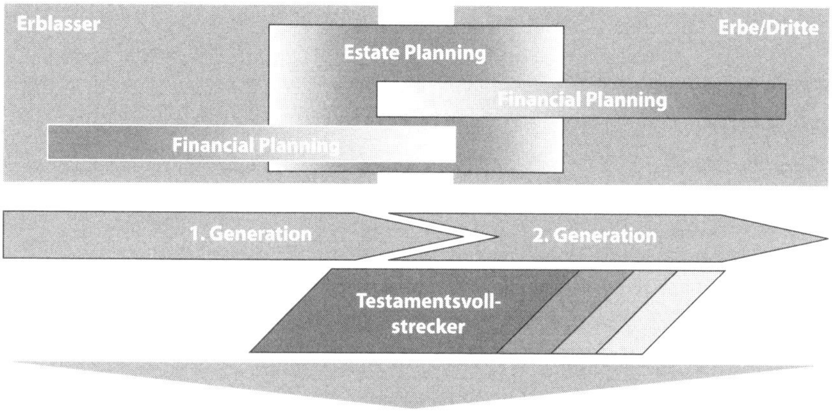

Durch das Estate Planning gibt es ein eindeutiges Verständnis über den zeitlichen Zusammenhang zum Generationenübertrag. Eine zielgerichtete Planung ebnet dem Testamentsvollstrecker den Weg für eine erfolgreiche Umsetzung des Willens des Vermögensinhabers.
Im Zusammenspiel mit Financial Planning, Estate Planning und Testamentsvollstreckung wird eine qualitative Beratung geboten, die ein Höchstmaß an Gestaltung und Sicherheit liefert. Der zeitliche Einsatz eines jeden steht dabei definitiv fest.

Der Testamentsvollstrecker als „Freund der Familie“ soll die Rolle eines Garanten und Mittlers der letztwilligen Verfügung des Erblassers übernehmen. In der Situation der Familie H. kann der Testamentsvollstrecker seine segensreiche Funktion an den verschiedensten Stellen einbringen, ohne dass hierzu eine einzige als abschließend und allein richtige Lösung vorgeschlagen werden kann. Insbesondere kann der Testamentsvollstrecker die Vermögenssorge für den suchterkrankten Sohn übernehmen und bei entsprechender Gestaltung den Zugriff von Eigengläubigern des Sohnes auf den ererbten Nachlass verhindern. Bei einer testamentarischen Verfügung zugunsten des Enkelkindes besteht vermutlich der Wunsch, dass die Vermögenssorge weder durch den spielsüchtigen Sohn, noch durch die geschiedenen Mutter ausgeübt wird. Hier könnte der Testamentsvollstrecker ebenfalls diese Aufgabe übernehmen. Sollte die Veräußerung des Unternehmens nicht mehr zu Lebzeiten des Herrn H. gelingen, etwa weil dieser unverhofft verstirbt, wäre diese Aufgabe ebenfalls durch den Testamentsvollstrecker zu vollenden. Die Gründung einer Stiftung kann postmortal erfolgen, wenn und soweit die Mittel zur Pflege- und Altersvorsorge durch die Eheleute H. nicht verbraucht werden mussten. Hierbei würde der Testamentsvollstrecker gleichsam die „Geburtshelferfunktion“ übernehmen. 21

Praxishinweis:

Neben der richtigen Auswahl der entsprechenden Spezialisten für die Nachfolgegestaltung ist bei einem derartigen Aufgabenumfang auch ein ganz besonderes Augenmerk auf die Auswahl der Person des Testamentsvollstreckers zu richten. Mit ihr „steht und fällt“ der Erfolg der Testamentsvollstreckung.

B. Schlussfolgerungen für die vermögensverwaltende Testamentsvollstreckung

22 Hat der Testamentsvollstrecker vermögensverwaltende Leistungen zu erbringen, steht er vor der Frage, ob er diese selbst oder unter Einsatz der bankmäßig vorgehaltenen Dienstleistungen erbringen soll. Beide Wege sind gangbar, wenn der Erblasser keine anderweitigen Anordnungen getroffen hat.

Praxishinweis:

Für die Entscheidung des Testamentsvollstreckers sollte letztendlich immer ausschlaggebend eine selbstkritische Einschätzung seiner eigenen Kenntnisse und Fähigkeiten sein. Nach § 2219 BGB haftet der Testamentsvollstrecker für jede Pflichtverletzung, die ihm bei der Führung seines Amtes unterläuft. Dabei kommt es bei dem anzulegenden Sorgfältigkeitsmaßstab nicht auf die individuellen Kenntnisse und Fähigkeiten des Testamentsvollstreckers an. Vielmehr wird ein objektiver Sorgfältigkeitsmaßstab angelegt.[9]

I. Die Vermögensverwaltung durch den Testamentsvollstrecker selbst

1. Grundpflichten des vermögensverwaltenden Testamentsvollstreckers

23 Als allgemeiner Orientierungshorizont für die Grundpflichten des vermögensverwaltenden Testamentsvollstreckers werden folgende Grundsätze formuliert[10]:

- Wirtschaftlichkeit: Vermeiden von Schaden und Nutzen von realistischen Chancen wie ein Treuhänder[11]
- Produktive Verwaltung: planvolle und Nutzen steigernde Geldanlage mit hinreichender Sachkenntnis
- Gebot der Diversifikation und Grenzen der Spekulation: Vermeidung von Klumpenrisiken, Aufteilung des Vermögens auf die o.g. Anlagemedien und disziplinierte Anlagen in Totalrisikopapiere
- Vermeidung von Interessenkonflikten

24 Umgesetzt auf die konkret zu treffenden Vermögensanlageentscheidungen ergeben sich folgende Verpflichtungen des Testamentsvollstreckers[12]:

---

9 Zu den Einzelheiten vergleiche unten § 10.

10 Vgl. Mayer/Bonefeld/Wälzholz/Weidlich, Testamentsvollstreckung, 2. Auflge 2005, Rn 106, 123 ff.

11 Vgl. LG München, Urt. v. 13.01.2006, 3 O 6959/05, WM 2006, 1073-1076: „Der Testamentsvollstrecker eines vererbten Aktienbestandes ist bei den Entscheidungen über die Behandlung des Vermögens grundsätzlich frei. Er ist bei Anlageentscheidungen nicht an die Grundsätze des „sichersten Weges" wie etwa Notare, Rechtsanwälte und sonstige Berater gebunden. Ihm sind nur solche Anlagen verwehrt, die nach Lage des Falles den Grundsätzen einer wirtschaftlichen Vermögensverwaltung zuwiderlaufen. Diese Grundsätze schließen die Eingehung eines kalkulierten Wagnisses nicht ohne weiteres aus."

12 Nach Zeising, Pflichten und Haftung des Testamentsvollstreckers bei der Verwaltung von Vermögen, 2004, Rn 258.

- Feststellung der Risikoakzeptanz (nach den Vorstellungen des Erblassers);
- Ermittlung der Anlageziele (Vermögenserhaltung, Vermögensmehrung, Liquidität);
- Ermittlung der Anlagestrategie;
- Überprüfung der vorgefundenen Anlageobjekte (Vermögensanalyse und ggfs. Anpassung an die festgestellte Risikoneigung);
- Auswahl neuer Anlageobjekte;
- ständige Überwachung der Vermögensentwicklung (Portfolioreview).

Gestaltungshinweis:

Zur Vermeidung von späteren Auseinandersetzungen mit den Erben über die Anlagerichtlinien empfiehlt es sich, dass der Erblasser bereits in seiner letztwilligen Verfügung Richtlinien für die Vermögensanlage niederlegt.[13]

Praxishinweis:

Unterbleibt – wie leider in der Praxis sehr häufig – in der letztwilligen Verfügung die Anordnung von Richtlinien für die Vermögensanlage, so sollte der Testamentsvollstrecker zum frühestmöglichen Zeitpunkt mit den Erben eine Verwaltungsvereinbarung schließen. In dieser Vereinbarung können neben den Grundsätzen der Nachlassverwaltung auch andere Dinge geregelt werden können, beispielsweise Fragen der Honorierung. In Abstimmung kann hier auch die unterschiedliche Risikomentalität oder -erfordernis der Erben bei Ereigniseintritt des Todes dokumentiert werden.

2. Das Grundwissen des Testamentsvollstreckers über Vermögensanlagen

Entscheidet sich der Testamentsvollstrecker, die Vermögensverwaltung selbst durchzuführen, ist es für ihn schon im Interesse einer Vermeidung der eigenen Haftung unabdingbar, wenigstens über das Grundlagenwissen der klassischen Vermögensanlagen und ihre Einbindung in die Finanzmärkte zu verfügen, auch wenn für den Pflichtenumfang zumindest nach der Instanzrechtsprechung nicht auf die allgemeinen von der Rechtsprechung aufgestellten Grundsätze zu einer Vermögensverwaltung zurückgegriffen werden können soll.[14] 25

a) Das Verständnis von der Asset Allocation

Der Grundgedanke der Vermögensaufteilung auf unterschiedliche Anlageklassen liegt in der Bildung von effizienten Portfolios. Diese ergeben sich, wenn es bei gleicher Rendite kein Portfolio mit einem geringeren Risiko gibt, oder zu einem Risiko ein Portfolio mit einer höheren Rendite gibt. Ein Anleger rechnet bei jedem Investment mit einer erwarteten Rendite. Er leitet sie aus der Vergangenheitsentwicklung und unter Berücksichtigung von zukünftigen Einflussfaktoren ab. 26

13 In diesem Zusammenhang stellt sich noch ein ganz anderes, praktisches Problem: Wie steht es um den Zeitschiene zwischen Todesfall und Annahme der Testamentsvollstreckung? Jemand muss sich verantwortlich zeigen in der Verwaltung des liquiden Vermögens (Summe aus Geld- und Wertpapiervermögen) bei einer Anlage in schwankungsanfälligen Märkten. Zur Absicherung dieses Risikos erscheint es unbedingt angezeigt, den Testamentsvollstrecker mit einer transmortale Vollmacht auszustatten, vergleiche unten § unten . Diese Überlegung ist nicht nur unter dem Gesichtspunkt der Testamentsvollstreckung in den Fokus zu nehmen, sondern auch mit Blick auf die Tatsache, dass bei progressiver (Alters-)Demenz eine aktive Vermögensanlageberatung mit dem potentiellen Erblasser de facto kaum noch möglich ist.

14 Vgl. LG München, Urt. v. 13.01.2006, 3 O 6959/05, WM 2006, 1073-1076.

Das Risiko als die Wahrscheinlichkeit ausgedrückt, diese erwartete Rendite tatsächlich zu generieren, bezeichnet man mit dem Begriff Standardabweichung. Die einzelnen Anlagen stehen miteinander in einem (historischen und damit abänderbaren) statisch ermittelbaren Zusammenhang (Korrelation).

27 Risiko selbst ist etymologisch ein neutraler Begriff und gibt die Spannweite zwischen Chance (positiv steigende) und Gefahr (negativ fallende Kurse) wider. Das reichhaltige Angebot an teilweise auch synthetischen Instrumenten zielt auf eine Reduzierung des downside risk ab.

Beispiel:

Typischerweise sind hier die Discount-Zertifikate zu nennen. Sie setzen sich zusammen aus dem Kauf einer Kaufoption („long call") mit dem Basispreis Null (stellt den Kauf einer Aktie dar) und Verkauf einer Kaufoption („short call") auf die zugrunde liegende Aktie. Mit der vereinnahmten Optionsprämie erhält der Anleger eines Discountzertifikats einen Risikopuffer. Er verzichtet im Gegenzug auf die Dividende des Basiswertes. Der Anleger kann bei konsolidierender Entwicklung einer Aktie über einen definierten Zeitraum (Laufzeit des Discountzertifikats) eine über dem Geldmarktsatz liegenden Ertrag generieren.

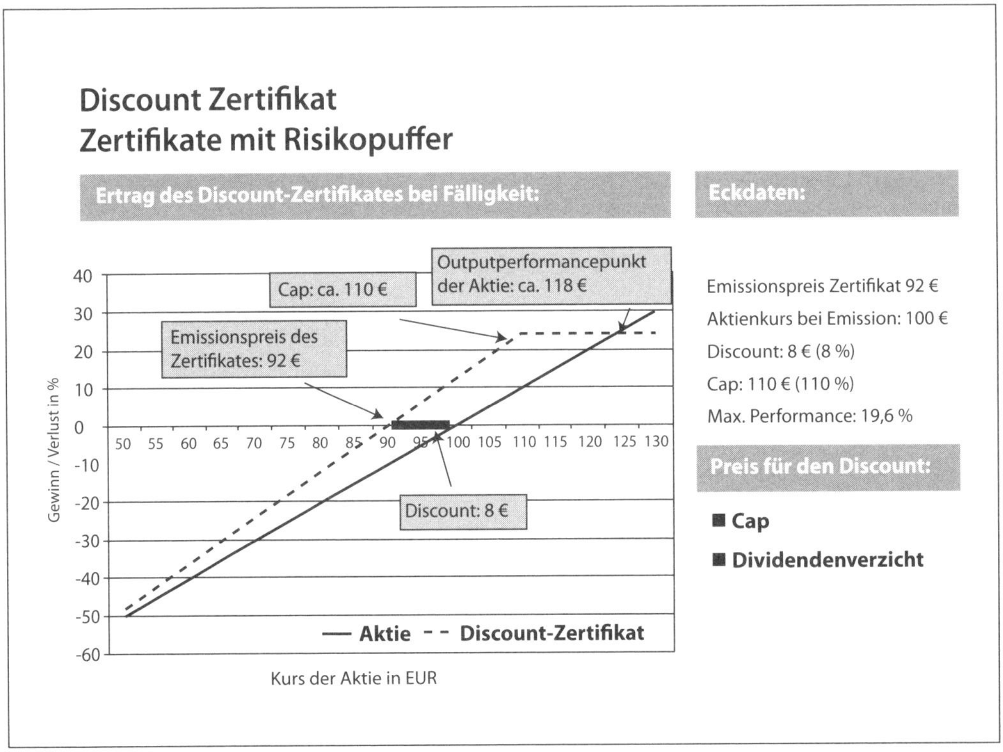

28 In der Portfoliotheorie teilt man das Gesamtrisiko in das systematische und unsystematische Risiko. Das Marktrisiko (systematische Risiko) umfasst bei Aktien politische Einflüsse, wirtschaftliche Veränderungen und Naturkatastrophen, bei festverzinslichen Wertpapieren gehören hierzu Veränderungen des Marktzinses und international betrachtet die Wechselregime und deren Volatilitäten. Bei Immobilien spielen steuerliche Fördermaßnahmen eine entscheidende Rolle. Das Einzeltitelrisiko (unsystematische Risiko) spiegelt sich bei Aktien in den jeweiligen Unternehmen,

bei Anleihen durch die Bonität[15] des Schuldners und bei Immobilien in der Altlastenproblematik eines wohnwirtschaftlich genutzten Objektes wider. Eine Aufteilung des Vermögens z.B. auf verschiedene Einzeltitel reduziert das unsystematische Risiko. Das systematische Risiko bleibt bestehen.

Alle in die Zukunft projizierten Vergangenheitswerte können die Unsicherheit nur begrenzt reduzieren. Markteinbrüche wie jüngst die Subprime-Krise werden immer wieder in ihrer Stärke und dem Timing von der überwiegenden Mehrzahl der Marktteilnehmer falsch eingestuft. Ein Reflex dieser Einsicht führte in den jüngeren Vergangenheit zu indexabbildenden Anlagemedien wie die Exchanged Trading Funds (ETF`s). Sie zeichnen sich durch eine günstige Kostenstruktur aus (Managementgebühr 0,15 – 07 % p.a., i.dR. kein Agio).[16] Bei der Abbildung eines Performanceindex wie den DAX® erfolgt die Wiederanlage der Dividende in den jeweiligen Aktien.

b) Übersicht über die grundsätzlichen Anlagemöglichkeiten

In der heutigen globalisierten Finanzwelt ist es selbst für Fachleute ausgeschlossen, einen Gesamtüberblick über alle angebotenen Finanzprodukte zu haben. Es können daher in diesem Rahmen nur die Produkte vorgestellt werden, die sich in signifikanter Häufigkeit in Nachlässen finden. Die nachfolgende Grafik gibt zunächst einen geographischen Überblick zu den einzelnen Anlagemedien. 29

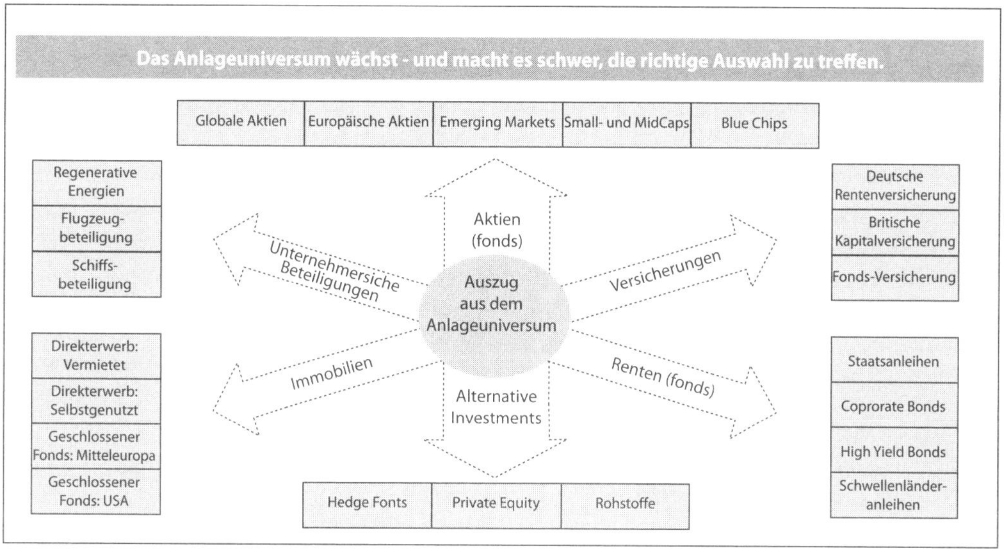

Grafik: Umfangreiches Anlagenuniversum (Quelle: Berenberg Private Capital GmbH)

aa) Immobilien

(1) Überblick

Ein Blick in die Vermögensbilanz vieler vermögender Privatanleger offenbart den Befund einer hohen Immobilienquote. Die unterschiedlichen Erhebungen siedeln den Anteil zwischen 60-80 % am Bruttovermögenswert an. Gleichzeitig gehört diese Anlageklasse zu den am stärksten mit 30

15 Vgl. die Klassifizierung durch die großen Ratingagenturen wie Feri, Moody`s oder Standard & Poors.

16 Eine Kombination aus ETFs und Dachfondsstruktur bietet der ETF-Dachfonds (P) von Veritas SG Investment Trust GmbH (ISIN DE0005561674).

Fremdfinanzierung gehebelten Anlageformen. Weitere Kennzeichen sind die tradierte und erst in jüngster Zeit entfallenden staatlichen Subventionen (degressive Abschreibung für vermietete Immobilie, Baukindergeld und Eigenheimzulage voller Schuldzinsenabzug, Progressionsvorbehalt bei ausländischen Immobilienerträgen). Historisch machte die staatliche Unterstützung des privaten Wohnungsbaus Sinn, mussten die Kollateralschäden des zweiten Weltkrieges verdaut und die Eigentumsbildung langfristig gefördert werden. Dass Subventionen auch zu einer massiven Fehlallokation von Finanzmitteln führten zeigte sich in der Echodekade nach der Wiedervereinigung. Die Investitionszulage von in der Spitze 50 % ließ fasst jede gewerbliche Immobilienbeteiligung in den neuen Bundesländer auch für Kleinstanleger lukrativ erscheinen. Ein volkswirtschaftlicher Stachel betraf die Immobilieninvestoren aus den 70-iger Jahren des vergangenen Jahrhunderts. Das knappe Gut Boden erwies sich als probates Mittel gegen die hohe Inflation und der Begriff „Betongold" etablierte sich zur Chiffre eines sinnvollen Antipools vor der drohenden Geldvernichtung auch vor dem Hintergrund unzureichender Realverzinsung. Sie ergibt sich entsprechend einer etablierten Definition aus der Differenz von Nominalzins und Inflationsrate. Im Gegensatz zu den gängigen Kapitalmarktinstrumenten mussten Immobilieneigentümer drei bittere Erfahrungen sammeln: es gibt keinen geregelten Markt für die oft großvolumigen Abschnitte („Verkehrsfähigkeit"), das Gut Immobilie ist schwer vergleichbar („Standardisierte Geldanlage") und eine Immobilie nutzt sich ab respektive muss veränderten Nachfrageverhalten angepasst werden (Stichwort: Instandhaltung und Sanierung). Mit der Erbschaft- und Schenkungsteuerreform orientiert sich der Bewertungsansatz am Verkehrswert der Immobilie mit einem Abschlag von 10 %.[17]

(2) Handlungsempfehlungen für den Testamentsvollstrecker

31 Im Rahmen einer dauernden Vermögensverwaltung muss sich der Testamentsvollstrecker auf jeden Fall einen Überblick zum Wert und der Rendite der Anlageform verschaffen.

(a) Standortfrage

32 Zur Standortfrage selbst gibt es mittlerweile gute Recherchetools.[18] Der Testamentsvollstrecker muss sich mit Veränderung in der Demographie (Stichworte: Wanderungssaldo; Altersaufbau der Bevölkerung, Migrationshintergrund), veränderten Wohnansprüchen seiner (potentiellen) Mieter (Wohnen im Alter, Generationenhaus, Loftwohnungen) und Infrastrukturbedingungen (Stadt- Land-Stadt-Bewegung) im Zeitablauf auseinandersetzen.[19]

17 Der Grundbesitz ist mit dem nach § 151 Abs 1 Satz 1 Nr. 1 BewG (E) auf den Bewertungsstichtag festgestellten Wert anzusetzen. Auf die Schwierigkeiten der Wertermittlung in der Praxis sei hier nur hingewiesen. Ferner kommt es auch zu einer veränderten Sichtweise bei gewerblich geprägten Immobilienfonds. Manche Initiatoren warben hier offensiv mit dem „Betriebsvermögensprivileg". Zukünftig muss der Anleger selbst gewerblich tätig sein, ansonsten mit der Würdigung als Verwaltungsvermögen der Verkehrswertansatz wieder zu Geltung kommt.

18 Zur demographischen Entwicklung vieler Standorte bietet sich über die Bertelsmann-Stiftung die homepage: http://www.wegweiser-kommune.de/wegweiserinteraktiv und der Zukunftsatlas unter www.prognos.de/zukunftsatlas an. Eine überwiegend noch gut zutreffende Situationsbeschreibung bietet die kostenpflichtige Sireo Research Deutschlandstudie 2006 zu beziehen über http://www.corpussireo.com/german/wissen/studienshop/index.html. Sie finden neben einer volkswirtschaftlichen Analyse ein Marktüberblick zu den Segmenten Büro-, Einzelhandels und Logistikimmobilien sowie den Wachstumsmärkten Service- und Pflegeimmobilien. Für einige ausgesuchte Ballungsräume bietet die Gesellschaft im Downloadbereich Expertisen an. Positiv fällt auch bei einigen Kreditinstituten selbst in Auftrag gegebene Mikrostandortanalyse auf. Die Sparkasse Vest Recklinghausen legte in zweiter aktualisierter Auflage ihren Kunden und interessierten Marktteilnehmern die Studie „Die Wohnungs- und Immobilienmärkte im Kreis Recklinghausen" (2006) vor.

19 Den wohnwirtschaftlichen Bereich stärker im Blick findet der Leser verständliche Information auf der kostenfreie Plattform der Hypovereinsbank unter: www.hvb-expertise.de oder unter http://www.corpussireo.com/german/wissen/index.html.

Im gewerblichen Immobiliensektor sollte sich der Testamentsvollstrecker einfach mit dieser These aktiv auseinander setzen: „Wenn die Nutzungsdauer sinkt, bedeutet das ein erhöhtes Investitionsvolumen in einem bestimmten Zeitraum. Die Frage lautet: Was kostet mich dann die Erhaltung eines Portfolios?“ Ein Blick auf die Veränderungen von Handelsimmobilien in Deutschland macht die Aufgabenstellung klar. [20]

(b) Renditeberechnung

Eine Renditeberechnung sollte zunächst eine scheinbare Banalität nicht aus den Blick verlieren: Die Rendite einer Immobilieninvestition muss zunächst ohne Berücksichtigung einer Fremdfinanzierung erfolgen, was bei Wertpapieranlagen usus ist. Erst im zweiten Schritt sollte man sich Vergewisserung darüber verschaffen, ob eine Fremdfinanzierung sich positiv auf die Gesamtrendite auswirkt. Für die nächsten Überlegungen ist die Unterscheidung zwischen Steuer- und Liquiditätsrechnung hilfreich. 33

Steuerrechnung	Liquiditätsrechnung
Mieteinnahmen	Mieteinnahmen
,/. Nicht umlegbare Kosten	./. nicht umlegbare Kosten
= Mietreinertrag	+/- steuerliches Ergebnis (1) * persönlicher Grenzsteuersatz
./. Abschreibung	
= Überschuss / Unterdeckung (1)	= Liquiditätsergebnis (2)

Neben der Eliminierung der Fremdkapitalkosten entfällt die Tilgung, die eine Vermögensmehrung darstellt. Bei den nicht umlegbaren Kosten ist eine Vergewisserung über die Höhe der kalkulatorischen Instandhaltungskosten angebracht, wenn sie auch einkommensteuerlich erst bei der Umsetzung erfasst werden.

Die Objektrendite[21] lässt sich als etablierter und einfach zu berechnender Orientierungswert wie folgt ermitteln: 34

$$\frac{(\text{Mietreinertrag} + \text{Wertsteigerung} +/+ \text{Steuern}) * 100}{\text{Verkehrswert}} = \text{Objektrendite}$$

Der zweite Schritt gibt Antwort auf die Frage, ob eine Fremdfinanzierung einen positiven Renditebeitrag leistet. Dies ist der Fall, wenn der Fremdkapitalzins nach Steuern unter der Objektrendite liegt: 35

$$\text{Fremdkapitalzins nach Steuern} = \text{Fremdkapitalzins} * (1\text{- persönlicher Grenzsteuersatz})$$

In einem letzten Schritt ist die Objektrendite mit dem langfristigen Kapitalmarktzins in Verbindung zu bringen. Ein Vergleich muss folgende Faktoren berücksichtigen: 36

- kalkulatorischer Leerstand,
- hohe Transaktionskosten,
- Volumengröße,

20 Vgl. Studie PriceWaterhouseCoopers „Handelsimmobilien in Deutschland – Renditechance oder Milliardengrab?“ zu beziehen über http://www.pwc.de/fileserver/EmbeddedItem/PwC_Handelsimmobilien-Studie_Mai2007.pdf?docId=e5f92909412f3ba&componentName=pubDownload_hd.

21 Vgl. auch Michael Böckhoff / Guido Stracke: Der Finanzplaner. Heidelberg 2003[2;] 121f. Einen alternativen Ansatz bietet Michael Hüther (ders: Von Zinsen, Inflation, Mieten und Risikoprämie. In: IVG-Investmentmagazin Plan 1/2006: 20-22). Er stellt eine Bewertungsregel mit folgender Opportunitätsrechnung an. Es muss langfristig ein Gleichgewicht zwischen dem Term aus zeitadjustierter Mietrendite zzgl. Mietpreisinflation zu Nominalzins zzgl. Risikoprämie bestehen. Bei der Berechnung der Mietrendite setzt er konsequent den Verkehrswert als Quotient von Anfangmiete und Realzins an.

- ungeregelter Markt,
- Standortgebundenheit.

Die Risikoprämie (der Aufschlag der Immobilienrendite gegenüber einer lang laufenden Bundesanleihe) sollte bei mind. 2-3 % liegen.

37 In der Finanzplanungspraxis wird häufig resümiert, dass zum Investitionszeitpunkt die Objektrendite im befriedigenden Bereich und der Hebeleffekt durch die Fremdfinanzierung numerisch vorlagen. Im Zeitablauf ergeben sich häufig Negativabweichungen: die Abschreibungssätze fielen ebenso, wie der persönlichen Grenzsteuersatz Erhaltungsaufwendungen stiegen deutlich an, notwendige Instandhaltungen werden häufig hinausgezögert und führen dann bei Durchführung zunächst für mehrjährige Nettomietminderungen. Es ist daher auf eine professionelle Hausverwaltung und Einhaltung der Energiestandards zu achten, wozu in Zukunft der Energiepass eine Hilfestellung geben dürfte.

Eine Immobilie bleibt immer in Bewegung. Um eine adäquate nachhaltige Rendite zu erzielen, ist daher stets der Blick nach vorn zu werfen und die Entwicklung des Standorts im Auge zu behalten.

Praxishinweis:

Qualifizierte Sachverständige für die Wertermittlung von Immobilien lassen sich über den Bundesverband öffentlich bestellter und vereidigter sowie qualifizierter Sachverständiger[22], den Bundesverband Deutscher Grundstückssachverständiger[23] und die Architektenkammer[24] finden.

(c) Finanzierungsstruktur

38 Oftmals entscheidend für den Ertrag einer Immobilie ist ihre Finanzierung. Der Testamentsvollstrecker hat also zu prüfen, wie das Zinsentwicklungsrisiko anstieg und welche Maßnahmen zur Sicherung eines niedrigen Zinsniveaus flankierend eingesetzt werden können. Hier bieten sich Forward-Darlehen, Vereinbarung einer neuen Festzinssatzes für einen zukünftigen Termin, die vertragliche Fixierung einer Zinsober- und Zinsuntergrenze für einen definierten Zeitraum (Collar-Kredit mit Obergrenze – Cap- und Untergrenz – Floor-) oder die Installation eines Bausparvertrages an. Ein Marktüberblick findet sich bei den gängigen Portalanbietern.[25] Eine Umfinanzierung in Fremdwährungsdarlehen mag bei einem Zinsvorteil naheliegend sein. In der Opportunitätsrechnung sollte auch der Kapitaltausch berücksichtigt werden. Dem Zinsvorteil steht die Gefahr einer Aufwertung der Fremdwährung zur Inlandswährung entgegen. Auf dieses Währungsänderungsrisiko sollte der Investor mit einer Flexibilität in Bezug auf die Rückzahlung gewappnet sein. Die Kreditinstitute nehmen hier – je nach Bonitätsnote der Kreditnehmer und der Qualität der Sicherheiten – Aufschläge von 0,7 – 2,0 % p.a.[26]

Der Blick darauf, wie der Erblasser seine Finanzierung aufgebaut hat, führt häufig zu falschen Ergebnissen. Für den Erblasser als Kapitalanleger mag der Charme einer (steueroptimierten) Finanzierung in der Tilgungsaussetzung gegen eine kapitalbildende Lebensversicherung gelegen haben. Aus der Sicht des Nachlasses birgt diese Form der Finanzierung häufig Risiken. Finanztechnisch kann sich eine Finanzierungslücke bei fälligen Verträgen ergeben, nämlich dann, wenn die tatsächliche Ablaufleistung oder Versicherungssumme unter dem Finanzierungssaldo liegt. Zu berücksichtigen ist ferner die richtige Wahl von Versicherungsnehmer und versicherter Person.

22 www.bvs-ev.de.
23 www.bdgs.de.
24 www.bak.de.
25 Als Beispiel: http://www.n-tv.de/883565.html.
26 Ein webbasiertes Vergleichsportal findet sich unter: http://www.schwartz-real.at/index.php?article_id=50.

Verstirbt die versicherte Person und ist der Versicherungsnehmer eine dritte Person so fällt für die Auszahlung der Versicherungssumme keine Erbschaftssteuer an. Der Umfang der Sicherheit „Abtretung der Lebensversicherungsansprüche“ sollte auf die Höhe der tatsächlichen Anschaffungs- und Herstellungskosten begrenzt sein. Bei einer Überschreitung kommt es zu empfindlichen finanziellen Einbußen, da die Erträge der Versicherung nun endgültig einkommensteuerpflichtig werden (§ 20 EStG) und ein evtl. Sonderausgabenabzug für die Versicherungsprämie in der Vergangenheit (§ 10 EStG) entfällt.

Progressivere Erblasser wählten möglicherweise Fondssparpläne als Tilgungsersatzinstrument. Hier sind die Veränderungen aus der Einführung der Abgeltungsteuer zu beachten und somit das periodische Sparbudget anzupassen. Der Steuerabzug beläuft sich auf 25 % zzgl. Solidaritätszuschlag und gegebenenfalls Kirchen- bzw. jüdische Kultussteuer.

(d) Versicherungen

Das selbst genutzte Wohneigentum ist meist über eine Privathaftpflichtversicherung abgesichert. 39
Sie besteht die Gefahr, dass diese mit dem Tod des Erblassers erlischt. Bei fremdgenutzten Grundstücken übernimmt eine Hausbesitzer-Haftpflichtversicherung die Kosten für Personen- und Sachschäden, die durch schuldhaftes Verursachen eines Schadens entstehen. In beiden Fällen ist der Versicherungsschutz durch eine vereinbarte Deckungssumme begrenzt. Bei verwalteten Objekten sind diese Versicherungen in der Regel durch die Hausverwaltungen abgeschlossen worden. Die Prämie wird im Rahmen der Nebenkosten auf die Mieter umgelegt. Eine Überprüfung des Versicherungsschutzes in Abhängigkeit von dem abzusichernden Risiko gehört zu den grundlegenden Pflichten des Testamentsvollstreckers bei der Immobilienverwaltung.

Auch an eine Rechtsschutzversicherung ist zu denken. Zu beachten ist, dass Streitigkeiten mit einem Mieter und dadurch verursachte Prozesskosten regelmäßig nicht im Rahmen einer klassischen privaten Rechtschutzversicherung abgedeckt sind, sondern einer Sonderpolice bedürfen. Die Prämienhöhe einer „Rechtsschutzversicherung für Eigentümer von Gebäuden, Wohnungen und Grundstücken“ richtet sich nach der Anzahl der vermieteten Wohnungen und der Gewerbeeinheiten.

Bei länger dauernden Testamentsvollstreckungen sind auch die Mietverträge zu überprüfen. Da- 40
bei sollte der Testamentsvollstrecker bei den fremd genutzten Objekten dafür Sorge tragen, dass die Mieter eine private Hausratversicherung abgeschlossen haben. Gegebenenfalls sollte versucht werden, eine solche Klausel ebenfalls in neu abzuschließende Mietverträge aufzunehmen. Entsteht in einer Mietwohnung ein Schaden, durch den auch andere Wohnungen in dem Mietobjekt beschädigt werden (z. B. Brand, Löschwasser), so kommt die Hausratversicherung des Mieters für diesen Schaden auf. Andernfalls haften die Erben der Eigentümer des Objektes für die Regulierung des Schadens – auch wenn dieser an einer benachbarten Wohnung entsteht, die nicht zum Eigentum des Vermieters zählt. Es liegt auf der Hand, dass die Erben dann den Testamentsvollstrecker regresspflichtig machen werden. Bei der Gebäude- und Feuerversicherung achte man bei Deckungszusage neben einer dem Verkehrswert entsprechenden Absicherung auf die Übernahme der Abriss- und Entsorgungskosten für den Schadensfall. Die Kosten hierfür unterschätzen viele Versicherungsnehmer.

bb) Festverzinsliche Wertpapiere

Nach der Legaldefinition verpflichtet sich der Emittent einer Anleihe als Schuldner (Bund, Un- 41
ternehmen, Kreditinstitut) zur regelmäßigen Zahlung der Zinsen und am Ende der Laufzeit zur Rückzahlung an den Anleger zum Nominalbetrag. Bei den Risiken dieser Anlageform hat der Testamentsvollstrecker sein Augenmerk insbesondere auf das Ausfallrisiko sowie das in der Zinsentwicklung und in der Währung liegende Risiko zu werfen.

(1) Ausfallrisiko

42 Die Bonität des Schuldners in der Form der Zahlungs- und Kreditwürdigkeit verändert sich im Zeitablauf. Die bekanntesten Rating-Agenturen sind Moody`s Investor Service (Moody`s) und Standard & Poors (S&P) und Fitch. Ein fehlendes Rating muss nicht zwangsläufig auf eine schlechte Bonität des Unternehmens schließen.[27] Analysiert werden die wirtschaftlichen Rahmenbedingungen und die jeweilige Situation im Unternehmen. Eine Bonitätsherabstufung führt zu teils drastischen Kurseinbrüchen. Der vermögensverwaltende Testamentsvollstrecker ist daher gehalten, jedenfalls die üblichen Veröffentlichungen der Rating-Agenturen zeitnah zu beobachten, um angemessen reagieren zu können.

Beispiel 1:

FAZ-Net vom 06. Mai 2005: „Neuer Rückschlag für den in der Krise steckenden weltgrößten Autokonzern General Motors: Die Rating-Agentur Standard & Poors hat am Donnerstag das Kredit-Rating des Unternehmens auf das berüchtigte Niveau so genannter „Schrottanleihen" (Junk Bond) gesenkt. S&P entschied sich zu dem Schritt, nachdem GM im ersten Quartal einen Verlust von mehr als einer Milliarde Dollar gemacht hatte."

Das vorstehende Kursbild der 5 3/8 % General Motors 04 fällig am 06.06.2011 (ISIN XS0187751150) dokumentiert die Markteinschätzung eindrucksvoll.

Beispiel 2:

Im Frühjahr 2008 spürten die Anleger von sogenannten Nachranganleihen deutscher Großbanken eine zunehmende Verunsicherung. Hier werden Risikoaufschläge von über 500 Basispunkten[28] gezahlt. Auch in diesem Fall kam es selbst bei variabel verzinslichen Anleihen, bei denen der Zinssatz sich alle drei Monate an den europäischen Interbankensatz orientiert, zu massiven Kurseinbrüchen. Ein erosionsartiger Vertrauensverlust trocknet die Märkte aus und lässt die Kurse bei geringen Tagesumsätzen wegbrechen.[29]

27 Porsche und Fresenius sind zwei Beispiele für nach aktuellem Stand finanziell solide aufgestellte Unternehmen, für die keine Bonitätseinstufung der genannten Ratingagenturen vorliegt.

28 Ein Basispunkt entspricht 0,01 %.

29 Als Beispiel sei hier die DZ-Tier-Anleihe (ISIN: DE000A0DCXA0) erwähnt. Die Anleihe stürzte seit Jahresanfang 2008 von 95 % auf ein Tief von 67 % ab, obwohl die Ratingagenturen keine Rückstufung vornahmen und der Quartalkupon 5,996 % p.a. beträgt.

(2) Zinsentwicklungs- und Währungsrisiko

Bei festverzinslichen Wertpapieren kommt es bei einem Renditeanstieg im Vergleich zum Kaufdatum zu einem Kursrückgang der Anleihe und vice versa. Die mittlere Kapitalbindungsdauer bei einer Anleihe (Duration) sollte somit dem Anlagehorizont des Investors entsprechen. Die Reagibilität des Anleihekurses in Bezug auf eine Renditeveränderung misst man mit der Modified Duration. Je höher sie liegt, desto höher schwankt der Anleihekurs bei einer Veränderung der Rendite um einen Basispunkt. 43

Praxishinweis:

Häufig werden die Wechselkursschwankungen bei Währungsanleihen unterschätzt. So lockten in der Vergangenheit hohe Nominalzinsen bei isländischen Anleihen. Die Heimatwährung vollzog jedoch eine massive Abwertung, so dass auf Eurobasis der Anleger einen Verlust generierte.[30] *Bei hohen Zinsdifferenzen von in- und ausländischen Währungen sollte daher der fundamentale Hintergrund erschlossen werden.*

Isländische Krone und Leitzinsentwicklung

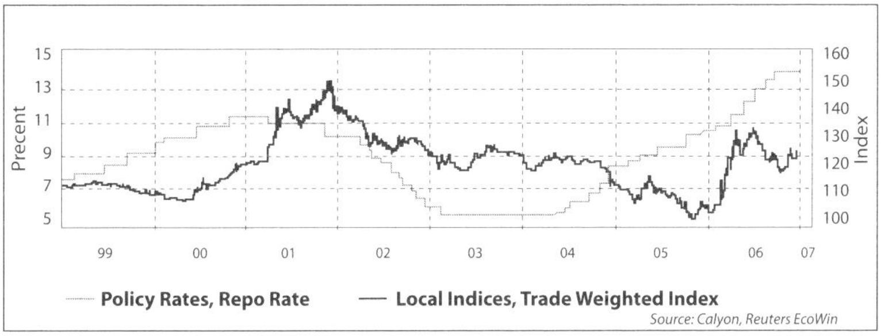

(3) Inflationsrisiko

Bei langfristigen Vermögensanlagen hat der Testamentsvollstrecker stets das Inflationsrisiko im Auge zu behalten, auch wenn dieses in den letzten Jahren nicht sehr im Fokus der öffentlichen Diskussion um Vermögensanlageentscheidungen gestanden hat. Erforderlichenfalls ist in inflationsgeschützte Anleihen umzuschichten. Im Unterschied zu klassischen Wertpapieren erhält der Anleger bei dieser Anlageform sowohl die Zins- als auch die Tilgungszahlung um die Inflationsentwicklung bereinigt. 44

Praxishinweis:

Für die Recherche von Anleihen sollte der Testamentsvollstrecker die vielfältigen Möglichkeiten nutzen, die das Internet bietet.[31]

cc) Hedgefonds

(1) Überblick

Hedgefonds zeichnen sich durch ein höheres Risiko als normale Investmentfonds aus, da sie keinen Anlagerichtlinien unterliegen und alle Formen der Kapitalanlage nutzen. Diese Eigenschaft ist gleichzeitig der große Vorteil von Hedgefonds: Sie bieten dem Anleger ein breit gefächertes 45

30 Aus: http://www.faz.net/s/Rub58BA8E456DE64F1890E34F4803239F4D/Doc~E27AC147A6FF64BCB85C7E82E5513A1A5~ATpl~Ecommon~Scontent.html, FAZ_Net vom 21.12.2006 (abgerufen am 4.5.2008).

31 Vgl. z. B. www.bondfinder.de oder www.boerse-stuttgart.de.

Spektrum: eine Anlage in Aktien oder Rentenpapieren bis zu Options- und Futuregeschäften ist ohne Einschränkung möglich. Die verschiedenen Gesellschaften spekulieren unter Umständen sogar auf Kredit um einen Hebel zu erzeugen. Um hochqualifizierte Spezialisten für das Management eines Hedgefonds gewinnen zu können, ist eine erfolgsabhängige Vergütung von 15 bis 20% des erzielten Gewinns üblich. Die jüngste Krise einzelner Hedgefonds resultiert aus dem Gemengelage von Single-Hedge-Strategie mit hohem Kredithebel.[32]

Die Gestaltungsmöglichkeiten von Hedgefonds sind insbesondere deshalb so groß, da diese oft über längere Zeiträume disponieren können. Die Kapitaleinlagen sind in der Regel vertraglich festgelegt, wobei die Bindungszeiten zwischen wenigen Monaten und einigen Jahren variieren.

Mögliche Gewinne während der Baisse führten zu steigender Beliebheit dieser Anlageform in schwachen Börsenjahren. Hedgefonds zeichnen sich durch eine geringe Korrelation zu Aktienmärkten aus, haben ein hohes Performancepotential und eignen sich somit optimal zur Portfoliodiversifikation.

Praxishinweis:

Für Vermögensanlageentscheidungen durch Testamentsvollstrecker sind Hedgefonds in Höhe von 5% – 10% bei Depotvolumina oberhalb von 250.000,-- € verantwortbar, wenn die Hedgefonds-Strategie auf einer sehr niedrigen Fremdfinanzierungsquote aufbaut. Die verschiedenen Hedgefonds-Strategien sollten dabei bekannt sein.

(2) Hedgefonds-Strategien

46 Man kann zwischen den nachfolgenden fünf grundsätzlichen Hedgefonds-Strategien unterscheiden.

(a) Long Short Equity Strategie

47 Die Long Short Equity Strategie ist eine sehr typische Hedgefonds-Strategie. In Erwartung einer positiven Entwicklung werden Aktien gekauft, auf negative Erwartungen folgen Aktienleerverkäufe. Für einen Leerverkauf leiht sich der Fonds die entsprechenden Wertpapiere von einem Investor aus und verkauft sie an der Börse zum aktuellen Kurs.

Zu einem späteren Zeitpunkt erwirbt der Investor diese Aktien an der Börse zurück und liefert sie wieder ins Depot des Eigentümers. Sind gemäß der Erwartung die Kurse gefallen, so ist die Differenz zwischen Verkaufs- und Wiederbeschaffungskurs abzügl. der Zinsen für das Entleihen der Gewinn, den der Hedgefonds erzielt hat. Der Einsatz von Long- oder Short-Positionen kann dabei in den verschiedensten Finanzinstrumenten aller Märkte (Aktien, Anleihen, Währungen, Rohstoffe und/oder entsprechende Derivate) erfolgen.

(b) Arbitrage-Strategie

48 Ziel der Arbitrage-Strategie ist es, systematische Risiken (Marktrisiken) auszuschalten oder zu minimieren. Hierzu werden Preisunterschiede und -ineffizienzen zwischen gleichen und ähnlichen Anlagen genutzt. So werden zum Beispiel beim einem Zeit-Abitrage-Geschäft temporäre Wertabweichungen zwischen voneinander abhängigen Anlageinstrumenten (z.B. Wandelanleihen / Aktien / oder Stamm- / Vorzugsaktien etc.) ausgenutzt. Kauft der Fondsmanager Wertpapiere in New York, um sie Sekunden später zu einem höheren Preis in Frankfurt wieder zu verkaufen, spricht man von einer Raum-Arbitrage-Geschäft.

32 Die beiden in die Insolvenz gegangenen Bear Stearns Hedge Fonds wiesen bei einem Eigenkapital von 1,5 Mrd. EUR einen Fremdkapitalhebel von 13 auf. Einen aktuelle Einschätzung publizierte David Smith in einem Interview in der Zeitung „Finanz- und Wirtschaft" (Ausgabe Nr. 19 v. 08.03.2008/S. 21).

2

(c) Event Diven Strategie

Die Event Driven Strategie setzt auf die zum Teil heftige Kursbewegungen, die von erwarteten oder angekündigten Unternehmensereignissen wie Übernahmen, Fusionen, Restrukturierungen, Sanierungen oder Spin-offs ausgelöst werden. Solche Chancen sind nicht ungewöhnlich, da entsprechende Ereignisse ziemlich häufig auftreten. 49

(d) Systematic Trend Followers

Bei dieser Strategie werden unter systematischer Verwendung von mathematisch klar definierten Anlagemodellen Trends erkannt und Kauf- und Verkaufssignale gesetzt (Systematic Trend Followers). Das Engagement reicht von Rohwarenmärkten wie Sojabohnen oder Schweinebäuchen über Währungen und Edelmetallen, bis zu Aktienindizes und Zinsprodukten. 50

Die Umsetzung der Strategie erfolgt in sehr liquiden Märkten über den Einsatz von Futures, Termingeschäften (unbedingte Termingeschäfte/bedingte Termingeschäfte) und Optionen. Gleichzeitig dient ein Risikomanagement-System dazu, größere Verluste zu vermeiden. Für den Erfolg dieser Strategie ist dementsprechend die Qualität der verwendeten oft komplexen Systeme entscheidend. Maßgebend ist aber auch, dass Trends tatsächlich vorhanden sind. Allerdings ist dies nicht in allen Märkten und zu jedem Zeitpunkt der Fall.

(e) Global Mactro Strategie

Hier setzt der Hedgefonds-Manager auf die gesamtwirtschaftlichen Entwicklungen verschiedener Märkte und Branchen. Er versucht, mit Hilfe von Analysen und Prognosen makroökonomischer Daten Käufe und Verkäufe gewinnbringend zu tätigen. Beispielsweise werden Long- oder Short-Positionen in Aktien oder Aktienmärkten, Zinsprodukten, Währungen oder Rohstoffen eingenommen. Historisch gesehen gehört die Global Macro-Strategie zu den erfolgreichsten, aber auch zu den Hedgefonds-Strategien mit der höchsten Volatilität. 51

dd) Geschlossene Beteiligungen

In diversifizierten Nachlässen finden sich geschlossene Fondsbeteiligungen mit einem Volumen von 5-10 % am Gesamtvermögen. Standen zunächst hohe Verlustzuweisungen im Fokus der Anleger, gelangten später Renditefonds mit hohem steuerfreiem Anteil (bedingt durch die Optierung zur Tonnagesteuer bei Schiffsbeteiligungen, Steuerfreibeträge für Einkünfte bei ausländischen Immobilieninvestitionen im Belegheitsstaat oder Verlustvorträgen innerhalb des Fonds) und einer geringen vergangenheitsbezogenen Korrelation zu anderen Anlageklassen in den Mittelpunkt des Interesses. 52

Praxishinweis:

Bei den vermögensverwaltenden Personengesellschaften, oft in der Rechtsform einer GmbH & Co. KG, sieht der Initiator im Erbfall die Fortsetzung mit den Erben im Rahmen einer Sonderrechtsnachfolge vor. Es kommt dann zu einer Zersplitterung der Beteiligung. Dies sollte ein Testamentsvollstrecker auf jeden Fall vermeiden. Dazu kann er bereits im Vorfeld die Zuordnung der Beteiligung an benannte Erben vornehmen oder den Verkauf des Fondsanteils über die Börse oder den Initiator vornehmen.[33] Bei einigen Fondsgestaltungen sollte unbedingt auf die Erzielung eines Totalüberschusses geachtet werden, um nicht nachteilige steuerliche Effekte zu erzielen. Bei Einkünften aus Vermietung und Verpachtung muss auf die 10-jährige Haltefrist geachtet werden, weil ansonsten die Abschreibung gewinnerhöhend aufgelöst werden muss. Für den Fall, dass eine Fondsgesellschaft oder Beteiligungsgesellschaft ihren Sitz im Ausland hat, müssen Anleger dem Finanzamt innerhalb eines Monats anzuzeigen, wenn sie sich an einem solchen Fonds beteiligt haben (vgl. § 138 AO Anzeigepflicht bei Auslandsbeteiligungen). Sollte der Testamentsvollstrecker feststellen, dass der Erblasser dieser Verpflichtung nicht nachgekommen ist, ist die Nachholung dringend zu empfehlen.

33 www.zweitmarkt.de. Zur Einschätzung der Marktes für geschlossene Beteiligungen kann auf die kostenpflichtigen Analysen von Feri zurückgegriffen werden. http://www.gesamtmarktstudie.de/.

c) Goldene Regeln der Vermögensanlage durch den Testamentsvollstrecker

2

53 Gesetze sind einem Alterungsprozess unterworfen. Nichts anderes gilt für die Spielregeln bei Anlageentscheidungen. Die „neuen Regeln“ zur erfolgreichen Geldanlage lauten:[34]

- Orientieren Sie sich nicht singulär an dem Modell von Markowitz.
- Meiden Sie Assets, die mit dem Argument „Beimischung“ angeboten werden.
- Produkte, die eine Risikominderung versprechen, sind oft überteuert.
- Vorsicht bei Zertifikaten, die zu Preisen um die „100“ angeboten werden.
- Trauen Sie nur Indexprodukten auf ältere Indices.
- Kaufen Sie keine modischen Produkte.
- Kaufen Sie nur Produkte, die sie verstehen.
- Meiden Sie komplexe Strategien, die ihnen im Rahmen teurer Produkte vorgeschlagen werden.
- Bevorzugen Sie im Zweifel langfristige Strategien mit geringem Umschlag.
- Verachten Sie die klassischen Einlagenprodukte nicht.
- Fühlen Sie sich nicht in dem Fall durch neue Finanzmarktgesetze geschützt.

Praxishinweis:

Der vermögensverwaltende Testamentsvollstrecker ist sicher gut beraten, zum Schutz des Nachlasses seine Anlageentscheidungen an diesen Regeln zu orientieren.

II. Die Einschaltung professioneller Vermögensverwalter durch den Testamentsvollstrecker

54 Entscheidet sich der Testamentsvollstrecker dafür, die ihm obliegende Aufgabe der Vermögensverwaltung ganz oder teilweise auf Fachleute zu delegieren, so ist er keineswegs jeglicher Verantwortung enthoben.

Wie bei jeder Delegation von Aufgaben durch den Testamentsvollstrecker hat er folgende Grundsätze zu beachten:

- die sorgfältige Auswahl des Fachmanns,
- seine ausreichende Unterrichtung und dessen
- regelmäßige Überwachung.

34 Nach F. Theißen, Chmnistz, vgl. ausführlich: http://www.tu-chemnitz.de/wirtschaft/bwl4/interessantes/NeueRegeln-Geldanlage.pdf.

1. Abgrenzung der Testamentsvollstreckung zum trans- bzw. postmortalen Vermögensverwaltungsvertrag

2

Ein Vermögensverwaltungsvertrag, den der Erblasser noch zu Lebzeiten abgeschlossen hat und der über seinen Tod hinweg mit den Erben fortgesetzt werden soll, unterscheidet sich signifikant von einer Testamentsvollstreckung. In ersterem Fall sind die Erben die Rechtsnachfolger des Vertragspartners. Dies hat zur Folge, dass der Vermögensverwalter Vertragspartner und somit grundsätzlich an die Weisung der Erben(-gemeinschaft) gebunden ist. Will der Erblasser aber gerade die Weisungsfreiheit gegenüber den Erben erreichen, ist die Anordnung der Testamentsvollstreckung zwingend. 55

Gestaltungshinweis:

In der Praxis muss also den Beteiligten, insbesondere aber dem Erblasser klar sein, wer hier wem Vertrauen schenken kann und will.

Der Rechtscharakter des Vermögensverwaltungsvertrages lässt sich wie folgt beschreiben:[35] Der Vermögensverwalter verpflichtet sich in einem Dienstvertrag mit Geschäftsbesorgungscharakter das Vermögen seines Kunden in dessen Interesse zu verwalten. Er darf ohne Einholung von Weisungen im Einzelfall fortlaufend über das Vermögen des Kunden disponieren und selbstständige Anlageentscheidungen treffen. An die vereinbarten Anlagerichtlinien muss sich der Verwalter halten und sich um die optimale Umsetzung der dort definierten Ziele bemühen. Verlangt der Kunde Schadenersatz wegen Pflichtverletzung aus dem Vermögensverwaltungsvertrag, so trifft ihn nach den allgemeinen Grundsätzen die diesbezügliche Darlegungs- und Beweispflicht. 56

2. Einsatz der bankmäßig vorgehaltenen Dienstleistungen

a) Private Banking

Die Angebote der Banken im Private Banking umfassen alle Facetten der Finanz- und Beratungsdienstleistungen des Banken-, Wertpapier- und Versicherungsgeschäfts. Es werden individuelle Produktlösungen entwickelt und Dienstleistungen wie z. B. die Hausverwaltung oder die Immobilienvermittlung angeboten. Es etablierte sich der Best Advice Ansatz[36] für die Selektion von Produktlieferanten. Die Private Banking Einheiten zeichnen sich durch ein hohes Dienstleistungsniveau und fachliche Qualifikation der Mitarbeiter aus, die fester Ansprechpartner für ihre Kunden und zugleich Koordinator für Spezialfragen sind. Diese Beratungssituation symbolisiert sich in der Positionsbeschreibung des Client Relationship Managers (CRM). Rechts- und Steuerberatung gehören nicht zuletzt vor dem Hintergrund gesetzlicher Rahmenbedingungen nicht zum Dienstleistungsangebot des Private Banking. Auch immaterielle Vermögenswerte werden regelmäßig nicht betreut. Die Eintrittsschwelle liegt bei ca. 250 TEUR liquiden Vermögen oder einem Jahreseinkommen von mindestens 100 TEUR. Damit werden die Dienstleistungsangebote 57

35 Vgl. BGH, Urt. v. 23.10.2007 – XI ZR 423/06, MDR 2008, 253 – 254.

36 Best Advice bedeutet wörtlich beste Beratung. Gemeint ist die Auswahl des auf die Kundensituation am Besten zugeschnittenen Produktbündels und Auswahl des unter Kosten-Ertragsgesichtspunkten besten Angebots innerhalb der Vergleichsgruppe (best select).

des Banking Banking auch für den Testamentsvollstrecker interessant, der sich im Bereich der Vermögensanlage nicht spezialisiert hat.[37]

b) Family Office

58 Der ungeschützte Begriff Family Office erfährt in den vergangenen Jahren in Deutschland einen Aufschwung und gehört zunehmend zum Repertoire einer Marketingstratgie vieler Finanzdienstleister. Die zunehmende Nachfrage rekrutiert sich dadurch, dass die zweite Nachkriegsgeneration über einen größeren Kapitalstock verfügt und dieser im biographisch Kontext zu verwalten und dauerhaft zu erhalten ist.

aa) Definition

59 In der wissenschaftlichen Auseinandersetzung findet man einen Zugang über die Beschreibung von Charakteristika im Private Wealth Management. In Anlehnung an Schaubach[38] geht es beim Privatkunden um seine sämtlichen materiellen und immateriellen Vermögenswerte, aus denen der Vermögensinhaber materiellen und immateriellen Nutzen ziehen kann. Als Overheadaufgabe kommt hinzu, dass durch geeignete einheitliche Prozesse dieser Nutzen zunächst ermöglicht, dann erhalten und zu letzt gesteigert werden kann.

Ein Blick in die historische Entwicklung gibt einen Zugang in diese hoch komplexe und vertrauenswürdige Dienstleistung. In den USA gründete das „House of Morgan“ in der ersten Hälfte des 19. Jahrhunderts ein Family Office mit dem Ziel, die gesamte Familie und das Familienvermögen der Morgans zu betreuen. Es entstand eine eigene Privatbank. Dieses „Single Family Office“ entwickelte sich so erfolgreich, dass auch andere Familien wie Du Pont und Guggenheim Interesse für eine derart allumfassende und individuelle Vermögensverwaltung zeigten. Mit der Öffnung des Morgan‘schen Single Family Office‘ für andere Mandanten war das erste „Multi Family Office“ geboren. In Deutschland etablierten sich sowohl im Bankenbereich und in ausgesuchten Wirtschaftsprüfungsgesellschaften Family Office Services.[39]

60 Ein wachsender Markt für Family-Office-Services resultiert zum einem durch das stetige Wachstum von vielschichtigen Vermögen in Friedenszeiten, der Liquidation von Familien-Unternehmen sowie der sich anschließenden Aufgabenstellung einer neuen Vermögenspositionierung. Die potentiellen Nachfrager suchen handverlesene Lösungsmodelle, welche die Vielschichtigkeit von biographischen Rahmenbedingungen (z. B. Auflösung traditioneller Familienstrukturen, polyglotte Wohnorte der Familienmitglieder) und die Komplexität der Anlagemedien in praktische Konkordanz zueinander bringen.

Der Begriff „Family Office“ wird dabei für die organisatorische Einrichtungen verwendet, die die Gesamtheit aller Aktivitäten des Planens, Realisierens und Kontrollierens eines umfassenden Vermögens mit dem Ziel übernimmt, das Vermögen über Generationen zu erhalten und zu vermeh-

37 Werden die Dienstleistungen des Private Banking nicht gesondert vergütet, sondern mit den üblichen Gebühren für die Wertpapierverwaltung abgegolten, sollte diese Form der Nutzung berufsmäßiger Dienste Dritter sich auch nicht schmälernd auf das Testamentsvollstreckerhonorar auswirken.

38 Schaubach, P.: Family Office im Private Wealth Management, Bad Soden 2004², 12.

39 So verfügen alle namhaften Geschäfts- und Privatbanken über entsprechende Einheiten. Zu den bekannten Wirtschaftsprüfungesellschaften gehören z.B. **Warth & Klein (Düsseldorf) und** Spudy & Co. Family Office GmbH (Hamburg). In der Schweiz ist die Kendris private AG, zuvor KPMG private, der größte bankenunabhängige Anbieter von Beratungsleistungen in den Bereichen Wealth Management und Financial Planning. Das Angebot für vermögende Privatpersonen umfasst Trust und Corporate Administration, Trustee- und Directorships, Tax und Estate Planning sowie Family Offices Services.

ren.[40] Es werden die originären Aufgaben des Private Weath Managements wahrgenommen. Bei Fragestellungen aus dem Rechtsbereich (nationales und internationales Erbrecht, Familien- und Gesellschaftsrecht) und dem Steuerbereich (Ertragsteuern, Erbschaftsteuer) greifen die Kreditinstitute in der Regel auf qualifizierte Kanzleien zurück und bevorraten dieses Wissen nicht selbst.

Praxishinweis:

Für entsprechend spezialisierte Steuerberater bieten sich hier interessante Möglichkeiten einer Zusammenarbeit auch außerhalb der Testamentsvollstreckung.

bb) Dienstleistungsspektrum

Die Kundenerwartungen an den Anbieter eines Family Office lassen sich wie folgt umschreiben: 61

- umfassende, ganzheitliche und individuelle Beratung bei Kontinuität des Beratungsteams,
- Vertrauen, Diskretion, Kompetenz (neben fachlicher auch soziale Kompetenz und Lebenserfahrung) sowie vorrangig Zeit (gleichbedeutend mit permanenter Erreichbarkeit),
- Verständnis für Historie, Gegenwart und Visionen des Kunden,
- strategische und operative Beratung bei der Umsetzung von persönlichen, familiären, finanziellen und unternehmerischen Zielen.

Das Family Office erweitert den Horizont des monetären Vermögensbegriffs (Vermögenserhaltung, Vermögenswachstum und Vermögenskontrolle) um die Dimensionen des Human- und Sozialkapitals im Sinne langfristiger Wertschöpfungsvorteile. Das Humanvermögen umfasst die Ressourcen aus Erziehung, Bildung und Erfahrungen und das Sozialvermögen. Es definiert sich als das Werte- und Traditionsreservoir einer Familie.[41] Letztlich basiert ein erfolgreiches Family Office auf dem Respekt vor der Familientradition, dem Verständnis für die Gegenwart und der aktiven Begleitung bei der Umsetzung von Visionen des Kunden. Die Zielkunden für ein Multi Family Office liegen im Areal der VHNWI,[42] also bei etwa 5 Mio. EUR Vermögen. Ein Family Office unterliegt den Regelungen der MiFID, soweit Wertpapierdienstleistungen und/oder Anlagetätigkeiten angeboten werde. 62

Das Dienstleistungsspektrum eines Family Office umfasst drei Säulen, [43] die unter der Klammer einer flankierenden Rechts- und Steuerberatung miteinander vernetzt sind: Vermögensverwaltung, Familienverwaltung und Lifestyle Management.

(1) Vermögensverwaltung

Die Vermögensverwaltung beinhaltet zunächst eine Inventarisierung des Status Quo aller Vermögensklassen (z. B. liquide Assets, Immobilien, Kunst, physische Rohstoffe). Sodann wird für den Vermögenserhalt die Auswahl des passenden Anlagemediums für das Gesamtvermögens getroffen, wie z. B. Holding, Trust, Familienstiftung. Dabei werden bereits ergänzende Aspekte wie Steuerplanung und Nachfolgeplanung berücksichtigt. Unter Wahrung des definierten Ertrags-Risiko-Profils gilt es, eine strategische Ausrichtung des Portfolios in Richtung einer Vermögensmehrung durchzuführen. In einem „beauty contest" werden die passenden Manager für verschiedene Anlageklassen ausgewählt. Im Regelkreis der Analyse-Strategie-Umsetzung geht es im letzten systematischen Schritt um das Vermögenscontrolling. Es beinhaltet die Erstellung einer konsolidierten Vermögensübersicht mit Performancemessung über eine zentrale Verwaltung aller 63

40 Vgl. Schaubach , a.a.O. 64.
41 Vgl. Schaubach, a.a.O. 64.
42 zur Definition und Einordnung dieser Kundengruppe siehe die Tabelle in diesem Kapitel unter A. I. 3.
43 Vgl. Haupt, F. / Hilger,T. Das Family Office: Integraler Dienstleister oder strategischer Berater? Vallendar 2006, 15-18.

von den Vermögensverwaltungen eingesetzten Finanzprodukte („Global Custody") für die jederzeitige Rechenschaftslegung und permanente proaktive Beobachtung der Märkte und notwendige Steuerung des Vermögens.

(2) Familienverwaltung

64 Die Familienverwaltung umfasst in finanzieller Hinsicht die Beratung in den Bereichen Versicherungen und Vermögensnachfolge. Einen wichtigen Aspekt nimmt hier der grenzüberschreitende Lebensbezug ein. Hierhin gehört beispielsweise die Unterstützung der Tochter des Hauses, die nach einem Studium in Frankreich ihren Lebensmittelpunkt dauerhaft in dieses Land verlegen möchte.

Zu den nicht monetären Zielen gehört die Entwicklung und Umsetzung einer Familienstrategie. Im Detail soll ein Konsens über die langfristige, wertorientierte Ausrichtung der Familie erzielt werden. Beispielsweise wird eine Informationsroutine, wie eine Familienkonferenz und Entscheidungsbevollmächtigte (Sprecher) etabliert und Fragen der Entwicklung von Sozial- und Humankapital in der nachwachsenden Generation besprochen. Ihre soziale Verantwortung nehmen vermögende Familien überdurchschnittlich häufig über die Gründung einer gemeinnützigen Stiftung wahr. Auch hier erfahren Sie Unterstützung durch das Family Office.

Letztlich umfasst dieser Dienstleistungsteil auch die fundamentale Bildungsarbeit der Generation zukünftiger Vermögensinhaber und geht auch auf die unternehmerische Nachfolge familiengeführter Unternehmen ein.

(3) Lifestyle Management

65 Hierunter werden in die stark operativen Dienstleistungen des Family Office subsumiert. Dazu gehören exemplarisch das Fuhrparkmanagement, das Buchen und die Organisation von Veranstaltungen und Reisen, die Verwaltung des eigenen Hauspersonals oder auch die Eruierung eines Studienplatzes für die in Ausbildung befindlichen Familienmitglieder. Das differenzierte Netzwerk eines Family Offices zeigt die Belastungsfähigkeit für solche Fragestellungen.

cc) Kosten und Qualitätsstandards

66 Die Gründung und der Unterhalt eines eigenen, unabhängigen und nur der Familie zur Verfügung stehenden Family Office ist mit hohen Kosten verbunden[44], die zum individuellen und wirtschaftlichen Nutzen in einem adäquaten Verhältnis stehen müssen. Eine Honorarvereinbarung orientiert sich am Bruttovermögenswert, den abgerufenen Dienstleistungsmodulen und den gebundenen Zeitressourcen für jedes Familienmitglied.

Für das Mulit-Family-Office gibt es verschiedene Vergütungsformen. Neben einem festen Prozentsatz vom Bruttovermögen (0,5 – 0,75 % p. a.) finden sich häufig Fixumvereinbarungen oder auch eine Kombination aus Fixum und Stundenvergütung.

Bei der Auswahl des richtigen Partner nehmen Vertrauenswürdigkeit, persönliche Integrität, und mit Abstand Einfühlungsvermögen und Engagement eine hervorragende Rolle ein. Die fachliche Qualität und das vorhandene leistungsfähige Netzwerk stellen die Basis für eine inhaltliche Zusammenarbeit dar. Der fachlich und emotional hoch qualifizierte Family Officer sollte seine Karriere am und mit den Mandanten gehen. Die Rekrutierung neuer Mandate erfolgt überwiegend durch Empfehlungsgeschäft und die Reputation.

44 Vgl. Haupt/Hilger: a.a.O., 58-61.

c) Empfehlungen für Testamentsvollstrecker – Famliy Office light?

Im Rahmen der Vorbereitung und Durchführung der Testamentsvollstreckung sollten Elemente aus dem Bereich des Private Banking und des Family Office nicht fehlen. Die Philosophie einer kollegialen Beratung und der Netzwerkgedanke für nicht alltägliche Fragestellungen lassen sich im Sinne eines „Family Office light" durchaus auch für High Networth Individuals[45] aktivieren und stiften allen Beteiligten einen Mehrwert. Das Zusammenwirken der Vertreter von rechts- und steuerberatenden Berufen in kollegialer Zusammenarbeit mit den Spezialisten aus dem Finanzdienstleistungssektor bildet die Synapsis für eine multi-win-Position für alle Beteiligten. Die Komplettbetreuung spiegelt das Anforderungsprofil zunehmend komplexerer Mandantensituationen wider. 67

2

3. Kriterien für die Auswahl und Überwachung eines externen Vermögensberaters durch den Testamentsvollstrecker

In Literatur und Rechtsprechung ist bislang unstreitig, dass der Testamentsvollstrecker von ihm eingeschaltete Vermögensverwalter zu kontrollieren hat. Soweit ersichtlich, wird bislang jedoch nicht erörtert, welche Kriterien der Testamentsvollstrecker in diesem Zusammenhang zu berücksichtigen hat. Nach dem Grundsatz des sichersten Weges, die letztendlich auch im Interesse des Nachlasses liegt, sollte der Testamentsvollstrecker jedenfalls die nachfolgenden Hilfsmittel und Grundsätze kennen und berücksichtigen. 68

a) Qualitätsberichte

Im deutschsprachigen Raum haben sich zwei Qualitätsberichte etabliert, die „Elite der Vermögensverwalter im deutschsprachigen Raum" [46] sowie der „Fuchs-Report"[47]. Es kann davon ausgegangen werden, dass die Berichte von den positiv bewerteten Instituten an Interessierten als kostenlose Expertise weitergegeben werden. Die Notenbildung ergibt sich, nachvollzogen am Fuchs-Report, aus den Aspekten Anlagevorschlag mit Performancemessung, dem Beratungsgespräch und der Vertrauensbasis. Zu den Teilaspekten gehören u.a. die Qualifikation der Berater, die Evaluation der Kundensituation, der Ablauf eines Beratungsgesprächs, die Individualität des Vorschlags, die Transparenz von Kosten sowie die Produktneutralität. Auch bei kritischer Distanz darf konstatiert werden, dass der Qualitätswettbewerb sicherlich positive Impulse durch diese Vergleiche erhält. 69

Praxishinweis:

Schon aus eigenem Interesse an der Vermeidung einer persönlichen Haftung sollte der Testamentsvollstrecker die von ihm getroffene Auswahlentscheidung anhand dieser Qualitätsberichte dokumentieren. Es ist selbstverständlich, dass diese Berichte keine Garantie für zukünftige Leistungen sind. Ferner kommt es – wie so oft – auf die Expertise der Teams vor Ort an.

45 Zur Definition und Einordnung dieser Kundengruppe siehe Kornau, BBEV 2008, 190-193.
46 5. Jhg. 2008, zu beziehen über www.geopolitical.biz.
47 www.fuchsreport.de.

b) Überwachung der Einhaltung MiFID durch den Testamentsvollstrecker

aa) Allgemeine Grundlagen

70 Zum 1.11.2007 trat das „Grundgesetz der Finanzmärkte", die EU-Richtlinie über Märkte und Finanzinstrumente (kurz: MiFID)[48] auch für Deutschland in Kraft.

Wesentliche Ziele der MiFID sind die Erhöhung der Transparenz im Markt, die Stärkung des Wettbewerbs unter den Anbieters von Finanzdienstleistungen sowie vor allem eine Verbesserung und die EU-weite Vereinheitlichung des Anlegerschutzes. Direkt betroffen sind so genannten Wertpapierfirmen, die unter der Aufsicht des Gesetzgebers stehen. Zu dieser Gruppe der beaufsichtigten Unternehmen gehören u.a. Kreditinstitute, Fondssparplattformen, beaufsichtigte Anlageberater und Vermögensverwalter. Darüber hinaus sind auch Handelsplattformen (Börsen) betroffen.

Praxishinweis:

Nicht unter die MiFID fallen jedoch geschlossene Fonds und unabhängige Investmentvermittler. Diese fallen somit aus der Aufsicht des Bundesamt für Finanzdienstleistungen BaFin heraus. Dies sollte der Testamentsvollstrecker bei seiner Auswahl beachten.

bb) Angemessenheits- und Geeignetheitsprüfung

71 Im Rahmen dieser Prüfung hat jeder unter die Regelungen der MiFID fallende Anbieter eine Klassifizierung seiner Kunden in die Gruppen Privatkunden, Professionals und Eligible Counterparties (geeignete Gegenparteien) vorzunehmen. Jeder Kunde muss zudem über seine Einstufung informiert werden und kann eine Herauf- oder Herabstufung beantragen. Privatkunden müssen seither wesentlich umfangreicher befragt werden als früher. Die Klassifizierung bildet die Basis für die Aufklärungspflichten. In der Anlageberatung unterscheidet man zwei Prüfebenen. Im Rahmen der Angemessenheitsprüfung soll sich der Berater darüber Vergewisserung verschaffen, ob der Kunde aufgrund seiner Kenntnisse und Erfahrungen die mit dem Geschäft verbundenen Risiken verstehen kann. Bei der Geeignetheitsprüfung ist zu beurteilen, ob das konkrete Geschäft den Anlagezielen (Anlagezweck, Anlagedauer, Risikobereitschaft) des Kunden entspricht und die Risiken für ihn finanziell tragbar sind. Die Beurteilung ist auf die Gesamtvermögensstruktur und die geplante Anlagedauer des Depotinhabers abzustellen. Die Finanzdienstleister sind zu umfangreichen Dokumentationen verpflichtet. Sofern der Kunde die Auskunft über erforderliche Kundenangaben verweigert, darf das Wertpapierdienstleistungsunternehmen keine Anlageberatung durchführen (§ 31 Abs. 4 S. 3 WpHG).

Praxishinweis:

Der Testamentsvollstrecker, der sich eines unter die Regelungen der MiFID fallenden Dienstleisters bedient, ist gut beraten, im Rahmen der ihn treffenden Pflicht zur Überwachung des eingeschalteten Dritten die Einhaltung der Richtlinien durch den Anbieter zumindest stichprobenartig zu kontrollieren.

48 Die MiFID = Markets.in.Financial.Instruments.Directive Finanzmarktrichtlinie gehen auf einen Beschluss der EU-Kommission vom 21.04.2004 zurück. In Deutschland erfolgte die Implementierung über das Finanzmarktrichtlinie-Umsetzungsgesetz (FRUG) im Jahresverlauf 2007.

2

cc) Zulässigkeit und Offenlegung von Vergütungen

Nach § 31 d Abs. 1 WphG ist der Kunde, und damit auch der sich der Dienstleistungen bedienende Testamentsvollstrecker, vor der Erbringung einer Wertpapierdienstleistung über den für das Finanzinstrument bzw. die jeweilige Dienstleistung zu zahlenden Gesamtpreis zu informieren. Hierzu müssen die Art, Höhe und Berechnungen der Kosten und anderer Zahlungsverpflichtungen (Gebühren, Provisionen, Entgelte etc.) offengelegt werden. 72

Praxishinweis:

Der Gesetzgeber sieht in der ersten Stufte nur eine allgemeine Information des Kunden bei der Beratung über Existenz, Art und Umfang von Zuwendungen vor. Eine Verpflichtung zur detaillierten Offenlegung besteht nur auf explizite Nachfrage. Da der Testamentsvollstrecker zur Überprüfung der Angemessenheit der durch die Einschaltung eines Dritten verursachten Kosten verpflichtet ist,[49] wird man eine entsprechende Nachfrage des Testamentsvollstreckers beim Wertpapierdienstleister annehmen müssen. Neuemissionen gehören nicht per definitionem zu den Wertpapierdienstleistungen. Daher ist hier mit versteckten Margen für den Emittenten und seinen Vermittler zu rechnen.

dd) Best Execution

Wertpapierdienstleister müssen verbindliche Grundsätze definieren, umsetzen und veröffentlichen, die dem Kunden und damit auch dem Testamentsollstrecker regelmäßig und auf Anfrage nachweisbar die bestmögliche Ausführung (Best Execution) seiner Aufträge in puncto Preis, Schnelligkeit und Sicherheit gewährleisten. Für jeden Produkttyp sind dabei die günstigsten Ausführungsplätze zu definieren. Eine regelmäßige Weitergabe einer Order z. B. an den Börsenplatz Düsseldorf ist daher nicht mehr zulässig. Ausdrückliche Weisungen des Kunden haben jedoch Vorrang. 73

Praxishinweis:

Anteile an Investmentfonds gehören nicht zu den Finanzinstrumenten und fallen damit nicht unter diese Regelung. Der Testamentsvollstrecker ist daher gut beraten, wenn er der Ausgabe und damit der Zahlung eines Ausgabepreises über die Kapitalanlagegesellschaft widerspricht und stattdessen den Erwerb über die Börse veranlasst. In jüngster Vergangenheit ist im übrigen festzustellen, dass einige Kapitalanlagegesellschaften dazu übergehen, statt eines Agios für die Rücknahme von Fondsanteilen einen Abschlag vorzunehmen.

c) Empfehlungen für den Testamentsvollstrecker

Grundkenntnisse der MiFID gehören zum Standardwissen des vermögensverwaltenden Testamentsvollstreckers. Die Einhaltung der Richtlinien durch das von dem Testamentsvollstrecker beauftragte Wertpapierdienstleistungsunternehmen ist nicht nur im wohlverstandenen Interesse des Nachlasses zu überwachen, sondern auch im Eigeninteresse einer Vermeidung von Haftungsansprüchen. An dieser Stelle ist auf eine besondere Haftungsfalle hinzuweisen: Der Anspruch des Kunden gegen ein Wertpapierdienstleistungsunternehmen auf Schadensersatz wegen Verletzung der Pflicht zur Information und wegen fehlerhafter Beratung im Zusammenhang mit einer Wertpapierdienstleistung oder Wertpapiernebendienstleistung verjährt nach § 37a WphG in drei Jahren von dem Zeitpunkt an, in dem der Anspruch entstanden ist. Erkennt der Testamentsvollstrecker eine fehlerhafte Beratung erst zu einem späteren Zeitpunkt, setzt er sich einer Inanspruchnahme durch die Erben aus, kann seinerseits aber keinen Rückgriff gegen das fehlerhaft agierende Wertpapierdienstleistungsunternehmen mehr nehmen. 74

49 Vgl. BGH, Urt. v. 04.11.1998 – IV ZR 266/97, FamRZ 1999, 435-436 zur Pflicht des Testamentsvollstreckers, die Angemessenheit der Kosten einer von einem Dritten ausgeübten Grundstücksverwaltung zu prüfen.

§ 3 Die allgemeinen Grundsätze der Testamentsvollstreckung

3

A. Die Wurzeln der Testamentsvollstreckung

1 Das Institut der Testamentsvollstreckung wurzelt im germanischen Rechtskreis[1] und wirkt daher im vom römischen Recht geprägten Erbrechtssystem ein wenig als „struktureller Fremdkörper".[2] Der Vorläufer der Testamentsvollstreckung beruhte auf Eigentumserwerb des Testamentsvollstreckers am Nachlass und damit auch auf dessen Haftungszuständigkeit, wie es die Parallelkonstruktion des angelsächsischen *trust* auch heute noch vorsieht.[3] Die Testamentsvollstreckung im Bürgerlichen Gesetzbuch hingegen belässt das Eigentum beim Erben und erkennt dem Vollstrekker die – vom Grundsatz her sehr weitreichende – Verfügungsbefugnis über den Nachlass zu.

Die Testamentsvollstreckung hat in Deutschland eine lange Tradition.[4] In Ziffer 33 seines Testamentes vom 08.01.1769 ordnete der Preußen-König Friedrich II. Testamentsvollstreckung an und ernannte zum Testamentsvollstrecker den Herzog Karl von Braunschweig, „von dessen Freundschaft, Redlichkeit und Ehrenhaftigkeit" er sich versprach, dass er die Ausführungen seines letzten Willens übernehmen würde.[5]

Die großen Testamentsvollstreckungen der heutigen Zeit sind mit Namen wie Krupp, Springer, Dornier und Sachs verbunden.[6] Hieraus die Schlussfolgerung zu ziehen, die Testamentsvollstrekkung sei nur etwas für politische Regenten oder Wirtschaftsbosse, greift jedoch entschieden zu kurz. So empfiehlt beispielsweise die Deutsche Krebshilfe in einer Broschüre ausdrücklich, die Testamentsvollstreckung durch einen Fachmann anzuordnen, um die dem letzten Willen entsprechende Abwicklung des Nachlasses sicherzustellen.[7] An derartigen öffentlichen Äußerungen gilt es anzuknüpfen, wenn es darum geht, Mandanten den Sinn und Zweck der Testamentsvollstrekkung nahe zu bringen.[8]

1 Muscheler (Haftungsordnung) § 1 I, 2.

2 Siehe hierzu Muscheler (Haftungsordnung) § 1 I, 2 sowie MünchKomm/Brandner Vor § 2197 Rn. 1. Allerdings kannte das römische Recht der XII Tafeln durchaus die dem Testamentsvollstrecker ähnliche Stellung des familiae emptor, zuerst als die eines Vollrechtserwerbers, dann als die eines Fremdverwalters oder „Vermittlers". Hierzu Manthe (Geschichte) II 5, 51 f. und Bretone (Römisches Recht) IV 2, 86.

3 Muscheler § 1 I, 2 und § 2 I, 18. Das Instrument des trust wird später gesondert behandelt (unter C II)..

4 Ähnliches gilt für Österreich („Vollzieher" oder „Exekutor") und die Schweiz („Willensvollstrecker").

5 Reimann, Die Kontrolle des Testamentsvollstreckers, FamRZ 1995, 588.

6 vgl. Reimann, a.a.O.

7 vgl." Ihr letzter Wille", herausgegeben von der Deutschen Krebshilfe e.V., Thomas-Mann-Straße 40, 53111 Bonn, S. 19.

8 Zwar werden hin und wieder Stimmen laut, die vor Testamentsvollstreckungen warnen (vgl. Manager-Magazin 1991, 118, zitiert nach Reimann, Die Kontrolle des Testamentsvollstreckers, FamRZ 1995, 588, Fn. 7), was vermutlich an der großen Machtfülle liegt, mit der der deutsche Gesetzgeber den Testamentsvollstrecker ausgestattet hat. Diese Machtfülle sinnvoll für die Interessen des Mandanten einzusetzen, kann aber nur ein weiteres Argument für die Notwendigkeit der fachmännischen Gestaltung der Testamentsvollstreckeranordnung und die Ausübung des Amtes durch einen Fachmann sein.

3

I. Die Rechtsstellung des Testamentsvollstreckers

1. Die Rechtsnatur des Amtes des Testamentsvollstreckers

Der Testamentsvollstrecker erhält sein Amt vom Erblasser übertragen. Er übt Kraft eigenen Rechts ein Verwaltungs- und Verfügungsrecht über den Nachlass aus entsprechend dem Willen des Erblassers und unabhängig vom Willen der Erben. Damit ist er nach heute ganz h.M. weder Vertreter des Erblassers oder des Erben und auch nicht deren Treuhänder, sondern Träger eines eigenen privaten Amtes.[9] 2

Der Dualismus einer Position zwischen Vertreter einerseits und Treuhänder andererseits durchzieht die gesamte Amtsführung des Testamentsvollstreckers. In der Praxis ist er zum einen dem Willen des Erblassers (im Sinne des „wohlverstandenen Erblasserwillens") verantwortlich, aber auch dem Inhaber des Nachlasses gegenüber, also den Erben. Die im Rahmen seiner Verwaltung vorgenommenen Handlungen treffen letztendlich den Erben. Vorschriften des Vertretungsrechts, insbesondere § 181 BGB, gelten für den Testamentsvollstrecker entsprechend. Auch hat er, um sich nicht persönlich zu verpflichten, offen zu legen, dass er als Testamentsvollstrecker handelt. Regelmäßig wird daher vorgeschlagen, in Vereinbarungen den Zusatz aufzunehmen:

„Handelnd als Testamentsvollstrecker des Nachlasses des am ...... verstorbenen ...".[10]

2. Die grundsätzlichen Befugnisse des Testamentsvollstreckers

Ein großer Teil der praktischen Probleme der Testamentsvollstreckung resultieren daraus, dass die Befugnisse des Testamentsvollstreckers im Gesetz (§§ 2203-2209 BGB) nur sehr allgemein bestimmt sind.[11] 3

Diese Form der gesetzlichen Ausgestaltung birgt neben den Problemen aber auch große Chancen für den Erblasser. Das Gesetz ermöglicht es ihm, dem Testamentsvollstrecker weitgehende Freiheit zu belassen oder aber auch ihn an eine sehr enge Kandarre zu nehmen. Diese Chance gilt es für den Erblasser zu nutzen.[12] Das Gesetz stellt dazu die verschiedenen Grundtypen der Testamentsvollstreckung zur Verfügung, Abwicklungs-, Dauer- und Verwaltungsvollstreckung.

Innerhalb dieser groben Aufgabenaufteilung gilt bei der praktischen Durchführung die Handlungsmaxime: *„Die (konkrete) Aufgabenstellung bestimmt die Befugnisse."*[13]

9 Vgl. Weidlich in Dauner-Lieb/Heidel/Ring, Anwaltkommentar, Erbrecht, Vorbemerkung zu § 2197 Rn. 2. Der sich aus der Stellung als „Partei kraft Amtes" ergebende Widerspruch zwischen der Prozessführungsbefugnis für geschäftsmäßig agierende Testamentsvollstrecker, die nicht der Anwaltschaft angehören einerseits und dem Postulat des Entwurfes zum Rechtsdienstleistungsgesetz, wonach jede Form der entgeltlichen Prozessvertretung der Anwaltschaft vorbehalten bleiben soll, ist bislang nicht gesehen, geschweige denn auch nur ansatzweise gelöst worden, vgl. Stellungnahme der AGT e.V. vom 27.05.2005 (S. 7), nachzulesen unter http://www.agt-ev.de/downloads/AGT_Stellungnahme_BMJ_27_05_05.pdf.

10 vgl. Mayer in Mayer/Bonefeld/Wälzholz/Weidlich, Testamentsvollstreckung, Rn. 9

11 vgl. Mayer in Mayer/Bonefeld/Wälzholz/Weidlich, Testamentsvollstreckung, Rn. 5.

12 vgl. Mayer in Mayer/Bonefeld/Wälzholz/Weidlich, Testamentsvollstreckung, Rn. 5.

13 vgl. Mayer in Mayer/Bonefeld/Wälzholz/Weidlich, Testamentsvollstreckung, Rn. 5.

3. Sein Verhältnis zu den Erben

4 Die Kardinalpflichten des Testamentsvollstreckers gegenüber den Erben ergeben sich im wesentlichen aus §§ 2215-2219 BGB und sind gemäß § 2220 BGB überwiegend zwingend. Die Regelungen werden als gesetzliches Schuldverhältnis angesehen.[14]

In der Praxis treten durchaus nicht selten Fälle eines Interessenkonflikts zwischen Erben und Testamentsvollstrecker auf. Diese Fälle sind im Gesetz nicht geregelt. Anders als im Vormundschaftsrecht fehlt eine dem § 1796 BGB vergleichbare Regelung, wonach dem Testamentsvollstrecker im Falle einer Interessenkollision die Vertretung für einzelne Angelegenheiten entzogen werden könnte. Eine Lösung derartiger Konflikte muss daher auf einer anderen Ebene gefunden werden.

a) Interessenkonflikte bezüglich einzelner Rechtsgeschäfte oder Prozesse

5 In derartigen Fallkonstellationen werden entweder die Grundsätze über den Missbrauch der Vertretungsmacht angewandt,[15] oder die Vorschrift des § 181 BGB analog angewandt.[16] Eine einheitliche Linie in der Rechtsprechung ist nicht erkennbar.

Für den Testamentsvollstrecker hat dies zur Folge, dass er bezüglich dieser Angelegenheit als „weggefallen" im Sinne von § 2224 Abs. 1 Satz 2 BGB gilt, so dass, wenn zwei oder mehrere Testamentsvollstrecker bestimmt sind, diese ohne ihn handeln können.[17]

Ist nur ein Testamentsvollstrecker vorhanden, so geht das Recht auf den Erben über, wenn der Testamentsvollstrecker Schuldner dieser Forderung ist.[18]

b) Dauernder Interessenkonflikt

6 Hierunter sind Fälle zu verstehen, bei denen der Interessenkonflikt auf Dauer offenkundig ist. Hat der Erblasser zur Wahrung der Rechte des Nacherbens gemäß § 2222 BGB einen Nacherbevollstrecker eingesetzt, so liegt es auf der Hand, dass jedenfalls die Person des alleinigen Vorerben als Nacherbentestamentsvollstrecker ausscheidet, da er ansonsten sich selbst kontrollieren müsste.[19]

Scheidet in einem solchen Fall der einzige Testamentsvollstrecker aus, so ist nach dem Erblasserwillens zu prüfen, ob nicht möglicherweise die Anordnung der Testamentsvollstreckung durch Einsetzung eines vom Nachlassgericht bestimmten Testamentsvollstreckers aufrechterhalten werden kann. Letztendlich entscheidet hierüber die Auslegung des konkreten Testaments.

14 vgl. Mayer in Mayer/Bonefeld/Wälzholz/Weidlich, Testamentsvollstreckung, Rn. 7.
15 vgl. etwa BGH NJW-RR 1989, 642,643.
16 vgl. hierzu BGHZ 30, 67,69.
17 vgl. Mayer in Mayer/Bonefeld/Wälzholz/Weidlich, Testamentsvollstreckung, Rn. 7.
18 vgl. Mayer in Mayer/Bonefeld/Wälzholz/Weidlich, Testamentsvollstreckung, Rn. 7 a.E.
19 vgl. Mayer in Mayer/Bonefeld/Wälzholz/Weidlich, Testamentsvollstreckung, Rn. 7 a.A.

4. Sein Verhältnis zu den Gerichten

a) Keine Aufsicht durch das Nachlassgericht

Das Nachlassgericht ist nicht befugt, in die Amtsführung des Testamentsvollstreckers einzugreifen.[20] Der Grund liegt in der unmittelbaren Ableitung des Amtes des Testamentsvollstreckers von der Rechtsstellung des Erblassers.[21] 7

Selbst die ausdrückliche Anordnung einer gerichtlichen Kontrolle des Handelns des Testamentsvollstreckers durch den Erblasser selbst ermöglicht keine gerichtliche oder behördliche Kontrolle seines Handelns.[22]

Eine gewisse Überwachungsfunktion kann das Nachlassgericht nur über § 2227 BGB ausüben bei der Entscheidung über die Entlassung des Testamentsvollstreckers aus wichtigem Grund, sofern ein entsprechender Antrag eines Beteiligten vorliegt, sowie nach § 2224 Abs. 1 Satz 1 zweiter Halbsatz BGB, wenn eine Entscheidung bei einer Meinungsverschiedenheit zwischen mehreren Testamentsvollstreckern zu treffen ist.[23]

Praxishinweis:

Ohne Antrag wird das Nachlassgericht nie gegen den Testamentsvollstrecker tätig.

b) Das Verhältnis zum Familien- und Vormundschaftsgericht

Auf Grund der unmittelbaren Ableitung seiner Rechte vom Erben unterliegt der Testamentsvollstrecker auch im Verhältnis zu minderjährigen Erben keiner Kontroll- oder Anordnungsfunktion durch das Familiengericht.[24] 8

Nimmt ein Elternteil eine Doppelrolle wahr als Testamentsvollstrecker für den minderjährigen Erben einerseits und als dessen gesetzlicher Vertreter andererseits, so stellt sich die Frage, ob ein Ergänzungspfleger im Sinne des § 1909 BGB mit dem Aufgabenkreis der Wahrnehmung der Rechte des Kindes (Betreuten) gegenüber dem als Testamentsvollstrecker berufenen Elternteil (Betreuer) verlangt werden können.[25] Eine einheitliche Linie in Literatur und Rechtsprechung hat sich bislang noch nicht herausgebildet.

In der Literatur wird angenommen, das Familienrecht schütze den minderjährigen Erben ausreichend über § 1640 BGB, wonach der Testamentsvollstrecker-Elternteil das von ihm zu erstellende Nachlassverzeichnis dem Familiengericht vorlegen muss, soweit der Wert 15.000,00 € übersteigt und der Erblasser nicht eine abweichende Bestimmung getroffen hat. Weiterhin wird erbrechtlich dahingehend argumentiert, dass der Erblasser mit der Berufung des Elternteils als Testamentsvollstrecker zu erkennen gegeben hat, dass er ihm ein besonderes Vertrauen entgegen bringt. Dies spricht dafür, einen Ergänzungspfleger nicht für erforderlich zu halten.[26]

20 vgl. Weidlich in Dauner-Lieb/Heidel/Ring, Anwaltskommentar Erbrecht, Vorbemerkung zu § 2197 Rn. 3.
21 vgl. Mayer in Mayer/Bonefeld/Wälzholz/Weidlich, Testamentsvollstreckung Rn. 9.
22 vgl. Reimann Fam-RZ 1995, 588,590.
23 vgl. Mayer in Mayer/Bonefeld/Wälzholz/Weidlich, Testamentsvollstreckung Rn. 9.
24 vgl. Mayer in Mayer/Bonefeld/Wälzholz/Weidlich, Testamentsvollstreckung, Rn. 10.
25 vgl. zur Thematik ausführlich Mayer in Mayer/Bonefeld/Wälzholz/Weidlich, Testamentsvollstreckung, Rn. 10 a.E., Rn. 91, 215.
26 so Mayer in Mayer/Bonefeld/Wälzholz/Weidlich, Testamentsvollstreckung, Rn. 254 a.E.

Die Rechtsprechung erscheint nicht einheitlich. Teilweise wird – ohne nähere Begründung – konstatiert, der Interessengegensatz sei so groß, dass ein Ergänzungspfleger bestellt werden müsse[27], teilweise wird auf den Einzelfall abgestellt.[28]

Die Frage, ob das Familien- oder Vormundschaftsgericht für die etwaige Anordnung einer Ergänzungspflegschaft nach § 1909 BGB zuständig ist, lässt sich ebenfalls nicht eindeutig beantworten.[29]

5. Das Prinzip der Trennung von Nachlass- und Privatvermögen und seine Folgen

a) Trennung von Nachlass und Privatvermögen

9 Durch die Regelungen der §§ 2205, 2211 BGB wird bei angeordneter Testamentsvollstreckung den Erben die Verfügungsbefugnis über den Nachlass entzogen. Hierin dokumentiert sich eine wesentliche Grundfunktion der Testamentsvollstreckung: Die Trennung des Nachlasses vom Privatvermögen des Erben.[30]

Die vorbezeichneten Vorschriften werden ergänzt durch § 2214 BGB. Danach reichen die Rechte der persönlichen Gläubiger des Erben (auch Eigengläubiger genannt) nicht weiter, als die Rechte des Erben am Nachlass selbst. Durch die Anordnung der Testamentsvollstreckung ist es daher möglich, die persönlichen Gläubiger des Erben für die Dauer der Testamentsvollstreckung vom Nachlass fern zu halten. Auf die Haftung des Nachlasses gegenüber Nachlassgläubigern hat die Vorschrift des § 2214 BGB hingegen keine Auswirkung.[31]

b) Zugriffsbeschränkungen der Eigengläubiger beim Alleinerben

10 Das Zugriffsverbot der Privatgläubiger des Erben auf den der Testamentsvollstreckung unterliegenden Nachlass ist umfassend. Die Eigengläubiger des Erben können keine Zwangsvollstreckung in den Nachlass betreiben. Zwangsvollstreckungsmaßnahmen sind nach § 748 ZPO wegen Fehlens eines gegen den Testamentsvollstrecker ergangenen Urteils nicht möglich. Eine gleichwohl vorgenommene Vollstreckungsmaßnahme ist jedoch nicht nichtig, sondern nur fehlerhaft. Folglich muss der Testamentsvollstrecker gegen sie mit der Erinnerung nach § 766 ZPO, ggf. auch der Drittwiderspruchsklage nach § 771 ZPO vorgehen.[32]

Praxishinweis:

Die Wirkungen des § 2214 treten bereits ab dem Erbfall ein, selbst wenn der Testamentsvollstrecker sein Amt noch nicht angetreten hat.

27 OLG Nürnberg FamRZ 2002, 272.
28 LG Mannheim, MDR 1977, 579.
29 zum Meinungsstand vgl. Diederichsen in Palandt, Kommentar zum BGB, Rn. 1.
30 vgl. BGHZ 48, 214, 219.
31 vgl. Weidlich in Dauner-Lieb/Heidel/Ring, Anwaltskommentar BGB, § 2214 Rn. 1.
32 vgl. Weidlich in Dauner-Lieb/Heidel/Ring, Anwaltskommentar BGB, § 2214 Rn. 2.

c) Zugriffsbeschränkungen in der Insolvenz

Gemäß § 36 Abs. 1 InsO wirkt § 2214 BGB auch gegenüber dem Insolvenzverwalter, wenn über das Vermögen des Erben ein Insolvenzverfahren eröffnet wird. In die Insolvenzmasse fallen gemäß § 35 InsO nur die nicht der Testamentsvollstreckung unterliegenden Nachlassgegenstände sowie ggf. nach § 2217 BGB freigegebene Gegenstände. Die Verfügungsbefugnis bezüglich der der Testamentsvollstreckung unterliegenden Nachlassgegenstände geht nicht gemäß §§ 22 Abs. 1, 80 Abs. 1 InsO auf den (vorläufigen) Insolvenzverwalter über, sondern verbleibt beim Testamentsvollstrecker.[33] 11

Praxishinweis:

*Das Zugriffsverbot der Privatgläubiger setzt sich auch im Rahmen der **Restschuldbefreiung** (§ 286 InsO) fort. Grundsätzlich besteht die Verpflichtung nach § 295 Abs. 1 Nr. 2 InsO zur Herausgabe der dem verschuldeten Erben zugeflossenen Nachlasses in Höhe der Hälfte. Beschränkt sich die Testamentsvollstreckung auf die reine Abwicklungsvollstreckung, so kann die Herausgabe nach Abschluss der Abwicklungsvollstreckung erfolgen. Ist hingegen eine Verwaltungsvollstreckung gem. § 2209 BGB angeordnet, so scheitert die Herausgabe beim Alleinerben an dessen mangelnder Verfügungsbefugnis, § 2211 BGB.*[34]

d) Einschränkung von Pfändungsmöglichkeiten bei Miterben

Etwas anders sieht es bei Miterben aus. Unterliegt ein Miterbenanteil der Testamentsvollstreckung, so kann der Miterbe gemäß § 2033 Abs. 1 Satz 1 BGB unabhängig von der angeordneten Testamentsvollstreckung über seinen Anteil am Nachlass persönlich verfügen.[35] Daher können Privatgläubiger gem. § 859 Abs. 2 ZPO den Erbteil pfänden. Dies ist dann interessant, wenn über die Pfändung die Auseinandersetzung des Nachlasses herbeigeführt werden kann. Der Pfändungsbeschluss ist dem Testamentsvollstrecker zuzustellen.[36] 12

Hat der Erblasser dagegen ein Auseinandersetzungsverbot, verbunden mit einer Verwaltungsvollstreckung nach § 2209 BGB angeordnet, dann müssen die Privatgläubiger des Erben diese Anordnung gegen sich gelten lassen.

Zieht der Testamentsvollstrecker im Rahmen der ordnungsgemäßen Verwaltung des Nachlasses nach § 2216 BGB Erträgnisse, so können diese grundsätzlich auch durch Privatgläubiger des Erben gepfändet werden. Auch hier ist der Pfändungsbeschluss dem Testamentsvollstrecker zuzustellen.[37]

Beschränkungen der Pfändung können sich dann aus § 863 Abs. 1 Satz 2 ZPO bei der Pflichtteilsbeschränkung in guter Absicht sowie nach § 850 b Abs. 1 Nr. 3 ZPO bei fortlaufenden Einkünften aufgrund fürsorglicher Zuwendung ergeben. Darüber hinaus ist es natürlich möglich, über eine entsprechende Anordnung der Testamentsvollstreckung den Zugriff der Privatgläubiger des Erben auch auf diese Erträgnisse einzuschränken oder gar auszuschließen.[38]

33 vgl. Weidlich in Dauner-Lieb/Heidel/Ring, Anwaltskommentar BGB, § 2214 Rn. 4; OLG Düsseldorf KTS 1962, 115.
34 vgl. Weidlich in Dauner-Lieb/Heidel/Ring, Anwaltskommentar BGB, § 2214 Rn. 5.
35 BGH NJW 1984, 2464, 2466. § 2033 Abs. 1 BGB beinhaltet zwingendes Recht und gilt daher auch für den Fall der Testamentsvollstreckung. Die Testamentsvollstreckung setzt sich am übertragenen Miterbenanteil fort, vgl. Rott in Kompaktkommentar Erbrecht, § 2033 Rn. 11.
36 vgl. Weidlich in Dauner-Lieb/Heidel/Ring, Anwaltskommentar BGB, § 2214 Rn. 6.
37 vgl. Weidlich in Dauner-Lieb/Heidel/Ring, Anwaltskommentar BGB, § 2214 Rn. 7.
38 vgl. Weidlich in Dauner-Lieb/Heidel/Ring, Anwaltskommentar BGB, § 2214 Rn. 8.

Vorgeschlagen wird hier beispielsweise die Anweisung an den Testamentsvollstrecker im Rahmen der letztwilligen Verfügung, die Nutzungen des Nachlasses sowie auch einzelne Nachlassgegenstände zur freien Entscheidung des Testamentsvollstreckers zu überlassen oder auch den Testamentsvollstrecker zu ermächtigen, die Erträgnisse nur in Form von Naturalleistungen sowie Wohnraum zur ausschließlichen Eigennutzung auszukehren.[39]

39 vgl. Formulierungsbeispiel von Mayer in Mayer/Bonefeld/Wälzholz/Weidlich, Testamentsvollstreckung, Rn. 575.

§ 4 Der Weg zur idealen Testamentsvollstrecker-anordnung

Zunächst muss man sich von der Vorstellung lösen, dass es nur eine ideale Form der Gestaltung der Testamentsvollstreckung im Rahmen einer letztwilligen Verfügung geben kann. Zu unterschiedlich sind die familiären, gesellschaftsrechtlichen und vermögensmäßigen Voraussetzungen des individuellen Nachlasses. Insbesondere in einfacher gelagerten Fällen macht es oft keinen Sinn, eine aufwändige Testamentsvollstreckung zu installieren, wenn mit einfacheren Gestaltungsmöglichkeiten ein ähnlicher Erfolg erzielt werden kann. Das möglicherweise bestehende Eigeninteresse an der Übernahme von Testamentsvollstreckungen darf nicht dazu verleiten, das Instrumentarium ohne die Prüfung von Alternativen einzusetzen.[1] Der Weg zur individuell richtigen Testamentsvollstreckeranordung vollzieht sich in fünf Schritten. 1

A. 1. Schritt: Gestaltungsalternativen zur Testamentsvollstreckung prüfen

I. Trans- und postmortale Vollmacht

Eine einfache Gestaltungsalternative stellt die rechtsgeschäftliche Vollmacht dar. Auch mit diesem Hilfsmittel ist dem Erblasser grundsätzlich möglich, seinen Willen über seinen Tod hinaus durch eine geeignete Person Geltung zu verschaffen. 2

1. Terminologie

Unterschieden werden kann zwischen „transmortaler Vollmacht" und „postmortaler Vollmacht im engeren Sinne". Unter einer transmortalen Vollmacht versteht man die Vollmacht, die bereits zu Lebzeiten des Vollmachtgebers ausgeübt werden kann und durch den Tod des Erteilenden nicht erlischt. Als postmortale Vollmacht im engeren Sinne versteht man üblicherweise die Vollmacht, die erst mit dem Tode des Vollmachtgebers zum Handeln ermächtigt.[2] 3

2. Anwendungsbereich postmortaler Vollmachten

Von der Testamentsvollstreckung unterscheidet sich die postmortale Vollmacht sowohl bei der Begründung, als auch bei der Beendigung. In beiden Fällen erscheint die postmortale Vollmacht weniger formal und ist daher für einfacher strukturierte und tendenziell eher unkomplizierte Nachlassauseinandersetzungen prädestiniert. 4

1 Das OLG Karlsruhe, Urt. v. 09.11.2006 – 4 U 174/05, BRAK-Mitt. 2006, 42 stellt zur Begründung der Unzulässigkeit einer konkreten erbrechtlichen Beratung durch eine Bank beispielhaft auf das Interesse des Kreditinstitutes an der entgeltlichen Übernahme von Testamentsvollstreckungen ab, während sich für den Kunden die Frage stelle, ob in seinem Fall eine Testamentsvollstreckung überhaupt notwendig sei.

2 vgl. Bengel in: Bengel/Reimann, Handbuch der Testamentsvollstreckung, Rn. 35.

Auch dem Testamentsvollstrecker kann eine postmortale Vollmacht erteilt werden. Eine solche Bevollmächtigung erscheint insbesondere immer dann sinnvoll, wenn zu erwarten ist, dass die Erteilung des Testamentsvollstreckerzeugnisses Zeit beanspruchen wird und in diesem Zeitraum der Testamentsvollstrecker bereits im Außenverhältnis – z. B. gegenüber Banken – agieren können soll.

3. Formvorschriften

5 Bei der Begründung von postmortalen Vollmachten gelten die testamentarischen Formvorschriften nicht. Vielmehr gilt der Grundsatz der Formfreiheit der Vollmacht aus § 167 Abs. 2 BGB. Selbst Schriftform ist grundsätzlich nicht erforderlich, aus Nachweisgründen aber in der Praxis unumgänglich. Die notarielle Form ist allerdings erforderlich, wenn der Bevollmächtigte unwiderrufliche Vollmachten zu Grundstücksgeschäften, zur Schenkung oder Bürgschaften erhalten soll.[3]

In der Praxis ist allerdings häufig festzustellen, dass Banken privatschriftliche postmortale Vollmachten nicht anerkennen wollen, sondern auf der Vorlage einer notariellen Vollmacht oder einem Erbschein bestehen, um beispielsweise Verfügungen über Bankkonten zuzulassen. Diese Auffassung ist allerdings rechtsirrig.[4] Ihr sollte daher mit deutlichen Worten entgegengetreten werden. Ein Testamentsvollstrecker, der sich in dieser Situation dazu verleiten lässt, einen Erbschein zu beantragen, dürfte sich wegen der insoweit entstehenden Kosten schadenersatzpflichtig machen.[5]

4. Wirkungen der trans- und postmortalen Vollmacht

6 Die entscheidende Wirkung der trans-, wie auch der postmortalen Vollmacht liegt darin, dass der Bevollmächtigte die Erben vertritt. Ohne dass es eines Erbscheins oder eines öffentlichen Testamentes mit Eröffnungsniederschrift bedürfte, kann der Bevollmächtigte alle Rechtsgeschäfte so vornehmen, wie der Erblasser dies selbst hätte tun können.[6] Dabei kann der postmortal Bevollmächtigte auch minderjährige Erben vertreten, ohne dass es der Zustimmung des Vormunds oder einer Genehmigung des Vormundschaftsgerichtes bedarf.[7]

Liegen die Voraussetzungen der Formvorschriften des § 12 HGB vor, kann der Bevollmächtigte auch Anmeldungen zum Handelsregister tätigen.[8]

3 vgl. Palandt-Heinrichs, § 167 Rn. 2.

4 beispielsweise unter Hinweis auf BGH, Urt. v. 25.11.1994 – XI ZR 239/93, zit. nach Ott-Eulberg in Ott-Eulberg/Schebesta/Bartsch, Erbrecht und Banken, S. 306 mit folgenden Leitsätzen: (1) Wird von einer postmortalen Vollmacht Gebrauch gemacht, hat die Bank die ihr erteilten Weisungen grundsätzlich unverzüglich und vorbehaltslos auszuführen, es sei denn, dass der Bevollmächtigte in ersichtlich verdächtiger Weise von der Vollmacht Gebrauch macht; (2) Die Bank ist nicht berechtigt oder verpflichtet, die Zustimmung des Erben abzuwarten oder durch Zuwarten den Widerruf der postmortalen Vollmacht zu ermöglichen. Im übrigen ist selbst der Nachweis des Erbrechts ist im deutschen Recht nicht zwingend an die Vorlage eines Erbscheins gebunden, sondern kann auch auf andere Form erfolgen, vgl. BGH Urt. v. 10.12.2004 – V ZR 120/04, FamRZ 2005, 515. Ob § 5 der AGB der Banken, wonach die Bank nach dem Tod des Kunden zur Klärung der Verfügungsberechtigung die Vorlegung eines Erbscheins verlangen kann, angesichts dieser Rechtsprechung noch AGB-konform ist, erscheint zweifelhaft.

5 vgl. Ott-Eulberg in Ott-Eulberg/Schebesta/Bartsch, Erbrecht und Banken, S. 306 zur vergleichbaren Rechtslage bei einem beratenden Rechtsanwalt: „Der Anwalt (macht) sich eventuell schadenersatzpflichtig, wenn dieser einem Erben, der sich im Besitz einer Kontovollmacht befindet und nur Bankvermögen im Nachlass vorhanden ist, rät, einen Erbschein zu beantragen.“.

6 vgl. Bengel in: Bengel/Reimann, Handbuch der Testamentsvollstreckung, 1. Kapitel Rn. 49, der darauf hinweist, dass natürlich die allgemeinen Grenzen des Vollmachtsmissbrauches gelten, eine Vollmacht also nicht berücksichtigt werden muss, wenn der Bevollmächtigte in „verdächtiger Weise“ von der Vollmacht Gebrauch macht.

7 vgl. Bengel in: Bengel/Reimann, Handbuch der Testamentsvollstreckung, 1. Kapitel Rn. 50.

8 vgl. Bengel in: Bengel/Reimann, Handbuch der Testamentsvollstreckung, 1. Kapitel Rn. 50.

Soweit der Testamentsvollstrecker als Bevollmächtigter handelt, unterliegt er nicht den Beschränkungen der Testamentsvollstreckung. So ist er, wenn die Vollmacht entsprechend ausgestattet ist, als Bevollmächtigter zum Abschluss von In-sich-Geschäften i. S. des § 181 BGB, ermächtigt, was ihm als Testamentsvollstrecker wegen § 2205 BGB grundsätzlich nicht gestattet ist.[9] Auch hier setzt nur die Rechtsmissbräuchlichkeit der Wirksamkeit von Rechtsgeschäften des Bevollmächtigten Grenzen.[10]

5. Die verschiedenen Arten trans- und postmortaler Vollmachten

In der Rechtspraxis haben sich verschiedene Vollmachtstypen entwickelt, die in Abhängigkeit 7
von ihrem jeweiligen Anwendungsbereich, häufig begründet durch vorformulierte Erklärungen, eingesetzt werden. Die letztendlich erteilten Vollmachten erscheinen jedoch nicht immer in der Reinkultur eines bestimmten Vollmachtstypus, sondern können durchaus die Merkmale verschiedener Typen kombiniert enthalten.

a) Konto- und Bankvollmacht

Beiden Vollmachtsformen ist gemeinsam, dass sie gegenüber einem Kreditinstitut erteilt werden. 8
Während sich die Kontovollmacht nur auf ein bestimmtes Konto bezieht, erfasst die Bankvollmacht die gesamte Vertretung des Vollmachtgebers im Rahmen der mit dem Kreditinstitut bestehenden Geschäftsverbindung.[11] Welche Form der Vollmacht letztendlich gewählt wird, entscheidet immer der konkrete Anwendungsfall. Regelmäßig werden die von den Kreditinstituten zur Verfügung gestellten Vordrucke verwendet. Häufig sehen diese Vordrucke vor, dass der Bevollmächtigte nicht nur über Gelder aus dem positiven Saldo verfügen darf, sondern bei entsprechender Duldung auch den vereinbarten Kreditrahmen in Anspruch nehmen kann, soweit dies in einem der Kontoverbindungen angemessenen Rahmen bleibt. Nach der Rechtsprechung wird diese Grenze überschritten, wenn mehr als 10% des vertraglich eingeräumten Dispositionskredits in Anspruch genommen werden.[12] Jenseits dieses Betrages haftet der Kontoinhaber dann nicht mehr für durch den Kontobevollmächtigten verursachte Überziehungen.[13] Vom Umfang her unterscheiden sich Kontovollmacht und Bankvollmacht in der Frage, ob der Bevollmächtigte konnten für den Vollmachtgeber er öffnen oder auflösen darf. Diese Möglichkeit besteht grundsätzlich nur bei der Bankvollmacht.

b) Vorsorgevollmacht

Dieser Vollmachtstypus erfasst über den Bankverkehr hinaus alle Lebensbereiche des Bevoll- 9
mächtigten. Sie wird regelmäßig in Form einer sog. Generalvollmacht erteilt und enthält darüber hinaus Regelungen, wie der Vollmachtgeber vertreten werden möchte, wenn infolge von Krankheit oder anderen Umständen ein Betreuungsfall eintritt, er also nicht mehr geschäftlich selbstständig agieren kann.

9 vgl. Edenhofer in Palandt, Kommentar zum BGB, § 2205 Rn. 25 f. m.w.N.
10 vgl. Bengel in: Bengel/Reimann, Handbuch der Testamentsvollstreckung, 1. Kapitel Rn. 52.
11 Schelske, Vollmachten in der Kreditwirtschaft, BBEV 2008, 119 -123, 120.
12 Schelske, Vollmachten in der Kreditwirtschaft, BBEV 2008, 119 -123, 120.
13 OLG Brandenburg Beschl. vg. 14.05.2007, 3 W 19/07, WM 2007, 2150.

c) unternehmensbezogene Generalvollmacht

10 Die unternehmensbezogene Generalvollmacht stellt einen Unterfall der Vorsorgevollmacht dar. Hierbei erteilt ein – regelmäßig – Einzelunternehmer einem Bevollmächtigten umfassende Befugnisse, ihn im unternehmerischen Bereich zu vertreten. Diese Vertretungsbefugnisse wären zwar auch bereits durch die Vorsorgevollmacht rechtlich möglich. Im unternehmerischen Bereich, in dem mit fremden Dritten Geschäfte abgeschlossen werden müssen, ist es aber regelmäßig untunlich, wenn nicht gar geschäftsschädigend, eine Erkrankung des Firmeninhabers offen zu legen. Erst recht macht es keinen Sinn, Geschäftspartnern die innersten Beweggründe des Unternehmers aufzuzeigen, die dieser in seiner Betreuungsverfügung niedergelegt hat.

d) Internationale Nachlassvollmacht

11 Bei der sog. internationalen Nachlassvollmacht handelt es sich nicht um eine gesonderte Rechtsform einer Vollmacht. Es handelt sich vielmehr um eine Vollmacht, die von ihrer Ausgestaltung her die praktische Abwicklung von Erbfällen mit Auslandsbezug vereinfachen kann und jedenfalls immer dann angezeigt ist, wenn ausländisches Vermögen zu vollstrecken ist. Vielfach wird das Rechtsinstitut der Testamentsvollstreckung im Ausland nicht oder nur eingeschränkt anerkannt.

Da in vielen Ländern umfassende Generalvollmachten nicht anerkannt werden, sollte eine internationale Nachlassvollmacht grundsätzlich als Spezialvollmacht für einzelne, möglichst präzise beschriebene Vermögenswerte ausgestaltet sein. Gehören mehrere Vermögenswerte im Ausland zum Nachlass, empfiehlt sich die Erteilung mehrerer Vollmachten, die unabhängig voneinander wirksam sind. In vielen ausländischen Rechtsordnungen erlöschen – anders als in Deutschland – Vollmachten mit dem Tode. Die Vollmacht sollte daher im Rahmen der Rechtsformwahl ausdrücklich das deutsche Recht bestimmen oder bei Anwendung des ausländischen Rechts sicherstellen, dass der beabsichtigte Zweck der Geltung über den Tod hinaus sichergestellt ist. Grundsätzlich zu bevorzugen ist die transmortale Vollmacht, weil diese bereits zu Lebzeiten des Erblassers wirksam ist und sich daher im Ausland Probleme wie der Nachweis des Todes nicht stellen. Ein besonderes Augenmerk ist schließlich auf besondere Formvorschriften zu legen, die im Ausland für besondere Rechtsgeschäfte gelten können.

Ein praktisches Problem der internationalen Nachlassvollmacht liegt darin, dass kritische Erblasser häufig davor zurückschrecken, ihren Bevollmächtigten, auch wenn sie ihnen vertrauen, mit einer bereits zu ihren Lebzeiten so umfassend wirkenden Vollmacht auszustatten, wie dies aus der Sicht einer effektiven Nachlassabwicklung erforderlich wäre. Lässt sich eine Bevollmächtigung durch den Erblasser nicht erreichen, so kann es eine Alternative darstellen, wenn die Erben – ein entsprechendes Einvernehmen zwischen Ihnen und dem Testamentsvollstrecker vorausgesetzt – diesem nach Eintritt des Erbfalls eine internationale Nachlassvollmacht erteilen, der den Testamentsvollstrecker ermächtigt, die Nachlassabwicklung im Ausland im Namen der Erbengemeinschaft vorzunehmen. Damit lässt sich auch gleichzeitig dem Problem der in ausländischen Rechtsordnungen häufig fehlenden Anerkennung einer deutschen Testamentsvollstreckung begegnen.

6. Erlöschen postmortaler Vollmachten

a) Vollmachtsimmanente Beendigungsgründe

Als Erlöschensgrund für die postmortale Vollmacht kommt ein Zeitablauf in Betracht, wenn die Vollmacht von vornherein befristet war. Auch kann die Vollmacht unter einer auflösenden Bedingung erteilt werden, sie erlischt dann mit Bedingungseintritt. Im übrigen kann der Bevollmächtigte durch einseitige Willenserklärung auf die Vollmacht verzichten.[14] 12

4

b) Widerruf der postmortalen Vollmacht

Wie jede andere Vollmacht ist auch die postmortale Vollmacht gem. § 168 Satz 2 BGB grundsätzlich widerruflich, es sei denn, sie wäre als Einzelvollmacht unwiderruflich erteilt worden. In der Form der Generalvollmacht gilt sie stets als widerruflich.[15] 13

Das ursprünglich dem Vollmachtgeber zustehende Widerrufsrechts wird nach dessen Tod durch den Erben ausgeübt. Bei mehreren Erben kann jeder einzelne Miterbe[16] für seine Person[17] die Vollmacht widerrufen, § 2038 Abs, 1 S. 2 2. Hs. BGB. Das Vertretungsrecht des Bevollmächtigten hinsichtlich der übrigen Miterben wird durch einen Einzelwiderruf nicht berührt.

Neben den Erben kommt ein Widerrufsrecht auch dem Nachlassverwalter sowie dem Nachlasspfleger zu. Ob auch dem Testamentsvollstrecker in Ausübung seines Verwaltungsrechts nach § 2205 BGB das Recht zum Vollmachtswiderruf zusteht[18], ist streitig[19], wird aber ganz überwiegend bejaht.[20]

Will der Erblasser erreichen, dass die postmortale Vollmacht nach seinem Tode nicht sofort von den Erben widerrufen wird, so kann er die Erben in seinem letzten Willen verpflichten, die Vollmacht – beispielsweise für einen bestimmten Zeitraum – nicht zu widerrufen. Hierzu bietet sich die Erteilung einer entsprechenden Auflage, mit der eine Überwachung und Durchführung der Testamentsvollstrecker beauftragt wird ebenso an, wie den unterbleibenden Widerruf zur aufschiebenden Bedingung für die Erbeinsetzung zu machen.[21] 14

II. Die Stiftung als Alternative zur Testamentsvollstreckung

Nach herkömmlichem Verständnis werden Stiftungen mit reiner Gemeinnützigkeit assoziiert. Neben der Testamentsvollstreckung kommt jedoch auch in besonderen Fällen die Stiftung als Instrument zur Nachfolgegestaltung bei mittelständischen Unternehmen in Betracht. Insbesondere im Hinblick auf „Basel II" könnte diese Form der Sicherung mittelständischer Unternehmen in 15

14 vgl. Bengel in: Bengel/Reimann, Handbuch der Testamentsvollstreckung, 1. Kapitel Rn. 59.
15 vgl. Bengel in: Bengel/Reimann, Handbuch der Testamentsvollstreckung, 1. Kapitel Rn. 54.
16 BGH NJW 1988, 2603.
17 Kerscher/Tanck/Krug, Testamente, § 2 Rn. 346.
18 so Bengel in: Bengel/Reimann, Handbuch der Testamentsvollstreckung, 1. Kapitel Rn. 57.
19 Vgl. Ott-Eulberg in Ott-Eulberg/Schebesta/Bartsch, Erbrecht und Banken S. 298, der – allerdings ohne weitere Nachweise auf die Rechtsprechung – davon ausgeht, dass die Rechtsprechung die Widerruflichkeit der postmortalen Vollmacht durch den Testamentsvollstrecker ablehnt.
20 Vgl. Edenhofer in Palandt, Kommentar zum BGB, Vorbem. zu § 2197 Rn. 13; Weidlich in Dauer-Lieb/Heidel/Ring, Anwaltskommentar, Erbrecht, Vorbem. zu § 2197 ff, Rn. 12.
21 vgl. die Empfehlung von Bengel in: Bengel/Reimann, Handbuch der Testamentsvollstreckung, 1. Kapitel Rn. 60.

Zukunft weitere Bedeutung erlangen.[22]

Praxisgestaltungen für Stiftungsgestaltungen im Unternehmensbereich gibt es einige. Exemplarisch sei auf die Lidl und Schwarz Stiftung & Co. KG, Neckarsulm, Schickedanz Holding Stiftung und Co. KG, Fürth sowie die Vorwerk Elektrowerke Stiftung & Co. KG Wuppertal verwiesen.[23]

Bei der Stiftung und Co. KG übernimmt – angelehnt an die GmbH & Co. KG – die Stiftung die Rolle der Komplementärin. Über ihre Führungsrolle als Komplementärin der Gesellschaft ist die Stiftung in der Lage, nach dem Tod des Stifters eine Art Garantie für die Durchsetzung dessen Willens zu übernehmen.[24]

16 Im Zusammenwirken mit der Stiftungsaufsicht dient die Stiftung als „verlängerter Arm des Stifters" weit über dessen Tod hinaus. Die Aufhebung der Stiftung wie auch jede Satzungsänderung bedürfen der Genehmigung der Stiftungsbehörde, die nur erteilt wird, wenn sie dem erklärten oder mutmaßlichen Willen des Stifters entspricht. Im Unterschied zur Testamentsvollstreckung gibt es keine auf dreißig Jahre beschränkte Geltungsdauer des Erblasserwillens. Der Zusammenhalt des Kapitals der Familie kann so äußerst langfristig gesichert werden, was beim Rating nach „Basel II" positiv zu bewerten ist. Das Grundstock-Vermögen bleibt bei der unternehmensverbundenen Stiftung „im Unternehmen", kann also nicht etwa an die Unternehmerfamilie gehen. Dadurch wird die Eigenkapitalquote verbessert, der Kreditbedarf sinkt und die Kreditwürdigkeit steigt.

Praxishinweis:

Die „Ewigkeitsdauer", mit der Stiftungen errichtet werden, zeigt allerdings auch in aller Deutlichkeit, dass sie kein „Allerweltsansatz" sind, sondern besonderer Aufmerksamkeit und Sorgfalt im Einzelfall bedürfen.[25] Auch die postmortale Stiftungserrichtung durch einen Testamentsvollstrecker bedarf besonderer Erfahrungen und Kenntnisse, die im Idealfall bereits bei Übernahme der Testamentsvollstreckung vorliegen sollten.[26]

III. Alternative erbrechtliche Regelungen

1. Vor- und Nacherbschaft

17 Auch wenn er allen gesetzlichen Beschränkungen unterworfen bleibt, hat der Vorerbe eine weitgehende Verwaltungs- und Verfügungsfreiheit über den Nachlass, die ihm beispielsweise eine Umschichtung des Nachlasses ermöglicht.[27] Insoweit ist seine Rechtsstellung der des Testamentsvollstreckers vergleichbar. Während der Testamentsvollstrecker jedoch grundsätzlich nicht Erbe ist, wird der Vorerbe (wie auch der Nacherbe) echter Erbe, wenn auch nur auf Zeit.[28] Auf ihn geht das gesamte Vermögen des Erblassers über, einschließlich der Verbindlichkeiten. Der Vollstrekkungsschutz ist wiederum ähnlich der Testamentsvollstreckung, denn durch § 2115 BGB, 773

22 Über Basel II wird die Eigenkapitalunterlegung der Banken bei Kreditvergaben stärker nach dem individuellen Kreditrisiko erfolgen, das vorrangig durch ein Bankrating festgestellt wird. Das führt zu der Frage der Finanzierung der deutschen mittelständischen Wirtschaft insgesamt, näher dazu Füsa/Rödel, DStR 2002, 275 ff.

23 Zahlreiche weitere Beispiele nennt Berndt, Stiftungen und Unternehmen, Rn 1456 ff.

24 näher dazu Hennerkes/Schiffer, BB 1992, 1940.

25 Vgl. Schiffer in Handbuch des Fachanwalts für Erbrecht, Kap. 4 Rn. 10.

26 Ansonsten besteht die Gefahr, dass selbst fünf Jahre nach dem Erbfall die Stiftung immer noch nicht errichtet ist (Praxisfall einer vom Nachlassgericht zur Testamentsvollstreckerin bestimmten Rechtsanwältin). Empfehlenswert als Praxishandbuch: Wigand/ Haase-Theobald/ Heuel/ Stolte, Stiftungen in der Praxis, 2007.

27 Nieder, Handbuch der Testamentsgestaltung, Rn. 588 a.E..

28 Nieder, Handbuch der Testamentsgestaltung, Rn. 590.

ZPO, 83 Abs. 2 InsO wird das gesamte der Nacherbenbindung unterliegende Sondervermögen zugunsten des Nacherben vor der haftungsrechtlichen Verwertung durch Eigengläubiger des Vorerben geschützt.[29]

Erbschaftsteuerlich führt die Vor- /Nacherbschaftslösung regelmäßig zu einer Doppelbesteuerung des Erwerbs[30], so dass sie als Alternative zur Testamentsvollstreckung nur bei kleineren Nachlässen in Betracht kommt. Der Vorerbe gilt nach § 6 Abs. 1 ErbStG als Vollerbe, unterliegt also der vollen Erbschaftsteuer. Die ihm durch die Nacherbschaft auferlegte Beschränkung wird erbschaftsteuerlich nicht berücksichtigt. Tritt der Nacherbfall ein, so hat der Nacherbe den Erwerb noch einmal zu versteuern – und zwar entgegen der bürgerlich-rechtlichen Betrachtungsweise, die den Erwerb des Nacherben als vom Erblasser stammend ansieht – als Erwerb vom Vorerben, § 6 Abs. 2 ErbStG.[31]

2. Nießbrauchsvermächtnis

Die Nutzungsrechte und Lastentragungspflichten des Nießbrauchers ähneln von ihrem wirtschaftlichen Ergebnis her der Vorerbschaft.[32] Rechtlich differieren sie jedoch deutlich. Während der Vorerbe im Rahmen der Einschränkungen nach §§ 2113 bis 2115 BGB über die Nachlassgegenstände frei verfügen kann, § 2112 BGB, ist der Nießbraucher von Gesetzes wegen mit Ausnahme der §§ 1074, 1077 und 1087 Abs. 2 BGB weitgehend von Verfügungen über Nachlassgegenstände ausgeschlossen.[33] Auch die Haftung differiert erheblich. Der Vorerbe ist nur für die Erhaltung der wertmäßigen Substanz des Nachlasses verantwortlich, nicht auf die Erhaltung der konkreten Nachlassgegenstände, im übrigen auch noch gemindert auf den Sorgfältigkeitsmaßstab des § 277 BGB. Der Nießbraucher hingegen haftet voll auf die Erhaltung der wirtschaftlichen Bestimmung und Sachsubstanz.[34] In der Praxis wird die Einräumung eines Nießbrauchsvermächtnisses häufig bei der Versorgung älterer Menschen, beispielsweise des überlebenden Ehegatten erwogen, insbesondere wenn die Anordnung einer Testamentsvollstreckung wegen der darin gesehenen „Bevormundung" des älteren Menschen als nicht tunlich oder unnötig kompliziert angesehen wird. 18

Denkbar ist natürlich auch die Kombination des Nießbrauchsvermächtnisses mit der Testamentsvollstreckung. Durch die Verknüpfung des Nießbrauchs mit der umfassenden Verfügungsbefugnis des Testamentsvollstreckers wird das Nießbrauchsvermächtnis von der wirtschaftlichen Auswirkung her wieder mehr der Vorerbschaft angenähert. Es wird aber in der Handhabung als weniger kompliziert angesehen. Allerdings ist bei der Testamentsformulierung höchste Aufmerksamkeit geboten, damit nicht eine spätere Auslegung zur Annahme einer Vor- und Nacherbschaft führt, die eigentlich gerade vermieden werden sollte.[35]

29 Nieder, Handbuch der Testamentsgestaltung, Rn. 653.
30 Vgl. hierzu die ausführlichen Darlegungen von Nieder, Handbuch der Testamentsgestaltung, Rn. 671.
31 Eine Milderung ist hier möglich, wenn der Nacherbfall mit dem Tod des Vorerben eintritt. Der Nacherbe kann dann beantragen, dass seinem Erwerb diejenige Steuerklasse zugrunde gelegt wird, die seinem Verwandtschaftsverhältnis zum Erblasser entspricht. Vgl. auch hierzu sehr anschaulich Nieder, Handbuch der Testamentsgestaltung, Rn. 671.
32 Nieder, Handbuch der Testamentsgestaltung, Rn. 685.
33 Vgl. weiterführend Schlieper, MittRhNotK 1995, 249.
34 Nieder, Handbuch der Testamentsgestaltung, Rn. 590 a.E.
35 vgl. zum Nießbrauchsvermächtnis mit Testamentsvollstreckung ausführlich Nieder, Handbuch der Testamentsgestaltung, Rn. 697.

3. Teilungsanordnungen und Auseinandersetzungsverbot

19 Hat der Erblasser mehrere Erben eingesetzt, so bilden sie eine Erbengemeinschaft. Von ihrer Rechtsnatur her ist die Erbengemeinschaft auf Auseinandersetzung angelegt. Jeder Miterbe kann jederzeit die Erbauseinandersetzung verlangen, § 2042 BGB.

Gerade bei unternehmerisch gebundenem oder anspruchsvoll strukturierten privatem Vermögen führt diese gesetzliche Regelung zu unvorteilhaften Veräußerungen, bei denen der wirkliche Wert nicht erzielt werden kann, und sei es nur aufgrund einer aktuellen Marktlage. § 2048 BGB gibt dem Erblasser zwei Möglichkeiten an die Hand, steuernd einzugreifen. Zum einen kann er in seiner letztwilligen Verfügung Anordnungen treffen, wie die Auseinandersetzung der Erbengemeinschaft zu erfolgen hat. Er kann weiterhin anordnen, dass die Auseinandersetzung durch einen Dritten nach dessen billigem Ermessen erfolgen soll, § 2048 S. 2 BGB. Darüber hinaus kann er nach § 2042 Abs. 2 BGB die Auseinandersetzung der Erbengemeinschaft ausschließen.

4

20 Ein Auseinandersetzungsverbot kann dann sinnvoll erscheinen, wenn zum Nachlass wirtschaftlich zusammengehörige Unternehmen gehören, z. B. Besitz- und Betriebsunternehmen oder Betriebsvermögen, dass ohne Entnahmetatbestände auseinander gesetzt werden soll. Eine Teilungsanordnung bietet die Möglichkeit, die Zerschlagung von Vermögenswerten zu verhindern und den Vermögensgegenstand demjenigen Erben zuzuweisen, der daran interessiert ist. Anders als bei einem Vorausvermächtnis wird bei einer Teilungsanordnung kein Miterbe bevorzugt. Vielmehr wird der Nachlassgegenstand voll auf den Miterbenanteil angerechnet.[36]

Bei der Gestaltungsberatung ist zu berücksichtigen, dass sich die Miterben einvernehmlich immer über die Anordnungen hinwegsetzen können. Aus diesem Grunde empfiehlt es sich, eine Verwaltungstestamentsvollstreckung anzuordnen, deren Aufgabe darin liegt, die Ausführung der Anordnungen zu überwachen.

4. Alleinerbschaft in Form des „Supervollstreckers"

21 Da der Testamentsvollstrecker zwar eine weitgehend, aber doch nicht völlig unabhängige Stellung innehat, stellt die Anordnung einer Testamentsvollstreckung nicht das geeignete Mittel dar, wenn es darum geht, den Testamentsvollstrecker von sämtlichen Einschränkungen und Kontrollen zu befreien.[37] Wünscht der Erblasser wirklich einen „völlig befreiten Vollstrecker" seines Willens, verbleibt ihm nur die Möglichkeit, die Person zum Alleinerben einzusetzen und durch entsprechende Vermächtnisse seinen Nachlass zu verteilen, wobei er die Verteilung dem Belieben des Alleinerben überlässt.[38]

IV. Alternative familienrechtliche Lösungen

22 In Gestaltungssituationen, bei denen nach einer Scheidung minderjährige Kinder vorhanden sind, besteht häufig der Wunsch, dass der geschiedene Ehegatte nicht über den Umweg der zu Erben berufenen Kinder eine faktische Verfügungsbefugnis über das Vermögen des Erblassers

36 BGHZ 82, 274, 279.
37 Weidlich in Dauner-Lieb/Heidel/Ring, Anwaltkommentar Erbrecht Vorbem. zu § 2197 Rn. 7 a.E.
38 Nieder, Handbuch der Testamentsgestaltung, Rn. 918.

erhalten können soll.[39] Bestehen keine weiteren Besonderheiten, so bietet die Vorschrift des § 1638 BGB die Möglichkeit einer „kleinen Testamentsvollstreckung“ für den familiären Bereich. Danach kann ein Erblasser bei Zuwendungen an ein minderjähriges Kind durch entsprechende Anordnung in seiner letztwilligen Verfügung die Vermögensverwaltungsbefugnis des gesetzlichen Vertreters ausschließen. Ist nur einem Elternteil die Verwaltungsbefugnis entzogen, kann der andere Elternteil das Vermögen für das Kind gemäß § 1638 Abs. 3 BGB allein verwalten. Ist die Verwaltungsbefugnis für alle gesetzlichen Vertreter ausgeschlossen, so erhält das Kind ein Ergänzungspfleger. Auch diesen kann der Erblasser durch letztwillige Verfügung benennen, § 1917 BGB. Empfehlenswert ist es in diesen Fällen, dass der Erblasser von der Möglichkeit Gebrauch macht, gemäß §§ 1915, 1917 Abs. 3 BGB für den Pfleger Verwaltungsanordnungen zu treffen, um seinem letzten Willen entsprechend Geltung zu verschaffen.

V. Alternative gesellschaftsvertragliche Lösungen

Die Installierung eines Beirats im Unternehmen kommt insbesondere in Situationen in Betracht, 23
in denen der Erbe eine Testamentsvollstreckung als eine zu große Bevormundung empfindet. Man kann sie auch als „kleine Testamentsvollstreckung“ für den unternehmerischen Bereich bezeichnen. Drei verschiedene Formen der Beiratsverfassung lassen sich unterscheiden:

- der streitschlichtende Beirat

  (Er empfiehlt sich insbesondere bei rivalisierenden Gesellschafterstämmen)
- der beratende Beirat

  (Hier werden die Rechte der Erben in keiner Weise beschränkt)
- der kontrollierende und entscheidungsbefugte Beirat

  (Hier stehen dem Beirat, der entsprechend den Bestimmungen des Aktiengesetzes über den Aufsichtsrat strukturiert wird, vielfältige Rechte in eigener Verantwortung zu.[40])

Praxishinweis: 24

Damit der Beirat seine Aufgaben optimal entfalten kann, ist es wichtig, dass er nicht nur mit Juristen besetzt ist, sondern auch mit branchenkundigen Beratern. Im Übrigen wird vorgeschlagen, die Haftung der Beiräte auf Vorsatz und grobe Fahrlässigkeit zu begrenzen,[41] mindestens aber sollte den Beiräten auf Kosten des Unternehmens eine D&O-Versicherung[42] zur Verfügung gestellt werden.

B. 2. Schritt: Wirksame letztwillige Verfügung errichten

Generell gilt: Keine Testamentsvollstreckung ohne Testament, präziser gesagt, ohne Verfügung von 25
Todes wegen. Welche Form das Testament hat, ist gleichgültig. Die Anordnung der Testaments-

39 Nicht getrennt lebende Eltern möchten häufig die Frage geklärt wissen, wer im Falle ihres gemeinsamen Todes sich um die minderjährigen Kinder kümmert. Hierzu ist auf § 1777 Abs. 3 BGB zu verweisen. Danach können die Eltern durch eine letztwillige Verfügung einen Vormund für ihre minderjährigen Kinder benennen, § 1776 Abs. 1 BGB oder eine bestimmte Person als Vormund ausschließen, § 1782 BGB. Es können auch bestimmte Anordnungen über die Verwaltung des Vermögens getroffen werden, § 1803 BGB.

40 Huber GmbHR 2004, 774.

41 Wälzholz, DStR 2003, 517.

42 Zu den abgesicherten Haftungsfällen, dem Versicherungsumfang und den Besonderheiten der D&O – Versicherung vgl. Kenntner in Schiffer/Rödel/Rott, Haftungsgefahren im Unternehmen, Rn. 571 ff.

vollstreckung kann gleicher Maßen durch ein wirksames handschriftliches Testament, wie auch ein notarielles Testament oder – über den Wortlaut des § 2197 BGB hinaus – einen Erbvertrag erfolgen. In letzterem Fall kann die Anordnung wegen der Regelung des § 2278 Abs. 2 BGB jedoch nicht in der Qualität einer wechselbezüglichen (vgl. § 2270 Abs. 3 BGB) oder vertragsmäßigen (vgl. §§ 2299, 2278 Abs. 2 BGB) Verfügung erhalten. Sie kann folglich jederzeit unter Beachtung der § 2253 ff. BGB vom Verfügenden widerrufen werden.[43]

Die Anordnung der Testamentsvollstreckung durch ein Rechtsgeschäft unter Lebenden ist wegen des Verstoßes gegen das testamentarische Formerfordernis unzulässig. Möglich sind jedoch lebzeitige Vereinbarungen zwischen dem künftigen Erblasser und dem künftigen Testamentsvollstrecker über Fragen, die im Zusammenhang mit der Führung des Testamentsvollstreckersamtes stehen, beispielsweise Vergütungsfragen.[44] Möglicherweise kommt die Umdeutung in ein über den Tod hinaus wirkendes Auftragsverhältnis in Betracht, §§ 671, 672 BGB, das allerdings von den Erben – bei mehreren nur gemeinschaftlich nach § 2040 BGB – einschließlich der zugrunde liegenden Vollmachten widerrufen werden kann.[45]

I. Grundsatz der Eigenanordnung nach § 2065 BGB

26 Aufgrund des allgemeinen erbrechtlichen Grundsatz der Eigenanordnung des § 2065 BGB muss die Anordnung des Rechtsinstitutes der Testamentsvollstreckung durch den Erblasser selbst erfolgen. Lediglich die Bestimmung der konkreten Person des Testamentsvollstreckers kann gem. § 2198 BGB Abs. 1 Satz 1 BGB einem Dritten vorbehalten werden, z.B. der Arbeitsgemeinschaft Testamentsvollstreckung und Vermögenssorge (AGT)[46] in Bonn. Häufig wird hierfür auch das Nachlassgericht vorgesehen, § 2200 BGB.

Praxishinweis:

Auf jeden Fall sollte in der letztwilligen Verfügung deutlich klargestellt werden, ob der Erblasser den Fortbestand der Testamentsvollstreckung als erbrechtlichem Institut auch bei Wegfall des konkret benannten Testamentsvollstreckers angeordnet wissen will, damit nicht unnötige Streitigkeiten um dieses Frage entstehen. Sinnvollerweise ist sodann gleichzeitig das Verfahren zu klären, wie der Ersatztestamentsvollstrecker zu bestimmen ist.

Musterformfulierung:

Ich ordne Testamentsvollstreckung an. Zum Testamentsvollstrecker ernenne ich (...). Sollte diese(r) vor oder nach der Annahme des Amtes wegfallen oder das Amt ablehnen, ersuche ich den Vorstand der Arbeitsgemeinschaft Testamentsvollstreckung und Vermögenssorge (AGT) in Bonn, Lievelingsweg 125, 53119 Bonn, einen geeigneten Ersatztestamentsvollstrecker aus dem Kreise der von ihr zertifizierten Testamentsvollstrecker zu bestimmen. Äußerst hilfsweise ersuche ich das Nachlassgericht, den Ersatztestamentsvollstrecker zu bestimmen, bevorzugt aus dem Kreis der im Bezirk des übergeordneten Landgerichts geschäftsansässigen Fachanwälte für Erbrecht und Fachberater für Testamentsvollstreckung und Nachlassverwaltung.

43 Mayer in Mayer/Bonefeld/Wälzholz/Weidlich, Testamentsvollstreckung Rn. 24.
44 Reimann in Bengel/Reimann, Handbuch der Testamentsvollstreckung Kap. II Rn. 15.
45 Reimann in Bengel/Reimann, Handbuch der Testamentsvollstreckung Kap. II Rn. 15.
46 www.agt-ev.de.

II. Keine Anordnung ohne wirksame letztwillige Verfügung

Kann die Testamentsvollstreckeranordnung nur durch eine letztwillige Verfügung erfolgen, geht sie zwangsläufig ins Leere, wenn das Testament als solches unwirksam ist. Die Zahl unwirksamer Testamente ist erschreckend hoch. 27

Als Unwirksamkeitsgründe kommen in Betracht:

- formal unwirksame Testamente 28

Beispiel:

Das maschinengeschriebene Testament,

- Testierunfähigkeit des Erblassers 29

Beispiel:

Krankheitsbedingte Testierunfähigkeit, Alkoholerkrankung des Erblassers[47]

- Altersbedingte Testierunfähigkeit 30

Beispiel:

Alzheimer Krankheit.

- Sittenwidrigkeit 31

Beispiel:

Das Behindertentestament[48]

- Unwirksamkeit des Testamentes wegen Verstoßes gegen eingetretene Bindungswirkung eines vorangegangenen gemeinschaftlichen Testamentes oder Erbvertrages (§§ 2270 Abs. 2, 2289 BGB) 32
- Unwirksamkeit wegen Zurückstellung von Pflichtteilsberechtigten[49] nach § 2306, insbesondere 2306 Abs. 1 Satz 1 BGB 33
- Unwirksamkeit der Anordnung einer Testamentsvollstreckung aufgrund Kollision mit handels- oder gesellschaftsrechtlichen Vorschriften 34

Beispiel:

Ein Einzelkaufmann haftet grundsätzlich unbeschränkt mit seinem gesamten privaten Vermögen (vgl. §§ 22, 25, 27, 128, 130 HGB). Würde eine Testamentsvollstreckung bei Fortführung eines solchen Unternehmens Verbindlichkeiten für

---

47 vgl. Beschluss des BayObLG vom 11.02.2004, Az. – 1 Z BR 6/03.

48 Ist nur eines von mehreren Kindern – zumeist geistig – behindert, wird oft der Wunsch laut, das Vermögen soweit als möglich auf die nicht behinderten Kinder zu übertragen und die Kosten für das behinderte Kind durch die Sozialhilfe abdecken zu lassen. Entsprechende Zweifel hat der Bundesgerichtshof in einer Entscheidung aus 1990 (BGHZ 111, 36, 39 = NJW 1990, 2050, vgl. auch NJW 1984, 248) angedeutet. Angesichts der leeren öffentlichen Kassen erscheint es durchaus denkbar, dass die Rechtsprechung sich im Bereich der Behinderten-Testamente zunehmend restriktiver zeigen wird. Ob dies sachlich gerechtfertigt ist, sei an dieser Stelle dahingestellt. Auffällig ist allerdings, dass die Gesellschaft sehr gerne die Leistungen der Eltern in Anspruch nimmt, die diese in der Heranziehung künftiger Rentenbeitragseinzahler erbringen. Bei der Frage der Versorgung behinderter Kinder werden die Eltern dann aber ebenso gerne auf das eigene einzusetzende Vermögen verwiesen.

49 Die Normen über das Pflichtteilsrecht der Kinder des Erblassers (und weitere) sind mit dem Grundgesetz vereinbar, vgl BVerfG, Beschlüsse des Ersten Senats vom 19. April 2005 - 1 BvR 1644/00 – und – 1 BvR 188/03 - http://www.bundesverfassungsgericht.de/cgi-bin/link.pl?entscheidungen.

die Erben begründen, würde es sich nach § 2206 BGB um Nachlassverbindlichkeiten in der Form der sogenannten Nachlassverwaltungsschulden handeln. Für solche Nachlassverbindlichkeiten könnten die Erben aber nach den allgemeinen erbrechtlichen Bestimmungen ihre Haftung beschränken (§§ 1967, 1973 ff., 1980, 1990 BGB) und somit die Haftung mit ihrem Privatvermögen ausschließen. Diese Haftungsbeschränkung kann der Testamentsvollstrecker nicht verhindern. Er selbst kann aber für diese Verbindlichkeiten auch nicht persönlich haftbar gemacht werden. Damit bestünde die Möglichkeit für den Erblasser, durch die Anordnung der Testamentsvollstreckung in seinen einzelkaufmännischen Betrieb ein Unternehmen mit beschränkter Haftung zu schaffen und zwar außerhalb des numerus clausus der Handelsgesellschaften. Wegen des Vorrangs des Handelsrechts vor dem Erbrecht (vgl. Artikel 2 EGHGB) ist dies nicht zulässig.[50] Bei Testamentsvollstreckung über einzelkaufmännische Unternehmen muss daher über geeignete Ersatzlösungen nachgedacht werden.

Gestaltungshinweis:

35 *Gerade der letzte Punkt zeigt, dass die Anordnung einer Testamentsvollstreckung immer mit einer eingehenden Prüfung und ggf. Umgestaltung des vorhandenen Nachlasses einhergehen muss, um nicht unbeabsichtigt unwirksam zu werden. Testamentsvollstreckung ist daher ohne ein begleitendes Estate Planning – jedenfalls in anspruchsvolleren Fällen – nicht denkbar.*

III. Keine unwirksame Testamentsvollstreckeranordung

36 Unabhängig von der Frage der Wirksamkeit des Testamentes als solchem ist isoliert die Frage nach der Wirksamkeit der Testamentsvollstreckeranordnung zu betrachten. Ein Verstoß gegen ein gesetzliches Verbot oder die Sittenwidrigkeit einer Testamentsvollstreckeranordnung lassen das erstrebte Ziel ebenfalls scheitern.

1. Verstoß gegen ein gesetzliches Verbot, § 14 HeimG

37 Werden ältere oder pflegebedürftige Menschen in einer ihren speziellen Bedürfnissen entsprechenden Einrichtung untergebracht, so entwickelt sich zu den Betreibern der Einrichtung häufig ein enges Vertrauens- und Näheverhältnis. Hieraus entsteht dann häufig das Bedürfnis, diesen neu gefundenen Vertrauten finanzielle Zuwendungen zukommen zu lassen, die auf der anderen Seite zu Lasten der Verwandten gehen. Der Gesetzgeber hat diesen Interessenkonflikt dahingehend gelöst, dass es nach § 14 Abs. 1 HeimG dem Heimträger u.a. untersagt ist, sich von oder zu Gunsten von Bewohnern oder Bewerbern um einen Heimplatz Geld- oder in geldwerte Leistungen versprechen oder gewähren zu lassen, die über das eigentlich vereinbarte Entgelt hinausgehen.[51]

38 Die naheliegende Frage, ob die Anordnung einer entgeltlichen Testamentsvollstreckung unter den Anwendungsbereich des Heimgesetzes fällt, ist in der Rechtsprechung bislang nicht entschieden. Die Literatur neigt dazu, den Rechtsgedanken der Verbotsvorschrift des § 14 Abs. 1 HeimG auf die Testamentsvollstreckung zu übertragen. Eine Ausnahme wird nur dann gemacht, wenn die Zahlung einer Testamentsvollstreckervergütung testamentarisch ausdrücklich ausgeschlossen ist.[52]

50 vgl. BGH NJW 1989, 3152; weiterführend Staudinger/Reimann, § 2205 Rn. 89 ff.

51 Die Regelung gilt nicht für die Erbringer privater Pflegeleistungen, anders als im europäischen Ausland, z. B. den Niederlanden. Bilanzierungstechnisch gilt auf der Ebene des Heims folgendes: Die Erbschaft ist erst im Zeitpunkt ihrer tatsächlichen Auszahlung steuerlich zu erfassen. Da es dem Träger eines Altenheims gesetzlich verboten sei, sich von den Heimbewohnern in Geld oder geldwerte Leistungen über das vereinbarte Pflegegeld hinaus versprechen zu lassen, muss ein Erblasser damit rechnen, dass die gesetzlichen Erben die Wirksamkeit des Testaments in Zweifel ziehen. Der Anspruch auf die Erbschaft ist deshalb im Zeitpunkt des Erbfalls noch nicht als hinreichend sicher anzusehen.

52 Evertz, Heimgesetzes und Testamentsvollstreckung, ZEV 2006, 544 -546.

Gestaltungshinweis:

Angesichts der noch nicht geklärten Rechtslage empfiehlt es sich, derartige Gestaltungen zu vermeiden. Auf jeden Fall empfiehlt es sich, in der letztwilligen Verfügung ausdrücklich einen Ersatztestamentsvollstrecker zu benennen für den Fall, dass der zunächst zum Testamentsvollstrecker Berufene einem wegen § 14 Abs. 1 HeimG wegfallen sollte. Wenn zeitliche Gründe nicht dagegen sprechen, kann vor der Testierung auch versucht werden, eine Genehmigung nach § 14 Abs. 6 HeimG einzuholen.[53]

4

2. Sittenwidrigkeit, § 138 BGB

Die Sittenwidrigkeit einer Testamentsvollstreckeranordnung wird im wesentlichen im Zusammenhang mit dem Behindertentestamentes diskutiert. Ist der Behinderte nicht in der Lage, seinen Lebensunterhalt aus eigenen Mitteln zu bestreiten, greift die öffentliche Hand ein. Hat der Erblasser den Behinderten testamentarisch bedacht, zugleich aber Dauertestamentsvollstreckung angeordnet, die den Zugriff des Behinderten auf das Nachlassvermögen ausschließt, bleibt die öffentliche Hand eintrittspflichtig obwohl Vermögen vorhanden ist. 39

Beispiel:[54]

Der Behinderte wird zum Alleinerben eingesetzt. Gleichzeitig wird Dauertestamentsvollstreckung mit dem Aufgabenbereich der Verwaltung des Nachlasses bis zum Tode des Behinderten mit folgenden Vorgaben vereinbart:

„Der Testamentsvollstrecker hat das vererbte Vermögen der Erbin in Form folgender Leistungen zuzuwenden:

- Überlassung von Geldbeträgen in Höhe des jeweiligen Rahmens, der nach den jeweiligen einschlägigen Gesetzen einem Sozialhilfeempfänger maximal zur Verfügung stehen kann,
- Geschenke zu Weihnachten, Ostern, Pfingsten und zum Geburtstag, wobei bei der Auswahl der Geschenke auf die Bedürfnisse und Wünsche der Erbin ausdrücklich einzugehen ist,
- Zuschüsse zur Finanzierung eines Urlaubs und zur Urlaubsgestaltung,
- Zuwendung zur Befriedigung geistiger und künstlerischer Bedürfnisse sowie zur Befriedigung der individuellen Bedürfnisse der Erbin in Bezug auf Freizeit, wozu insbesondere auch Hobbys und Liebhabereien zählen.

Für welche der genannten Leistungen das vererbte Vermögen verwendet werden soll, ob dieses also auf sämtliche Leistungen gleichmäßig oder nach einem bestimmten Schlüssel verteilt werden oder ob dieser nur für eine oder mehrere der genannten Leistungen verwendet wird, entscheidet der Testamentsvollstrecker nach billigem Ermessen, wobei er allerdings immer auf das Wohl der Erbin bedacht sein muss. Im Übrigen gelten für die Testamentsvollstreckung die gesetzlichen Bestimmungen."

In Zeiten zunehmend leerer Kassen besteht die Gefahr, dass derartige Gestaltungen als sittenwidrig, weil zum Nachteil der öffentlichen Hand angesehen werden könnten. Im konkret entschiedenen Fall wurde die gewählte Fallgestaltung nicht als sittenwidrig angesehen. Allerdings belief sich der Wert des Nachlasses auch auf nur 145.000 € und stammte von der Großmutter des Behinderten. Denkbar ist also durchaus, dass Gerichte im Einzelfall eine Missbrauchsschranke bei höherwertigen Nachlässen annehmen könnten. Darüber hinaus sind Gesetzesänderungen denkbar. Bislang gibt es keine eindeutigen gesetzgeberischen Wertungen, wonach Angehörige bei der Ausgestaltung letztwilliger Verfügungen zu Gunsten Behinderter gehalten wären, dem öffent- 40

53 Die nachträgliche Einholung einer Ausnahmegenehmigung ist hingegen nicht möglich,vgl. VGH Mannheim, NJW 2004, 3792, 3794 ; Evertz, Heimgesetzes und Testamentsvollstreckung, ZEV 2006, 544 -546.

54 Nach OVG Saarland, Urt. v. 17.03.2006 -3 R 2/05, Zerb 2006, 275 – 282.

lichen Interesse an dem Einsatz möglichst geringer Steuermittel Rechnung zu tragen.[55]

Praxishinweis:

Gesetzgebung und Rechtsprechung müssen gerade bei der Anordnung von Testamentsvollstreckungen zum Schutz Behinderter sehr intensiv und sorgfältig beobachtet werden. Gegebenenfalls sind die getroffenen letztwilligen Verfügungen „nachzujustieren". Es empfiehlt sich ein Beobachtungszeitraum von zwei Jahren.

IV. Auffindbarkeit der letztwilligen Verfügung sicherstellen

41 Die bestmöglich gestaltete letztwillige Verfügung verfehlt ihren Zweck, wenn sie nicht schnellstmöglich nach dem Erbfall aufgefunden wird. Die Auffindbarkeit ist gerade für den Testamentsvollstrecker essentiell, denn ohne Testament gibt es keine Testamentsvollstreckung.[56]

1. Verwahrung beim Nachlassgericht

42 Vor einem Notar errichtete Testamente werden stets in die besondere amtliche Verwahrung beim Nachlassgericht am Wohnort des Testierenden gegeben. Auch eigenhändige bzw. privatschriftliche Testamente können in die besondere amtliche Verwahrung geben werden. Der Mitwirkung eines Notars oder Rechtsanwaltes bedarf es hierzu nicht. Die Verwahrung ist kostenpflichtig. Sie erfolgt in einem begehbaren Tresorraum des Nachlassgerichts, der Schutz vor Feuer und unbefugtem Zugriff bietet. Über die Verwahrung wird ein Hinterlegungsschein ausgestellt. Außerdem informiert das Nachlassgericht das Geburtsstandesamt des (künftigen) Erblassers automatisch über jedes bei ihm in die Verwahrung gegebene Testament. Das Geburtsstandesamt ist zeitlebens Anlaufstelle für alle wichtigen Informationen betreffend des Personenstands der in seinem Zuständigkeitsbereich geborenen Person. Auch nichteheliche Abkömmlinge werden dort vermerkt.

Der Todesfall eines Menschen wird automatisch an sein Geburtsstandesamt gemeldet. Aufgrund der Information, die das Geburtsstandesamt von der Hinterlegung des Testamentes hat, wird die Nachricht vom Tod an das Nachlassgericht weitergeleitet, gemeinsam mit den Informationen über die Abkömmlinge oder sonstigen gesetzlichen Erben. Das hinterlegte Testament wird eröffnet.

2. Rechtsfolgen der Testamentseröffnung

43 An die Testamentseröffnung sind verschiedene Rechtsfolgen geknüpft. Mit der Testamentseröffnung beginnt für den Erben grundsätzlich die sechswöchige Frist zur Ausschlagung der Erbschaft, § 1944 Abs. 2 BGB. Gemäß § 7 Erbschaftssteuerdurchführungsverordnung ist das Erbschaftsteuerfinanzamt durch das Nachlassgericht über die Eröffnung des Testamentes zu unterrichten. Die Eröffnung eines Testamentes erfolgt in der Praxis dadurch, dass die letztwillige Verfügung aus dem verschlossenen Umschlag entnommen wird. Hierüber wird ein Protokoll erstellt. Auf das so eröffnete Testament wird durch das Gericht ein sogenannter Eröffnungsvermerk in Form eines Stempels mit einer Unterschrift gesetzt. Das Testament verbleibt sodann im Original bei den Nachlassakten. Die Beteiligten erhalten regelmäßig eine Kopie mit einer Ausfertigung des Eröffnungsprotokolls.

55 OVG Saarland, Urt. v. 17.03.2006 -3 R 2/05, Zerb 2006, 275 – 282.
56 Siehe oben B.

Praxishinweis:

Anders als in vielen Kino- und Fernsehfilmen vermittelt, erfolgt die Testamentseröffnung regelmäßig nicht vor den Erben. Im Gegenteil: in der Rechtswirklichkeit werden sie aus Zweckmäßigkeitgründen nicht geladen, sondern nur abschriftlich unterrichtet.

Grundsätzlich besteht für das Nachlassgericht keine Pflicht, die in der letztwilligen Verfügung eingesetzten Erben zu ermitteln. Die gesetzlichen Erben werden aber regelmäßig unterrichtet. In Baden-Württemberg und Bayern bestehen Sonderregelungen. Hier hat das Nachlassgericht von Amts wegen die Erben zu ermitteln, in Bayern beschränkt auf Fälle, bei denen ein Grundstück oder wesentliches Aktivvermögen vorhanden ist. 44

C. 3. Schritt: Die richtige Person zum Testamentsvollstrecker bestimmen

Erfolgskriterium für jede Testamentsvollstreckung ist die richtige Auswahl der Person, die die vielfältigen Aufgaben zu bewältigen hat.[57] Der Auswahl dieser Person ist mindestens ebenso viel Sorgfalt zu widmen, wie der Gestaltung der letztwilligen Verfügung selbst, ein Umstand, dem leider in sehr vielen – auch notariell gestalteten – letzwilligen Verfügungen viel zu wenig Beachtung geschenkt wird. 45

I. Anforderungen rechtlicher Art

Das Gesetz geht davon aus, dass grundsätzlich jeder voll Geschäftsfähige Testamentsvollstrekker werden kann. Eine besondere Eignung oder Befähigung braucht er nicht zu besitzen. Daneben können auch juristische Personen Testamentsvollstrecker sein.[58] Auch ausländische Personen sind zulässig. Ausnahmen ergeben sich nur aus § 2201 BGB bei fehlender oder eingeschränkter Geschäftsfähigkeit oder der Anordnung einer Betreuung mit dem Wirkungskreis Vermögensangelegenheiten. 46

Entscheidender Zeitpunkt für den Unfähigkeitszeitpunkt ist der Antritt des Testamentsvollstrekkersamtes. Eine nachträgliche Heilung des Unwirksamkeitsgrundes kommt nicht in Betracht.[59] Rechtsfolge ist, dass das Amt gar nicht erst entsteht, es einer Aufhebung der Ernennung oder einer Entlassung aus Rechtsgründen also nicht bedarf.[60]

Aufgrund der vorstehenden Grundsätze scheiden nicht rechtsfähige Vereine oder Behörden als Testamentsvollstrecker von vorneherein aus. Hier lässt sich allenfalls über den Weg der Auslegung ermitteln, ob sämtliche Vereinsmitglieder gemeinsam und persönlich zur Testamentsvollstrekkung berufen sein sollen oder im Falle der Behörde beispielsweise der amtierende Leiter.[61]

Einschränkungen bei der Benennung der Person des Testamentsvollstreckers ergeben sich im übrigen aus allgemeinen Regelungen. So kann beispielsweise ein Alleinerbe grundsätzlich nicht der 47

57 Rott, Ist der Steuerberater von heute der Testamentsvollstrecker von morgen?, Stbg 2007, 415, 416.
58 Weidlich in Dauner-Lieb/Heidel/Ring, Anwaltkommentar Erbrecht § 2201 Rn. 2.
59 Weidlich in Dauner-Lieb/Heikel/Ring, Anwaltkommentar Erbrecht § 2201 Rn. 6 hält die Umdeutung in ein konkludentes Erblasserersuchen auf Bestimmung der Person des Testamentsvollstreckers durch das Nachlassgericht für möglich.
60 Weidlich in Dauner-Lieb/Heidel/Ring, Anwaltkommentar Erbrecht § 2201 Rn. 5.
61 vgl. Mayer in Mayer/Bonefeld/Daragan, Testamentsvollstreckung, Rn. 39 f.

einzige Testamentsvollstrecker sein, weil er nicht sich selbst in seiner Herrschaftsmacht beschränken kann.[62]

Gestaltungshinweis:

Grundsätzlich sollten Testamentsvollstrecker namentlich benannt und auch an einen Ersatztestamentsvollstrecker gedacht werden für den Fall, dass der Ernannte vor oder während des Amtes wegfällt oder das Amt nicht annimmt. Zulässig ist es gem. § 2198 BGB Abs. 1 Satz 1 BGB, die Bestimmung der Person – nicht die Anordnung des Amtes als solchem – eines Dritten oder einer Organisation, wie beispielsweise der Arbeitsgemeinschaft Testamentsvollstreckung und Vermögenssorge (AGT) e.V.[63] zu überlassen oder im Rahmen der letztwilligen Verfügung das Nachlassgericht gemäß § 2200 BGB um die Benennung des Testamentsvollstreckers zu ersuchen.[64]

II. Anforderungen tatsächlicher Art

48 Ein Testamentsvollstrecker sollte im Ideal folgendes Anforderungsprofil erfüllen:

- das volle und umfassende Vertrauen des Erblassers genießen,
- über menschliche Qualifikation, insbesondere Standfestigkeit im Rahmen der Auseinandersetzung mit den Erben verfügen,
- ausreichende Kenntnisse der wirtschaftlichen und rechtlichen Zusammenhänge besitzen,
- sein Amt unabhängig von Eigeninteressen oder den Interessen eines Arbeitgebers führen können,
- über eine ausreichende, im Idealfall durch eine Vermögensschadenhaftpflichtversicherung abgesicherte Bonität im Schadensfall verfügen,
- ein Alter und einen Gesundheitszustand haben, das die Aufgabenerfüllung noch während der – voraussichtlichen – Dauer der Testamentsvollstreckung erwarten lässt und
- hinreichend organisatorischen Background sowie Zeit haben, um sich dem Amt zu widmen.

Dieses Anforderungsprofil ist auf die Angehörigen der steuerberatenden und vermögensverwaltenden Berufsgruppen zugeschnitten wie auf kaum eine andere konkurrierende Berufsgruppe.[65]

1. Vertrauen

49 Das oft über Jahrzehnte währende Mandatsverhältnis, in dem der künftige Erblasser viele sehr persönliche Dinge über sich und seine Familie preisgibt, unterstreicht das hohe Vertrauen, das der Erblasser in „seinen" Steuerberater oder Vermögensverwalter setzt. Dies gilt erst recht, wenn das Mandat sich nicht auf die jährlich wiederkehrende Fertigung der Steuererklärungen beschränkt, sondern einen finanzplanerischen Ansatz verfolgt. Die Anwaltschaft verfügt nach wie vor in der Regel nicht über langjährig gewachsenen Mandatsverhältnisse, erst recht nicht im finanzplanerischen Bereich. Die Banken leiden an diesem Punkt häufig daran, dass Ihr Kunde im Laufe seines Lebens mit Ihnen durchaus zwiespältige Erfahrungen gemacht hat.[66] Kaum ein Bankkunde ist bereit, seine gesamten liquiden Vermögensbestandteile bei einem Kreditinstitut zu konzentrieren.

62 vgl. Brandner in Münchener Kommentar zum BGB, § 2197 BGB Rn. 11.
63 www.agt-ev.de.
64 Eine Musterformulierung findet sich oben unter B.III.
65 Rott, Stbg 2007, 415, 417.
66 Vgl. Spiegel-Online, Ausgabe vom 22.06.2007 „Vernichtendes Urteil für Deutsche Kreditinstitute".

2. Verbindlichkeit und Bestimmtheit

Wer die tägliche Auseinandersetzung mit dem Fiskus nicht scheut, dem traut der künftige Erblasser auch die notwendige Standfestigkeit mit den Erben zu. Der Testamentsvollstrecker erhält sein Amt vom Erblasser übertragen. Das ihm zukommende Verwaltungs- und Verfügungsrecht über den Nachlass übt er kraft eigenen Rechts aus, entsprechend dem Willen des Erblassers und unabhängig vom Willen der Erben.[67] Im Vergleich zum Steuerberater mögen die Rechtsanwälte aus der Sicht des künftigen Erblassers vielleicht ein kleines Plus bei der Frage der Standfestigkeit in rechtlichen Auseinandersetzungen haben. Da der Testamentsvollstrecker nach der Rechtsprechung des Bundesgerichtshofs aber ohnehin gehalten ist, einen Anwalt einzuschalten, wenn es um die Klärung rechtlicher Verhältnisse geht, und er schon aus Gründen der Vermeidung seines Haftungsrisikos diesen Weg beschreiten wird, dürfte dieser Gesichtspunkt wohl kaum einen Mandanten davon abhalten, „seinen" Steuerberater zum Testamentsvollstrecker zu bestellen. Einen klaren Nachteil im Ansehen um die Standfestigkeit bei Auseinandersetzungen um den Nachlass haben die Banken und freien Vermögensverwalter. Sie kompensieren diesen Nachteil dadurch, dass sie in aller Regel nur solche Testamentsvollstreckungen übernehmen, die sich für sie weitgehend problemlos (und finanziell erfolgreich) gestalten. Das Gesetz macht es ihnen leicht. Zur Annahme des Amtes als Testamentsvollstrecker besteht keine Rechtspflicht, auch nicht bei einer Ernennung durch das Nachlassgericht. Selbst mittelbare Sanktionen wie eine Schadenersatzpflicht bestehen nicht.[68] 50

3. Fachliche Befähigung

Keine Testamentsvollstreckung gleicht der anderen. Es gibt Testamentsvollstreckungen, in denen wirtschaftliche Fragen kaum eine Rolle spielen, beispielsweise wenn der Nachlass lediglich aus liquidem Vermögen besteht. Hier mag die Zerstrittenheit der Erbengemeinschaft der Grund sein, weshalb eine Auseinandersetzungsvollstreckung angeordnet wurde. Der Testamentsvollstrecker wird sich dann auf die eher schwierig zu handhabenden Ausgleichungsvorschriften nach §§ 2050 ff. BGB zu konzentrieren haben, also vornehmlich im rechtlichen Bereich tätig sein. In anderen Fällen wird der Testamentsvollstrecker die Aufgabe haben, im Rahmen einer Dauervollstreckung das Vermögen der minderjährigen Erben neu zu strukturieren, laufende Erträgnisse für den Lebensunterhalt zu generieren und an die Begünstigten auszuschütten und den Nachlass bei Erreichen eines vorgegebenen Alters der Erben auszukehren. Bei einer derartigen Aufgabengestaltung stehen sicherlich wirtschaftliche Kenntnisse im Vordergrund. 51

4. Unabhängigkeit

Was die Unabhängigkeit von eigenen Interessen oder Interessen eines Arbeitgebers angeht, liegen die Berufsgruppen der Steuerberater, Rechtsanwälte und Notare gleichauf. Diese Berufsgruppen unterliegen einem funktionierendem Ehrenrecht, mit dem beispielsweise die Wahrnehmung widerstreitender Interessen sanktioniert und eine ausreichende finanzielle, durch Pflichtversicherungen abgedeckte Vermögensmasse zur Abdeckung für fehlerhaftes Handeln sichergestellt werden kann. Veruntreuungen zu Lasten des anvertrauten Vermögens führen praktisch immer zu 52

67 Ganz allgemeine Meinung, vgl. Rott in Frieser, Kompaktkommentar Erbrecht, 2007, Vorbemerkung vor §§ 2197 ff. BGB, Rn. 3.

68 Edenhofer in Palandt, Kommentar zum BGB, § 2202 BGB Rn. 2.

zumindest zeitlichen Berufsverboten. Die Banken werden aus der Sicht des künftigen Erblassers sicherlich deutlich kritischer betrachtet werden. Zum einen befindet sich der Bankangestellte, der in seiner Person die Aufgaben des Testamentsvollstreckers wahrnimmt, nahezu ausnahmslos in einem Anstellungsverhältnis und ist daher grundsätzlich Weisungen unterworfen, während ein Testamentsvollstrecker dem Erblasserwillen gerade unabhängig Geltung verschaffen soll. Zum anderen sieht die Bank – jedenfalls wenn man der Literatur glauben darf – eine doppelte „Profitstruktur".[69] Sie möchte die Entgelte, die im Rahmen der Verwaltung des Vermögens anfallen, ebenso vereinnahmen wie zusätzlich die Testamentsvollstreckervergütung.

5. Bonität

53 Einen Kontrapunkt zu der starken Stellung, die dem Testamentsvollstrecker im deutschen Erbrecht zukommt, stellt die in § 2219 BGB normierte Haftung für Pflichtverletzungen dar. Die Pflichtverletzung des Testamentsvollstreckers kann nicht nur in der Ausführung einer pflichtwidrigen Handlung bestehen, sondern auch in einem Unterlassen, insbesondere einer Nichterfüllung oder nur teilweisen Erfüllung der dem Testamentsvollstrecker vom Erblasser übertragenen und sich im Übrigen aus den §§ 2203 – 2209, 2215 – 2218 sowie § 2226 S. 3 i.V.m. § 671 Abs. 2, 3 BGB ergebenden Pflichten.[70] In den Berufshaftpflichtversicherungen der Steuerberater, Wirtschaftsprüfer, Rechtsanwälte und Notare ist das Risiko der Tätigkeit als Testamentsvollstrecker – jedenfalls derzeit[71] – mit eingeschlossen. Dringend anzuraten ist allerdings die Prüfung im Einzelfall, ob der Umfang des Versicherungsschutzes ausreicht oder ob die Deckungssumme erhöht werden muss. Erforderlich ist eine möglichst frühzeitige Kontaktaufnahme mit der Vermögensschadenhaftpflichtversicherung. Zeichnet sich in einer laufenden Testamentsvollstreckung ein Risiko ab, lehnt die Versicherung die Erhöhung der Versicherungssumme regelmäßig ab. Eine Haftung für Steueransprüche, wie sie insbesondere nach § 69 AO bei nicht oder nicht vollständig abgeführter Erbschaftsteuer in Betracht kommen kann, dürfte bei sämtlichen Versicherungsformen ausgeschlossen sein.[72] Vorsicht ist weiterhin geboten, weil die Berufshaftpflichtversicherung der Steuerberater insoweit keine Deckung für Testamentsvollstreckungen übernimmt, wenn diese die überwiegende Tätigkeit des Steuerberaters darstellen. Auch die unternehmensbezogene Testamentsvollstreckung kann vom Versicherungsschutz ausgeschlossen sein.[73]

Praxishinweis:

Dem künftigen Testamentsvollstrecker kann daher generell nur angeraten werden, vor Annahme des Amtes gesondert eine Deckungszusage einzuholen oder das Risiko durch eine spezielle Testamentsvollstreckerhaftpflichtversicherung abzusichern.

Aus der Sicht des künftigen Erblassers werden die rechts- und steuerberatenden Berufe im Bonitätsvergleich gleichgewichtig abschneiden. Die neu zu erwartenden Dienstleister, die sich der

69 So Lang in Lange/Werkmüller, Der Erbfall in der Bankpraxis 2002, § 25 Rn. 63.

70 Rott in Frieser, Kompaktkommentar Erbrecht, 2007, § 2219 Rn. 2.

71 Eine Änderung erscheint nicht unwahrscheinlich. Sieht man die geschäftsmäßige Testamentsvollstreckung als eine für jedermann zulässige Dienstleistung an, so wird sich die Argumentation, die Testamentsvollstreckung gehöre zum Kernbereich der anwaltlichen und steuerberaterlichen Dienstleistung und sei deshalb in den Versicherungsschutz der Berufshaftpflichtversicherungen aufzunehmen, nicht auf Dauer aufrecht erhalten lassen. Der allenthalben spürbare Zwang zu Sparmaßnahmen bei den Versicherungsgesellschaften wird dann ein Übriges tun, vgl. Rott in Frieser, Kompaktkommentar Erbrecht, 2007, § 2219 Rn. 19.

72 Bengel in Bengel/Reimann, Handbuch der Testamentsvollstreckung, Rn. 151 f..

73 vgl. i. e. die Darstellung von J. Mayer in Mayer/Bonefeld/Wälzholz/Weidlich, Testamentsvollstreckung, 2. Auflage 2005, Rn. 637 m.w.N..

geschäftsmäßigen Testamentsvollstreckung annehmen werden[74], unterliegen keinerlei Versicherungspflicht.[75] Bei der Testamentsvollstreckung durch Banken mag dies für den künftigen Erblasser im Hinblick auf die grundsätzlich anzunehmende Haftungsmasse keine relevante Rolle spielen. Dies gilt allerdings nur dann, wenn auch die Bank als juristische Person selbst zur Testamentsvollstreckerin bestimmt wird und nicht etwa einer ihrer Mitarbeiter.[76]

6. Körperliche und geistige Verfassung

Wählt der Erblasser seinen Testamentsvollstrecker nach dem Gesichtspunkt des persönlichen Vertrauens aus, so ist die Neigung, einer Person dieses Amt anzudienen, die ein höheres oder allenfalls annähernd gleiches Lebensalter aufweist, wie er selbst, erfahrungsgemäß ausgesprochen hoch. So verständlich diese Entscheidung menschlich auch ist, so unglücklich ist sie für die Testamentsvollstreckung. Der Testamentsvollstrecker sollte zumindest statistisch dazu in der Lage sein, die ihm zugewiesenen Aufgaben nach dem Tode des Erblassers in einer gesundheitlich guten Verfassung erledigen zu können. Die Kreditinstitute weisen in diesem Zusammenhang gerne darauf hin, dass sie als juristische Person „unsterblich" seien.[77] Dabei wird jedoch dreierlei übersehen. Zum einen gilt diese Argumentation auch für Steuerberatungs-, Rechtsberatungs- und Vermögensverwaltungsgesellschaften. Zum anderen wird die allenthalben zu beobachtende Fusionswelle unter den Banken und Sparkassen jedenfalls dann Probleme schaffen, wenn das aufnehmende Kreditinstitut Testamentsvollstreckungen als Dienstleistung gar nicht anbietet. Und schließlich kann durch die sorgfältige Gestaltung der letztwilligen Verfügungen auch bei der Einsetzung natürlicher Personen ohne weiteres vermieden werden, dass eine Testamentsvollstreckung nicht am Alter oder der Gesundheit des Testamentsvollstreckers scheitert. Hierzu braucht die Anordnung der Testamentsvollstreckung lediglich Regelungen für den Fall zu treffen, dass der Testamentsvollstrecker vor dem Erblasser verstirbt. Eine solche Ersatzbenennung ist nach § 2197 Abs. 2 BGB ausdrücklich zulässig. Sie würde auch die Fälle der Ablehnung der Amtsannahme nach § 2202 BGB oder den Wegfall des zunächst benannten Testamentsvollstreckers aufgrund einer Interessenkollision erfassen.[78] 54

7. Professionelle Infrastruktur

Erbfälle treten in aller Regel unvorhergesehen ein. Daraus folgt, dass der professionell agierende Testamentsvollstrecker rechtzeitig eine Infrastruktur schaffen muss, die ihn in die Lage versetzt, sofort und präzise zu reagieren. Je besser die Vorbereitung des Testamentsvollstreckers in orga- 55

74 vgl. kritisch zum Entwurf des RDG: Der Spiegel, Ausgabe 34/2006 v. 21.08.2006 „Rechtsrat vom Bestatter".

75 vgl. hierzu ausführlich die Stellungnahme der Arbeitsgemeinschaft Testamentsvollstreckung und Vermögenssorge (AGT e.V.), Bonn unter http://www.agt- ev.de/downloads/Stellungnahme_AGT_zum_RDG.pdf.

76 Aufgrund des sich aus der §§ 2218 Abs. 1, 664 Abs. 1 BGB ergebenden sog. Substitutionsverbotes darf der Testamentsvollstrecker die Ausführung seiner Aufgaben nur dann auf einen Dritten übertragen, der diese Aufgaben dann in eigener Verantwortung erledigen soll, wenn ihm der Erblasser eine Ermächtigung in der Form einer letztwilligen Verfügung erteilt hat. Fehlt es an einer entsprechend sorgfältig gestalteten Anordnung der Testamentsvollstreckung, wird das Nachlassgericht möglicherweise im Rahmen der Auslegung des Testamentes den Mitarbeiter und nicht das Kreditinstitut zum Testamentsvollstrecker ernennen. Gleiches gilt, wenn der konkret zur Entscheidung berufene Richter die Rechtsauffassung vertreten sollte, dass die Testamentsvollstreckung durch Banken stets gegen das Substitutionsverbot verstößt. Auch unter dem Gesichtspunkt einer Interessenkollision sind Konstellationen denkbar, die eine Testamentsvollstreckung durch das Kreditinstitut ausschließen. Zur Kritik an der Testamentsvollstreckung durch Banken vgl. Zimmermann, Testamentsvollstreckung durch Banken, ZErb 2007, 278-289.

77 vgl. Lang in Lange/Werkmüller, Der Erbfall in der Bankpraxis, 2002, § 24 Rn. 23.

78 Rott in Frieser, Kompaktkommentar Erbrecht 2007, § 2197, Rn. 9, 10.

nisatorischer Weise ist, desto erfolgreicher wird die Testamentsvollstreckung sein. Viele grundsätzliche Fragen können unabhängig von einer konkreten Testamentsvollstreckung vorab geklärt werden. Hierzu gehört beispielsweise die Kenntnis des Versicherungsumfanges der oben bereits angesprochenen eigenen Vermögensschadenhaftpflichtversicherung, gegebenenfalls die Vereinbarung von „Spielregeln" zur Benachrichtigung der Versicherung. Auch das grundlegende Procedere mit dem eigenen Kreditinstitut für die reibungslose und zügige Anlegung von Sonderkonten sollte geklärt sein. Insgesamt empfiehlt es sich, über ein komplettes Netzwerk an Hilfspersonen zu verfügen, die bei Bedarf schnell und unbürokratisch Hilfe in so profanen Dingen wie der Öffnung einer Wohnung, ihrer Bewachung während der Beisetzung oder schlicht der Durchführung der Bestattung leisten können. Auch die Kenntnis der Bestattungsgesetze des Bundeslandes, in dem üblicherweise die Testamentsvollstreckungen anfallen, nach Möglichkeit auch der örtlichen Friedhofssatzungen, erspart in der Anfangsphase viel Zeit und Nerven.

Nicht zuletzt das eigene Büro sollte vorbereitet sein, um die Anfrage auf Übernahme einer Testamentsvollstreckung sachgerecht beantworten zu können oder wenigstens in der Lage zu sein, den Steuerberater kurzfristig zu erreichen. Letztendlich kann auch eine angemessene Selbstkritik gegenüber den eigenen Kenntnissen und Fähigkeiten nicht schaden. Ist man zeitlich überhaupt in der Lage, eine Dauervollstreckung zu übernehmen? Verfügt man über die hinreichenden Kenntnisse, ein Unternehmen abzuwickeln oder einen Künstlernachlass optimal zu verwerten?

Praxishinweis:

Es ist nachdrücklich davor zu warnen, nur wegen einer vermeintlich hohen Testamentsvollstreckervergütung eine die eigenen Kenntnisse und Fähigkeiten übersteigende Vollstreckung zu übernehmen. Die in solchen Fällen zu erwartenden Auseinandersetzungen, insbesondere mit den Erben, lassen das Honorar schnell dahin schmelzen. Dies gilt speziell für das nach den tradierten Vergütungstabellen anfallende Honorar, das nur dann zu einer angemessenen Vergütung des Testamentsvollstreckers führt, wenn die Testamentsvollstreckung reibungslos abläuft.

D. 4. Schritt: Inhalte der Testamentsvollstreckeranordnung festlegen

56 Die Inhalte einer Testamentsvollstreckeranordnung können nur individuell und auf den konkreten Einzelfall bezogen bestimmt werden. Musterformulierungen können immer nur Anhaltspunkte bieten. Gleichwohl haben sich in der Praxis zehn Punkte herauskristallisiert, die bei einer Testamentsvollstreckeranordnung immer bedacht werden sollten.

I. Interessenkonflikte vermeiden

57 Interessenkonflikte zwischen dem Testamentsvollstrecker und einzelnen oder gar allen Erben oder ansonsten am Nachlass Beteiligten sollten schon in der Gestaltungsphase vermieden werden, die erfahrungsgemäß die spätere Testamentsvollstreckung unnötig belasten oder gar Rechtsstreitigkeiten, beispielsweise mit dem Ziel einer Entlassung des Testamentsvollstreckers, geradezu provozieren können.[79] Ein unbeteiligter, geschäftsmäßiger Testamentsvollstrecker ist unter diesem Gesichtspunkt häufig besser geeignet, weil neutraler, als eine familiär oder freundschaftlich nahe stehende Person.

79 Einzelheiten s. o § 3A. I.3.

II. § 181 BGB abbedingen

Die Ermöglichung von Insichgeschäften erleichtert dem Testamentsvollstrecker seine Aufgabenerledigung erheblich. Dies gilt insbesondere, wenn er seine berufsmäßigen Dienste für die Testamentsvollstreckung nutzen soll. 58

III. Die richtige Person zum Testamentsvollstrecker bestimmen

Der Erfolg einer Testamentsvollstreckung steht und fällt mit der Person des Testamentsvollstreckers.[80] Ist er nicht in der Lage, in kürzester Zeit nach dem Erbfall das Vertrauen der Erben zu gewinnen, ist die Testamentsvollstreckung möglicherweise bereits zum Scheitern verurteilt. 59

IV. Ersatztestamentsvollstrecker bestimmen

Auch der Testamentsvollstrecker ist nur ein Mensch. Es muss daher Vorsorge für den Fall getroffen werden, dass der Testamentsvollstrecker vor Amtsannahme oder während der Ausführung des Amtes verstirbt oder auch nur sein Amt nicht eintritt oder z. B. aus Gründen der räumlichen Entfernung oder eine angegriffenen Gesundheit nicht antreten kann. Das Nachlassgericht gemäß § 2200 Abs. 1 BGB, der Testamentsvollstrecker selbst nach § 2199 Abs. 2 BGB oder unabhängige Organisationen wie die Arbeitsgemeinschaft Testamentsvollstreckung und Vermögenssorge (AGT) e.V. in Bonn[81] gemäß § 2198 Abs. 1 S. 1 BGB kommen in Betracht, wenn es darum geht, geeignete Testamentsvollstrecker zu bestimmen. 60

V. Ergänzende Vollmachten errichten

Die Zeit zwischen dem Erbfall und der Erlangung des Testamentsvollstreckerzeugnisses ist oftmals lang, was zu Gefährdung des Nachlasses führen kann, der in der Zwischenzeit nicht verwaltet werden kann. Eine transmortale Vollmacht[82], zweckmäßigerweise außerhalb des Testamentes niedergelegt, hilft dem Erblasser nicht nur in der letzten Phase seines Lebens, sondern dem Testamentsvollstrecker und dem Nachlass von der juristischen Sekunde des Eintritts des Erbfalls an. 61

VI. Präzise Verwaltungsanordnungen formulieren

Je genauer der Erblasser seine Anweisungen an den Testamentsvollstrecker formuliert, um so sicherer kann er sein, dass sie auch umgesetzt werden. Präzise Formulierungen helfen dem Testamentsvollstrecker, sich gegenüber den Erben durchzusetzen, sie fördern zugleich aber auch die Akzeptanz der Testamentsvollstreckung durch die Erben. 62

80 Einzelheiten s. o § 4 C.II.
81 AGT, Lievelingsweg 125, 53119 Bonn, www.agt-ev.de.
82 Einzelheiten s. o § 4 A.I.3.

VII. Auseinandersetzungsregelungen vorsehen

63 Die Auseinandersetzung des Nachlasses stellt aufgrund der verschiedensten, häufig konträr gegeneinander stehenden Interessen oftmals eine besonders große Herausforderung für den Testamentsvollstrecker dar. Es erleichtert ihm die Aufgabe erheblich, wenn seine Position durch die Ermächtigung zur Auseinandersetzung des Nachlasses nach seinem billigem Ermessen gemäß § 2048 S. 2, 315 BGB gestärkt wird.

VIII. Umwandlungsbefugnis bei Einzelunternehmen vorsehen

64 Angesichts der Schwierigkeiten, die in rechtlicher, aber auch in praktischer Art mit der Dauertestamentsvollstreckung ein Einzelunternehmen verbunden sind, aber auch zur Erhöhung der Akzeptanz bei den Erben für eine entsprechende Maßnahme, sollte die Testamentsvollstreckeranordnung auf jeden Fall die Befugnis für den Testamentsvollstrecker enthalten, das zur Vollstreckung stehende Einzelunternehmen in eine für die Durchführung einer Dauertestamentsvollstreckung besser geeignete Rechtsform umwandeln zu dürfen.

IX. Testamentsvollstreckervergütung regeln

65 Es ist kein Geheimnis, dass ein guter Testamentsvollstrecker für den Nachlass segensreich wirken kann. Erfolgreiche Testamentsvollstrecker erkennen aber auch sehr schnell, wann der Aufwand für eine Testamentsvollstreckung in einem unbekömmlichen Verhältnis zum finanziellen Ertrag steht. Eine zu knapp bemessenen Testamentsvollstreckung, oder eine solche, die den Rechtsstreit mit den Erben provoziert, ist daher für eine erfolgreiche Testamentsvollstreckung kontraproduktiv. Auch wenn es bei der Testamentsgestaltung einiger Zeit und auch einiger Überzeugungsarbeit mehr bedarf: die richtige Vergütungsanordnung, die auch Regelungen zur Behandlung berufsmäßige Dienste und der Ersatzfähigkeit einer Vermögensschadenhaftpflichtversicherung enthält, zahlt sich nach dem Erbfall doppelt und dreifach aus.

X. Schiedsgerichtsklausel vorsehen

66 Oftmals wird eine schnelle Testamentsvollstreckung eine gute Testamentsvollstreckung sein. Angesichts der langen Verfahrensdauer bei staatlichen Gerichten und wegen der fehlenden erbrechtlichen Spezialisierung der Richter sollte von der Möglichkeit Gebrauch gemacht werden, Streitigkeiten soweit es geht durch den Testamentsvollstrecker selbst oder ein in Erbrechtsfragen spezialisiertes Schiedsgericht entscheiden zu lassen.

E. 5. Schritt: Ergänzungen zur Testamentsvollstreckeranordnung vornehmen

67 In der Praxis hat es sich stets als sinnvoll herausgestellt, den Testamentsvollstrecker zusätzlich zu seinem Amt mit einer – zweckmäßigerweise transmortalen – rechtsgeschäftlichen Vollmacht

auszustatten.[83] Zum einen hat er nur so die Möglichkeit, sich auch bereits zu einem Zeitpunkt um den Nachlass, aber auch den Menschen persönlich zu kümmern, wenn dieser aus gesundheitlichen Gründen nicht mehr selbst hierzu in der Lage ist. Zum anderen kann nur so die u. U. sehr lange Zeitdauer bis zur Erteilung eines Testamentsvollstreckerzeugnisses überbrückt werden. In manchen Fällen erübrigt eine solche Vollmacht möglicherweise sogar gänzlich die Erteilung eines – teuren – Testamentsvollstreckerzeugnisses und die vollständige Abwicklung des Nachlasses. Schließlich bietet eines solche Vollmacht dem Testamentsvollstrecker auch die Möglichkeit, sich vor einer vorschnellen Amtsannahme zunächst einmal einen Überblick über den Nachlass zu verschaffen. 4

83 zu den unterschiedlichen Vollmachtsarten s.o. § 4 A. I. 5.

§ 5 Die verschiedenen Arten der Testamentsvollstreckung

1 Die verschiedenen Arten der Testamentsvollstreckung werden nach der jeweiligen Aufgabe des Testamentsvollstreckers unterschieden. Die Aufgabe ist in § 2203 BGB wie folgt umschrieben: „*Der Testamentsvollstrecker hat die letztwilligen Verfügungen des Erblassers zur Ausführung zu bringen.*" Ergänzt wird diese Aufgabenbeschreibung durch § 2204 Abs. 1 BGB, wonach der Testamentsvollstrecker beim Vorhandensein mehrerer Erben die Auseinandersetzung unter ihnen zu bewirken hat. Mit diesen beiden Vorschriften ist der Regelfall der Testamentsvollstreckung umschrieben, so dass andere Formen der Testamentsvollstreckung im Zweifel nicht als angeordnet gelten.[1]

Die Unterscheidung in verschiedene Arten der Testamentsvollstreckung ist weitgehend tradiert. Im Gesetz findet sie nur unsystematisch Anklang. Der Grund ist darin zu sehen, dass das Gesetz vom Willen des Erblassers ausgeht und diesen in den Vordergrund stellt und nicht gesetzessystematische Erwägungen. Entsprechend den von den verschiedenen Erblassern verfolgten völlig unterschiedlichen Zwecken kommt eine Testamentsvollstreckung in der Praxis daher nur selten in Reinkultur vor.

A. Der Regelfall: Die Abwicklungs- und Auseinandersetzungsvollstreckung

2 Entsprechend ihrer Stellung als gesetzlichem Regelfall der Testamentsvollstreckung greifen die Regelungen der §§ 2203, 2204 BGB immer dann, wenn der Erblasser zu den Aufgaben des Testamentsvollstreckers keine anderweitigen Bestimmungen getroffen hat und sich auch aus der Auslegung des Testamentes nichts anderes ergibt. Zur Nachlassabwicklung gehören insbesondere folgende Aufgaben:

- Ausführung der letztwilligen Anordnungen des Erblassers, insbesondere Erfüllung von Vermächtnissen, Auflagen oder Teilungsanordnungen
- Erfüllung der Nachlassverbindlichkeiten
- Bewirkung der Erbauseinandersetzung unter den Miterben, sofern der Erblasser die Auseinandersetzung nicht nach § 2044 BGB ausgeschlossen hat.

3 Die Auseinandersetzung ist alsbald zu bewirken. Dabei sind vorrangig die vom Erblasser getroffenen Anordnungen zu berücksichtigen, ersatzweise die gesetzlichen Vorschriften, §§ 2204, 2042, 2046 ff., 2050 ff., 752 – 754, 755 ff. BGB. Empfehlenswert ist zum Schutze des Nachlasses wie auch des Testamentsvollstreckers die Aufnahme einer Anordnung gem. § 2048 Satz 2, Satz 3 BGB in das Testament, wonach die Auseinandersetzung des Nachlasses nach billigem Ermessen des Testamentsvollstreckers zu erfolgen hat.[2]

Der Anspruch der Miterben auf Erbauseinandersetzung richtet sich allein gegen den Testamentsvollstrecker, sofern die Anordnung der Testamentsvollstreckung sich auch hierauf erstreckt. Mit der vollständigen Abwicklung des Nachlasses endet die Abwicklungsvollstreckung automatisch.[3]

1 Brandner in Münchener Kommentar zum BGB, § 2203 Rn. 1.
2 vgl. Nieder, Handbuch der Testamentsgestaltung Rn. 892.
3 vgl. Mayer in: Mayer/Bonefeld/Wälzholz/Weidlich, Testamentsvollstreckung, Rn. 16.

B. Die Dauertestamentsvollstreckung

Die Dauertestamentsvollstreckung nach § 2209 Satz 1, Hs. 2 BGB stellt eine vom Erblasser anzuordnende Erweiterung des gesetzlich vorgesehenen Aufgabenkreises des Testamentsvollstreckers dar. Die Testamentsvollstreckung endet also nicht mit Erledigung der in §§ 2203, 2204 BGB zugewiesenen Aufgaben, sondern dauert als verwaltende Tätigkeit fort. In der Praxis findet sich diese Art der Testamentsvollstreckung häufig beim sog. Behindertentestament. 4

Gemäß § 2210 Satz 1 BGB besteht eine zeitliche Obergrenze für diese Art der Vollstreckung von 30 Jahren. Sie ist jedoch nicht starr, sondern kann gemäß §§ 2210 Satz 2 BGB durch den Erblasser – allerdings grundsätzlich nicht über die 30 Jahre hinaus – modifiziert werden. Sehr häufig wird als zeitliche Grenze der Dauervollstreckung die Erreichung eines bestimmten Lebensalters eines Erben angeordnet. Auch der Tod des Testamentsvollstreckers kommt, sofern es sich nicht um eine juristische Person handelt, als denkbarer Beendigungszeitpunkt in Betracht.[4] Dogmatisch wird man hier eine auflösende Bedingung für die Testamentsvollstreckung annehmen können, denn mit dem Ablauf der Frist oder dem Eintritt des Ereignisses endet die Testamentsvollstreckung automatisch, ohne dass es einer Aufhebung durch das Nachlassgericht oder einer Amtsniederlegung durch den Testamentsvollstrecker bedarf.[5]

Praxistipp: 5

Der Beendigungszeitpunkt kann durch den Erblasser auch in das Ermessen des Testamentsvollstreckers gesetzt werden. So wurde die Einsetzung eines Testamentsvollstreckerkollegiums ausdrücklich für zulässig gehalten, das ermächtigt wurde, über die vorzeitige Beendigung der Testamentsvollstreckung zu entscheiden.[6]

Die 30-Jahres-Frist beginnt immer mit dem Erbfall, nicht etwa mit der Annahme des Testamentsvollstreckeramtes.[7] Sie gilt selbstverständlich nicht für die Abwicklungsvollstreckung, die in angemessener Zeit durchzuführen ist.[8]

Eine Überschreitung der 30-Jahres-Frist ist in Ausnahmefällen denkbar. Begriffsnotwendig ist sie erforderlich, wenn die Auseinandersetzung des Nachlasses gemäß § 2044 BGB für die maximale Laufzeit von 30 Jahren ausgeschlossen wurde, vgl. § 2044 Abs. 2 S. 1 BGB. Weitere Ausnahmen ermöglicht § 2210 Satz 2 BGB, der es zulässt, die Dauer der Testamentsvollstreckung an ein Ereignis in der Person des Erben oder des Testamentsvollstreckers anzuknüpfen. Zu nennen sind hier insbesondere das Erreichen eines bestimmten Alters, der Heirat oder des Todes einer bestimmten Person.[9]

Für nicht zulässig wird die Annahme einer unendlichen Dauer der Testamentsvollstreckung gehalten. Diese könne beispielsweise dadurch erreicht werden, dass der Erblasser die Beendigung des Amtes vom Tod des Testamentsvollstreckers abhängig macht und zugleich der Testamentsvollstrecker ermächtigt wird, nach § 2199 Abs. 2 BGB einen Nachfolger zu ernennen. Durch die rechtzeitige Nachfolgerbestimmung vor dem Ableben des jeweils tätigen Testamentsvollstreckers könnte die Testamentsvollstreckung zeitlich unbegrenzt fortdauern. Die Literatur nahm bislang an, dass die Regelung des § 2109 Abs. 1 Satz 2 Nr. 1 BGB zur Nacherbschaft entsprechend anzu- 6

4 vgl. Nieder, Handbuch der Testamentsgestaltung, Rn. 893.
5 Weidlich in: Dauner-Lieb/Heidel/Ring, Anwaltskommentar Erbrecht, § 2210 Rn. 3 unter Hinweis auf RGZ 81, 166, 167 f..
6 BayObLG, NJW 1976, 1692.
7 Weidlich in: Dauner-Lieb/Heidel/Ring, Anwaltskommentar Erbrecht, § 2210 Rn. 3.
8 Weidlich in: Dauner-Lieb/Heidel/Ring, Anwaltskommentar Erbrecht, § 2210 Rn. 4.
9 Weidlich in: Dauner-Lieb/Heidel/Ring, Anwaltskommentar Erbrecht, § 2210 Rn. 5.

wenden sei mit der Folge, dass der Testamentsvollstreckernachfolger im Zeitpunkt des Erbfalls bereits geboren sein muss.[10] Der Bundesgerichtshof hat in einer neueren Grundsatzentscheidung folgende abschließende Klärung der über 100 Jahre alten Streitfrage herbeigeführt: Wenn seit dem Erbfall 30 Jahre verstrichen sind und die Verwaltung des Nachlasses aufgrund einer Anordnung des Erblassers über 30 Jahre hinaus bis zum Tode des Testamentsvollstreckers fortdauern soll, verliert diese ihre Wirksamkeit mit dem Tode des letzten Testamentsvollstreckers, der innerhalb von 30 Jahren seit dem Erbfall in sein Amt berufen wurde.[11]

7 Ebenfalls nicht umgehen lässt sich die 30-Jahres-Frist durch die Einsetzung einer juristischen Person als Dauertestamentsvollstrecker. Nach § 2210 Abs. Satz 3 BGB gilt die Vorschrift des 2163 Abs. 2 BGB aus dem Vermächtnisrecht entsprechend, so dass bei der Einsetzung einer juristischen Person als Testamentsvollstrecker die Vollstreckung auf jeden Fall nach Ablauf von 30 Jahren nach Eintritt des Erbfalls endet.[12]

Eine Überschreitung der 30-Jahres-Frist kann sich aus Sondervorschriften ergeben, insbesondere dem Urheberrecht. Nach §§ 28 Abs. 2 Satz 2, 64 UrhG kann die Dauervollstreckung auf 70 Jahre ausgedehnt werden.[13]

Nicht unter die 30-Jahres-Frist des § 2210 Satz 1 BGB fällt die Erfüllung sonstiger Aufgaben des Testamentsvollstreckers, die keine Dauervollstreckung darstellen, beispielsweise die Überwachung einer Auflage.[14]

C. Die schlichte Verwaltungsvollstreckung

8 Von der Dauertestamentsvollstreckung unterscheidet sich die schlichte Verwaltungsvollstreckung gemäß § 2209 Satz 1 HS. 1 BGB nur durch ihren auf die Verwaltung ausschließlich beschränkten Aufgabenkreis. Während die Dauervollstreckung Elemente der Abwicklungsvollstreckung enthält und zusätzlich die zeitliche Dauer dieses Vollstreckungstypus erweitert, beinhaltet die schlichte Verwaltungsvollstreckung nur die reine Verwaltung des Nachlasses als einzige Aufgabe des Testamentsvollstreckers. Diese Form der Vollstreckung kommt im wesentlichen in Betracht, wenn besondere Zwecke verfolgt werden sollen, beispielsweise um einen überschuldeten Erben vor seinen Eigengläubigern zu schützen.[15] Als Unterfall der Dauervollstreckung nach § 2209 Satz 1 Hs. 2 BGB gelten die dortigen Ausführungen entsprechend, insbesondere zur Dauer der Vollstreckung.

D. Die Vermächtnisvollstreckung

9 Die Vermächtnistestamentsvollstreckung ist in § 2223 BGB als gesonderter Fall der Testamentsvollstreckung geregelt. Anders als bei der allgemeinen Abwicklungsvollstreckung, die auch die Erfüllung der Vermächtnisse zum Gegenstand hat, hat hier die Testamentsvollstreckung den eingeschränkten Zweck, für die Ausführung der einem Vermächtnisnehmer auferlegten Beschwerung

10 Brandner in Münchener Kommentar zum BGB § 2210 Rn. 6.
11 BGH Urt. v. 05.12.2007 – IV ZR 275/06. Die Entscheidung betrifft die Fortdauer der Testamentsvollstreckung über den Nachlass des ehemaligen Kronprinzen Wilhelm Prinz von Preußen, der am 20.07.1951 verstarb.
12 Weidlich in: Dauner-Lieb/Heidel/Ring, Anwaltskommentar Erbrecht, § 2210 Rn. 6.
13 vgl. hierzu auch Weidlich in: Dauner-Lieb/Heidel/Ring, Anwaltskommentar Erbrecht, § 2210 Rn. 7 a.E..
14 vgl. Brandner in Münchener Kommentar zum BGB § 2210 Rn. 6, der zur Begründung anführt, dass § 2192 BGB nicht auf die 30-Jahres-Frist des § 2162 BGB verweist.
15 vgl. Nieder, Handbuch der Testamentsgestaltung, Rn. 894.

zu sorgen. Ein typischer Gestaltungsfall für die Vermächtnisvollstreckung stellt die Überwachung der Vollziehung einer dem Vermächtnisnehmer durch den Erblasser auferlegten Auflage dar, wie mit dem Vermächtnisgegenstand umgegangen werden soll.

Beispiel: 10

Die vermachte Kunstsammlung soll durch den Vermächtnisnehmer für einen vorübergehenden Zeitraum unentgeltlich einem Museum zur Verfügung gestellt werden.[16]

Da in derartigen Fällen kein Interessenkonflikt besteht, kann auch der Alleinerbe Vermächtnis-Testamentsvollstrecker sein.[17]

Aus der gesetzgeberischen Formulierung „auch" wird entnommen, dass die Regelung in § 2223 BGB nicht abschließend gemeint ist, so dass auch andere Aufgabenbereiche der Testamentsvollstreckung im Zusammenhang mit dem Vermächtnisgegenstand möglich sind, beispielsweise eine Verwaltungsvollstreckung.[18]

E. Die Vollstreckung bei Vor- und Nacherbschaft

I. Allgemeines

Bei der Anordnung einer Vor- und Nacherbschaft ist die Testamentsvollstreckung mit besonders vielen unterschiedlichen Aufgabenbereichen denkbar. 11

Vor- und Nacherbschaft werden bei der testamentarischen Gestaltung aus den verschiedensten Gründen eingesetzt. Als solche Gründe kommen in Betracht,[19]

- Ausschaltung eines gesetzlichen Erben oder Pflichtteilsberechtigten (Geschiedenentestament, Wiederverheiratungsklauseln, gegenseitige Erbeinsetzung von Ehegatten mit verschiedenen Kindern)
- Erhaltung der Nachlasssubstanz zu Gunsten eines bestimmten Personenkreises (Abkömmlinge, Ehegatten)
- zeitlich befristeter Ausschluss des an sich vorgesehenen Erben (Eintritt des Nacherbfalls erst bei Erreichen eines bestimmten Alters des Abkömmlings oder bestandener Prüfung)
- Vollstreckungsschutz des Nachlasses bei einem überschuldeten Vorerben, § 2115 BGB, z.B. Behindertentestament, Testamente bei überschuldeten Erben
- Erbeinsetzung noch nicht erzeugter Personen, § 2101 Abs. 1, § 1923 BGB
- Bindung des Nachlasses für mehrere Generationen (Umgehung der im Erbrecht grundsätzlich geltenden 30 Jahresgrenze, die nach § 2109 Abs. 1 Nr. 1 BGB nicht gilt, wenn der Nacherbfall mit dem Tode des Vorerben eintreten soll
- Einsetzung unter einer Bedingung, um den Erben zu einem bestimmten Verhalten oder Unterlassen zu bewegen

16 Beispiel nach Mayer, in Mayer/Bonefeld/Wälzholz/Weidlich, Testamentsvollstreckung Rn. 20.
17 vgl. Nieder, Handbuch der Testamentsgestaltung Rn. 896.
18 Vgl. hierzu auch Weidlich in: Dauner-Lieb/Heidel/Ring, Anwaltskommentar Erbrecht, § 2223 Rn. 1 a.E., 3 ff.; Edenhofer in Palandt, Kommentar zum BGB, § 2223 Rn. 2.
19 Beispiele nach Mayer in Mayer/Bonefeld/Wälzholz/Weidlich, Testamentsvollstreckung Rn. 547.

II. Erscheinungsformen

12 Im Bereich der angeordneten Vor- und Nacherbschaft ist die Gestaltung der Testamentsvollstreckung immer in Abhängigkeit von dem Ziel zu sehen, zu dem die Vor- und Nacherbschaftsregelung letztwillig verfügt wurde. Eingebürgert hat sich die Unterscheidung in fünf Erscheinungsformen.[20]

1. Testamentsvollstreckung mit Normalbefugnissen

13 Es handelt sich hierbei um einen Fall der allgemeinen Abwicklungsvollstreckung. Der Testamentsvollstrecker nimmt den Nachlass in Besitz, begleicht die Schulden, erfüllt Vermächtnisse und Auflagen sowie die weiteren bestehenden Verpflichtungen und händigt sodann den Nachlass an den Vorerben gem. §§ 2203, 2209 BGB aus.[21]

2. Allgemeine Testamentsvollstreckung für die Vorerbschaft

14 Dogmatisch handelt es sich hier um eine Verwaltungsvollstreckung gemäß § 2209 BGB, zeitlich begrenzt für die Dauer der Vorerbschaft. Durch die angeordnete Testamentsvollstreckung wird der Vorerbe über das gesetzliche Maß der Vorerbschaft hinaus zusätzlich dadurch in seinen Rechten beschränkt, dass die Verwaltungs- und Verfügungsbefugnis nicht ihm, sondern dem Testamentsvollstrecker zusteht. Streitig ist, ob der Testamentsvollstrecker in seinem Verfügungsrecht nur nach § 2205 Satz 3 BGB beschränkt ist[22], oder ob für die Testamentsvollstreckung die gleichen Beschränkungen gelten, wie sie für den Vorerben gesetzlich angeordnet sind, beispielsweise § 2113 BGB.[23]

3. Allgemeine Testamentsvollstreckung für die Nacherbschaft

15 Im Unterschied zur Testamentsvollstreckung für die Vorerbschaft beginnt hier die Testamentsvollstreckung erst mit dem Eintritt der Nacherbschaft. Damit wird der Nacherbe während der Dauer seiner Nacherbschaft in seiner Verwaltungs- und Verfügungsbefugnis beschränkt.[24]

4. Allgemeine Testamentsvollstreckung für Vor- und Nacherbschaft

16 Hier ist der Testamentsvollstrecker nicht nur für den Vor- oder den Nacherben tätig, sondern für beide gemeinsam ernannt. Dies hat zur Folge, dass er ab dem Erbfall zunächst für die Dauer der Vorerbschaft das Verwaltungs- und Verfügungsrecht ausübt und anschließend für den Nacherben.

20 vgl. Mayer in Mayer/Bonefeld/Wälzholz/Weidlich, Testamentsvollstreckung, Rn. 564 ff; Nieder, Handbuch der Testamentsgestaltung, Rn. 654 ff.
21 vgl. Nieder, Handbuch der Testamentsgestaltung, Rn. 654.
22 so Nieder, Handbuch der Testamentsgestaltung, Rn. 655 a.E..
23 so Mayer in Mayer/Bonefeld/Wälzholz/Weidlich, Testamentsvollstreckung, Rn. 566, a.E.
24 vgl. Nieder, Handbuch der Testamentsgestaltung, Rn. 656.

Aufgrund seiner Amtsführung sowohl für den Vorerben, als auch für den Nacherben ist der Testamentsvollstrecker hier während der Vorerbschaft unstreitig nur nach § 2205 Satz 3 BGB in seiner Verfügungsbefugnis beschränkt, nicht nach den weitergehenden Vorschriften der §§ 2113, 2114 BGB.[25]

Es stellt sich allerdings die Frage, ob der Testamentsvollstrecker, während er als Vollstrecker für den Vorerben tätig ist, zugleich auch die Kontroll-, Sicherungs- und Mitwirkungsrechte des Nacherben ausüben kann. Da er in diesem Fall einer Interessenkollision ausgesetzt wäre, wird dies nach h.M. nur dann angenommen werden können, wenn sich ein so weitreichender Erblasserwille aus der testamentarischen Verfügung mit hinreichender Sicherheit entnehmen lässt.[26]

Als kritisch bei der Testamentsvollstreckung für Vor- und Nacherbschaft erweist sich in der Praxis immer wieder die genaue Beachtung der gesetzlichen Verteilung von Nutzen und Lasten zwischen Vor- und Nacherben. Fehlende Sorgfalt führt hier schnell zu Regressansprüchen.

5. Nacherbentestamentsvollstreckung

Der Nacherbenvollstrecker nach § 2222 BGB beschränkt nicht den Vorerben in seinen Rechten. 17
Vielmehr nimmt der Testamentsvollstrecker hier die Rechte des Nacherben gegenüber dem Vorerben im eigenen Namen wahr.[27] Aus diesem Grund hat der Testamentsvollstrecker kein eigenes Verwaltungs- und Verfügungsrecht kraft seines Amtes als Testamentsvollstrecker, sondern er kann nur die Rechte und Pflichten wahrnehmen, die dem Nacherben im Allgemeinen gegenüber dem Vorerben zustehen. Die Aufgaben und Befugnisse folgen aus den §§ 2116 bis 2119, 2121 bis 2123, 2127, 2129, 2115 BGB in Verbindung mit § 773 ZPO, die Pflichten aus den §§ 2120, 2123 BGB.[28]

Die Nacherbentestamentsvollstreckung bietet sich immer dann an, wenn zu erwarten ist, dass die Nacherben während der Dauer der Vorerbschaft nicht oder nur eingeschränkt handlungsfähig sein werden. Insbesondere kommen hier in Betracht die Fälle des unbekannten oder noch gar nicht geborenen Nacherben oder eines minderjährigen Nacherben. Der Nacherbenvollstrecker unterliegt nämlich nicht der Kontrolle des Familien- bzw. Vormundschaftsgerichts[29], denn er handelt aus eigenem Recht.[30] So entfällt auch das Erfordernis für noch nicht bekannte Nacherben einen Pfleger zu bestellen.[31]

III. Gefahr von Interessenkollisionen

Bei der Anordnung einer Testamentsvollstreckung in Vor- und Nacherbfällen liegt die Gefahr 18
einer Interessenkollision sehr nahe. Die gesetzlich vorgesehenen Kontrollrechte des Nacherben gegenüber dem Vorerben dürfen durch die Anordnung einer Testamentsvollstreckung nicht un-

25 vgl. Mayer in Mayer/Bonefeld/Wälzholz/Weidlich, Testamentsvollstreckung, Rn. 568.
26 vgl. Mayer in Mayer/Bonefeld/Wälzholz/Weidlich, Testamentsvollstreckung, Rn. 568 sowie Nieder, Handbuch der Testamentsgestaltung Rn. 657.
27 vgl. Weidlich, in Dauner-Lieb/Heidel/Ring, Anwaltskommentar Erbrecht, § 2222 Rn. 1.
28 vgl. Weidlich, in Dauner-Lieb/Heidel/Ring, Anwaltskommentar, Erbrecht, § 2222 Rn. 3 unter Hinweis auf BGH, NJW 1995, 456.
29 vgl. Weidlich in Dauner-Lieb/Heidel/Ring, Anwaltskommentar Erbrecht, § 2222 Rn. 3 a.E. unter Hinweis auf BayObLGZ 1989, 183, 186 = NJW-RR 1989, 1096.
30 vgl. Mayer in Mayer/Bonefeld/Wälzholz/Weidlich, Testamentsvollstreckung, Rn. 569.
31 vgl. Mayer in Mayer/Bonefeld/Wälzholz/Weidlich, Testamentsvollstreckung, Rn. 569.

terlaufen werden. Als zulässig erachtet[32] werden folgende Kombinationen der Berufung des Vorerben zum Testamentsvollstrecker:

- bei der Vermächtnisvollstreckung nach § 2223 BGB,
- beim alleinigen Vorerben nur neben anderen Mittestamentsvollstreckern, wenn zugleich gewährleistet ist, dass bei Wegfall eines Mittestamentsvollstreckers der Vorerbe nicht zur alleinigen Vollstreckung der Vorerbschaft berufen ist,
- wenn neben einem Mitvorerben zugleich dritte Personen zur Testamentsvollstreckung berufen sind,
- wenn mehrere Mitvorerben zu Mittestamentsvollstreckern für die Vorerbschaft bestimmt sind,
- wenn der Testamentsvollstrecker nur Mitvorerbe ist oder zwar alleiniger Vorerbe, aber nur Mittestamentsvollstrecker und jeweils nicht gleichzeitig die Rechte der Nacherben wahrzunehmen sind,
- von mehreren Vorerben einer zum Nacherbentestamentsvollstrecker nach § 2222 BGB berufen ist.

F. Testamentsvollstreckung mit beschränktem Aufgabenkreis

19 Die Testamentsvollstreckung mit beschränktem Aufgabenkreis nach § 2208 BGB ist im Grundsatz mit allen Testamentsvollstreckerarten kombinierbar. Das Gesetz schreibt für die Testamentsvollstreckung keinen Mindestumfang an Aufgaben vor. Die Testamentsvollstreckung kann ganz nach den Wünschen des Erblassers beschränkt werden, bis hin auf die Erfüllung einer einzigen Aufgabe, z.B. die Ausführung einer Bestattungsanordnung.[33]

Da der umfassend verfügungsbefugte Testamentsvollstrecker das gesetzliche Grundmodell darstellt, muss der Wille des Erblassers auf eine Testamentsvollstreckung mit beschränktem Aufgabenkreis in seiner letztwilligen Verfügung deutlich erkennbar, wenngleich auch nicht ausdrücklich zum Ausdruck gekommen sein.[34]

Die Beschränkung der Testamentsvollstreckung kann auf verschiedene Formen erfolgen.

I. Inhaltliche Beschränkungen

20 Denkbar sind insbesondere folgende Gestaltungsmöglichkeiten:

- ganz oder teilweiser Entzug der Verwaltungs-, Verfügungs- und Verpflichtungsbefugnis des Testamentsvollstreckers,
- Koppelung der Befugnisse des Testamentsvollstreckers an eine Zustimmung des Erben,
- Zuweisung eines auf einzelne Arbeiten beschränkten Aufgabenbereichs.

32 vgl. die Zusammenstellung zulässiger Kombinationen von Vor- und Nacherben und Testamentsvollstrecker bei Mayer in Mayer/Bonefeld/Wälzholz/Weidlich, Testamentsvollstreckung, Rn. 573.
33 vgl. Weidlich in Dauner-Lieb/Heidel/Ring, Anwaltkommentar Erbrecht Rn. 1.
34 vgl. Weidlich in Dauner-Lieb/Heidel/Ring, Anwaltkommentar Erbrecht Rn. 4.

II. Zeitliche Beschränkungen

können dadurch erfolgen, dass die 30-Jahres-Frist des § 2210 BGB verkürzt oder die Testamentsvollstreckung an eine auflösende Bedingung geknüpft wird. Zur Festlegung des Endtermins kann dabei auch der Testamentsvollstreckers ermächtigt werden, zumindest wenn der Erblasser die Entscheidungskriterien hierfür hinreichend bestimmt hat. 21

III. Gegenständliche Beschränkung

kann der Erblasser dadurch erreichen, dass er den Testamentsvollstrecker nur die Verwaltung einzelner Nachlassgegenstände, beispielsweise über ein Grundstück, über einen Unternehmensanteil o.ä. zuweist. Damit erstreckt sich die gesamte Testamentsvollstreckertätigkeit nur auf diese einzelnen Nachlassgegenstände. Auch die Auseinandersetzung des Nachlasses ist dem Testamentsvollstrecker bei einer solchen Beschränkung verwehrt.[35] 22

IV. Beaufsichtigende Testamentsvollstreckung

Der Erblasser kann gemäß § 2208 Abs. 2 BGB anordnen, dass dem Testamentsvollstrecker das Recht zur Ausführung der letztwilligen Verfügungen entzogen ist. Dann kann der Testamentsvollstrecker weder über Nachlassgegenstände verfügen, noch können die Wirkungen der §§ 2211 BGB und 2214 BGB eintreten. Eine derartige Beschränkung des Testamentsvollstreckers ist im Erbschein zu vermerken.[36] 23

In der Praxis kommt die beaufsichtigende Testamentsvollstreckung für alle Verfügungen in Betracht, bei denen eine Ausführung möglich ist, also insbesondere bei der Teilungsanordnung, dem Vermächtnis, der Erfüllung von Auflagen oder der Herausgabe der Erbschaft an den Nacherben. Bei Nichterfüllung der Verfügung durch den Erben kann der Testamentsvollstrecker Schadenersatz zu Gunsten der jeweiligen Berechtigten verlangen. Für die Erfüllung seiner Aufsichtspflicht haftet der Testamentsvollstrecker gegenüber den Erben und dem Vermächtnisnehmer.[37]

G. Testamentsvollstreckung bei Pflichtteilsbeschränkung in guter Absicht

§ 2338 BGB bezweckt, das Familienvermögen vor dem Zugriff der Eigengläubiger des Pflichtteilsberechtigten oder seiner eigenen Verschwendungssucht zu schützen.[38] § 2338 Abs. 1 Satz 1 BGB ermöglicht hierzu die Anordnung einer Vor- und Nacherbschaft, § 2338 Abs. 1 Satz 2 BGB die Anordnung einer Verwaltungstestamentsvollstreckung mit der Maßgabe, dass dem Abkömmling in diesem solchen Fall nur der Anspruch auf den jährlichen Reinertrag verbleibt. 24

Die Anordnung einer derartigen Verwaltungsvollstreckung führt zu drei wesentlichen Folgen: 25

- dem Abkömmling wird das Verfügungsrecht unter Lebenden entzogen, § 2211 BGB;

35 vgl. Weidlich in: Dauner-Lieb/Heidel/Ring, Anwaltskommentar zum BGB, § 2205 Rn. 12.
36 vgl. Weidlich in: Dauner-Lieb/Heidel/Ring, Anwaltskommentar zum BGB, § 2205 Rn. 14.
37 vgl. Weidlich in: Dauner-Lieb/Heidel/Ring, Anwaltskommentar zum BGB, § 2205 Rn. 15.
38 Herzog in: Dauner-Lieb/Heidel/Ring, Anwaltskommentar zum BGB, § 2338 Rn. 1 a.E..

- die Eigengläubiger des Abkömmlings werden vom Pfändungszugriff auf das ererbte Vermögen ausgeschlossen, § 2214 BGB;
- die Pfändung der gezogenen Nutzungen des Vermögens durch Eigengläubiger wird ausgeschlossen, § 863 ZPO.

Die Zugriffsbeschränkung der Eigengläubiger auf den Reinertrag lässt sich aus Sicht des Abkömmlings noch weiter optimieren.

26 Gemäß § 863 Abs. 1 Satz 2 ZPO kann der Abkömmling den Reinertrag zunächst zur Erfüllung seines eigenen Unterhaltes sowie des Unterhaltes der in § 863 Abs. 1 Satz 2 ZPO im einzelnen genannten Angehörigen verwenden. Nur der überschießende Rest ist durch Eigengläubiger des Abkömmlings pfändbar. Unterwirft man nun – entgegen § 2338 Abs. 1 Satz 2 BGB – auch die Verwaltung des Reinertrages der Testamentsvollstreckung, so ist auch der Reinertrag der Verfügungsbefugnis des Abkömmlings entzogen und damit auch nicht pfändbar, selbst wenn sich rechnerisch ein pfändbarer Überschuss nach § 863 Abs. 1 Satz 2 ZPO ergeben würde. Eine solche Regelung wird nicht als sittenwidrig angesehen.[39] Sie birgt allerdings auch ein gewisses Risiko: Der Abkömmling kann die über § 2338 Abs. 1 BGB hinausgehende Beschränkung ausschlagen und seinen Pflichtteil verlangen. Duldet er jedoch die Beschränkung, beschränkt sie die Eigengläubiger in wirksamer Weise.[40]

Eine weitere Optimierung ist gegebenenfalls erforderlich, um den Nachlass auch über den Tod des Abkömmlings hinaus zu schützen, da dann seine Erben für seine Schulden eintrittspflichtig sind. Hier empfiehlt sich die Erstreckung der Testamentsvollstreckung auch auf die Nacherben.[41]

39 vgl. Edenhofer in Palandt, Kommentar zum BGB, § 2338 Rn. 3 a.E. unter Hinweis auf OLG Bremen, FamRZ 1984, 213.

40 Nieder, Handbuch der Testamentsvollstreckung, Rn. 518.

41 Herzog in: Dauner-Lieb/Heidel/Ring, Anwaltskommentar zum BGB, § 2338 Rn. 13 a.E.. Zu weiteren Möglichkeiten vgl. Nieder, Handbuch der Testamentsvollstreckung, Rn. 519.

§ 6 Die Annahme des Testamentsvollstreckeramtes

Zur Annahme des Amtes als Testamentsvollstrecker besteht keine Rechtspflicht, auch nicht bei der Bestimmung durch das Nachlassgericht. Mittelbare Sanktionen wie eine Schadenersatzpflicht bestehen ebenfalls nicht.[1] Dem korrespondiert die jederzeitige Kündigungsmöglichkeit durch den Testamentsvollstrecker nach § 2226 BGB.[2] 1

A. Die Annahmeerklärung

I. Form der Erklärung

Die Annahme des Amtes (wie auch seine Ablehnung) erfolgt durch Erklärung gegenüber dem Nachlassgericht, § 2202 Abs. 2 Satz 1 BGB. Örtlich zuständig ist das Nachlassgericht, das auch für die Eröffnung der Verfügung von Todes wegen zuständig ist (§§ 72, 73 FGG). Das Testament muss noch nicht eröffnet sein, auch die Annahme der Erbschaft muss noch nicht erklärt sein. 2

Die Annahmeerklärung kann entweder zu Protokoll des Nachlassgerichtes oder zu Protokoll der Geschäftsstelle eines beliebigen Amtsgerichtes abgegeben werden, (§§ 2228 BGB, 11 FGG) oder sie wird in privatschriftlicher Form beim Gericht eingereicht. Die Erklärung wird wirksam mit Eingang beim zuständigen Nachlassgericht (§§ 72, 73 FGG).

II. Zeitpunkt der Erklärung

Aus § 2202 Abs. 2 Satz 2 erster Halbsatz BGB folgt, dass die Erklärung auf Annahme des Amtes als Testamentsvollstrecker erst nach dem Eintritt des Erbfalls abgegeben werden kann. Folglich sind Rechtsgeschäfte, die der Testamentsvollstrecker vor Amtsbeginn vornimmt, unwirksam. Sie werden auch nicht durch die spätere Amtsannahme ohne weiteres wirksam. Der Testamentsvollstrecker kann nach Annahme des Amtes jedoch die vorher vorgenommenen Rechtsgeschäfte gemäß §§ 177, 184 BGB genehmigen. Eine solche ausdrückliche, nach außen in Erscheinung tretende Genehmigung wird allerdings nach h. M. für erforderlich gehalten.[3] 3

Auf Antrag eines Beteiligten oder von Amts wegen kann das Nachlassgericht eine Frist zur Erklärung über die Annahme des Testamentsvollstreckeramtes setzen, vgl. § 2202 Abs. 3 BGB.

III. Gefahren vorschneller Annahmeerklärung

Zu warnen ist vor einer vorschnellen Annahme des Amtes als Testamentsvollstrecker. Zwar kann das Amt jederzeit ohne Angabe von Gründen durch Erklärung gegenüber dem Nachlassgericht nach § 2226 BGB niedergelegt werden. Erfolgt die Niederlegung jedoch zur Unzeit, kann sich der Testamentsvollstrecker nach § 671 Abs. 2, Abs. 3 BGB schadenersatzpflichtig machen. Es ist daher dringend zu empfehlen, zunächst einmal abzuklären, ob man überhaupt zeitlich und organisatorisch 4

1 Vgl. auch Edenhofer in Palandt, Kommentar zum BGB, § 2202 BGB Rn. 2.
2 Zu den Gefahren einer vorschnellen Amtsannahme siehe nachfolgende Ziff. I.3.
3 vgl. Mayer in Mayer/Bonefeld/Wälzholz/Weidlich, Testamentsvollstreckung, Rn. 48.

in der Lage ist, den Nachlass zu regeln. Darüber hinaus empfiehlt sich unbedingt die sofortige Kontaktaufnahme mit der Vermögensschadenhaftpflichtversicherung, um Deckungsumfang und Deckungssumme zu klären und ggf. aufzustocken. Das gilt insbesondere, wenn die Testamentsvollstreckung die Übernahme unternehmerischer Geschäftsführung erfordert. Schäden aus falschen unternehmerischen Entscheidungen sind regelmäßig nicht Gegenstand der üblichen Vermögensschadenhaftpflichtversicherungen. Hier ist möglicherweise der Abschluss einer speziellen D&O – Versicherung, ggf. in Verbindung mit einer Betriebshaftpflichtversicherung angezeigt.[4] Die Grundzüge des unternehmerischen Haftungspotentials sollten darüber hinaus in solchen Fällen ebenfalls bekannt sein.[5]

B. Das Testamentsvollstreckerzeugnis

I. Wirkungen des Testamentsvollstreckerzeugnisses

5 Das Testamentsvollstreckerzeugnis nach § 2368 BGB hat grundsätzlich zwei Funktionen. Zum einen dient es dem Testamentsvollstrecker zum Nachweis seiner Rechte gegenüber Dritten. Zum anderen darf ein gutgläubiger Dritter auf die Richtigkeit des Testamentsvollstreckerzeugnisses vertrauen, §§ 2368 Abs. 3, 2365, 2267 BGB.

6 Der öffentliche Glaube des Testamentsvollstreckerzeugnisses geht dahin,[6] dass

- der als Testamentsvollstrecker im Zeugnis Bezeichnete rechtsgültig Testamentsvollstrecker wurde
- ihm das Amt in seinem regelmäßigen Umfang zusteht
- der Testamentsvollstrecker durch keinen anderen als die dort angegebenen Anordnungen beschwert ist.

Das Testamentsvollstreckerzeugnis schützt nur den Dritten im Rechtsverkehr. Es entfaltet keine Schutzfunktion im Verhältnis zwischen dem Erben und dem Testamentsvollstrecker.[7]

II. Arten von Testamentsvollstreckerzeugnissen

7 Es lassen sich folgende Arten von Testamentsvollstreckerzeugnissen unterscheiden:

- Das normale Testamentsvollstreckerzeugnis

  wird dann erteilt, wenn nur ein Testamentsvollstrecker vorhanden ist.
- Ein gemeinschaftliches Testamentsvollstreckerzeugnis

  bezeugt das Recht aller Testamentsvollstrecker.
- Ein Teil-Testamentsvollstreckerzeugnis

  wird erteilt, wenn zwar mehrere Testamentsvollstrecker ernannt sind, aber nur das Recht

4 Zu den abgesicherten Haftungsfällen, dem Versicherungsumfang und den Besonderheiten der D&O - Versicherung vgl. Kenntner in Schiffer/Rödel/Rott, Haftungsgefahren im Unternehmen, Rn. 571 ff.

5 Eine überaus brauchbare Hilfe bietet hier das Praxishandbuch von Schiffer/Rödel/Rott, Haftungsgefahren im Unternehmen, in dem 55 Autoren verschiedenster Professionen aus über 1000 Jahren Berufserfahrung zu den verschiedensten Themen Ratschläge zur Risikovermeidung in Unternehmen zur Verfügung stellen.

6 Mayer inMayer/Bonefeld/Wälzholz/Weidlich, Testamentsvollstreckung Rn. 51 m.w.N.

7 Promberger in Münchener Kommentar zum BGB, § 2368 Rn. 44.

eines oder einzelner Testamentsvollstrecker bekundet wird. In diesem Zeugnis sind auch die Mitvollstrecker namentlich anzugeben.

- Ein gegenständlich beschränktes Testamentsvollstreckerzeugnis

  wird in entsprechender Anwendung des § 2369 BGB erteilt, wenn der Erblasser nach ausländischem Recht beerbt wurde. Die Rechtsstellung des Testamentsvollstreckers regelt sich nach dem Erbstatut, Art. 25 EGBGB. Für das Verfahren des Nachlassgerichtes gilt das deutsche Recht.[8]

III. Antrag auf Erteilung des Testamentsvollstreckerzeugnisses

1. Antragsrecht

Antragsberechtigt sind neben der zum Testamentsvollstrecker berufenen Person auch die Nachlassgläubiger, §§ 792, 896 ZPO. Bei mehreren Testamentsvollstreckern kann jeder die Erteilung beantragen. Nicht antragsberechtigt ist der Erbe.[9] 8

2. Inhalt des Antrages

Nach §§ 2368 Abs. 3, 2354, 2355 BGB muss der formlos mögliche Antrag auf Erteilung eines Testamentsvollstreckerzeugnisses folgendes enthalten: 9

- der Todeszeitpunkt des Erblassers,
- die Verfügung von Todes wegen mit der die Testamentsvollstreckung angeordnet wurde,
- Art und Umfang der Befugnisse des Testamentsvollstreckers,
- die Anhängigkeit eines Rechtsstreits über die Ernennung oder den Wegfall einer Person, die dem Testamentsvollstrecker im Amte vorangegangen wäre.

Der Nachweis ist durch Urkunden, im übrigen durch eidesstattliche Versicherung zu führen. Zur Abnahme der eidesstattlichen Versicherung sind außer den Notaren auch die Amtsgerichte berufen, §§ 2368 Abs. 2, 2356 Abs. 2 Satz 1 BGB.

IV. Prüfungsumfang durch das Nachlassgericht

Der Testamentsvollstrecker steht – anders als etwa der Nachlassverwalter[10] (§ 1975 BGB) – nicht unter der Aufsicht des Nachlassgerichtes. Entsprechend eingeschränkt sind die Prüfungsmöglichkeiten des Gerichts. Das Nachlassgericht prüft lediglich, ob eine gültige Ernennung zum Testamentsvollstrecker vorliegt, der Testamentsvollstrecker sein Amt angenommen hat und ob sich die Aufgaben des Testamentsvollstreckers nicht bereits zum Zeitpunkt der Antragstellung erledigt haben, mithin die Testamentsvollstreckerbestellung gegenstandslos geworden ist.[11] 10

8 Vgl. zum ganzen Mayer in Mayer/Bonefeld/Wälzholz/Weidlich, Testamentsvollstreckung, Rn. 69.
9 vgl. OLG Hamm, FamRZ 2000, 487, 488.
10 Die Beaufsichtigungsmöglichkeiten des Nachlassgerichtes folgen hier aus §§ 1960, 1915, 1837, 1886, 1962 BGB. Diese Aufsicht ist in Einzelnen unterschiedlich ausgestaltet.
11 vgl. Mayer in Mayer/Bonefeld/Wälzholz/Weidlich, Testamentsvollstreckung, Rn. 59.

Gemäß § 2368 Abs. 2 BGB soll das Nachlassgericht vor der Erteilung des Testamentsvollstreckerzeugnisses den Erben über die Gültigkeit der Ernennung hören, sofern die Ernennung nicht in einer öffentlichen Urkunde enthalten ist.

In rechtlich unproblematischen Fällen wird das Nachlassgericht das Testamentvollstreckerzeugnis umgehend ausstellen. In zweifelhaften Fällen kann – entsprechend der im Erbscheinsverfahren geübten Praxis – auch ein Vorbescheid erlassen werden, in dem das Nachlassgericht in Beschlussform ankündigt, dass ein Testamentsvollstreckerzeugnis mit einem bestimmten Inhalt erteilt werde, wenn nicht binnen einer bestimmten Frist Beschwerde eingelegt wird. Mit dieser Praxis kann die vorschnelle Erteilung eines unrichtigen Zeugnisses verhindert werden.[12]

V. Rechtsmittel

6

11 Ein Vorbescheid kann innerhalb der vom Nachlassgericht gesetzten Frist mit der einfachen Beschwerde[13] angefochten werden und zwar auch durch den Erben.[14]

Ist das Testamentsvollstreckerzeugnis erteilt, so steht jedem, dessen Recht dadurch beeinträchtigt wird, die Beschwerde nach § 20 FGG zu. Das kann im Einzelfall auch ein Mitgesellschafter sein, der geltend macht, dass im Testamentsvollstreckerzeugnis zu Unrecht ausgewiesen ist, dass sich die Vollstreckung auch auf die Gesellschaftsbeteiligung erstreckt.[15]

Gegen die Ablehnung des Antrages auf Erteilung des Testamentsvollstreckerzeugnisses ist nur der Testamentsvollstrecker, nicht aber der Erbe beschwerdebefugt, korrespondierend zu der fehlenden Antragsbefugnis des Erben nach § 20 Abs. 1 FGG.[16]

VI. Verhältnis von Testamentsvollstreckerzeugnis zu Erbschein

12 Das Testamentsvollstreckerzeugnis ist in § 2368 BGB geregelt, der Erbschein in §§ 2353 ff. BGB. Beide Zeugnisse werden nur auf Antrag erteilt. Wenn das Gesetz in § 2364 Abs. 1 BGB im Zusammenhang mit dem Erbschein von „Testamentsvollstrecker" spricht, so ist dies missverständlich. Gemeint ist vielmehr, dass im Erbschein die Tatsache der Anordnung der Testamentsvollstreckung an sich angeben werden muss. Die Person des Testamentsvollstreckers wird nicht namentlich genannt, sie ist nur im Testamentsvollstreckerzeugnis auszuweisen.[17]

Hatte der Testamentsvollstrecker die Annahme des Amtes abgelehnt und ist auch kein Ersatzvollstrecker genannt, so erübrigt sich die Eintragung im Erbschein.[18]

Ist Testamentsvollstreckung angeordnet, fehlt aber eine entsprechende Eintragung im Erbschein, so ist der Erbschein unrichtig und gem. § 2361 BGB einzuziehen.[19]

12 vgl. zu dieser Praxis Mayer in Mayer/Bonefeld/Wälzholz/Weidlich, Testamentsvollstreckung, Rn. 60 unter Hinweis auf OLG Hamm, FamRZ 2000, 487 sowie BayObLG, FamRZ 1991, 494.
13 OLG Hamm, Urt.v. 08.06.1999, 15 W 105/99, FamRZ 2000, 487, 488.
14 Vgl. Promberger in Münchener Kommentar zum BGB, § 2368 Rn. 25.
15 Vgl. OLG Hamm, FamRZ 1992, 113 m. Anm. Reimann.
16 vgl. im übrigen Mayer in Mayer/Bonefeld/Wälzholz/Weidlich, Testamentsvollstreckung, Rn. 63.
17 Vgl. Kroiß in: der Dauner-Lieb/Heidel/Ring, Anwaltskommentar, § 2364 Rn. 2.
18 Reimann in Bengel/Reimann, Handbuch der Testamentsvollstreckung, Kapitel 2, Rn. 243.
19 Vgl. Kroiß in: der Dauner-Lieb/Heidel/Ring, Anwaltskommentar, § 2361 Rn. 4.

Wie sich aus § 2368 Abs. 1 Satz 1 BGB ergibt, sind vom Regelfall des §§ 2211 BGB abweichende Verfügungsbefugnisse des Testamentsvollstreckers im Erbschein anzugeben. Bei der Beurteilung der Frage, welche Beschränkungen anzugeben sind, ist immer vom gesetzgeberischen Zweck auszugehen.[20]

Handelt es nicht um eine „normale" Testamentsvollstreckung, bei der der Testamentsvollstrecker 13
befugt ist, über den gesamten Nachlass zu verfügen, § 2205 Satz 2 BGB, so erfolgt ein Eintrag im Erbschein.

Bei einer aufschiebenden Bedingung wird die Testamentsvollstreckung erst dann im Erbschein vermerkt, wenn die Bedingung eingetreten ist. Ist nur eine reine Vermächtnisvollstreckung nach § 2223 BGB angeordnet, ist die Testamentsvollstreckung im Erbschein nicht auszuweisen, weil der Erbschein nur das Erbrecht der Erben, nicht aber schuldrechtliche Beschränkungen der Erben ausweist.[21]

Im Testamentsvollstreckerzeugnis sind neben der Person des Testamentsvollstreckers weitere Angaben erforderlich, soweit Abweichungen von den gesetzlichen Regelbefugnissen vorliegen. Dies betrifft ebenso Erweiterungen, wie die Dauertestamentsvollstreckung, als auch Beschränkungen oder negative Anordnungen, wie das Verbot der Veräußerung von Nachlassgegenständen. Enthält das Testamentsvollstreckerzeugnis keine Angaben, so wird damit im Sinne der negativen Publizität zum Ausdruck gebracht, dass dem Testamentsvollstrecker die gesetzlichen Regelbefugnissen nach § 2203 bis 2206 BGB zustehen, aber auch keine weiter gehenden.[22]

20 Reimann in Bengel/Reimann, Handbuch der Testamentsvollstreckung, Kapitel 2, Rn. 248.
21 Reimann in Bengel/Reimann, Handbuch der Testamentsvollstreckung, Kapitel 2, Rn. 244 mit weiteren Beispielsfällen.
22 vgl. Kroiß in: der Dauner-Lieb/Heidel/Ring, Anwaltskommentar, § 2368 Rn. 9.

§ 7 Die ordnungsgemäße Durchführung der Testamentsvollstreckung

A. Bereitstellung professioneller Infrastruktur

1 Erbfälle treten in aller Regel unvorhergesehen ein. Daraus folgt, dass der geschäftsmäßig agierende Testamentsvollstrecker rechtzeitig eine Infrastruktur schaffen muss, die ihn in die Lage versetzt, sofort und präzise zu reagieren. Je besser die Vorbereitung des Testamentsvollstreckers in organisatorischer Weise ist, desto erfolgreicher wird die Testamentsvollstreckung sein. Viele grundsätzliche Fragen können unabhängig von einer konkreten Testamentsvollstreckung vorab geklärt werden. Hierzu gehört beispielsweise die Kenntnis des Versicherungsumfanges der eigenen Vermögenschadenhaftpflichtversicherung, gegebenenfalls die Vereinbarung von „Spielregeln" zur Benachrichtigung der Vermögenschadenhaftpflichtversicherung. Auch das grundlegende Procedere mit dem eigenen Kreditinstitut für die reibungslose und zügige Anlegung von Sonderkonten sollte geklärt sein. Insgesamt empfiehlt es sich, über ein komplettes Netzwerk an Hilfspersonen zu verfügen, die bei Bedarf schnell und unbürokratisch Hilfe in so profanen Dingen wie der Öffnung einer Wohnung, ihrer Bewachung während der Beisetzung oder schlicht der Durchführung der Bestattung leisten können. Auch die Kenntnis der Bestattungsgesetze des Bundeslandes, in dem üblicherweise die Testamentsvollstreckungen anfallen, nach Möglichkeit auch der örtlichen Friedhofssatzungen, erspart in der Anfangsphase viel Zeit und Nerven.

Nicht zuletzt das eigene Büro sollte vorbereitet sein, um Anfragen des Nachlassgerichtes auf Übernahme einer Testamentsvollstreckung sachgerecht beantworten zu können oder wenigstens in der Lage zu sein, den künftigen Testamentsvollstrecker kurzfristig zu erreichen. Letztendlich sollte man auch eine in angemessener Selbstkritik geschaffene Vorstellung von den eigenen Kenntnissen und Fähigkeiten bei der Vollstreckung eines Nachlasses haben. Ist man zeitlich überhaupt in der Lage, eine Dauervollstreckung zu übernehmen? Verfügt man über die hinreichenden Kenntnisse, ein Unternehmen abzuwickeln oder einen Künstlernachlass optimal zu verwerten? Es sei auch an dieser Stelle davor gewarnt, nur wegen einer vermeintlich hohen Testamentsvollstreckervergütung eine die eigenen Kenntnisse und Fähigkeiten übersteigende Vollstreckung zu übernehmen. Die in solchen Fällen zu erwartenden Auseinandersetzungen, insbesondere mit den Erben, lassen das Honorar schnell dahinschmelzen. Dies gilt speziell für das nach den tradierten Vergütungstabellen anfallende Honorar, das nur dann zu einer angemessenen Vergütung des Testamentsvollstreckers führt, wenn die Testamentsvollstreckung reibungslos abläuft.

B. Sofortmaßnahmen

2 I. Organisatorischer Art

- Testamentsvollstreckerakte anlegen
- Sonderkonto einrichten

Die Führung einer Testamentsvollstreckerakte bleibt natürlich im Wesentlichen den persönlichen Vorlieben des Testamentsvollstreckers vorbehalten. Von vornherein lösen sollte man sich allerdings von dem Gedanken, dass klassische Aktenformen wie z. B. eine anwaltliche Prozeßakte in Form der Hängeakte für Testamentsvollstreckungen geeignet ist. Da mit umfangreichem Schriftverkehr zu rechnen ist, empfiehlt es sich, von vornherein die Testamentsvollstreckerakten in DIN A 4 Aktenordnern zu führen und entsprechend der anfallenden Korrespondenz mit den verschiedenen Beteiligten durch Trennblätter zu unterteilen. Die Akte sollte ferner vorne eine Übersicht über die einzelnen Abteilungen enthalten sowie sinnvollerweise eine Kurzübersicht über den Verlauf der Testamentsvollstreckung.[1] Im übrigen gilt natürlich der allgemeine Beratergrundsatz, dass Akten stets unter dem Gesichtspunkt geführt werden sollten, dass der Mandant von heute der Gegner von morgen sein kann, in besonderen Maße auch für die Testamentsvollstreckerakte.

Die Einrichtung eines Sonderkontos in der besonderen Form des Anderkontos empfiehlt sich 3
eigentlich bei jeder Testamentsvollstreckung ausgenommen eventueller Dürftigkeitsfälle. Über dieses Konto sind sodann sämtliche Transaktionen, die den der Testamentsvollstreckung unterliegenden Nachlass betreffen abzuwickeln. Auch etwa vorgefundenes Bargeld ist hier einzuzahlen.[2] Alternativ kommt die Fortführung eines vorhandenen Erblasserkontos in Betracht, wenn die Bank bereit ist, das Konto als Nachlasskonto umzuschreiben und die ausschließliche Verfügungsbefugnis des Testamentsvollstreckers sichergestellt ist.

Befindet sich im Nachlass größeres Geldvermögen oder ist durch die Verwertung von Vermögensgegenständen ein entsprechender Zufluss zu erwarten, sollte neben dem Sonderkonto auch ein Tagesgeldkonto eingerichtet werden, sodass eine angemessene Verzinsung des Nachlassvermögens realisiert werden kann.

II. Tatsächlicher Art 4

- Testamentseröffnung veranlassen
- Testamentsvollstreckerzeugnis beantragen
- Bestattung veranlassen
- Postnachsendeauftrag einrichten

Die Ablieferungspflicht für aufgefundene Testamente nach § 2259 Abs. 1 BGB gehört zu den all- 5
gemeinen staatsbürgerlichen Pflichten. Damit trifft diese Pflicht auch den Testamentsvollstrecker, der z. B. bei der Inbesitznahme der Wohnung weitere Schriftstücke findet, die auf einen Testierwillen hindeuten. Hierzu können auch sog. Brieftestamente gehören. Die unterlassene Ablieferung kann als Urkundenunterdrückung nach § 274 Abs. 1 Nr. 1 StGB strafbar sein. Das Nachlassgericht kann die Ablieferung notfalls mittels Zwangsgeldern nach § 83 FGG durchsetzen.

Praxishinweis:

Es kann nicht deutlich genug darauf hingewiesen werden, dass alle derartigen Schriftstücke beim Nachlassgericht abzuliefern sind, auch solche, die möglicherweise eine formunwirksame oder eine überholte Testierung beinhalten. Denn es obliegt der gerichtlichen und nicht der Entscheidung des Einzelnen, welche rechtlichen Schlussfolgerungen aus einem Schriftstück zu ziehen sind.

1 Ein Musterbeispiel für die Gestaltung einer Testamentsvollstreckerakte findet sich bei Bonefeld in Mayer/Bonefeld/Wälzholz/Weidlich, Testamentsvollstreckung, Rn. 682.
2 Bonefeld in Mayer/Bonefeld/Wälzholz/Weidlich, Testamentsvollstreckung, Rn. 687.

6 Bei der Beantragung des **Testamentsvollstreckerzeugnisses** empfiehlt es sich, auch die Geschäftsadresse aufnehmen zu lassen. Insbesondere im Rechtsverkehr mit Banken ist wiederholt beobachtet worden, dass anderenfalls nur unter der Privatadresse des Testamentsvollstreckers korrespondiert wird.[3]

Die allgemeinen Persönlichkeitsrechte, zu denen auch das Recht der Totenfürsorge gehört, unterliegen grundsätzlich nicht der Nachlassverwaltung des Testamentsvollstreckers. In den letzten Jahren ist allerdings verstärkt „die Nachfrage" nach Testamentsvollstreckungen zu beobachten, die auch die Bestattung einschließen. Der Grund liegt in den immer kleiner werdenden Familien und der steigenden Zahl von Erblassern ohne Abkömmlinge. Der Erblasser hat zwar konkrete Vorstellungen über seine Bestattung, aber niemand anderen als den Testamentsvollstrecker, der sich hierum auch mit der gebotenen Sorgfalt kümmert. In diesen Fällen ist die Zusammenarbeit des Testamentsvollstreckers mit einem Bestattungsinstitut angezeigt, wodurch der Testamentsvollstrecker von vielen Formalitäten entlastet wird. Da die Einholung von Preisvergleichen in den regelmäßig nur wenigen Tagen Zeit, die zur Verfügung stehen, kaum möglich ist, empfiehlt sich von vornherein mit einem ausgewählten Kreis von Instituten zusammenzuarbeiten, mit denen dann entweder eine allgemeine Rabattstaffel ausgehandelt wird oder zu denen zumindest hinreichendes Vertrauensverhältnis aufgebaut werden konnte, das vor überhöhten, eine Haftungsgefahr für den Testamentsvollstrecker begründenden Preisen schützt.

7 Ein Postnachsendeauftrag kann durch ein einfaches Schreiben an das Postamt am Wohnort des Erblassers erteilt werden. Ein solcher Nachsendeauftrag trägt nicht nur dazu bei, einen überquellenden Briefkasten und die sich daraus ergebenden Schlussfolgerungen für ungebetene Gäste zu verhindern, sondern gibt dem Testamentsvollstrecker auch weitergehende Hinweise auf Ansprüche und Verbindlichkeiten des Erblassers.

C. Inbesitznahme des Nachlasses und Bestandsaufnahme

8 Die Inbesitznahme des Nachlasses bedeutet, dass der Testamentsvollstrecker tatsächlichen Einfluss auf die Nachlassgegenstände haben muss. Das bedeutete, dass er beispielsweise auch für die Absicherung des Hauses verantwortlich ist. Befinden sich Nachlassgegenstände bei Dritten, sind sie dort herauszufordern. Sollen Erinnerungsgegenstände an Familienangehörige oder Freunde herausgegeben werden, ist stets darauf zu achten, dass dies im Einverständnis mit den eigentlich zuständigen Erben geschieht und dieses Einverständnis sowie die Herausgabe schriftlich dokumentiert und zu den Akten genommen wird.

9 I. Inbesitznahme von Wohnung und Haus

Die Maßnahmen zur tatsächlichen Inbesitznahme sind von Nachlass zu Nachlass sehr unterschiedlich. Generell gehören hierzu:

- Absicherungsmaßnahmen ergreifen (Schlösser austauschen, Türen/ Fenster geschlossen halten, Bewachung während der Beerdigung oder bei abgelegenen Objekten veranlassen, besondere Absicherung erforderlich für wertvolle Hausratsgegenstände, Kunstsammlungen, Teppiche usw.);
- Versorgung der Haustiere und Pflanzen sicherstellen, ggf. Tierschutzverein einschalten.

3 Vgl. Bonefeld in Mayer/Bonefeld/Wälzholz/Weidlich, Testamentsvollstreckung, Rn. 660.

II. Kontaktaufnahmen

Eine Vorstellung des Testamentsvollstreckers bei den Erben gehört nicht zu den Höflichkeitsformel, sondern hilft dem Testamentsvollstrecker auch, Spannungen von Anbeginn der Vollstreckung an möglichst gar nicht erst aufkommen zu lassen. Das erleichtert ihm seine Amtsführung erheblich und ist damit bereits der erste Schritt für einen erfolgreichen Abschluss der Vollstreckung, beispielsweise mit einer einverständlichen Vergütungsregelung und Entlastungsvereinbarung. Weiterhin empfiehlt sich eine Kontaktaufnahme zu folgenden Informanten: 10

- Arbeitgeber
- Vermieter (Schönheitsreparaturen, Kündigung, Räumung der Wohnung)
- Steuerberater
- Berufsgenossenschaft
- Kfz-Meldestelle
- Kirche
- Krankenkasse
- Kreditkarteninstitut
- Rentenversicherung
- Finanzamt
- Grundbuch-/ Katasteramt, Handelsregister
- den Gläubigern des Erblassers.

III. Ermittlung der Nachlassaktiva 11

Auch bezüglich der Aktiva unterscheiden sich die zu vollstreckenden Nachlässe sehr. Gut strukturierte, idealerweise durch ein zielgerichtetes Estate Planning vorbereitete Nachlässe sind hier sicherlich deutlich besser aufgestellt, als die ungeplanten Vermögen. Typischerweise finden sich in derartigen Nachlässen folgende Vermögenswerte:

- Bankvermögen
- Wertpapierdepots
- Bausparverträge
- Lebensversicherungsverträge
- Grundvermögen
- Beteiligungen
- Auslandsvermögen
- Ansprüche auf Sterbegeld (Beihilfe, BeamtenversorgungsG)

Die ersten Rückschlüsse auf Bankvermögen lassen sich regelmäßig über aufgefundene Kontoauszüge ziehen. Es ist darauf zu achten, dass diese Kontoauszüge auch über einige Jahre rückwärts vorliegen, um gegebenenfalls Ansprüche, die gegen den Nachlass erhoben werden, abwehren zu können. Darüber hinaus ermöglicht die Kenntnis über zurückliegende Zahlungsvorgänge Rückschlüsse auf das finanzielle Gebaren des Erblassers.

12 Schwieriger gestaltet sich die Ermittlung weiteren **Bankvermögens**. Hier empfiehlt sich die Einschaltung des Bundesverbandes Deutscher Banken[4] oder des Bundesverbandes Mittel- und Ostdeutscher Länder e. V.[5] Diese Verbände forschen bundesweit nach weiteren Konten des Erblassers, auch nach Schließfächern und Wertpapierdepots. Es empfiehlt sich, die persönlichen Daten des Erblassers so umfassend wie möglich anzugeben und einige Wochen Zeit für die – im übrigen gebührenpflichtige – Recherche einzuplanen.[6] Für die Postbank empfiehlt sich eine vorsorgliche Anfrage bei der Postbank am Wohnort des Erblassers.

Über **Bausparverträge** erteilt die Bundesgeschäftsstelle der Landesbausparkassen Auskunft,[7] die organisatorisch dem Deutschen Sparkassen- und Giroverband (DSGV) angegliedert sind.[8]

Anfragen zu **Lebensversicherungen** werden durch den Gesamtverband der Deutschen Versicherungswirtschaft e. V.[9] beantwortet. Auf die im Einzelfall bestehende Möglichkeit, die Bezugsberechtigung einer Lebensversicherung zu widerrufen, um die Versicherungssumme in den verteilungsfähigen Nachlass zu ziehen, sei hier nur am Rande hingewiesen.[10]

13 IV. Ermittlung der Nachlasspassiva

Auch auf der Kehrseite der Aktiva unterscheiden sich die zu vollstreckenden Nachlässe in der Praxis sehr. Insoweit gelten die obigen Ausführungen über die Strukturierung von Nachlässen sinngemäß. Typischerweise bekommt es der Testamentsvollstrecker mit folgenden Passiva zu tun:

- Arzt- und Krankenhausrechnungen
- Darlehensverpflichtungen
- Steuervorauszahlungen
- Hier empfiehlt es sich dringend, die etwa gegebene Möglichkeit zu nutzen, einen Antrag auf Herabsetzung auf Null zu stellen.

14 V. Beendigung von Vertragsverhältnissen

Alle Vertragsverhältnisse, die nicht mehr benötigt werden (aber auch nur diese), sind zu beenden, damit der Nachlass nicht mit unnötigen Kosten belastet wird. Typischerweise gehören hierzu:

- Mietvertrag
- Versorgungsverträge (Strom, Wasser, Telefon, Internet, GEZ, Kabelanschluss)
- Vereinsmitgliedschaften (ADAC; Beamtenbund)
- Zeitschriften und Zeitungen
- Daueraufträge
- Versicherungen
- Gebühreneinzugszentrale[11] (GEZ)

4 Bundesverband Deutscher Banken, Burgstraße 28, 10178 Berlin, www.bankenverband.de oder www.bdb.de.
5 Bundesverband Mittel- und Ostdeutscher Länder e. V., Kurfürstendamm 178/179, 10707 Berlin.
6 Bonefeld in Mayer/Bonefeld/Wälzholz/Weidlich, Testamentsvollstreckung, Rn. 708 ff.
7 Bundesgeschäftsstelle der Landesbausparkassen, Friedrichstraße 83, 10117 Berlin.
8 www.dgsv.de oder www.lbs.de.
9 Gesamtverband der Deutschen Versicherungswirtschaft, Friedrichstr. 191, 10117 Berlin, www.gdv.de.
10 vgl. i.e. Bonefeld in Mayer/Bonefeld/Wälzholz/Weidlich, Testamentsvollstreckung, Rn. 731 f. m.w.N.
11 Gebühreneinzugszentrale der öffentlich-rechtlichen Rundfunkanstalten, 50656 Köln, www.gez.de.

Im Mietrecht ist zu beachten, dass der Tod des Erblassers nicht automatisch zur Beendigung des Mietverhältnisses führt, sondern es einer Kündigung bedarf. Bei den Rechtsfolgen ist zwischen allgemeinem Mietrecht und Wohnraummietrecht zu unterscheiden. Im Wohnraummietrecht gibt es das Eintrittsrecht für die nächsten Angehörigen nach §§ 563, 563a BGB. Fehlen Angehörige, ist dringend zu raten, von dem Sonderkündigungsrecht nach § 564 BGB Gebrauch zu machen. Die Kündigungserklärung kann bei angeordneter Testamentsvollstreckung nur durch den Testamentsvollstrecker abgegeben werden, wegen § 2202 Abs. 1 BGB aber erst ab Amtsantritt erklärt werden. Damit ist die Einhaltung der Frist des § 564 Satz 2 BGB vielfach nicht möglich. Allgemein wird dem Testamentsvollstrecker eine Überlegungsfrist von bis zu zwei Wochen nach Amtannahme zugebilligt, um noch zeitlich rechtzeitig die Kündigung auszusprechen.[12] 15

Im Bereich der Versicherungen ist insbesondere an die private Haftpflichtversicherung, die Hausratsversicherung, die Kfz-Haftpflicht und –Kaskoversicherung, die Wohngebäudeversicherung, die Rechtsschutzversicherung, Unfallversicherung und private Krankenversicherung zu denken. Sämtliche Versicherungen sind möglichst umgehend über den Todesfall zu benachrichtigen. Sodann ist zu klären, welche Versicherung sinnvollerweise noch vorübergehend aufrecht erhalten werden soll, weil dies der Absicherung des Nachlasses dient. Besonders ist hier an die Hausrat- und Gebäudeversicherung zu denken, ebenfalls an die Kfz-Versicherung. Besteht eine Unfallversicherung und ist mit dieser eine Todesfallleistung vereinbart, so ist sofort zu reagieren. Der Tod muss innerhalb von 48 Stunden dem Versicherer gemeldet werden, um ihm gegebenenfalls die Möglichkeit einer Obduktion zu ermöglichen. 16

D. Die Errichtung des Nachlassverzeichnisses

I. Funktion des Nachlassverzeichnisses

Die Erstellung des Nachlassverzeichnisses gehört zu den zentralen Pflichten des Testamentsvollstreckers. Es bildet die unverzichtbare Grundlage 17

- für eine ordnungsgemäße Amtsführung des Testamentsvollstreckers
- für die von ihm geschuldete Rechnungslegung gemäß § 2218 BGB
- für die Herausgabe des Nachlasses bei Amtsbeendigung
- für die Ausübung der Kontrollrechte der Erben.

Ein Verstoß gegen die Verpflichtung zur Erstellung des Nachlassverzeichnisses stellt eine grobe Pflichtverletzung dar und kann gegebenenfalls einen Entlassungsgrund darstellen.

II. Zeitpunkt der Erstellung

Das Nachlassverzeichnis ist unverzüglich im Sinne des § 121 Abs. 1 BGB nach der Amtsannahme zu erstellen, ohne dass es einer Aufforderung durch den Erben oder einen anderen Berechtigten bedürfte. Die Verpflichtung endet erst mit Beendigung des Amtes als Testamentsvollstrecker, in diesem Falle auch, wenn das Verzeichnis bis zu diesem Zeitpunkt noch nicht erstellt worden sein sollte. Anders als der Erblasser kann der Erbe auf das Nachlassverzeichnis verzichten.[13] 18

12 ausführlich Bonefeld in Mayer/Bonefeld/Wälzholz/Weidlich, Testamentsvollstreckung Rn. 744 ff..
13 Weidlich in Dauner-Lieb/Heidel/Ring, Anwaltkommentar BGB, § 2215, Rn. 4, 5.

III. Anspruchsberechtigte

19 Die Verpflichtung zur Erstellung des Nachlassverzeichnisses besteht gegenüber[14]

- den Erben bzw. der Erbengemeinschaft,
- den Pfändungsgläubigern,
- den Nießbrauchsberechtigten.

20 Die Verpflichtung besteht nicht gegenüber

- den Pflichtteilsberechtigten,
- den Vermächtnisnehmern.

IV. Inhalt und Stichtag des Verzeichnisses

21 Das Nachlassverzeichnis hat alle Gegenstände aufzuführen, die der Verwaltung des Testamentsvollstreckers unterliegen. Hierzu gehören neben den Nachlassaktiva auch die Nachlasspassiva, auch soweit sie zweifelhaft oder bestritten sind. [15] Nach ganz überwiegender Auffassung[16] ist es nicht erforderlich, dass die Nachlassgegenstände beschrieben oder ihrem Wert nach ermittelt werden.[17]

Gehört ein Unternehmen zum Nachlass, so empfiehlt sich die Erstellung einer handelsrechtlichen Zwischenbilanz auf den Tag der Amtsannahme und zwar schon aus Gründen der Beweissicherung. Auch wird angeraten, Saldenbestätigungen der Geschäftspartner einzuholen.[18]

Nach § 2215 Abs. 2 BGB ist das Nachlassverzeichnis vom Testamentsvollstrecker zu unterschreiben und mit der Angabe des Tages seiner Aufnahme zu versehen, insgesamt also schriftlich zu erstellen. Als Stichtag wird richtigerweise der Tag der Amtsannahme des Testamentsvollstreckers anzugeben sein. Sollten dem Testamentsvollstrecker Veränderungen zwischen dem Erbfall und seiner Amtsannahme bekannt geworden sein, so empfiehlt es sich, dies in einer Erläuterung zum Verzeichnis darzulegen.[19]

V. Amtliche Erstellung

22 Nach § 2215 Abs. 3 BGB kann der Erbe verlangen, bei der Aufnahme des Verzeichnisses zugezogen zu werden. Der Testamentsvollstrecker ist gem. § 2215 Abs. 4, 1. Alt. BGB berechtigt und nach § 2215 Abs. 4, 2. Alt. BGB auf Verlangen des Erben verpflichtet, das Verzeichnis als amtliches Nachlassverzeichnis errichten zu lassen. Zuständig hierfür sind nach § 20 Abs. 1 BNotO die Notare.[20]

Eine Verpflichtung zur eidesstattlichen Versicherung der sorgfältigen und richtigen Erstellung des Nachlassverzeichnisses ergibt sich unter den allgemeinen Voraussetzungen der §§ 2218 Abs. 1, 666, 260 Abs. 2, 261 BGB.

14 Mayer in Mayer/Bonefeld/Wälzholz/Weidlich, Testamentsvollstreckung, Rn. 80.
15 Weidlich in Dauner-Lieb/Heidel/Ring, Anwaltkommentar BGB, § 2215, Rn. 6.
16 Vgl. Weidlich in Dauner-Lieb/Heidel/Ring, Anwaltkommentar BGB, § 2215, Rn. 6 a.E.
17 Mayer in Mayer/Bonefeld/Wälzholz/Weidlich, Testamentsvollstreckung, Rn. 81 m.w.N..
18 Mayer in Mayer/Bonefeld/Wälzholz/Weidlich, Testamentsvollstreckung, Rn. 81.
19 Mayer in Mayer/Bonefeld/Wälzholz/Weidlich, Testamentsvollstreckung, Rn. 84.
20 Die Zuständigkeit kann in den einzelnen Bundesländern unterschiedlich geregelt sein, vgl. hierzu Klumpp in Bengel/Reimann, Handbuch der Testamentsvollstreckung, Kap. 3, Rn. 27.

VI. Kosten

Nach § 2215 Abs. 5 BGB fallen die Kosten für die Erstellung des Nachlassverzeichnisses und eine etwaige Beglaubigung dem Nachlass zur Last. 23

E. Die Führung von Geschäften für den Nachlass

I. Grundsätze ordnungsgemäßer Nachlassverwaltung

Nach der Inbesitznahme des Nachlasses beginnt für den Testamentsvollstrecker der „Alltag" seiner Verwaltungstätigkeit. Nach § 2216 BGB hat der Testamentsvollstrecker nicht nur das Recht, sondern gegenüber den Erben und Vermächtnisnehmern auch die Pflicht, den Nachlass zu verwalten. Die Verwaltung umfasst alle Maßnahmen, die zur Sicherung, Erhaltung, Mehrung und Nutzung des verwalteten Erbes erforderlich sind.[21] 24

Was unter ordnungsgemäßer Nachlassverwaltung zu verstehen ist, kann nur im jeweiligen Einzelfall festgestellt werden. Maßgeblich sind dabei insbesondere:

- die letztwilligen Anordnungen des Erblassers,
- der Zweck der Vollstreckung,
- die Umstände des Einzelfalls.

Die Rechtsprechung betont immer wieder, dass die ordnungsgemäße Verwaltung den Vollstrekker zu besonderer Gewissenhaftigkeit und Sorgfalt anhält.[22] Grundsätzlich sind hieran strenge Anforderungen zu stellen.[23]

Fehlen besondere Verwaltungsanordnungen des Erblassers, so werden Inhalt und Grenzen einer ordnungsgemäßen Nachlassverwaltung vorrangig durch objektive Maßstäbe bestimmt. Der Testamentsvollstrecker muss in jedem Einzelfall wirtschaftlich, vernünftig und aus allgemein nachvollziehbaren Gründen handeln. Keinesfalls darf er sich von persönlichen Interessen oder Neigungen leiten lassen. Bei länger dauernder Vollstreckung und besonders strukturierten Nachlassen, wie beispielsweise Unternehmen, aber auch Kapitalanlagevermögen mit Anlageentscheidungen, wird vom Testamentsvollstrecker darüber hinaus ein besonderes Maß an Eigeninitiative verlangt. Als Leitbild gilt hier der „dynamische Geschäftsführer", der unter Abwägung auch Risiken eingeht, um neue Chancen zu nutzen. Damit sind auch in eingeschränktem Rahmen spekulative Anlagen möglich, sie dürfen allerdings nicht den gesamten Nachlass erfassen. Nicht mehr abwägbare Risiken, wie sie beispielsweise bei Warentermingeschäften vorliegen, dürfen nicht eingegangen werden. Hier zeigen sich die Vorteile einer präzise gestalteten Testamentsvollstreckungsanordnung. Der Erblasser kann sowohl zum Schutz der Erben, als auch zum Schutz des Testamentsvollstreckers durch entsprechend präzise Anordnungen in seiner letztwilligen Verfügung dem Testamentsvollstrecker die Richtschnur seines Handelns vorgeben.[24] 25

21 vgl. Schaub in Bengel/Reimann, Handbuch der Testamentsvollstreckung, 4. Kapitel, Rn. 1 f..
22 bereits RGZ 130, 131, 135.
23 vgl. BGH NJW 1967, 443.
24 vgl. zum Ganzen Mayer/Bonefeld/Wälzholz/Weidlich, Testamentsvollstreckung, Rn. 97 bis 105.

II. Ausgewählte Einzelfälle

26 Es ist sehr schwierig, generelle Aussagen darüber zu treffen, welche Maßnahmen eines Testamentsvollstreckers zulässig sind. Die Rechtsprechung stellt immer wieder auf den konkreten Einzelfall ab.

Beispiele:

- Unbedingt geltend zu machen sind Rechte des Nachlasses. Hierzu gehört insbesondere die Einziehung von Forderungen.
- Dauerschuldverhältnisse, also beispielsweise der Abschluss eines langfristigen Mietvertrages, können eingegangen werden, wenn es dem Zweck der Testamentsvollstreckung entspricht. Bei einer reinen Abwicklungsvollstreckung wird dies sicherlich kaum denkbar sein, hier gehört es vorrangig zu den Pflichten des Testamentsvollstreckers, derartige Dauerschuldverhältnisse zu beenden. Steht hingegen die Fortführung eines Handelsgeschäftes im Raum, kann auch der Abschluss eines Mietvertrages zulässig sein, der die Laufzeit der Testamentsvollstreckung überschreitet.[25]
- Den Testamentsvollstrecker trifft weiterhin die Pflicht, den Nachlass vor Haftpflichtansprüchen in Schutz zu nehmen. Die Erfüllung der Räum- und Streupflichten im Winter wird also genauso zu den Pflichten des Testamentsvollstreckers gehören, wie die Aufsichtspflicht über einen Geschäftsführer einer GmbH, an der der Nachlass beteiligt ist.
- Immer wieder kritisch angesprochen wird der Themenkomplex Anlage und Verwaltung von Geld und Wertpapieren. Hier zeigt sich zunächst wieder die starke Stellung des Testamentsvollstreckers. Anders als beispielsweise ein Vormund ist er nicht an den Grundsatz des „sichersten Weges" gebunden. Der Bundesgerichtshof vertritt die Auffassung, dass ein Testamentsvollstrecker nicht gehalten ist, ausschließlich mündelsichere Anlagen zu tätigen. Es ist ihm lediglich verwehrt, Anlagen zu wählen, die nach Lage des Falles den Grundsätzen einer wirtschaftlichen Vermögensverwaltung zu wider laufen.[26] In der Praxis bedeutet dies, dass sich der Testamentsvollstrecker dann nicht mit mündelsicheren Anlagen zufrieden geben darf, wenn sich bessere Anlagemöglichkeiten bieten. Er muss also über eine gewisse Kenntnis der verschiedenen Anlageformen verfügen.[27]

F. Informationspflichten des Testamentsvollstreckers

I. Grundsätzliches

27 Den umfassenden Rechten des Testamentsvollstreckers im Verhältnis zu den Erben stehen im wesentlichen Informationspflichten gegenüber und zwar hinsichtlich

- Benachrichtigung,
- Auskunftserteilung und
- Rechnungslegung.

Rechtsgrundlage für diese Informationspflichten sind die §§ 2218, 666 BGB.

25 Münchener Kommentar, Brandner in Münchener Kommentar zum BGB, § 2216 Rn. 6.
26 vgl. BGH Urt. v. 23.12.1996, NJW 1997, 1070, 1071.
27 teilweise a.A. Mayer/Bonefeld, Daragan, Testamentsvollstreckung, Kapitel 9.1.2 Rn. 127 f. a.E.

II. Anspruchsberechtigter Personenkreis

Der Kreis der Anspruchsberechtigten lässt sich wie folgt zusammenfassen[28]: 28

- (Mit) Erbe, Vorerben
- Erbschaftserwerber
- Nießbraucher (§ 1035, 1068 BGB)
- Nachfolger des Testamentsvollstreckers
- Pfändungspfandgläubiger (§ 859 Abs. 2 ZPO)

III. Form und Zeitpunkt der Erfüllung

Bei der Erfüllung der Informationspflichten ist nach den unterschiedlichen Ansprüchen zu unterscheiden, auch wenn die Differenzierung in der Praxis häufig nicht sonderlich präzise vorgenommen wird. 29

1. Benachrichtigungspflicht

Die Benachrichtigungspflicht ist vom Testamentsvollstrecker unaufgefordert zu erfüllen. Die 30 Rechtsprechung stellt hier darauf ab, ob die jeweilige objektive wirtschaftliche und sonstige Situation des Nachlasses und der darauf bezogenen Geschäfte für einen umsichtigen und gewissenhaften Testamentsvollstrecker eine Information des Erben gebietet, damit der Erbe seine sachgerechten Entscheidungen treffen kann. [29]

Praxistipp:

Schon im eigenen Interesse sollte der Testamentsvollstrecker kontinuierlich die Erben unterrichten. Nur durch eine laufende Kommunikation können Konflikte mit den Erben vermieden und eine reibungslose und effektive Abwicklung der Testamentsvollstreckung gewährleistet werden. Auch wenn eine bestimmte Form für die Benachrichtigung nicht vorgeschrieben ist, empfiehlt sich schon aus Gründen der Beweissicherung eine schriftliche Unterrichtung.

Die Benachrichtigungspflicht kann nicht eingeklagt werden, ihre Verletzung ist nur mittelbar zu 31 sanktionieren. In groben Fällen kann sie einen Grund für die Entlassung des Testamentsvollstreckers gem. § 2227 BGB darstellen.[30]

2. Auskunftspflicht

Die Auskunftspflicht des Testamentsvollstreckers setzt – anders als die Benachrichtigungspflicht 32 – ein entsprechendes Verlangen des Berechtigten voraus. Beschränkungen des Auskunftsbegehrens ergeben sich aus dem allgemeinen Schikaneverbot, dem Grundsatz von Treu und Glauben, dem Verhältnismäßigkeitsgrundsatz und dem Zweck, dem Erben den Kenntnisstand zu verschaffen, den er benötigt, um seine jeweilige Rechtsposition richtig und vollständig beurteilen zu können.[31]

---

28 nach Bonefeld in Mayer/Bonefeld/Wälzholz/Weidlich, Testamentsvollstreckung Rn. 240.
29 vgl. Mayer in Mayer/Bonefeld/Wälzholz/Weidlich, Testamentsvollstreckung, Kapitel 12.2 Rn. 245.
30 vgl. Mayer in Mayer/Bonefeld/Wälzholz/Weidlich, Testamentsvollstreckung, Kapitel 12.2.4 Rn. 246 f.
31 vgl. Mayer in Mayer/Bonefeld/Wälzholz/Weidlich, Testamentsvollstreckung, Kapitel 12.3.1 Rn. 228, 229.

Eine bestimmte Form für die Auskunftserteilung ist grundsätzlich nicht vorgeschrieben. Empfehlenswert ist die Wahrung der Schriftform und die Unterzeichnung durch den Testamentsvollstrecker.

Anders als bei einer Rechnungslegung nach § 259 BGB müssen bei der Auskunftserteilung Belege grundsätzlich nicht beigefügt werden, es sei denn, sie sind für den Erben erforderlich, um seine Lage richtig einschätzen zu können.

3. Rechnungslegungsplicht

33 Die Verpflichtung des Testamentsvollstreckers zur Rechnungslegung folgt aus §§ 2218, 666 BGB. Auch diese Pflicht besteht nur auf Verlangen.

Die Rechnungslegung muss:

- vollständig sein,
- mit größtmöglicher Sorgfalt erfüllt werden,
- verständlich und übersichtlich sein,
- nachprüfbar sein.

34 Die Rechnungslegung muss dem Erben die Prüfung ermöglichen, ob und in welcher Höhe ihm Ansprüche gegen den Testamentsvollstrecker zustehen. Handelt es sich – wie bei Dauervollstrekkung regelmäßig – um eine mit Einnahmen und Ausgaben verbundene Verwaltung, so muss eine geordnete Zusammenstellung der Einnahmen und Ausgaben erfolgen. Soweit üblicherweise Belege erteilt zu werden pflegen, sind diese vorzulegen.

Besteht Grund zu der Annahme, dass die Auskunft unrichtig oder unvollständig ist, kann der Erbe verlangen, dass der Testamentsvollstrecker über die Richtigkeit der Rechnungslegung eine eidesstattliche Versicherung nach § 259 Abs. 2 BGB abgibt.[32]

Neben der Pflicht zur jährlichen Rechnungslegung nach § 2218 Abs. 2 BGB besteht die Pflicht gemäß § 666 BGB, die Rechnungslegung nach Ausführung des Auftrages zu erteilen.

IV. Kostentragung

35 Die Kosten der Informationserteilung trägt gemäß § 2215 Abs. 5 BGB sowie in analoger Anwendung des § 2314 Abs. 2 BGB der Nachlass.[33]

G. Die Auseinandersetzung des Nachlasses

36 Die Erbengemeinschaft ist ihrer rechtlichen Struktur nach von Anfang an auf eine Auseinandersetzung ausgerichtet. Dies wird deutlich in § 2042 Abs. 1 BGB, wonach jeder Erbe grundsätzlich jederzeit die Auseinandersetzung verlangen kann (zu deren kontrolliertem Verlauf die Testamentsvollstreckung regelmäßig angeordnet wurde, § 2204 BGB). Ziel der Erbauseinandersetzung ist die Überführung von ursprünglich bestehendem Miteigentum der Erbengemeinschaft in das Alleineigentum jedes Miterben. Gelingt eine solche Übertragung nicht einvernehmlich, bleibt häufig nur die gerichtliche Auseinandersetzung.

32 vgl. Mayer/Bonefeld/Wälzholz/Weidlich, Testamentsvollstreckung, Rn. 251.
33 vgl. Mayer/Bonefeld/Wälzholz/Weidlich, Testamentsvollstreckung, Kapitel 12.3.4 Rn. 249.

I. Vertragliche Vereinbarungen zur Erbauseinandersetzung

Die Herbeiführung einer einvernehmlichen Regelung über die Auseinandersetzung des Nachlasses ist in der Praxis der einseitigen Planerstellung durch den Testamentsvollstrecker vorzuziehen. Mit einem solchen Plan kann, sofern alle Erben einschließlich der Nacherben zustimmen, sogar vom Willen des Erblassers abgewichen werden. Eine spätere Inanspruchnahme des Testamentsvollstreckers wegen Pflichtverletzung im Zusammenhang mit der Herbeiführung der Auseinandersetzung ist in der Praxis so gut wie ausgeschlossen. Wird der Plan notariell abgeschlossen, was häufig schon aus Formgründen erforderlich ist, kann der Testamentsvollstrecker seine Vergütungsansprüche gegen die Erben gleichzeitig durch eine entsprechende Zwangsvollstreckungsunterwerfungserklärung absichern lassen.[34] 37

II. Erstellung eines Teilungsplans durch den Testamentsvollstrecker

Lässt sich eine Einigung nicht erzielen, hat der Testamentsvollstrecker gemäß § 2204 Abs. 1 BGB den Auseinandersetzungsplan zu erstellen. Einer Mitwirkung der Erben bedarf es hierzu nicht. Die Erben sind nach § 2204 Abs. 2 BGB zwar anzuhören. Es ist sicherlich auch sinnvoll, diese Anhörung bereits vor der endgültigen Planfeststellung vorzunehmen.[35] Eine unterlassene Anhörung macht den Plan jedoch nicht unwirksam, sie löst allenfalls Schadenersatzansprüche nach § 2219 BGB aus. 38

Die Feststellung des Auseinandersetzungsplans ist ein einseitiges, empfangsbedürftiges Rechtsgeschäft des Testamentsvollstreckers, dessen Bindungswirkung eintritt, sobald die Erklärung gegenüber den Erben abgegeben wurde. Der Plan als solcher ist formfrei und unterliegt, auch wenn Grundstücke auseinandergesetzt werden, nicht der Form des § 311 b BGB.[36]

Bei der Erstellung des Auseinandersetzungsplans hat der Testamentsvollstrecker folgende Richtlinien einzuhalten: 39

- vorrangig die Anordnungen des Erblassers,
- ersatzweise die gesetzlichen Bestimmungen der §§ 2042 bis 2056, 749 Abs. 2, Abs. 3, 750 bis 758 BGB.

Hieraus ergibt sich folgende grundsätzliche Reihenfolge[37]: 40

- Umsetzung des Nachlasses in Geld (§ 2046 Abs. 3 BGB), soweit erforderlich und Tilgung der Nachlassverbindlichkeiten unter Berücksichtigung sämtlicher Erblasser- und Erbfallschulden,
- Aufteilung des verbleibenden Nachlasses unter Berücksichtigung der Ausgleichungsregelungen nach §§ 2050 ff. BGB und etwaiger Erblasseranordnungen.

34 Vgl. Bonefeld in Mayer/Bonefeld/Wälzholz/Weidlich, Testamentsvollstreckung, Rn. 921 mit Formulierungsvorschlag in Ziff. 40.2.1.

35 Vgl. Weidlich in Dauner-Lieb/Heidel/Ring, Anwaltkommentar, § 2204 Rn. 11.

36 Vgl. Weidlich in Dauner-Lieb/Heidel/Ring, Anwaltkommentar, § 2204 Rn. 9.

37 Ein Formulierungsvorschlag für einen Auseinandersetzungsplan findet sich bei Bonefeld in Mayer/Bonefeld/Wälzholz/Weidlich, Testamentsvollstreckung, Rn. 914 unter Ziff. 40.1.2.

III. Gerichtliche Möglichkeiten

41 Das Vermittlungsverfahren nach § 86 FGG[38] im Verfahren der freiwilligen Gerichtsbarkeit, das einem Miterben die Herbeiführung der Auseinandersetzung ermöglicht, scheidet von vornherein aus, wenn ein Testamentsvollstrecker[39] bestimmt ist, § 86 Abs. 1, 2. Halbsatz FGG. Weigert sich ein (Mit)Erbe, dem vom Testamentsvollstrecker aufgestellten Teilungsplan zuzustimmen, verbleibt nur die Klage des Testamentsvollstrecker vor dem Prozessgericht auf Mitwirkung des Erben zur Übertragung der Nachlassgegenstände. Regelmäßig wird die Klage auf Ersetzung der Willenserklärung des sich verweigernden (Mit)Erben durch das Urteil gerichtet sein.[40]

Die Erben können die Ausführung des Teilungsplans durch eine vor dem Prozessgericht gegen den Testamentsvollstrecker zu erhebende Klage auf anderweitige Auseinandersetzung oder auf Feststellung der Unwirksamkeit des Planes anfechten, ohne dabei sämtliche Miterben verklagen zu müssen. Zur Verhinderung einer Planausführung steht dem Erben auch die Möglichkeit der Beantragung einer einstweiligen Verfügung zu.[41]

IV. Schiedsgerichtsbarkeit

42 Einen in der Praxis leider viel zu selten beschrittenen Weg der Herbeiführung einer Erbauseinandersetzung bildet die Schiedsgerichtsbarkeit. Nach § 1066 ZPO kann der Erblasser durch Verfügung von Todes wegen bestimmen, dass alle oder bestimmte Streitigkeiten, die ihren Grund in dem Erbfall haben, unter Ausschluss der ordentlichen Gerichte auf ein Schiedsgericht übertragen werden sollen. Als Besonderheit bedarf die Anordnung der Schiedsklausel im Testament grundsätzlich nur der Form der letztwilligen Verfügung.

Gestaltungshinweis:

Mit der Regelung des § 1066 ZPO, die durch das SchiedsVfG vom 22.12.1997 modifiziert in die ZPO eingeführt wurde, hat der Erblasser eine interessante Gestaltungsmöglichkeit, die Streitigkeiten innerhalb seiner Familie all zu neugierigen Blicken der Öffentlichkeit zu entziehen. Insbesondere bei prominenten Familienmitgliedern ist es eine interessante Gestaltungsvariante, von der noch viel zu wenig Gebrauch gemacht wird. Darüber hinaus lässt sich die Gefahr von Fehlentscheidungen durch die Benennung eines auf dem Gebiet des Erbrechtes spezialisierten Fachmannes als Schiedsrichter erheblich reduzieren. In der ordentlichen Gerichtsbarkeit werden Erbrechtsprozesse in aller Regel durch nicht spezialisierte Richter entschieden.

43 Enthält das Testament keine Schiedsgerichtsklausel, so können im Streitfall die beteiligten Miterben – soweit wenigstens insoweit Einigkeit besteht – den Streit der Öffentlichkeit dadurch entziehen, dass sie nunmehr – nachträglich – die Entscheidung der Auseinandersetzung in einem schiedsrichterlichen Verfahren vereinbaren. Zu beachten ist die in § 1031 ZPO vorgeschriebene besondere Schriftform der Schiedsvereinbarung. Aus § 1032 Abs. 3 ZPO ergibt sich, dass ein Schiedsverfahren sogar noch dann anhängig gemacht werden kann, wenn bereits eine Klage vor

38 Für das Verfahren nach § 86 FGG ist das Nachlassgericht zuständig. Die Möglichkeiten sind in der Praxis allerdings sehr beschränkt. Das Nachlassgericht kann lediglich eine gütliche Einigung der Miterben vermitteln. Kommt eine solche Einigung nicht zustande, kann der Streit nur noch im Prozessweg ausgetragen werden. Das Verfahren ist daher auch nur so lange möglich, solange ein Prozess wegen der Auseinandersetzung nicht anhängig ist, vgl. Bumiller/Winkler, Freiwillige Gerichtsbarkeit, § 86 Rn. 12.

39 Auch hier zeigt sich die starke Stellung des Testamentsvollstreckers im deutschen Recht.

40 Ein Klagemuster auf Verurteilung eines Erben zu Bewilligung einer Nießbrauchsbestellung findet sich bei Bonefeld in Mayer/Bonefeld/Wälzholz/Weidlich, Handbuch der Testamentsvollstreckung Rn. 920 unter Ziff. 40.1.3.

41 Vgl. Weidlich in Dauner-Lieb/Heidel/Ring, Anwaltkommentar, § 2204 Rn. 12.

dem staatlichen Gericht anhängig ist. Die vor dem staatlichen Gericht anhängig gemachte Klage müsste jedoch dann alsbald zurückgenommen, zumindest aber in der Hauptsache für erledigt erklärt werden.[42]

V. Die steuerliche Behandlung der Erbauseinandersetzung

Die Herbeiführung der Erbauseinandersetzung gehört zu den Aufgaben, die einem Testaments- 44
vollstrecker besonders häufig zugewiesen sind. Bis zum Jahre 1990 konnte der Testamentsvollstrecker hier kaum einen steuerlichen Fehler machen, denn die Zuweisung der einzelnen Vermögensgegenstände begründete keine einkommensteuerrelevanten Veräußerungsvorgänge zwischen den Miterben. Dies hat sich mit der Entscheidung des Großen Senats des Bundesfinanzhofs vom 05.07.1990 grundlegend geändert.[43]

Seither ist davon auszugehen, dass die Erbauseinandersetzung einen selbstständigen Rechtsvorgang darstellt, der dem Erbfall nachfolgt. Im Rahmen dieses Rechtsvorganges ist für jeden Miterben gesondert zu prüfen, ob ein – insbesondere einkommenssteuerlich – relevanter Anschaffungstatbestand gegeben ist, oder auch ein Veräußerungstatbestand, wenn Ausgleichszahlungen geleistet werden. Die Erbauseinandersetzung kann dazu führen, dass auf den einen Miterben Einkommensteuerbelastungen zukommen und auf der anderen Seite der andere Miterbe wegen der anfallenden Anschaffungskosten Steuervorteile erlangt. Dadurch kann es zu einer deutlichen Verschiebung der vom Erblasser beabsichtigten wertmäßigen Zuweisungen kommen.

Praxistipp:

Sofern die Erbauseinandersetzung nicht im Wege einer Realteilung ohne Abfindungszahlung durchgeführt wird und insbesondere wenn unternehmerisch gebundenes Vermögen im Nachlass vorhanden ist, empfiehlt sich eine sorgfältige Abschätzung der einkommensteuerlichen Folgen der beabsichtigten Erbauseinandersetzung, die entweder der Testamentsvollstrecker selbst vornehmen oder durch einen versierten steuerlichen Fachmann vornehmen lassen sollte. Auch ist dringend anzuraten, hier eine enge Abstimmung mit den Erben bereits im Vorfeld der beabsichtigten Auseinandersetzung herbeizuführen, um den Erben die Möglichkeit zu geben, steuerlich günstigere Gestaltungsalternativen zu wählen.

Die Darstellung sämtlicher Einzelheiten der einkommenssteuerlichen Folgen einer Erbausein- 45
andersetzung würde den Rahmen dieses Werkes zur Testamentsvollstreckung bei weitem sprengen. Dringend angeraten ist die Lektüre der sehr umfangreichen Verwaltungsanordnung des Bundesministeriums der Finanzen vom 14.03.2006 zur ertragsteuerlichen Behandlung der Erbengemeinschaft und ihrer Auseinandersetzung.[44] In ihr werden eine Vielzahl der in der Praxis immer wieder vorkommenden Fälle geregelt. In Zweifelsfällen empfiehlt es sich auch durchaus, den Versuch einer Verständigung mit dem Finanzamt zu wagen, etwa in Sinne der Herbeiführung einer verbindlichen Zusage entsprechend dem Rechtsgedanken des § 204 AO.

42 Zur Schiedsgerichtsbarkeit insgesamt vgl. Schiffer u. v. Schubert in Schiffer/Rödl/Rott, Haftungsgefahren im Unternehmen, Rn. 2428 ff..
43 Vgl. Großer Senat- BFH, Beschl. v. 05.07.1990, BStBl. 1990 II, 837.
44 Vgl. BMF-Schr. V. 14.03.2006 – IV B 2 – S 2242 – 7/06, BStBl I S. 253, das das vorangegangene BMF-Schr. v.11.01.1993, IV B II-S 2242-68/92 BStBl. I 1993, 62 ersetzt hat. Eine instruktive Darstellung mit Beispielen findet sich bei Altendorf/Tschubel, BBEV 2008, 8 ff.

H. Spezialfälle

46 Bei der Testamentsvollstreckung handelt es sich immer um eine sehr individuelle und von den besonderen Erfordernissen des Einzelfalles abhängige Aufgabengestaltung. Die Zahl der denkbaren Spezialfälle tendiert daher ins Unüberschaubare. Nachfolgend kann daher nur auf einige typische Konstellationen eingegangen werden.

I. Prozessführung durch den Testamentsvollstrecker

47 Auch wenn Testamentsvollstrecker, die nicht zur Berufsgruppe der Rechtsanwälte gehören, eher selten Prozesse selbst führen werden, schon wegen des im Zivilverfahren geltenden Anwaltszwangs bei Streitwerten oberhalb von 5.000,- €, gehören die sich im Rahmen einer Testamentsvollstreckung ergebenden Besonderheiten doch zum Basiswissen eines geschäftsmäßigen Testamentsvollstreckers.

1. Eigenprozesse des Testamentsvollstreckers

48 Wenn es um seine persönlichen Rechte und Pflichten geht, klagt der Testamentsvollstrecker wie jede andere Person. Dabei trägt er auch die Kosten für ein etwaiges Unterliegen persönlich. Unter diese Fallgruppe sind Klagen des Testamentsvollstreckers auf Aufwendungsersatz (§§ 2211, 670 BGB) oder Vergütung (§ 2221 BGB) zu verstehen. Ebenfalls hierunter fallen etwaige Klagen, die das Testamentsvollstreckeramt unmittelbar betreffen, beispielsweise also Fragen der wirksamen Ernennung oder Beendigung des Amtes. Als Passivprozess kommt insbesondere der Haftungsprozess gegen den Testamentsvollstrecker wegen Pflichtverletzungen in Betracht.[45]

Der Testamentsvollstrecker unterscheidet sich hier in der Art und Weise seiner Prozessführung nicht von einer beliebigen Prozesspartei.

Anders sieht es aus, wenn der Testamentsvollstrecker für den Nachlass tätig wird oder Prozesse gegen den Nachlass zu führen sind. Hierfür gelten die Vorschriften der §§ 2212, 2213 BGB.

2. Aktivprozesse des Nachlasses

49 Aus seiner Stellung als Partei kraft Amtes heraus klagt der Testamentsvollstrecker im Aktivprozess nicht als Vertreter der Erben, sondern im eigenen Namen und auch Leistung an sich. Ihm kommt daher die Parteirolle zu, während der Erbe regelmäßig als Zeuge vernommen werden kann. Vergleichbar der Situation beim Insolvenzverwalter kann auch dem Testamentsvollstrecker Prozesskostenhilfe gewährt werden, wenn die entsprechenden Voraussetzungen der §§ 114, 116 Abs. 1 Nr. 1 ZPO vorliegen.

a) Umfang der Prozessführungsbefugnis

50 Nach § 2212 BGB geht die Prozessführungsbefugnis des Testamentsvollstreckers soweit, wie seine Verwaltungsbefugnis geht. Nach überwiegender Auffassung ist eine Klage nicht wegen fehlender

45 vgl. Mayer in Mayer/Bonefeld/Wälzholz/Weidlich, Testamentsvollstreckung, Rn. 225.

Aktivlegitimation als unbegründet, sondern wegen fehlender Prozessvoraussetzungen als unzulässig abzuweisen, wenn das Prozessführungsrecht fehlt.[46]

Sind mehrere Testamentsvollstrecker berufen, so ist zu prüfen, ob sie gemeinsam zur Vollstreckung berufen sind, § 2224 Abs. 1 BGB. In diesen Fällen sind sie notwendige Streitgenossen nach § 61 Abs. 1, 2. Alt. ZPO. Alleinprozessführungsbefugt ist hingegen der Mittestamentsvollstrecker, der bezüglich des konkreten Rechts zur alleinigen Verwaltung berufen ist, § 2224 Abs. 1 Satz 3 BGB. Entsprechendes gilt, wenn die Prozessführung zur Erhaltung eines Nachlassgegenstandes notwendig ist, § 2224 Abs. 2 BGB.[47]

§ 2212 BGB ist nicht zwingendes Recht.[48] Bei dem Prozessführungsrecht handelt es sich um einen Teil des Verwaltungsrechts des Testamentsvollstreckers. Folglich kann der Erblasser in seiner letztwilligen Verfügung das Prozessführungsrecht anderweitig, insbesondere den Erben zuweisen. Auch kann der Testamentsvollstrecker im Wege der gewillkürten Prozessstandschaft die Erben zur Prozessführung ermächtigen.[49]

Zur Erhebung einer Klage auf Feststellung des Erbrechts ist der Testamentsvollstrecker grundsätzlich nicht berechtigt. Der Grund ist darin zu sehen, dass das Erbrecht als solches nicht der Testamentsvollstreckung unterliegt. Ausnahmsweise kann der Testamentsvollstrecker das Erbrecht jedoch feststellen lassen, wenn er eigenes rechtliches Interesse geltend machen kann, beispielsweise um die zu seinem Aufgabenbereich gehörende Erbauseinandersetzung überhaupt erst durchführen zu können.[50]

b) Rechtskrafterstreckung

Urteile, die nach § 2212 BGB ergehen, wirken gem. § 327 Abs. 1 ZPO für und gegen die Erben. Will ein Erbe nach Beendigung der Testamentsvollstreckung aus einem solchen Urteil die Zwangsvollstreckung betreiben, so muss die Vollstreckungsklausel zunächst nach §§ 728 Abs. 2, 727 ZPO umgeschrieben werden. 51

Findet der Testamentsvollstrecker einen Vollstreckungstitel zugunsten des Erblassers vor, so wirkt dieser Titel auch für den Testamentsvollstrecker. Die Vollstreckungsklausel muss gem. §§ 749, 727 ZPO umgeschrieben werden. Dabei hat der Testamentsvollstrecker nachzuweisen, was beispielsweise durch die Vorlage des Testamentsvollstreckerzeugnisses geschehen kann, dass das betreffende Recht seiner Verwaltung unterliegt.[51]

3. Passivprozesse

Bei Passivprozessen gegen den Nachlass, § 2213 BGB, ist immer § 748 ZPO zu beachten. Zwar können Gläubiger des Nachlasses immer gegen den Erben, der die Erbschaft angenommen hat (§ 1958 BGB) klagen, denn es kann auch grundsätzlich auf das Eigenvermögen des Erben zuge- 52

46 vgl. Mayer in Mayer/Bonefeld/Wälzholz/Weidlich, Testamentsvollstreckung, Rn. 218.

47 vgl. Mayer in Mayer/Bonefeld/Wälzholz/Weidlich, Testamentsvollstreckung, Rn. 217.

48 BGHZ 38, 281, 289. Der Erblasser kann in seiner letztwilligen Verfügung das Pozessführungsrecht jedoch von § 2212 BGB abweichend zuweisen, beispielsweise dem Erben. Auch kann der Testamentsvollstrecker im Wege der gewillkürten Prozessstandschaft die Erben zur Prozessführung ermächtigen, vgl. Rott in Frieser, Kompaktkommetar Erbrecht, § 2212 BGB Rn. 3.

49 Mayer in Mayer/Bonefeld/Wälzholz/Weidlich, Testamentsvollstreckung, Rn. 218 mit zahlreichen Nachweisen auf die Rechtsprechung.

50 Mayer in Mayer/Bonefeld/Wälzholz/Weidlich, Testamentsvollstreckung, Rn. 220.

51 Mayer in Mayer/Bonefeld/Wälzholz/Weidlich, Testamentsvollstreckung, Rn. 229.

griffen werden.[52] Unterliegt das entsprechende Recht jedoch dem Verwaltungsrecht des Testamentsvollstreckers, so ist nach § 748 ZPO neben dem Titel gegen den Erben auch noch ein Titel gegen den Testamentsvollstrecker erforderlich.[53] Für den betreibenden Gläubiger ist es daher dringend zu empfehlen, Erben und Testamentsvollstrecker gemeinschaftlich zu verklagen,[54] wobei der Testamentsvollstrecker auf Duldung der Zwangsvollstreckung in den Nachlass in Anspruch zu nehmen ist.

a) Gegenstand des Passivprozesses i. S. des § 2213 BGB

53 Der Passivprozess nach § 2213 BGB erfasst alle Formen gerichtlicher Streitigkeiten, unabhängig von der Verfahrensart.[55]

Entscheidend ist nicht die formale Parteirolle des Testamentsvollstreckers als Beklagtem, sondern die Fragen, ob materiellrechtlich ein gegen den Nachlass gerichteter Anspruch abgewehrt werden soll.[56]

Nicht unter § 2213 BGB fallen daher Streitigkeiten der Miterben untereinander. Nicht unter § 2213 BGB fallen auch die Ansprüche gegen den Testamentsvollstrecker persönlich, in denen keine „Amtshandlung" von ihm begehrt wird. Angesprochen sind hier insbesondere Schadensersatzansprüche nach § 2219 BGB oder Ansprüche auf Herausgabe der Erbschaft nach Beendigung der Testamentsvollstreckung gem. §§ 2218, 667 BGB.[57]

b) Umfang der Inanspruchnahme von Testamentsvollstrecker und Erbe

54 Der Umfang der Inanspruchnahme von Testamentsvollstrecker und Erbe richtet sich nach dem Umfang der angeordneten Testamentsvollstreckung.

§ 2213 Abs. 1 Satz 1 BGB geht vom Normalfall der Testamentsvollstreckung (§§ 2203 – 2206 BGB) aus. Der Nachlassgläubiger kann hier den Testamentsvollstrecker allein oder nur den Erben oder beide gleichzeitig verklagen. Die Klage kann auch hintereinander erfolgen. Um in das Eigenvermögen des Erben zu vollstrecken, wird immer ein Titel gegen den Erben benötigt, um in den Nachlass zu vollstrecken, ein Titel gegen den Testamentsvollstrecker, § 748 Abs. 1 ZPO.[58]

Nur gegen den Erben ist die Klage im Falle des § 2213 Abs. 1 Satz 2 BGB zu richten, also in den Fällen der gegenständlich beschränkten Testamentsvollstreckung nach § 2208 Abs. 1 Satz 2 BGB. Nach § 748 Abs. 2 ZPO ist aber auch hier eine Klage gegen den Testamentsvollstrecker auf Duldung der Zwangsvollstreckung erforderlich, um in den der Testamentsvollstreckung unterliegenden Nachlass vollstrecken zu können. Anderenfalls könnte die Vollstreckung nur in das Eigenvermögen des Erben oder in den nicht der Testamentsvollstreckung unterworfenen Nachlass erfolgen.[59]

52 Unbeschadet der Möglichkeit zur Beschränkung der Erbenhaftung nach §§ 780 Abs. 1, 781, 785 ZPO.
53 Brandner in Münchener Kommentar zum BGB, § 2213 Rn. 1.
54 Mayer in Mayer/Bonefeld/Wälzholz/Weidlich, Testamentsvollstreckung Rn. 188 a.E.
55 Für den Finanzgerichtsprozess vgl. BFH, BFHE 179, 222, für die Verwaltungsgerichtsbarkeit OVG Münster NVwZ-RR 1997, 62.
56 Mayer in Mayer/Bonefeld/Wälzholz/Weidlich, Testamentsvollstreckung, Rn. 226.
57 vgl. BGH, NJW-RR 1988, 386.
58 vgl. Mayer in Mayer/Bonefeld/Wälzholz/Weidlich, Testamentsvollstreckung, Rn. 229.
59 vgl. Mayer in Mayer/Bonefeld/Wälzholz/Weidlich, Testamentsvollstreckung, Rn. 230.

Eine unzulässige Leistungsklage gegen den Testamentsvollstrecker wird auch noch in einer Rechtsmittelinstanz in eine zulässige Duldungsklage umgedeutet werden können.[60]

c) Der Testamentsvollstrecker im Pflichtteilsprozess

Pflichtteilsansprüche können nach § 2213 Abs. 1 Satz 3 BGB nicht gegen den Testamentsvollstrek- 55
ker, sondern nur gegen den Erben geltend gemacht werden. Dies gilt auch, wenn dem Testamentsvollstrecker die Verwaltung des ganzen Nachlasses zusteht. Dieses rechtliche Schicksal teilen auch die vorbereitenden Ansprüche auf Auskunftserteilung und Wertermittlung nach § 2314 BGB.

Die h. M. folgert aus § 2213 Abs. 1 Satz 3 BGB, dass der Testamentsvollstrecker gegen den Willen des Erben eine Pflichtteilsforderung nicht rechtsgeschäftlich anerkennen darf und zur Erfüllung ausnahmsweise nur dann berechtigt ist, wenn es sich um unstreitige Pflichtteilsforderungen handelt.[61] Nur dann handelt er in Erfüllung der ihm obliegenden Aufgaben nach §§ 2205, 2046, 1967 Abs. 2 BGB.[62] Ob ein entgegen § 2213 Abs. 1 Satz 3 BGB abgegebenes prozessuales Anerkenntnis gegenüber dem Nachlass wirksam ist, ist streitig.[63]

In der Praxis ergibt sich aus dieser Konstellation durchaus ein Dilemma. Steht der Nachlass unter 56
Testamentsvollstreckung, verfügt der Erbe nicht selbst über die Erkenntnismöglichkeiten, um die gegen ihn gerichteten Auskunftsansprüche des Pflichtteilsberechtigten zu erfüllen. Er muss sich diese Informationen erst vom Testamentsvollstrecker beschaffen. Zur entsprechenden Mithilfe ist der Testamentsvollstrecker auch verpflichtet.

Gestaltungshinweis:

In aller Regel wird es dem Willen des Erblassers entsprechen, dass die Regelung der Pflichtteilsansprüche durch den Testamentsvollstrecker erfolgt. Bei einem entsprechenden Einvernehmen zwischen Erben und Testamentsvollstrecker empfiehlt es sich daher, dass die Erben den Testamentsvollstrecker mit dieser Aufgabenerfüllung gesondert beauftragen und ihm eine entsprechende Vollmacht erteilen.

Kann der Erblasser, was gerade bei konfliktträchtigen Erbengemeinschaften der Fall sein kann, von einem entsprechenden Einvernehmen nicht ausgehen, wird empfohlen, dass der Erblasser im Rahmen seiner letztwilligen Verfügung den Testamentsvollstrecker unter Befreiung von den Beschränkungen des § 181 BGB Vollmacht erteilt, alle Maßnahmen zu treffen, die zur Ermittlung und Erfüllung des Pflichtteilsanspruchs erforderlich sind.[64] Nach gegenseitiger Auffassung wird dabei allerdings übersehen, dass der Erblasser seine Erben durch die Anordnung einer Vollmacht nur in soweit verpflichten kann, als er sich auch selbst verpflichten könnte. Die Pflichtteilsansprüche können aber niemals in der Person des Erblassers entstehen. Vielmehr handelt es sich um originäre und eigene Ansprüche des Pflichtteilsberechtigten, der auch selbst und in eigener Entscheidungskompetenz darüber entscheiden kann, ob er diese Ansprüche geltend macht oder nicht und in welcher Form er sie durchsetzen möchte.

Will der Pflichtteilsberechtigte in den vom Testamentsvollstrecker verwalteten Nachlass vollstrek- 57
ken, so bedarf er gem. § 748 Abs. 3 ZPO hierfür neben dem Titel gegen den Erben noch eines gesonderten Duldungstitels gegen den Testamentsvollstrecker.[65]

60 so Brandner in Münchener Kommentar zum BGB, § 2213 Rn. 10.
61 BGHZ 51, 125, 131.
62 OLG München, Rpfleger 2003, 588, Rott in Frieser, Kompaktkommentar Erbrecht § 2213 Rn 13.
63 vgl. Mayer in Mayer/Bonefeld/Wälzholz/Weidlich,, Testamentsvollstreckung, 2. Auflage, Rn. 232 sowie in Fn. 440.
64 So Kleensang in Brambring/Mutter, Beck´sches Formularbuch Erbrecht, 207, C.VI.12 S.197).
65 vgl. LG Heidelberg, NJW-RR 1991, 969.

II. Zwangsvollstreckung aus gegen den Erblasser gerichtetem Titel

58 Liegt bereits ein Titel (i.d.R. Urteil oder Vergleich) gegen den Erblasser vor, so ist für die Beurteilung der Frage, wie gegen den Nachlass vollstreckt bzw. eine solche Maßnahme abgewehrt werden kann, zu unterscheiden. Wurde die Zwangsvollstreckung bereits vor dem Erbfall begonnen, so kann sie gem. § 779 Abs. 1, Abs. 2 Satz 2 ZPO ungehindert gegen den Nachlass fortgeführt werden, ohne dass es einer neuen Vollstreckungsklausel bedarf. Hat die Zwangsvollstreckung noch nicht begonnen, so ist die Vollstreckungsklausel gegen den Testamentsvollstrecker umzuschreiben, wenn er den Nachlass verwaltet, § 749 ZPO. Liegt keine Nachlassverwaltung durch den Testamentsvollstrecker vor, so ist der Titel gegen die Erben umzuschreiben, § 727 ZPO. Schließlich kommt noch der Fall in Betracht, dass die Vollstreckungsklausel sowohl gegen die Erben als auch den Testamentsvollstrecker umzuschreiben ist, wenn beide zu Teilverwaltungen berechtigt sind, vgl. §§ 749, 748 Abs. 2 ZPO.[66]

III. Der Umgang mit öffentlichen Registern

1. Grundbuch

59 Nach § 52 GBO ist mit der Eintragung der Erben in das Grundbuch gleichzeitig von Amts wegen auch der Testamentsvollstreckervermerk einzutragen, soweit das Recht von der Testamentsvollstreckung betroffen ist.[67] Die Eintragung des Vermerkes bewirkt, dass der Nachlass zum einen gegen Zwangsverfügungen der Eigengläubiger der Erben geschützt ist, zum anderen aber auch Verfügungen der Erben ohne Zustimmung des Testamentsvollstreckers nicht mehr eingetragen werden können.[68] Die Testamentsvollstreckerstellung ist durch das Grundbuchamt grundsätzlich nicht erneut zu prüfen. Vom Inhalt des Testamentsvollstreckerzeugnisses kann das Grundbuchamt nur abweichen, wenn neue, dem Nachlassgericht noch nicht bekannte Tatsachen bekannt werden, die eine Einziehung des Testamentsvollstreckerzeugnisses erwarten lassen.[69]

Die Löschung des Testamentvollstreckervermerkes erfolgt, wenn die Testamentsvollstreckung nicht mehr besteht und dies dem Grundbuch gegenüber gemäß § 29 GBO nachgewiesen ist. In dem praktisch häufigsten Fall der Veräußerung eines Grundstückes aus dem Nachlass kann die Löschung des Testamentsvollstreckervermerkes also erst dann erfolgen, wenn der Eigentumsübergang beendet ist. Erst dann ist die Testamentsvollstreckung abgeschlossen.[70]

2. Schiffs- und Flugzeugregister

60 Entsprechend dem Testamentsvollstreckervermerk im Grundbuch gestaltet sich die Eintragung des Testamentsvollstreckervermerkes im Schiffs- und Schiffsbauregister (§§ 55, 74 SchiffsRegO) sowie im Register für Pfandrechte an Luftfahrzeugen (§ 86 LuftzRG). Auch hier hat der Vermerk

66 vgl. hierzu Mayer in Mayer/Daragan/Bonefeld, Testamentsvollstreckung, Rn. 205.
67 Kopp in Frieser/Sarres/Stückemann/Tschichoflos, Handbuch des Fachanwaltes für Erbrecht, Kap. 6, Rn. 628.
68 Kopp in Frieser/Sarres/Stückemann/Tschichoflos, Handbuch des Fachanwaltes für Erbrecht, Kap. 6, Rn. 633.
69 BayObLG Beschl. v. 22.12.2004 – 2 Z BR 215/04 (zit. nach juris).
70 Kopp in Frieser/Sarres/Stückemann/Tschichoflos, Handbuch des Fachanwaltes für Erbrecht, Kap. 6, Rn. 637.

zur Folge, dass Verfügungen der Erben nicht mehr eingetragen werden dürfen, weil ihnen die Verfügungsbefugnis des § 2211 BGB entzogen ist.[71]

3. Handelsregister

Für die Eintragung eines Testamentvollstreckervermerkes im Handelsregister fehlt es an einer ausdrücklichen gesetzlichen Vorschrift. Die Frage, ob ein Testamentsvollstreckervermerk eingetragen werden kann, ist gegenwärtig im Fluss. Die Literatur bejaht die Zulässigkeit weitgehend, während die Rechtsprechung noch uneinheitlich ist.[72] 61

IV. Die Behandlung überschuldeter Nachlässe

Bei der Problematik eines unüberschaubaren und möglicherweise überschuldeten Nachlasses, für den die Testamentsvollstreckung übernommen werden soll, handelt es sich nicht um ein spezifisch auf unternehmerische Nachlässe bezogenes Problem. Für geschäftsmäßig agierende Testamentsvollstrecker sind solche Nachlässe jedoch besonders ärgerlich, weil sie regelmäßig zu einer erheblichen Disproportionalität zwischen Zeitaufwand für die Vollstreckung und Haftungsrisiko einerseits sowie Höhe der Vergütung andererseits führen. 62

Praxishinweis:

Zu warnen ist zunächst vor einer vorschnellen Annahme des Amtes als Testamentsvollstrecker.[73] Zur Amtsannahme besteht keine Rechtspflicht, auch nicht bei der Bestimmung durch das Nachlassgericht. Mittelbare Sanktionen wie eine Schadenersatzpflicht bestehen ebenfalls nicht.[74] Wurde das Amt angenommen und stellen sich erst jetzt die Abwicklungsschwierigkeiten heraus, kann das Amt zwar jederzeit ohne Angabe von Gründen durch Erklärung gegenüber dem Nachlassgericht nach § 2226 BGB niedergelegt werden. Erfolgt die Niederlegung jedoch zur Unzeit, kann sich der Testamentsvollstrecker nach § 671 Abs. 2, Abs. 3 BGB schadenersatzpflichtig machen.

Die Werthaltigkeit eines Nachlasses lässt sich für niemanden vorherbestimmen. Die Kenntnis der Handlungsoptionen für dürftige Nachlässe gehört zum Risikomanagement jedes geschäftsmäßig agierenden Testamentsvollstreckers. 63

1. Das System der Erbenhaftung

Nach dem Grundsatz der Universalsukzession geht das Vermögen als Ganzes auf den Erben über, § 1922 Abs. 1 BGB. Dies gilt gleichermaßen für die Schulden des Erblassers, § 1967 Abs. 1 BGB.[75] Zu seinem Eigenvermögen erwirbt der Erbe mit dem Nachlass eine weitere Vermögensmasse. Beide Vermögensmassen verschmelzen miteinander. Haftungsrechtlich können die beiden Vermögensmassen in verschiedenen Situationen jedoch rechtlich getrennt behandelt werden, so dass Gläubiger des Nachlasses vom Zugriff auf das Eigenvermögen des Erben ausgeschlossen werden können. 64

71 vgl. Reimann in Bengel/Reimann, Handbuch der Testamentsvollstreckung, Kap. II, Rn. 252.
72 vgl. Edenhofer in Palandt, BGB, Einf. v. § 2197, Rn. 12.
73 Rott, Erbfolgebesteuerung 2007, 291 - 294.
74 Vgl. auch Edenhofer in Palandt, Kommentar zum BGB, § 2202 BGB Rn. 2.
75 Die Haftung des Erben ist allgemein in §§ 1967 -2017 geregelt, zu denen vollstreckungsrechtlich §§ 780 - 785 ZPO hinzutreten, vgl. Palandt/Edenhofer Einf. vor § 2058 Rn 1.

2. Die Haftung bis zur Annahme der Erbschaft

65 Vor der Annahme der Erbschaft[76] haftet der Erbe nicht für eine Nachlassverbindlichkeit, § 1958 BGB. Bis zur Entscheidung über die Annahme oder Ausschlagung der Erbschaft besteht ein Schwebezustand.[77] Die ultimative Form der Vermeidung einer Haftung mit dem Privatvermögen stellt die Ausschlagung der Erbschaft dar.[78] Für den Testamentsvollstrecker scheidet diese Möglichkeit jedoch aus, da es sich um ein höchstpersönliches Recht des Erben handelt.[79]

3. Beschränkbare Erbenhaftung nach der Annahme der Erbschaft

66 Nach Annahme der Erbschaft kann der Erbe für einen Zeitraum von regelmäßig drei Monaten – sog. Dreimonatseinrede – die Begleichung einer Nachlassverbindlichkeit verweigern, § 2014 BGB, soweit sie über die Sicherung der Zwangsvollstreckung eines Nachlassgläubigers in den übernommenen Nachlass hinausgeht, § 782 ZPO. Eine zeitlich weitergehende Beschränkung ist über die Einleitung des Aufgebotsverfahrens gegen die Nachlassgläubiger nach §§ 2015, 1970 ff. BGB möglich, das innerhalb eines Jahres nach der Annahme der Erbschaft beantragt und zugelassen sein muss, sog. Aufgebotseinrede. Diese Einreden kann auch der verwaltende Testamentsvollstrecker erheben.[80]

Ein besonderes Verweigerungsrecht steht dem Miterben zu. Nach § 2059 Abs. 1 S. 1 BGB haftet im Falle der Miterbengemeinschaft zunächst diese und nicht der Erbe mit seinem Vermögen, sog. Teilungseinrede.[81]

4. Endgültige Haftungsbeschränkung

67 Die Möglichkeiten, die vorläufig beschränkte Haftung des Erben gegenüber dem Nachlassgläubigern geltend zu machen, sind rechtlich schwierig und damit regressträchtig. Schlagen sie fehl, besteht die Gefahr, dass die Erben persönlich in die Haftung genommen werden und sich dann beim Testamentsvollstrecker schadlos halten werden. Die zuverlässigsten Mittel, die Haftung des Erben gegenüber allen Nachlassgläubigern endgültig auf den Nachlass zu beschränken, sind die Nachlassverwaltung nach § 1975 BGB sowie Eröffnung des Nachlassinsolvenzverfahrens nach §§ 11, 315 ff. InsO. Beide führen zu einer Gütersonderung (Trennung) zwischen Nachlass und Eigenvermögen des Erben.

---

76 Die Annahme der Erbschaft erfolgt entweder durch ausdrückliche Erklärung gegenüber dem Nachlassgericht, oder durch Verstreichen der Ausschlagungsfrist (sechs Wochen) gemäß bei § 1944 Abs. 1 BGB. In der Praxis genügen sechs Wochen jedoch häufig nicht, damit sich der Erbe einen umfassenden Überblick über den Bestand des Nachlasses verschaffen kann.

77 Sog. vorläufiger Erbschaftserwerb, vgl. Palandt/Edenhofer § 1942 Rn 2.

78 Niemand ist gezwungen, eine Erbschaft anzunehmen, auch nicht bei Bedürftigkeit, vgl LG Aachen NJW-RR 2005, 307 für einen Sozialhilfeempfänger.

79 Palandt/Edenhofer § 1945 Rn 2. Auch Nachlasspfleger oder Insolvenzverwalter sind nicht ausschlagungsberechtigt

80 Palandt/Edenhofer § 2014 BGB. Das gleiche Recht kommt auch dem Nachlasspfleger sowie dem Nachlassverwalter zu.

81 Prozessual muss sich der Miterbe die Einrede im Urteil nach § 780 ZPO vorbehalten lassen, Palandt/Edenhofer § 2059 Rn 2. Weitere Einreden sind die Dürftigkeitseinrede nach § 1990 BGB sowie die Einrede der Überbeschwerung nach § 1992 BGB, die dann Bedeutung erlangen, wenn die Anordnung einer Nachlassverwaltung oder die Eröffnung eines Nachlassinsolvenzverfahren mangels Masse nicht greifen. Die Einrede kann auch vom Testamentsvollstrecker sowie dem Nachlasspfleger geltend gemacht werden, Palandt/Edenhofer § 1990 Rn 5.

a) Antrag auf Anordnung der Nachlassverwaltung, §§ 1975 ff. BGB

Die Nachlassverwaltung dient vor allem dem Interesse des Erben, sein Haftungsrisiko bei einem unübersichtlichen Nachlass zu beschränken.[82] Der Antrag ist beim zuständigen Nachlassgericht zu stellen. Antragsberechtigt ist der Erbe, auch bei eingerichteter Testamentsvollstreckung. Die daneben bestehende Antragsbefugnis des Testamentsvollstreckers wird aus einer entsprechenden Anwendung des § 317 InsO hergeleitet.[83] 68

Der Nachlassverwalter wird als amtlich bestelltes Organ zur Verwaltung einer fremden Vermögensmasse in eigener Parteistellung tätig.[84] Während der Dauer der Nachlassverwaltung ruhen die Verwaltungs- und Verfügungsrechte des Erben sowie des Testamentsvollstreckers.

b) Antrag auf Nachlassinsolvenz, §§ 315 ff. InsO

Stellt sich heraus, dass durch Nachlassverbindlichkeiten der Nachlass überschuldet oder gefährdet ist, ist der Erbe, daneben aber auch der Testamentsvollstrecker berechtigt, Nachlassinsolvenz zu beantragen, sofern er nicht nur einzelne Vermögensgegenstände verwaltet. Ob eine Antragspflicht für den Testamentsvollstrecker besteht, ist streitig. Empfehlenswert ist die Antragstellung aber schon aus Gründen der Haftung nach §§ 2219 BGB.[85] Der Antrag ist bei dem für den letzten Wohnort des Erblassers zuständigen Insolvenzgericht zu stellen.[86] 69

Die Eröffnung des Nachlassinsolvenzverfahrens führt nicht zur Beendigung der Testamentsvollstreckung, sondern nur zum Ruhen seiner Befugnisse während der Dauer des Verfahrens.[87]

c) Handlungsempfehlungen

Die möglichst schnelle Stellung eines Antrages auf Nachlassverwaltung nach § 1975 BGB, der später möglicherweise in ein Nachlassinsolvenzverfahren übergehen wird, ist die Handlungsoption für den geschäftsmäßig agierenden Testamentsvollstrecker, der das Testamentsvollstreckeramt bereits angetreten hat und mit einem dürftigen Nachlass konfrontiert ist. Die Antragsbefugnis ist weitgehend unstreitig und mit der Bestellung des Nachlassverwalters ruhen die Rechte und Pflichten des Testamentsvollstreckers. Er kann daher jetzt sein Amt nach § 2226 BGB kündigen, ohne die Nachteile einer Kündigung zu Unzeit fürchten zu müssen. 70

Möchte der Testamentsvollstrecker nicht soweit gehen, sondern sich zunächst nur einen Überblick über den Stand des Nachlasses und die Höhe der Nachlassverbindlichkeiten verschaffen, um auf dieser Grundlage ggf. die Entscheidung über die Einleitung eines Nachlassinsolvenzverfahrens treffen zu können, kommt die Einleitung des Aufgebotsverfahrens nach § 1970 BGB in Betracht. Antragsberechtigt ist neben dem Erben auch der Testamentsvollstrecker, § 991 Abs. 3

82 Damrau/Gottwald, Erbrecht, § 1975 Rn 11.
83 Palandt/Edenhofer § 1981 Rn. 1.
84 BayObLGZ 1976, 167.
85 vgl. Mayer in Mayer/Bonefeld/Daragan, Testamentsvollstreckung, Rn. 117 a.E. sowie ders. in Bengel/Reimann, Handbuch der Testamentsvollstreckung Rn. 407 ff.. Palandt/Edenhofer§ 1980 Rn. 1 sieht keine Antragspflicht des Testamentsvollstreckers oder des Nachlasspflegers, und empfiehlt dem Erben daher dringend, den Testamentsvollstrecker bei der Verpflichtung zur Erstellung des Nachlassverzeichnisses nach § 2215 BGB besonders in die Pflicht zu nehmen. A.A. – allerdings ohne Begründung – Kopp in Frieser u.a., Handbuch des Fachanwalts für Erbrecht, 2. Auflage Kap. 6 Rn. 558.
86 Palandt/Edenhofer § 1975 Rn. 4.
87 Weidlich in Dauner-Lieb/Heidel/Ring, Anwaltkommentar § 2225 Rn. 6.

ZPO. Dieses Verfahren empfiehlt sich daher als absolutes Minimum für den Fall, dass unbekannte Nachlassverbindlichkeiten vermutet werden.[88] Eine unterbliebene Antragstellung kann als zum Schadenersatz führende Pflichtverletzung gewertet werden.[89]

V. Testamentsvollstreckung im Unternehmensbereich

71 Der Anordnung der Testamentsvollstreckung an einem im Nachlass befindlichen Unternehmen, regelmäßig in der Form einer Dauervollstreckung, kommt im Rahmen der Unternehmensnachfolgeplanung eine hohe wirtschaftliche und praktische Bedeutung zu. Neben der Sicherung der Unternehmenskontinuität dient sie insbesondere dem Schutz und bei entsprechender Anordnung zugleich auch der Versorgung wirtschaftlich unerfahrener oder zum Zeitpunkt des Erbfalls noch minderjähriger Erben. Gleichzeitig handelt es sich aber um eines der schwierigsten Bereiche der Testamentsvollstreckung,[90] bei der noch viele Details von der Rechtsprechung nicht geklärt sind.[91]

1. Kollidierende Rechtsprinzipien

72 Bei der Testamentsvollstreckung in Unternehmen kollidieren grundsätzlich verschiedene Rechtsprinzipien:

- Die Haftungsgrundsätze des Erbrechts mit den Haftungsgrundsätzen des Handelsrechts

sowie

- im Bereich der Personengesellschaften die personalistische Bindung mit der Fremdgeschäftsführung durch den Testamentsvollstrecker.

a) Die Haftungsgrundsätze des Erbrechts

73 Gemäß § 1967 Abs. 1 BGB haftet der Erbe zunächst persönlich und unbeschränkt für Nachlassverbindlichkeiten. Diese umfassen über den Wortlaut des § 1967 Abs. 2 BGB hinaus neben Erblasser- und Erbfallschulden auch die bei der Verwaltung des Nachlasses entstehenden Schulden, die sogenannten „Nachlasserbenschulden[92]". Der Erbe kann seine Haftung jedoch wesentlich beschränken. Neben der Ausschlagung der Erbschaft, die bereits deren Anfall verhindert (§§ 1942, 1953 Abs. 1 BGB), besteht für ihn die Möglichkeit, sich seiner persönlichen Haftung für Nachlassverbindlichkeiten auch durch Antrag auf Nachlassverwaltung (§§ 1975, 1981 BGB) oder Eröffnung des Nachlassinsolvenzverfahrens gemäß § 1975 BGB zu entledigen. Gegen Forderungen der Nachlassgläubiger kann er sich im Fall unzureichender Nachlassmittel durch Erhebung der Dürftigkeitseinrede (§ 1990 BGB) wehren. Auch eine Mehrheit von Erben kann ihre gesamtschuldnerische und persönliche Haftung durch gemeinschaftliche Beantragung der Nachlassverwaltung (§ 2062 BGB) auf den Nachlass beschränken.

88 Palandt/Edenhofer § 1970 Rn. 5.
89 Kopp in Frieser u.a., Handbuch des Fachanwalts für Erbrecht, 2. Auflage Kap. 6 Rn. 558.
90 Vgl. Tanck/Krug in Kerscher/Tanck/Krug/, Das erbrechtliche Mandat, § 20 Rn. 84.
91 Mayer in Mayer/Bonefeld/Wälzholz/Weidlich, Testamentsvollstreckung Rn. 365 f.
92 Siehe MünchKomm/Siegmann § 1967 Rn.26 sowie Palandt/Edenhofer § 1967 Rn. 8.

Auch der Testamentsvollstrecker haftet regelmäßig nicht persönlich für die von ihm in seiner Funktion als Testamentsvollstrecker für den Nachlass eingegangenen Verbindlichkeiten.[93] Damit lässt das erbrechtliche Haftungssystem des BGB somit grundsätzlich eine Haftungsbeschränkung auf den Nachlass zu.

b) Die Haftungsordnungen des Handels- und Gesellschaftsrechts

Angesichts der Risiken des Handelsverkehrs treffen seine Akteure bestimmte Verpflichtungen zur Gewährung eines Mindestmaßes an Gläubigerschutz, wobei zum einen nach der Rechtsform des Unternehmens zu unterscheiden ist, und zum anderen danach, ob sich das Unternehmen in der Situation vor oder nach dem Erbfall befindet. 74

aa) Die Haftungsgrundsätze vor dem Erbfall

Der Einzelkaufmann haftet persönlich und unbeschränkt für die bei seiner kaufmännischen Tätigkeit entstehenden Verbindlichkeiten. 75

Personenhandelsgesellschaften sind personenbezogene Zusammenschlüsse und beruhen auf der besonderen persönlichen Vertrauensbindung unter den Gesellschaftern. Den typischen Erscheinungsformen OHG und KG ist das Vorhandensein mindestens eines persönlich und unbeschränkt haftenden Gesellschafters gemein, §§ 105 Abs. 1, 161 Abs. 2.Alt. HGB. Dieser haftet für alle Gesellschaftsverbindlichkeiten kraft Gesetzes akzessorisch zur Gesellschaftsschuld, §§ 128 bzw. 161 Abs. 2 i.V.m. 128 HGB.[94]

Bei den Kapitalgesellschaften wie AG und GmbH tritt an die Stelle der grundsätzlich[95] fehlenden persönlichen Haftung der Mitglieder für Verbindlichkeiten der Körperschaft ein gesetzlich festgelegtes Mindestkapital, das auch im Gesellschaftsvertrag nicht abbedungen werden kann, z.B. i.H.v. 25.000 €[96] bei der GmbH, § 5 Abs. 1 GmbHG. Der Handelsverkehr hat so auch im Fall der Kapitalgesellschaften eine Haftungsgarantie, deren Mindestumfang zudem aus dem Rechtsformzusatz bzw. eindeutig aus dem Handelsregister zu ersehen ist.

Das Handels- und Gesellschaftsrecht fordert somit die volle persönliche Haftung des Unternehmensträgers, sofern nicht ein Garantiekapital vorliegt.[97]

bb) Auswirkungen des Erbfalls auf die Haftungsgrundsätze

Im Erbfall gesteht das Handels- und Gesellschaftsrecht dem Erben eines Unternehmens Möglichkeiten zu, seine Haftung für Altverbindlichkeiten zu beschränken, allerdings nur in klar begrenztem Umfang. 76

93 Siehe RGZ 80, 416, 418 (Urt. 15.11.1912 – Rep. III 188/12) sowie ausführlich Muscheler (Haftungsordnung) § 8 II. 5. a), 203.

94 Vgl. zur Rechtsfähigkeit der GbR und Haftung entsprechend § 128 HGB BGH Urt. v. 29.1.2001 – II ZR 331/00 – NJW 2001, 1056,1057 f.

95 Zur „Durchgriffshaftung" z.B. siehe Roth/Altmeppen § 13 GmbHG Rn. 20 ff. .

96 Nach dem Gesetz zur Modernisierung des GmbH-Rechts und zur Bekämpfung von Missbräuchen (MoMiG) ist – nicht zuletzt aufgrund des großen Erfolges der englischen Limited – beabsichtigt, das Mindestkapital der GmbH auf 10.000,00 € abzusenken. Bis zur Drucklegung dieses Skriptums wurde die Regelung jedoch nicht umgesetzt, die weitere Entwicklung ist daher abzuwarten. Der Gesetzesentwurf der Bundesregierung ist nachzulesen unterhttp://www2.nwb.de/portal/content/ir/downloads/130543/RegE_20MoMiG.pdf.

97 Ausführlich K. Schmidt (Gesellschaftsrecht) § 18 IV 1, 538 ff.

(1) **Einzelunternehmen**

77 Bei Fortführung unter der bisherigen Firma haftet der Erbe[98] des Einzelunternehmens nach der Maßgabe des § 27 Abs. 1 HGB persönlich und unbeschränkt für die vom Erblasser stammenden Verbindlichkeiten. Eine Fortführung des Handelsgeschäftes unter Beschränkung der Haftung auf den Nachlass für vom Erblasser stammende Geschäftsverbindlichkeiten ermöglicht § 27 Abs. 2 HGB. Diese Durchbrechung des handelsrechtlichen Grundsatzes der persönlichen und unbeschränkten Haftung ist aber zeitlich klar auf den Fall begrenzt, dass der Geschäftsbetrieb binnen drei Monaten eingestellt wird.[99] Ein Haftungsausschluss für Neuverbindlichkeiten ist nicht möglich. Sinn dieser Vorschrift, die eine spezielle, durch erbrechtliche Haftungsbeschränkungen nach § 1975 ff. BGB nicht umgehbare Haftungsgrundlage darstellt,[100] ist es, den Erben die genaue Prüfung der oftmals unübersichtlichen wirtschaftlichen Situation des Handelsgeschäftes zu ermöglichen, ohne sie sofort der Gefahr einer Haftung mit ihrem Privatvermögen für das möglicherweise überschuldete Unternehmen auszusetzen.

(2) **Personenhandelsgesellschaften**

78 Das Korrelat zu § 27 HGB stellen bei Personenhandelsgesellschaften die Vorschriften der §§ 139 bzw. 161 Abs. 2 i.V.m. 139 HGB dar. Auch hier soll der Erbe vor den aus der Mitgliedschaft folgenden Haftungsgefahren solange bewahrt werden, bis er diese besser überblicken kann. Dazu gewährt das Handelsrecht dem Erben eines Komplementäranteils für den Zeitraum von drei Monaten (§ 139 Abs. 3 HGB) die Möglichkeit, sein Verbleiben in der Gesellschaft von der Einräumung einer Kommanditistenstellung abhängig zu machen (§ 139 Abs. 1, Abs. 2 HGB). Während dieser Frist haftet der Erbe unter der Voraussetzung der Umwandlung seiner Beteiligung bzw. seines Ausscheidens oder der Auflösung der Gesellschaft auf den Nachlass beschränkt (§ 139 Abs. 4 HGB i.V.m. §§ 1975 ff. BGB).

c) Folgen der Testamentsvollstreckung für das handels- und gesellschaftsrechtliche Haftungssystem

79 Über die Anordnung einer Testamentsvollstreckung wäre es somit möglich, außerhalb des numerus clausus der Gesellschaftsformen aus einem voll haftenden (einzelkaufmännischen) Unternehmen ein Unternehmen eigener Art zu schaffen, das in seiner Haftung beschränkt wäre, ohne dies nach außen zu verlautbaren und das überdies auch nicht den Schutzvorschriften zur Kapitalerhaltung unterläge. Dies ist mit den Schutzgedanken des Handels- und Gesellschaftsrecht nicht vereinbar. Überdies verstieße eine solche Konstruktion nach ganz überwiegender Auffassung gegen den in Art. 2 EGHGB verankerten Grundsatz des Vorranges des Handelsrechts vor dem Erbrecht. Hieraus ergeben sich drei Folgen:

- eine verwaltende Dauertestamentsvollstreckung an einem einzelkaufmännischen Unternehmen oder einer persönlich haftenden Beteiligung ist nicht zulässig,[101]
- eine Abwicklungsvollstreckung nach §§ 2203 f. BGB kommt in Betracht, denn hier wird der Testamentsvollstrecker nicht als Unternehmer, sondern als reiner Abwickler tätig. Überdies

98 Auch der Erbengemeinschaft ist die Fortführung ohne den Umweg einer OHG-Gründung möglich. Ausführlich Brox (Erbrecht) Rn.778. Es haften die fortführenden und die der Fortführung zustimmenden Erben, siehe Koller /Roth/ Morck § 27 Rn.11.

99 Die Dreimonatsfrist findet sich im Übrigen auch im Minderjährigenhaftungsbegrenzungsrecht, § 1629a BGB.

100 Koller/Roth/Morck § 27 Rn.1.

101 vgl. Mayer in Mayer/Bonefeld/Wälzholz/Weidlich, Testamentsvollstreckung, Rn. 369 a.E. mit zahlr. weiteren Nachweisen.

kennt das Handelsrecht mit der Dreimonatsfrist nach §§ 27, 139 HGB grundsätzlich eine vergleichbare Situation bei der Unternehmenseinstellung durch den Erben,[102]

- soll der Testamentsvollstrecker ein Unternehmen auf längere Dauer führen, müssen hierfür Ersatzlösungen gefunden werden, deren Gestaltung sich an der jeweiligen Unternehmensform orientiert.

Vorab sei bereits an dieser Stelle darauf hingewiesen, dass der hohe „theoretische" Aufwand, der für eine zulässige Testamentsvollstreckung im unternehmerischen Bereich zu betreiben ist, in einem umgekehrt proportionalen Verhältnis zur Praxistauglichkeit dieser Lösungen steht.[103] An dieser Stelle zeigt sich, dass eine Testamentsvollstreckung nur so gut gelingen kann, wie die sie durch die vorangegangene Planung und Gestaltung der Nachfolge, das sog. Estate Planning[104] vorbereitet wurde. Wird hier rechtzeitig und richtig gestaltet, kann auch die Testamentsvollstreckung ihr Ziel auf optimalem Wege erreichen.

d) Die grundsätzlichen Lösungsansätze

Bei der Beantwortung der Frage, wann und in welchem Umfang eine Testamentsvollstreckung an einem Unternehmen möglich ist, muss sehr sorgfältig zwischen den unterschiedlichen Rechts- und Erscheinungsformen der Unternehmen differenziert werden. Gleichwohl lassen sich die unterschiedlichen Lösungen für alle Unternehmensformen in die nachfolgenden, generellen Lösungsansätze zusammenfassen: 80

- Die „echte Testamentsvollstreckerlösung",
- Die „Vollmachtlösung",
- Die „Treuhandlösung".

aa) Die „echte Testamentsvollstreckerlösung"

Es handelt sich um einen rein erbrechtlichen Lösungsansatz. Das Handelsgeschäft wird vom Testamentsvollstrecker als Sondervermögen verwaltet. Für neu begründete Geschäftsverbindlichkeiten haftet nur der Nachlass.[105] Der Erbe wird als Inhaber ins Handelsregister eingetragen (§§ 31 Abs. 1, 29 HGB), daneben wird jedoch zur Sicherung des Handelsverkehrs in Analogie zu § 53 HGB (Prokura) eine deklaratorische Eintragung sowohl der Testamentsvollstreckung im Allgemeinen, als auch der Person des Testamentsvollstreckers verlangt.[106] Im Übrigen bewegt sich der Testamentsvollstrecker bei der Führung des Unternehmens im Rahmen seiner erbrechtlichen Kompetenzen. In der Praxis – und hier insbesondere in der Rechtsprechung[107] – wird diese Lösung überwiegend abgelehnt. 81

Dogmatische und praktische Bedenken richten sich bereits gegen die Eintragung des Testamentsvollstreckers in das Handelsregister. Schon die ihr zugrunde liegende Analogie zur Prokura scheint fragwürdig. Jedenfalls ist die Frage nach der Registerfähigkeit eines Testamentsvollstreckervermerkes von der Rechtsprechung[108] verneint worden, so dass die Lösung derzeit nicht in die Praxis umzusetzen ist. Auch gesellschaftsrechtliche Bedenken sind zu erheben. Im Recht der

102 Vgl. Bamberger/Roth/J.Mayer, § 2205 Rn. 27 und Lorz (Unternehmensrecht) § 1 II, 30 f. .
103 Mayer in Mayer/Bonefeld/Wälzholz/Weidlich, Testamentsvollstreckung, Rn. 390.
104 vgl. oben unter B.IV.
105 Brox (Erbrecht) Rn. 403, wohl auch Brandner in Münchner Kommentar zum BGB § 2205 Rn. 22.
106 Brandner in Münchner Kommentar zum BGB § 2205 Rn. 23.
107 Ständige Rspr. seit BGH, Urt. v. 18.1.1954 – IV ZR 130/53, BGHZ 12, 100, 102.
108 So z.B. KG, Beschl. v. 04.07.1995 – 1 W 5374/92, NJW-RR 1996, 227, 227.

Personen- und Kapitalgesellschaften lässt der numerus clausus[109] des Gesellschaftsrechts über die gesetzlich vorgesehen Ausprägungen hinaus keine weiteren Unternehmensformen zu. Beim einzelkaufmännischen Handelsgeschäft schlägt sich eine dem gesellschaftsrechtlichen numerus clausus verwandte gesetzgeberische Wertung im firmenrechtlichen Zwang zur Führung des Rechtsformzusatzes, § 19 Abs. 1 Nr. 1 HGB, nieder. Seit 01.04.2003[110] besteht dieser auch für einzelkaufmännische Unternehmen und dient der Unterscheidung des Kaufmanns vom Kleingewerbetreibenden sowie der klaren Abgrenzbarkeit von Firma und Geschäftsbezeichnung.[111] Zwar sind die Bezeichnungsvarianten des § 19 Abs. 1 Nr.1 HGB nicht abschließend,[112] keinesfalls lässt dies aber Rückschlüsse auf die Zulässigkeit eines Haftungsbeschränkungszusatzes zu, der gesetzlich ausschließlich für die OHG und die KG im Fall des § 19 Abs. 2 HGB vorgesehen ist. Weder der so verstandene § 19 HGB, noch der numerus clausus wären erklärlich, wenn allein die Information des Rechtsverkehrs durch Publizität der Haftungsbeschränkung zum Schutz des Handelsverkehrs zulässig und ausreichend wären.[113] Vielmehr entspricht es auch nach Auffassung des Bundesgerichtshofs[114] eindeutig dem „allgemeinen Grundsatz des bürgerlichen Rechts und des Handelsrechts, dass derjenige, der als Einzelperson oder in Gemeinschaft mit anderen Geschäfte betreibt, für die daraus entstehenden Verbindlichkeiten mit seinem gesamten Vermögen haftet, solange sich aus dem Gesetz nichts anderes ergibt".

Praxishinweis:

Die echte Testamentsvollstreckerlösung kann daher keinem geschäftsmäßigen Testamentsvollstrecker empfohlen werden.

bb) Die „Vollmachtlösung"

82 Diese Lösung geht von der Überlegung aus, dass das Handelsgeschäft in den Nachlass gefallen ist und damit grundsätzlich den Erben zusteht. Der Testamentsvollstrecker soll nun dieses Handelsgeschäft im Namen der Erben als deren Bevollmächtigter weiterführen. Diese von der Rechtsprechung[115] grundsätzlich anerkannte Lösung erfordert, dass der Erbe seine Haftung für die bei der Fortführung des Unternehmens vom Testamentsvollstrecker begründeten Geschäftsverbindlichkeiten auf sein Privatvermögen ausweitet. Hierzu bedarf es einer ausdrücklichen Bevollmächtigung des Testamentsvollstreckers, neben dem Nachlass (§ 2206 BGB) auch den Erben persönlich und unbeschränkt zu verpflichten. Der Erbe steht damit dem Handelsverkehr als voll haftender Inhaber des Handelsgeschäftes zur Verfügung und ist entsprechend auch in das Handelsregister einzutragen[116], bei mehreren Erben auch als Erbengemeinschaft.[117] Die Pflicht zur Anmeldung im Handelsregister trifft die Erben, nicht den Testamentsvollstrecker.[118] Die Eintragung eines Testamentsvollstreckervermerks ist bei der Vollmachtlösung ausgeschlossen.[119]

Bedenken gegen die Vollmachtlösung werden unter praktischen wie unter dogmatischen Gesichtspunkten erhoben.

109 Hierzu ausführlich. K. Schmidt § 5 II 1, 96 ff.
110 Vgl. Art. 38 EGHGB.
111 Koller/Roth/Morck § 19 Rn.1.
112 Koller/Roth/Morck § 19 Rn.2.
113 In diesem Sinne auch Faust DB 2002, 189, 191 sowie Dauner-Lieb, § 6 II 3 d), 325 f.
114 BGH Urt. v. 27.9.1997 – II ZR 371/98, NJW 1997, 3483, 3484.
115 BGH, Urt. v. 18.1.1954 – IV ZR 130/53, BGHZ 12, 100, 103f.
116 Brandner in Münchner Kommentar zum BGB § 2205 Rn. 24a.
117 Mayer in Bengel/Reimann, Handbuch der Testamentsvollstreckung, Rn. 136.
118 Mayer in Bengel/Reimann, Handbuch der Testamentsvollstreckung, Rn. 136.
119 RGZ 132, 138; BGH, Urt. v. 18.1.1954 – IV ZR 130/53, BGHZ 12, 100, 103f.

Die Vollmachtlösung setzt voraus, dass die Erben eine Willenserklärung in Form der Bevollmächtigung des Testamentsvollstreckers abgeben, also ihr Einverständnis dazu erklären, dass der Testamentsvollstrecker bei der Unternehmensführung auch das Privatvermögen der Erben verpflichten darf. Dieses Einverständnis zu erlangen, erscheint in Anbetracht der Haftungsgefahren bei der Unternehmensfortführung problematisch. Nicht selten wird der Erbe die Bevollmächtigung des Testamentsvollstreckers daher verweigern.

Die Vollmachtlösung hat deshalb nur dann eine Chance auf praktische Umsetzung, wenn schon 83
bei der Gestaltung der letztwilligen Verfügung sämtliche Möglichkeiten genutzt werden, den Erben zur Erteilung der Vollmacht anzuhalten. Welche Möglichkeiten der Erblasser hat, den Erben zur Mitwirkung zu zwingen, ist umstritten. Grundsätzlich kommt als Instrumentarium die Erteilung einer post- oder transmortalen Vollmacht durch den Erblasser zu Gunsten des Testamentsvollstreckers in Betracht.[120] In Anbetracht des Wortlautes des § 2206 Abs. 1 BGB erscheint es aber bereits fraglich, ob die Vollmacht sich überhaupt auf das Privatvermögen des Erben erstrecken kann.[121] Jedenfalls könnte der Erbe diese Vollmacht jederzeit widerrufen.[122]

Denkbar und grundsätzlich anerkannt ist es, als weiteres Instrumentarium „testamentarische Druckmittel" einzusetzen. Insbesondere kommen hier in Betracht die testamentarischen Gestaltungsmittel der bedingten Erbeinsetzung oder auch der Auflage.[123] Die Erbeinsetzung kann unter die aufschiebende Bedingung der Erteilung einer Vollmacht zugunsten des Testamentsvollstrekkers gestellt werden und zudem gleichzeitig auflösend bedingt sein durch einen Vollmachtswiderruf. Ferner kann der Erblasser den Erben auch mit einer Auflage gemäß §§ 1940, 2192 ff. BGB beschweren, ihm die entsprechende Vollmacht zu erteilen.

Aber auch diese Lösungsansätze sind nicht ohne Bedenken. Durch eine bedingte Erbeinsetzung findet bei Nichteintritt der aufschiebenden Bedingung eine dem Erblasserwillen unter Umständen zuwiderlaufende[124] Vor- und Nacherbschaft (§§ 2104 f. BGB) an dem Unternehmen statt. Die Vollmachtslösung mittels Beschwerung durch eine Auflage bietet demgegenüber den Vorteil des endgültigen Anfalls der Zuwendung und der dauerhaften Bindung des Erben an die Auflage. Sie wird daher teilweise als vorzugswürdig angesehen.[125] In der Praxis bereitet sie dem Testamentsvollstrecker jedoch erhebliche Probleme. Er wird zwar die Möglichkeit haben, die Vollziehung der Auflage – Erteilung der Vollmacht – notfalls einzuklagen. Da der Erbe jedoch die von ihm erteilte Vollmacht jederzeit widerrufen kann, kann es zu einem ständigen „Ping-Pong-Spiel" zwischen Widerruf und Wiedereinräumung der Vollmacht kommen. Für eine ordnungsgemäße Testamentsvollstreckung ist eine solche Situation ausgesprochen kontraproduktiv.

Rechtlich stößt eine Verpflichtung des Erben zur Erteilung einer Vollmacht, die seine Haftung 84
mit seinem Privatvermögen auslöst, auf Bedenken im Hinblick auf § 138 BGB. Das Bürgerliche Gesetzbuch untersagt eine Fremdbestimmung des eigenen Vermögens durch Dritte, sofern möglicherweise die Gesamtheit aller zukünftigen Einkünfte erfasst werden soll.[126] Das Auseinanderfallen von „Herrschaft und Haftung" bei der Testamentsvollstreckung ist Ausgangspunkt dieser Bedenken.[127] Im Extremfall könnte ein risikofreudiger Testamentsvollstrecker den Erben gegen

120 vgl. oben unter C.I.
121 Ablehnend Lorz (Unternehmensrecht) § 2 II 1. c) aa), 45 ff. . Bejahend z.B. Soergel/Damrau § 2205 Rn.19 und Bamberger/Roth/J.Mayer § 2205 Rn. 28.
122 Vgl. zu dieser Problematik schon oben unter C.I.
123 BGHZ 12, 100, 103 f. (Urt. v. 18.1.1954 – IV ZR 130/53).
124 Hierzu Lorz (Unternehmensrecht) § 2 II 1. c) bb) aaa), 55 und 53 f. u.a. mit dem Hinweis auf erschwerte betriebliche Dispositionen durch Vor- und Nacherbschaft.
125 Lorz (Unternehmensrecht) § 2 II 1. c) bb) aaa), 55.
126 Bamberger/Roth/Wendtland § 138 Rn. 75 und 71.
127 Hierzu ausführlich Lorz (Unternehmensrecht) § 2 II 1. c) bb) ccc), 59.

dessen eigentlichen Willen ganz im Sinne der von der Rechtsprechung[128] geforderten „dynamischen“ Verwaltung des Unternehmens mit dessen gesamtem Privatvermögen verpflichten, ohne bei seinem Handeln eine Eigenhaftung befürchten zu müssen.[129]

Praxishinweis:

In der Praxis kann die Vollmachtlösung angesichts der großen Haftungsgefahren, die auf den Erben bei einer derart gestalteten Testamentsvollstreckung zukommen, nur bei freiwilliger Vollmachtserteilung durch den Erben empfohlen werden.[130] Bei der Ausgestaltung ist dringend zu empfehlen[131]:

- *eine zeitliche Begrenzung der Vollmacht auf die Dauer der Testamentsvollstreckung,*
- *inhaltliche Beschränkungen (Vollmacht nur soweit wirklich nötig),*
- *Überwachung durch Dritte (z. B. Wirtschaftsprüfer, Steuerberater, Rechtsanwälte),*
- *Vergütung.*

cc) Die „Treuhandlösung“

85 Bei diesem Lösungsansatz führt der Testamentsvollstrecker persönlich das Handelsgeschäft nach außen im eigenen Namen und unter eigener unbeschränkter Haftung fort.[132] Im Innenverhältnis wird er jedoch (nur) als Treuhänder für die Erben tätig und erhält einen Freistellungsanspruch gemäß § 670 BGB gegen die Erben eingeräumt, dessen Umfang der Erbe seinerseits möglicherweise auf den Nachlass beschränken könnte.[133] Die Verwaltungsbefugnisse des Testamentsvollstreckers sind grundsätzlich umfassend und ermöglichen auch die Veräußerung des Unternehmens und damit die Übereignung des Unternehmens bzw. die Übertragung der Firma und des Handelsgeschäftes.[134]

Da der Testamentsvollstrecker nach außen uneingeschränkt das Unternehmen als dessen Inhaber fortführt, ist auch er – und nicht die Erben – im Handelsregister einzutragen und zwar ohne Testamentsvollstreckervermerk.[135]

Innerhalb der Treuhandlösungen wird nochmals unterschieden nach der Vollrechtstreuhand sowie der Verwaltungs- bzw. Ermächtigungstreuhand.

(1) Vollrechtstreuhand

86 Bei der Vollrechtstreuhand[136], die insoweit dem historischen Vorläufer der Testamentsvollstreckung bzw. dem angelsächsischen trust angenähert ist, erwirbt der Testamentsvollstrecker Eigentum an dem gesamten Geschäftsvermögen. Es erfolgt also eine Übertragung des vollständigen Anlage- und Umlaufvermögens vom Nachlass auf den Testamentsvollstrecker. Die Eigentums-

128 BGH, Urt. v. 3.12.1986 – IVa ZR 353/87, NJW 1987, 1070, 1071.
129 Siehe hierzu Faust DB 2002, 189, 193 f. und Dauner-Lieb (Sondervermögen) § 6 I 2. a) bb), 303.
130 AnwK/Weidlich, § 2205 Rn. 36.
131 In teilweiser Erweiterung von Weidlich in Mayer/Bonefeld/Wälzholz/Weidlich, Testamentsvollstreckung, 2. Auflage 2005, Rn. 377.
132 Grundlegend RG, Beschl. v. 26.3.1931 – II B 5/31, RGZ 132, 138, 142 und BGH, Urt. v. 18.1.1954 – IV ZR 130/53, BGHZ 12, 100, 102.
133 Ablehnend BGH, Urt. v. 18.1.1954 – IV ZR 130/53, BGHZ 12, 100, 104, der hierin eine Nachlasserbenschuld nach §§ 2218, 670 sieht. Muscheler (Haftungsordnung) § 13 IV 3., 315 ff. dagegen wertet den außerhalb der Amtsfunktion begründeten Anspruch als reine Nachlassverbindlichkeit (§§ 670, 257). Zuletzt plädierte Goebel ZEV 2003, 261, 263 für eine Beschränkbarkeit.
134 Hierzu insbesondere Muscheler (Haftungsordnung) § 13 II., 301 ff. . Vgl. auch AnwK/Weidlich, § 2205 Rn.11.
135 Mayer in Bengel/Reimann, Handbuch der Testamentsvollstreckung, Rn. 120.
136 Als ihr Hauptvertreter gilt John BB 1980,747, 758.

übertragung erfolgt durch In-sich-Geschäft gemäß § 181.[137] Der Testamentsvollstrecker wird als Inhaber ins Handelsregister eingetragen, er führt die Geschäfte in eigenem Namen und haftet für Geschäftsschulden grundsätzlich persönlich und unbeschränkt.[138]

(2) Verwaltungs- bzw. Ermächtigungstreuhand

Hier überträgt sich der Testamentsvollstrecker – wiederum durch In-sich-Geschäft – nur das Handelsgeschäft sowie die Firma. Er wird nicht Eigentümer des Betriebsvermögens.[139] Aufgrund er bei dem Erben verbleibenden Eigentümerstellung bezüglich des Geschäftsvermögens[140] ähnelt die Stellung des Testamentsvollstreckers hier insgesamt eher der des Pächters eines Handelsgeschäfts.[141] Die von dem im eigenen Namen handelnden Testamentsvollstrecker begründeten Verbindlichkeiten sollen bei dieser Lösung gleichzeitig eigene sowie solche des Nachlasses sein. Im Rahmen der Geschäftstätigkeit erworbene Gegenstände sollen kraft Surrogation[142] in den Nachlass fallen.[143] Aufgrund des mit den Erben abgeschlossenen schuldrechtlichen Treuhandvertrages[144] erwächst dem Testamentsvollstrecker gegenüber den Erben der Anspruch auf Haftungsbefreiung im Innenverhältnis.[145] Hinsichtlich der Eintragung der Person des Testamentsvollstreckers ins Handelsregister ergibt sich kein Unterschied zur Vollrechtstreuhand. 87

(3) Bewertung

Bedenken unter praktischen wie auch dogmatischen Gründen bestehen auch gegen die Treuhandlösungen. 88

Zunächst erscheint insgesamt zweifelhaft, inwieweit Testamentsvollstrecker in der Praxis überhaupt bereit sind, eine unbeschränkte persönliche Haftung begründende Stellung zu übernehmen. Insbesondere erscheint ihr Risiko angesichts oftmals ungewisser Durchsetzbarkeit des Freistellungsanspruchs gegen die Erben sehr groß. Überdies ist die unternehmerische Tätigkeit, und um eine solche handelt es sich bei den Treuhand-Lösungen unzweifelhaft, nicht vom Deckungsumfang der gängigen Vermögensschadenhaftpflichtversicherungen umfasst. Außerdem erscheinen die Treuhand-Lösungen kostenträchtig, da entsprechend Übertragungsakte erforderlich sind. Diese beinhalten zudem immer ein gewisses steuerliches Risiko.

Im Falle der Vollrechtstreuhand erscheint fraglich, ob die Übertragung einer derart starken dinglichen Position an den Testamentsvollstrecker dem Erblasserwillen überhaupt entspricht.[146] Schließlich wird eine Zugriffsmöglichkeit der Privatgläubiger des Testamentsvollstreckers in das Gesellschaftsvermögen des Erben eröffnet, da eine Trennung der Vermögensmassen hier nicht

137 Weidlich in Dauner-Lieb, Anwaltkommentar zum BGB, § 2205 Rn. 38 und 24. Die notwendige Gestattung liegt in der ausdrücklichen Anordnung bzw. dem mutmaßlichen Willen des Erblassers.

138 Brandner in Münchner Kommentar zum BGB § 2205 Rn. 24c.

139 Edenhofer in Palandt, Kommentar zum BGB, 66. Auflage 2007, § 2205 Rn. 8.

140 BGH NJW 1975, 54.

141 Brandner in Münchner Kommentar zum BGB § 2205 Rn. 24c.

142 AnwK/Weidlich, § 2205 Rn. 38. „Doppelverpflichtung" und Surrogationserwerb ablehnend Muscheler (Haftungsordnung) § 13 IV 2, 311 ff. und § 13 IV 5., 321 ff..

143 In der Führung des Handelsgeschäftes durch den Testamentsvollstrecker wird eine Einstellung des Geschäftes seitens des Erben gesehen. Damit erlangt hier bei einer Dauervollstreckung ausnahmsweise die Möglichkeit der Haftungsbeschränkung nach § 27 Abs. 2 HGB Bedeutung, vgl. Brandner in Münchener Kommentar zum BGB, § 2205 Rn 24c. Auch dem Testamentsvollstrecker wird diese Möglichkeit der Haftungsbeschränkung teilweise zuerkannt, z. B. Weidlich in Dauner-Lieb/Heidel/Ring, Anwaltkommentar Erbrecht, § 2205 Rn. 38. Jedoch besteht bei Geschäftseinstellung seitens des Erben und darauffolgender Einstellung durch den Testamentsvollstrecker die Gefahr einer unzulässigen Kumulation der Dreimonatsfrist des § 27 Abs. 3 HGB. Dies wendet Muscheler (Haftungsordnung) § 13 III 2, b), 310 ein.

144 Ausführlich hierzu Muscheler (Haftungsordnung) § 13 II., 303.

145 Edenhofer in Palandt, Kommentar zum BGB, 65. Auflage 2006, § 2205 Rn. 8.

146 Muscheler (Haftungsordnung) § 13 VI 2., 331. Bamberger/Roth/J.Mayer § 2205 Rn. 29 will die Vollrechtstreuhand auch nur bei ausdrücklicher Anordnung durch den Erblasser zulassen.

stattfindet. Den Erben verbleibt in diesen Fällen einzig die Erhebung der Drittwiderspruchsklage nach § 771 ZPO.[147]

Praxishinweis:

In der Praxis kann die Treuhandlösung angesichts der großen Haftungsgefahren, die den Erben und dem Testamentsvollstrecker erwachsen, nicht empfohlen werden. Wird sie gleichwohl gewählt, ist für ihre Ausgestaltung dringend zu empfehlen, den Inhalt der Treuhandvereinbarung zwischen dem Testamentsvollstrecker und den Erben zu folgenden Punkten präzise zu formulieren [148]*:*

- *unbeschränkbarer Freistellungsanspruch,*
- *Absicherung des Freistellungsanspruchs (z. B. Bankbürgschaft),*
- *Klarstellung, welches Treuhandverhältnis gewollt ist,*
- *exakt beschriebene Vollmachten,*
- *evtl. Überwachung durch Dritte (z. B. Wirtschaftsprüfer, Steuerberater, Rechtsanwälte),*
- *Vergütung.*

(4) Fazit

89 Im Ergebnis bleibt es aber bei der grundsätzlichen Feststellung, dass es bis heute keine letztendlich abschließend überzeugende Gestaltung zur Testamentsvollstreckung für alle Unternehmensformen gibt. Die Lösung muss daher immer anhand des konkreten Einzelfalls gesucht werden, differenziert nach der jeweiligen Unternehmensart. In geeigneten Fällen kann der Testamentsvollstrecker Erblasseranordnungen, deren Befolgung den Nachlass erheblich gefährden würden, nach § 2216 Abs. 2 BGB durch das Nachlassgericht außer Kraft setzen lassen.[149]

e) Die Umsetzung der Testamentsvollstreckung bei Einzelunternehmen

90 In der Praxis lässt die Rechtsprechung sowohl die Möglichkeit der Fortführung des Einzelunternehmens durch den Testamentsvollstrecker sowohl als Treuhänder im eigenen Namen und mit eigener Haftung als auch als Bevollmächtigter der Erben zu.[150] Enthält die letztwillige Verfügung – wie in der Praxis leider häufig – keinen Hinweis darauf, in welcher Form der Erblasser die Fortführung seines Unternehmens wünscht, so ist die Anordnung einer Verwaltungstestamentsvollstreckung regelmäßig als Auflage zu einer treuhänderischen Übertragung durch die Erben an den Testamentsvollstrecker zu verstehen.[151]

f) Umsetzung der Testamentsvollstreckung bei Anteilen an Personenhandelsgesellschaften

91 Zusätzlich zu den bei der Testamentsvollstreckung am Einzelunternehmen aufgezeigten Fragestellungen sind bei der Testamentsvollstreckung an Gesellschaftsanteilen die Besonderheiten zu

147 Bamberger/Roth/J.Mayer § 2205 Rn. 31.
148 In teilweiser Erweiterung von Weidlich in Mayer/Bonefeld/Wälzholz/Weidlich, Testamentsvollstreckung, 2. Auflage 2005, Rn 384.
149 Zum Verfahren vgl. Rott in Frieser, Kompaktkommentar Erbrecht, 2007, § 2216 BGB Rn. 33 ff.
150 BGHZ 35, 13; Tanck/Krug in Kerscher/Tanck/Krug, Das erbrechtliche Mandat, § 20 Rn. 86.
151 BGHZ 24, 106; Tanck/Krug in Kerscher/Tanck/Krug, Das erbrechtliche Mandat, § 20 Rn. 86 a.E.

berücksichtigen, die sich daraus ergeben, dass dritte Personen, regelmäßig die Mitgesellschafter, beteiligt sind.

Bei der Frage der Zulässigkeit einer Testamentsvollstreckung in Anteile von Personenhandelsgesellschaften ergeben sich im Wesentlichen folgende grundsätzliche Fragestellungen:

- Wird gegen das Abspaltungsverbot verstoßen?
- Wird in das Recht der Selbstorganschaft eingegriffen?
- Ist die Zustimmung der Mitgesellschafter nötig?

aa) Verstoß gegen das Abspaltungsverbot

Das in §§ 105 Abs. 3 HGB, 717 BGB normierte Abspaltungsverbot verbietet die Abspaltung von Einzelrechten der Mitgliedschaft. In Übereinstimmung mit dem heutigen Verständnis von der Rechtsstellung des Testamentsvollstreckers als Amtswalter geht die h. M. davon aus, dass es bei der Testamentsvollstreckung von Anteilen an Personengesellschaften nur um die bloße Ausübung der Verwaltungsrechte durch den Testamentsvollstrecker gehe, er also keine vom Anteil abgetrennten Rechte wahrnehme.[152] Diese Befugnis wird daher von der heute h. M. einer vollständigen Abspaltung der Mitgliedschaftsrechte nicht gleichgestellt.[153] 92

bb) Betroffenheit des Rechtes der Selbstorganschaft

Das Recht der Personengesellschaften ist durch den Grundsatz der Selbstorganschaft[154] geprägt. 93 Dieser verbietet eine vollkommene Fremdsteuerung unter Ausschluss sämtlicher Gesellschafter von der Geschäftsführung und Vertretung. Nach heute h. M. wird durch die Ausübung der Mitgliedschaftsrechte eines einzelnen Gesellschafters durch einen Testamentsvollstrecker in dieses Recht jedoch nicht eingegriffen.[155]

cc) Zustimmungserfordernis der Mitgesellschafter

Die Personengesellschaft ist von der Höchstpersönlichkeit der Gesellschafterbeziehungen her ge- 94 prägt. Wegen des besonderen Vertrauenscharakters ihrer Beziehungen ist es für die verbleibenden Gesellschafter unzumutbar, wenn sie sich einen Testamentsvollstrecker als außenstehende, dritte Person aufdrängen lassen müssten.[156]

Die Testamentsvollstreckung am Anteil an einer Personengesellschaft bedarf daher grundsätzlich der Zustimmung der Mitgesellschafter, jedenfalls dann, wenn nicht ein Mitgesellschafter zum Testamentsvollstrecker bestimmt wird.[157] Die Zustimmung kann auf zwei grundsätzlich verschiedenen Wegen erteilt werden. Nach dem Erbfall und dem Eintritt des Erben können die Mitgesellschafter durch Rechtsgeschäft unter Lebenden die Zustimmung erteilen. In der Praxis häufiger ist der Fall, dass der Erblasser und seine Mitgesellschafter bereits im Gesellschaftsvertrag die Wahrnehmung gesellschaftsrechtlicher Befugnisse durch einen Testamentsvollstrecker zulassen.

Die Frage der Zustimmung zur Wahrnehmung der Gesellschafterrechte durch einen Testamentsvollstrecker darf nicht verwechselt werden mit der häufig in Gesellschaftsverträgen anzutreffenden sog. Nachfolgeklausel. Eine solche Klausel stellt nur den Gesellschaftsanteil als solchen vererblich,

152 Vgl. Westermann, Handbuch der Personengesellschaften, 37. Lfg. Sept. 2006, § 39 Rn. 1339.
153 Siehe hierzu Faust DB 2002 S.189, 194 f.
154 Hierzu ausführlich K. Schmidt (Gesellschaftsrecht) § 14 II 2, 409 ff.
155 Brandner in Münchener Kommentar zum BGB § 2205 Rn. 32 sieht den Testamentsvollstrecker infolge der Zustimmung der Mitgesellschafter gar als diesen gleichgestellt an; Westermann, Handbuch der Personengesellschaften, 37. Lfg. Sept. 2006, § 39 Rn. 1339 weist daraufhin, dass dieser Rechtsgrundsatz auch in vielen anderen Fällen gegenüber praktischen Bedürfnissen zurückgestellt wird.
156 Haegele/Winkler, Der Testamentsvollstrecker, 14.Aufl., Rn. 344.
157 Haegele/Winkler, Der Testamentsvollstrecker, 14.Aufl., Rn. 346.

trifft aber nicht zwingend Aussagen zu der Frage, ob die Mitgesellschafter einer Testamentsvollstreckung an Gesellschaftsanteilen zugestimmt haben. Ist die Frage der Testamentsvollstreckung bei einer Nachfolgeklausel nicht angesprochen, so ist zunächst zu klären, um welche Art von Nachfolgeklausel es sich handelt. Zu unterscheiden ist zwischen:

- der erbrechtlichen Nachfolgeklausel,
- der rechtsgeschäftlichen Nachfolgeklausel sowie
- der gesellschaftsrechtlichen Eintrittsklausel.

95 Durch die erbrechtliche Nachfolgeklausel, die heute praktische Bedeutung eigentlich nur noch bei der Gesellschaft bürgerlichen Rechts entfaltet, wird im Gesellschaftsvertrag in Abänderung der Vorschrift des § 727 BGB der Gesellschaftsanteil des versterbenden Gesellschafters erblich gestellt. Der Erbe tritt dann automatisch, also ohne weitere rechtsgeschäftliche Erklärungen, in die bisherige Gesellschafterstellung des verstorbenen Gesellschafters ein.[158] Bei Vorhandensein einer rechtsgeschäftlichen Nachfolgeklausel geht bei Tod eines Gesellschafters dessen Mitgliedschaft kraft der Regelung im Gesellschaftsvertrag automatisch auf eine benannte Person über, ohne dass diese Erbe des Verstorbenen zu sein braucht.[159] Die gesellschaftsrechtliche Eintrittsklausel gibt dem Erblasser das Recht, die Person des Eintrittsberechtigten sowohl durch lebzeitige Benennung, als auch durch letztwillige Verfügung[160] zu bestimmen. Der Begünstigte erlangt damit im Sinne eines Vertrages zu Gunsten Dritter nach § 328 BGB einen – einklagbaren – Anspruch auf Aufnahme in die Gesellschaft.

Eine angeordnete Testamentsvollstreckung erfasst den Anteil an einer Personengesellschaft nach h.M. nur dann, wenn dieser über eine erbrechtliche Nachfolgeklausel auf den Nachfolger übergeleitet wurde. Geht der Anteil hingegen im Wege einer rechtsgeschäftlichen Nachfolge- oder einer gesellschaftsrechtlichen Eintrittsklausel auf den Nachfolger über, geht die angeordnete Testamentsvollstreckung ins Leere. An dieser Konstellation wird deutlich, wie wichtig die präzise und konsequente Abgleichung zwischen gesellschaftsrechtlicher und erbrechtlicher Nachfolgegestaltung ist. Soll die Testamentsvollstreckung greifen, muss entweder der Gesellschaftsvertrag geändert werden, oder es muss im Wege der letztwilligen Verfügung durch Erbeinsetzung unter einer Bedingung oder unter einer Auflage dem Erben aufgegeben werden, seinen Anteil der Verwaltungsbefugnis des Testamentsvollstreckers unterwerfen.[161] Allenfalls dann, wenn der persönlichkeitsbezogene Aspekt ganz deutlich in den Hintergrund tritt, beispielsweise bei einer rein kapitalistischen Publikums-KG, kann die Zustimmung der Mitgesellschafter zu einer Testamentsvollstreckung im Gesellschaftsvertrag auch ohne ausdrückliche Festlegung entnommen werden.[162]

158 vgl. BGH NJW 1983, 2376, 2377. Bei der Sonderform der qualifizierten erbrechtlichen Nachfolgeklausel bestimmt der Gesellschaftsvertrag, dass nur ein oder mehrere näher bestimmte Erben in die Gesellschaft eintreten.

159 Die rechtsgeschäftliche Nachfolgeklausel ist nur wirksam, wenn der Begünstigte mitwirkt, denn eine Gesellschafterstellung verschafft nicht nur Rechte, sondern begründet auch Pflichten. Ein Vertrag zulasten Dritter ist aber unzulässig. Vgl. i.Ü. auch BGH, NJW 1978, 264.

160 Auch im Wege eines Vermächtnisses, vgl. BGH NJW-RR 1987, 989.

161 Vgl. hierzu Lorz/Kirchdörfer, Unternehmensnachfolge, 2002 Kap. 5 II Rn. 105.

162 Haegele/Winkler, Der Testamentsvollstrecker, 14.Aufl., Rn. 347.

g) Besonderheiten bei den einzelnen Formen der Personengesellschaften

aa) Gesellschaft bürgerlichen Rechts (GbR)

Der Tod eines Gesellschafters einer GbR führt nach § 727 Abs. 1 BGB zur Auflösung der Gesellschaft. In diesem Fall kann der Testamentsvollstrecker unproblematisch sämtliche Liquidationsansprüche für die Erben durchsetzen. Wird die Gesellschaft unter Ausschluss des Erben unter den verbleibenden Gesellschaftern fortgeführt, kann der Testamentsvollstrecker auch die Abfindungsansprüche des weichenden Erben geltend machen.[163] Liegt eine erbrechtliche Nachfolgeklausel vor, gestaltet sich die Rechtslage wie bei der OHG bzw. dem persönlich haftenden Gesellschafter der KG.[164] 96

bb) Offene Handelsgesellschaft (OHG) und Kommanditgesellschaft (KG)

Bei Tod eines Gesellschafters einer dieser Personenhandelsgesellschaften sieht das Gesetz grundsätzlich die Fortsetzung[165] der Gesellschaft vor, vgl. §§ 131 Abs. 3 Nr.1 bzw. § 161 Abs. 2 i.V.m. § 131 Abs. 3 Nr. 1 BGB[166] sowie § 177 HGB. 97

Zur Beantwortung der Frage, in welchem Umfang die Testamentsvollstreckung zulässig ist, ist unterschiedlich zu differenzieren.

Zunächst ist zu klären, ob es sich um die Rechtspositionen eines persönlich haftenden Gesellschafters einer OHG bzw. des Komplementärs einer KG einerseits handelt, oder um die eines beschränkt haftenden Kommanditisten andererseits. Der Unterschied zwischen diesen beiden Gesellschaftergruppen wird schon deutlich an der gesetzlichen Regelung zur Erbfolge. Die Nachfolge der Erben in die Kommanditistenstellung erfolgt kraft Gesetzes, § 177 HGB und bedarf daher grundsätzlich nicht der Zustimmung der Mitgesellschafter. Anders verhält es sich bei der Komplementärbeteiligung. Hier bedarf die Nachfolge des Erben wegen des stark personenbezogenen Charakters des gesellschaftsrechtlichen Zusammenschlusses und der besonderen Vertrauensbindung der Gesellschafter untereinander der Zustimmung aller Mitgesellschafter.[167] Erst recht gilt dies dann für eine Fremdverwaltung dieser Mitgliedschaft durch einen Testamentsvollstrecker.[168]

Sodann ist zu fragen, welche Seite der Gesellschafterrechte von der Testamentsvollstreckung betroffen ist. Hier wiederum ist zu differenzieren zwischen 98

- der vermögensrechtlichen Seite der Gesellschafterrechte (sog. Außenverhältnis), insbesondere
  - Gewinnansprüche und
  - Auseinandersetzungsguthaben
- und dem gesellschaftsrechtlichen Innenverhältnis, insbesondere
  - den Stimmrechten.

Mit dieser Differenzierung lassen sich für die Zulässigkeit der Testamentsvollstreckung an Gesellschaftsanteilen einer OHG bzw. KG folgende Grundsätze aufstellen: 99

163 Esch/Baumann/Schulze zur Wiesche, Handbuch der Vermögensnachfolge, Rn. 1518; BGH NJW 1985, 1953, 1954.
164 Weidlich in Mayer/Bonefeld/Wälzholz/Weidlich, Testamentsvollstreckung, 2. Auflage 2005, Rn. 397 a.E. Grdsl. Zur Zulässigkeit der Testamentsvollstreckung an Anteilen einer GbR vgl. BGH, Beschl. v. 10.01.1996 – IV ZB 21/94, NJW 1996, 1284 – 1286.
165 Anders bei der GbR, dort gilt die Auflösung § 727 Abs. 1 BGB als gesetzlicher Regelfall.
166 Zum Fall des einzigen KG-Komplementärs siehe Koller/Roth/Morck § 131 Rn.8.
167 Koller/Roth/Morck § 139 Rn.15 und § 177 Rn. 7.
168 BGH, Beschl. v. 03.07.1989 – II ZB 1/89, BGHZ 108, 187, 191.

Handelt es sich bei dem Gesellschaftsanteil um einen Kommanditanteil, dann ist eine Testamentsvollstreckung auf jeder Seite des gesellschaftsrechtlichen Verhältnisses zulässig, also insbesondere auch auf der Ebene des Innenverhältnisses, z.B. der Stimmrechte.[169]

Handelt es sich bei dem Gesellschaftsanteil hingegen um einen Anteil, der dazu führt, dass der Gesellschafter persönlich und unbeschränkt haftet, ist die Testamentsvollstreckung auf die Außenseite der Beteiligung beschränkt.[170]

cc) Stille Gesellschaft

100 Die stille Gesellschaft (§§ 230 bis 237 HGB) ist eine reine Innengesellschaft, deren Gesellschaftszweck die Beteiligung an einem Unternehmen ist. Da bei dieser Gesellschaftsform keinerlei Haftungsdivergenzen zwischen Erbrecht und Gesellschaftsrecht bestehen und dem stillen Gesellschafter auch keine dem persönlich haftenden Gesellschafter einer Personengesellschaft gleichkommende Mitgliedschaftsrechte zustehen, unterliegt die Beteiligung eines stillen Gesellschafters uneingeschränkt der Verwaltungsvollstreckung.[171]

dd) Partnerschaftsgesellschaft

101 Die Partnerschaftsgesellschaft ist eine speziell für die freien Berufe geschaffene Gesellschaftsform. Sie ist der OHG von der Haftung und den Mitgliedschaftsrechten her so weit angenähert, das deren Grundsätze auf die Testamentsvollstreckung übertragbar erscheinen. In der Praxis wird jedoch überwiegend die ohnehin unproblematische Geltendmachung von Abfindungsansprüchen weichender Erben in Betracht kommen, denn Gesellschafter einer Partnerschaftsgesellschaft kann nur ein Angehöriger des freien Berufes sein.

ee) Europäische wirtschaftliche Interessenvereinigung (EWIV)

102 Die zu den Personengesellschaften zählende EWIV steht weitgehend der OHG gleich. Auch bei ihr haften die Mitglieder unbeschränkt und gesamtschuldnerisch für die gemeinschaftlichen Schulden. Auf die Testamentsvollstreckung dürften daher die Grundsätze der OHG entsprechend anzuwenden sein.[172]

ff) Mischformen

103 Mischformen werden wie die jeweilige Unternehmensform behandelt.[173]

h) Umsetzung der Testamentsvollstreckung bei Kapitalgesellschaften

aa) Grundsätzliche Unterschiede zu den Personenhandelsgesellschaften

104 Kapitalgesellschaften sind im Gegensatz zu Personenhandelsgesellschaften keine personenbezo-

---

169 Tanck/Krug in Kerscher/Tanck/Krug, Das erbrechtliche Mandat, § 20 Rn. 90 unter Hinweis auf BGH DnotZ 1990, 183 sowie Reimann, FamRZ 1992, 117. Voraussetzung ist nach dem oben Gesagten natürlich weiterhin, dass die Mitgesellschafter zugestimmt haben. Ansonsten bleibt die Testamentsvollstreckung auch hier auf die Außenseite der Beteiligung beschränkt, vgl. Weidlich in Mayer/Bonefeld/Wälzholz/Weidlich, Testamentsvollstreckung, 2. Auflage 2005, Rn. 411. Eine Zustimmung kann auch konkludent erklärt werden, vgl. OLG Hamm, Beschl. v. 17.01.1991 - 15 W 428/90, FamRZ 1992, 113 - 118.

170 BGH Beschl. v. 03.07.1989 – II ZB 1/89, BGHZ 108, 187 - 199; LG Krefeld, Urt. v. 30.06.2006 – 5 O 51/06 (zit. nach juris).

171 Esch/Baumann/Schulze zur Wiesche, Handbuch der Vermögensnachfolge, Rn. 1534.

172 So wohl /Baumann/Schulze zur Wiesche, Handbuch der Vermögensnachfolge, Rn. 1288 ff.

173 Weidlich in Mayer/Bonefeld/Wälzholz/Weidlich, Testamentsvollstreckung, 2. Auflage 2005, Rn. 433.

genen Zusammenschlüsse und beruhen nicht auf der Vertrauensbindung ihrer Mitglieder, wodurch eine Testamentsvollstreckung grundsätzlich bereits erleichtert wird.[174]

Die Testamentsvollstreckung an solchen Gesellschaftsanteilen ist daher grundsätzlich unproblematisch zulässig. Ein generelles Zustimmungsbedürfnis der Mitgesellschafter besteht nicht, es sei denn, eine Satzungsbestimmung erfordert die Zustimmung ausdrücklich.[175]

Nicht der Testamentsvollstreckung unterliegen aber höchstpersönliche Mitgliedschaftsrechte des Gesellschaftererben.[176] So ist das Verwaltungsrecht des Testamentsvollstreckers im „Kernbereich" der Mitgliedschaft nur mit zusätzlicher Einwilligung des Gesellschaftererben auszuüben. Auch das Recht der Kapitalgesellschaften kennt in Ausnahmefällen den Rückgriff auf die unbeschränkte persönliche Haftung der Gesellschafter. Da das Stammkapital der Gesellschaft dem Handelsverkehr als Sicherheit erhalten bleiben soll, sieht das Gesetz bei der GmbH z.B. eine Haftung bei Rückzahlungen (§§ 30 i.V.m. 31 Abs. 1 GmbHG) sowie eine allgemeine Differenzhaftung (§ 24 GmbHG) der Mitgesellschafter vor. Liegt einer dieser Fälle bei gleichzeitiger Anordnung von Testamentsvollstreckung vor, so kann der Testamentsvollstrecker den Erben grundsätzlich nicht persönlich mit dessen Privatvermögen verpflichten.[177] Die Erstattung von Rückzahlungen und die Aufbringung der Differenz hat vielmehr aus Mitteln des Nachlasses zu erfolgen.[178] Sollten letztere zur Einlagenaufbringung nicht ausreichen, entfällt die Verpflichtung zur Einlagenzahlung nicht.[179] Jedoch handelt der Testamentsvollstrecker in diesen Fällen, z.B. durch Annahme der Einlagenrückzahlung, der ordnungsgemäßen Verwaltung zuwider, so dass er seine Eigenhaftung begründet.

Bei Kapitalerhöhungen wird eine Mitwirkung des Testamentsvollstreckers ohne Zustimmung der Erben nur dann für zulässig erachtet, wenn ausreichende Nachlassmittel verfügbar sind.[180]

bb) Besonderheiten bei den einzelnen Formen der Kapitalgesellschaften

(1) Gesellschaft mit beschränkter Haftung

Bei der GmbH-Mitgliedschaft ist die Vererblichkeit ausdrücklich in § 15 Abs. 1 GmbHG angeordnet. Die Testamentsvollstreckung an GmbH-Anteilen wird von der Rechtsprechung ohne weiteres für zulässig gehalten.[181] 105

(2) Aktiengesellschaft

Aktien sind verkehrsfähig, §§ 413, 398 ff. AktG und frei vererblich. Die Testamentsvollstreckung an Aktien wird von der Rechtsprechung unproblematisch für zulässig gehalten.[182] Der Testamentsvollstrecker verwaltet die Aktien, er übt das Stimmrecht und das Bezugsrecht aus.[183] 106

(3) Genossenschaft

Im Recht der Genossenschaften gibt es mit § 77 Abs. 1 GenG eine erbrechtliche Sonderregelung. Danach geht die Mitgliedschaft mit dem Tod zunächst auf die Erben über, endet dann aber in dem 107

174 Zur Gleichbehandlung der „personalistisch" ausgestalteten Kapitalgesellschaften bei Testamentsvollstreckung Brandner in Münchener Kommentar zum BGB § 2205 Rn. 42.

175 Brandner in Münchener Kommentar zum BGB § 2205 Rn. 43.

176 Brandner in Münchener Kommentar zum BGB § 2205 Rn. 43.

177 Ausführlich Weidlich in Dauner-Lieb, Anwaltskommentar zum BGB, § 2205 Rn. 71 und 77; J.Mayer ZEV 2002, 209, 211 f. sowie für die Dauervollstreckung bei Aktien Edenhofer in Palandt, Kommentar zum BGB, 66. Auflage 2007, § 2205 Rn. 25.

178 Siehe AnwK/Weidlich, § 2205 Rn. 71.

179 Hierzu J. Mayer ZEV 2002, 209, 211.

180 Frank ZEV 2002, 389 und 39.

181 BGH NJW 1959, 1820, 1821 (Urt. v. 20.6.1959 – ZR 25/58).

182 BGH Urt. v. 11.04.1957 – II ZR 182/55 – BGHZ 24, 106.

183 Vgl. Weidlich in Mayer/Bonefeld/Wälzholz/Weidlich, Testamentsvollstreckung, 2. Auflage 2005, Rn. 431.

Jahr, in dem der Erbfall eingetreten ist. Die Wahrnehmung der Mitgliedschaftsrechte durch den Testamentsvollstrecker ist hierdurch von vornherein befristet. Im Übrigen kann er mit bindender Wirkung für den Erben Erklärungen nur abgeben, wenn sich hierdurch keine weitergehenden Verpflichtungen der Erben ergeben.[184]

i) Ausweg durch Unternehmensumwandlung

108 Angesichts der im Vergleich zu Personenhandelsgesellschaften deutlich besseren Durchführbarkeit der Testamentsvollstreckung an Kapitalgesellschaftsanteilen erscheint es in der Praxis häufig sinnvoll, die in der Theorie und Praxis komplizierten kautelarjuristischen Hilfslösungen zu umgehen und das einzelkaufmännische Unternehmen in eine neu gegründete oder auf Vorrat gehaltene Ein-Mann-GmbH einzubringen oder die Personengesellschaft in eine Kapitalgesellschaft umzuwandeln. [185]

Auch hier hat die Rechtsprechung[186] dem Testamentsvollstrecker im Grundsatz weitgehende Befugnisse im Rahmen der ihm zukommenden Nachlassverwaltung zuerkannt. Die Grenze wird im Einzelfall durch die Anordnungen des Erblassers bestimmt.[187] Sodann bedarf es stets der Zustimmung des Erben und - sofern vorhanden – der Mitgesellschafter, denn die Umwandlung verändert möglicherweise die Rechtsstellung der Gesellschafter.[188] Die Verwaltungsbefugnis des Testamentsvollstreckers setzt sich sodann trotz Verschmelzung und Spaltung (§ 20 UmwG) bzw. Formwechsels[189] (§ 202 Abs. 1 Nr. 2 UmwG) am neuen Gesellschaftsanteil fort.[190]

Im Ergebnis stellt damit diese Option einen interessanten und empfehlenswerten Ausweg aus dem grundsätzlichen Konflikt der erb- und gesellschaftsrechtlichen Haftungsordnungen bei Testamentsvollstreckung an Unternehmen dar.

I. Die steuerliche Verantwortung des Testamentsvollstreckers

I. Grundsätzliche Überlegungen

109 Die Besonderheit der Testamentsvollstreckung besteht darin, dass Vermögen zivilrechtlich einer bestimmten Person zugeordnet ist, nämlich dem Erben, die Verwaltungsbefugnis hingegen bei einer anderen Person liegt, nämlich dem Testamentsvollstrecker. Damit fallen Inhaberschaft und Ausübung des Rechtes auseinander. [191]

---

184 vgl. Weidlich in Mayer/Bonefeld/Wälzholz/Weidlich, Testamentsvollstreckung, 2. Auflage 2005, Rn. 432.

185 Zu Lebzeiten kann der Erblasser die notwendigen Schritte jederzeit selbst durchführen. Jedoch dürfte aus erbschaftssteuerlicher Sicht häufig eine Umwandlung erst nach dem Erbfall durch einen Testamentsvollstrecker vorteilhafter sein. Ausführlich hierzu Lorz (Unternehmensrecht) § 1 II, S.16 ff. u.a. mit Hinweis auf die besonderen Freibeträge bei den Personengesellschaften.

186 So etwa BGH, Urt. v. 3.12.1986 – IVa ZR 90/85, NJW 1987, 1070, 1071.

187 Brandner in Münchener Kommentar zum BGB § 2205 Rn. 42, der auf die Möglichkeit hinweist diese Anordnungen im Interesse des Nachlasses nach § 2216 Abs. 2 BGB zu umgehen.

188 Siehe AnwK/Weidlich, § 2205 Rn. 80.

189 Zu dieser wohl relevantesten Alternative J.Mayer ZEV 2002, 209, 214 f. .

190 AnwK/Weidlich, § 2205 Rn. 78, der allerdings diese Befugnisse infolge der Umwandlung nicht ausweiten will.

191 vgl. Piltz in Bengel/Reimann, Handbuch der Testamentsvollstreckung, Kap. 8. I. 1 Rn. 1.

Bei der Frage, ob die steuerlichen Pflichten nunmehr dem Erben oder dem Testamentsvollstrecker zugewiesen werden sollen, hat sich der Steuergesetzgeber nicht für eine durchgängig einheitliche „Entweder-Oder-Lösung" entschieden. Vielmehr hat er die vielfältigen Steuerpflichten, die eine Person treffen können, zum Teil dem Erben zum anderen Teil dem Testamentsvollstrecker zugewiesen, wobei auch noch innerhalb der unterschiedlichen Steuerarten differenziert wird.[192] Kenntnis von der Testamentsvollstreckung erlangt das Finanzamt automatisch. § 12 Abs. 1 ErbStDV ordnet an, dass das Nachlassgericht dem zuständigen Erbschaftssteuerfinanzamt eine Ausfertigung des Testamentsvollstreckerzeugnisses zu übersenden hat.

Handhabungshinweis:

Es muss für jede Steuer gesondert geprüft werden, welche steuerlichen Pflichten und Rechte den Testamentsvollstrecker und welche den Erben treffen. Dabei sind auf jeden Fall die einschlägigen BMF-Schreiben zu beachten.

Beispiel Erbschaftsteuer:

- Anzeigepflicht: Erwerber (Erbe);
- Pflicht zur Abgabe der Erklärung: Testamentsvollstrecker;
- Pflicht zur Steuerzahlung: Erwerber (Erbe)

Beispiel hinterzogene Steuer:[193]

Steuern wurden durch den Erblasser noch zu Lebzeiten zu niedrig angegeben. Der Testamentsvollstrecker stellt dies fest.

- Berichtigungspflicht nach § 153 AO: Testamentsvollstrecker
- Steuerschuldner: Erbe
- Zahlungspflichtiger: Testamentsvollstrecker aus dem seiner Verwaltung unterliegenden Vermögen

Bei aller Vorsicht können folgende gedankliche **Grundsätze**[194] festgehalten werden:

II. Zur Steuerpflicht des Testamentsvollstreckers 111

- Das Steuerrecht verpflichtet den Testamentsvollstrecker nur soweit, wie seine zivilrechtlichen Befugnisse im Einzelfall reichen.
- Der Testamentsvollstrecker ist Vermögensverwalter im Sinne des § 34 Abs. 3 AO, mehrere Testamentsvollstrecker haften gegenüber dem Fiskus gemeinschaftlich.
- Steuerpflichtiger i. S. des § 33 AO ist der Testamentsverwalter nur in dem Rahmen, in dem ihm Steuergesetze Pflichten zuweisen.

III. Zur Steuerschuldnerschaft des Testamentsvollstreckers[195] 112

- Steuerschuldner für das der Testamentsvollstreckung unterliegende Vermögen und seine Erträge ist gemäß § 20 Abs. 1 Satz 1 i.V.m. § 3 Abs 1 Nr. 1 ErbStG grundsätzlich nur der Erwerber[196], nicht der Testamentsvollstrecker.

192 vgl. Piltz in Bengel/Reimann, Handbuch der Testamentsvollstreckung, Kap. 8. I. 1 Rn. 4.
193 Sämtliche Beispiele nach Piltz in Bengel/Reimann, Handbuch der Testamentsvollstreckung, Kap. 8.1.1 Rn. 4.
194 Nach Piltz in Bengel/Reimann, Handbuch der Testamentsvollstreckung, Kap. 8.1.1 Rn. 5.
195 Vgl. Piltz in Bengel/Reimann, Handbuch der Testamentsvollstreckung, Kap. 8.1.1 Rn. 7.
196 BGH Urt. v. 10.09.2007 – 5 StR 213/07, RW, PStR 2007, 252.

- Ausnahmen können sich bei unternehmerischer Tätigkeit des Testamentsvollstreckers ergeben (z. B. Umsatzsteuerpflicht bei der Fortführung eines Einzelunternehmens).
- Der Testamentsvollstrecker haftet regelmäßig für die Steuerschulden des Erwerbers.

IV. Erklärungs- und Mitwirkungspflichten

113 Mit an Sicherheit grenzender Wahrscheinlichkeit werden im Zeitpunkt des Erbfalls nicht alle in der Person des Erblassers bereits entstandenen Steuern erklärt und die daraus entstandenen Steuerschulden beglichen sein. Dies gilt insbesondere für die laufenden Steuern, wie Einkommensteuer, Umsatzsteuer und Gewerbesteuer.

Sämtliche Steuerschulden sind Nachlassverbindlichkeiten, die im Wege der Universalsukzession gemäß § 45 AO auf den Erben übergehen. Auch in verfahrensmäßiger Hinsicht rücken die Erben in die Position des Erblassers ein.[197]

Den Erben treffen aber nicht nur die vollen Rechte des Steuerschuldners, wozu auch die in der Praxis häufig übersehene Abgabe der Steuererklärung zum Zwecke der Steuerrückerstattung gehört, sondern auch die Pflichten des verstorbenen Steuerschuldners. Er ist daher wie zuvor der Erblasser verpflichtet, dem Finanzamt Auskunft zu geben, auch hat er eine Betriebsprüfung zu dulden.[198]

Durch die Testamentsvollstreckung ändert sich an der Stellung des Erben als Steuerschuldner zunächst nichts. Die steuerlichen Mitwirkungspflichten werden jedoch teilweise auf den Testamentsvollstrecker verlagert oder treffen den Testamentsvollstrecker zusätzlich zu den Erben. In welchem Umfang dies der Fall ist, richtet sich nach der jeweiligen Steuerart.

1. Einkommensteuer

114 Die Einkommensteuerpflicht des Erblassers endet mit seinem Tode.[199] Die für den Erblasser zu erstellende Einkommensteuererklärung erfasst daher nur die bis zu seinem Tode erzielten Einkünfte. Es findet keine Zusammenrechnung der Einkünfte des Erblassers mit den Einkünften der Erben statt.

Bei der Erstellung der Einkommensteuererklärung für den Erblasser werden die dem Erblasser zustehenden Wahlrechte durch den Testamentsvollstrecker ausgeübt. Zu diesen Wahlrechten gehören beispielsweise

- die Wahl der Zusammenveranlagung von Ehegatten gemäß § 26 Abs. 1 Satz 1 EStG,
- die Möglichkeit der Rücklagenbildung, z.B. § 7g EStG, wobei die Ausübung dieser Wahlmöglichkeit von der Finanzverwaltung sicherlich besonders kritisch beurteilt werden wird und nach Möglichkeit mit Unterlagen belegt werden sollte, die noch vom Erblasser selbst stammen,
- die Wahlmöglichkeit für die Geltendmachung erhöhter Abschreibungen oder Sonderabschreibungen,
- die Möglichkeit, bei Freiberuflern die Gewinnermittlung durch Vermögensvergleich oder Einnahme-Überschuss-Rechnung durchzuführen, § 4 Abs. 1, Abs. 3 EStG.

197 BFH Urt. v. 09.05.1978, BStBl. 1978 II, 501.
198 BFH Urt. v. 09.05.1978, BStBl. 1978 II, 501.
199 Vgl. Schmidt, Kommentar zum EStG, § 1 Rn. 14.

Praxishinweis:

Da die Ausübung der Wahlrechte unmittelbare Auswirkungen auf die Steuerlast hat und die Steuern von den Erben als Steuerschuldner zu begleichen sind, empfiehlt es sich für den Testamentsvollstrecker, rechtzeitig eine Abstimmung mit den Erben vorzunehmen. Dabei wird auch zu berücksichtigen sein, welche Auswirkung eine steuerliche Gestaltung – beispielsweise die Wahl einer Abschreibungsmethode – auf die steuerlichen Gestaltungsmöglichkeiten der Erben bei Fortführung des Wirtschaftsgutes hat.[200]

2. Umsatzsteuer

Die Unternehmereigenschaft kann nicht im Erbgang übergehen,[201] so dass die Unternehmereigenschaft mit dem Tod des Erblassers erlischt. Nur ausnahmsweise kann der Erbe zum Unternehmer werden, wenn in seiner Person die Voraussetzungen verwirklicht werden, an die das Umsatzsteuerrecht die Unternehmereigenschaft anknüpft.[202] 115

Gemäß § 45 AO rückt der Erbe als Gesamtsrechtsnachfolger in die abgabenrechtliche Stellung des Erblassers auch bezüglich der Umsatzsteuer ein und schuldet diese, soweit sie auf die vorangegangene Umsatztätigkeit des Erblassers zurückgeht, gegenüber dem Fiskus als Nachlassverbindlichkeit.

Soweit der Erblasser steuerliche Wahlmöglichkeiten, beispielsweise die Option zur Umsatzsteuer[203] ausgeübt hat, bleiben diese für den Erben bindend. Hat der Erblasser entsprechende Erklärungen noch nicht abgegeben, kann der Erbe mit Wirkung für die vom Erblasser veranlassten Umsätze die Gestaltung vornehmen. Bei entsprechender Verwaltungsbefugnis des Testamentsvollstreckers kommt diese Befugnis anstelle des Erben ihm zu.[204]

3. Gewerbesteuer

Die Rechtslage bei der Gewerbesteuer ist der der Umsatzsteuer vergleichbar. Nach § 2 Abs. 5 GewStG gilt der Tod des Unternehmers als Einstellung des Gewerbebetriebes durch ihn und als Neugründung durch den Erben, wenn er den Betrieb fortführt.[205] 116

Die gewerbesteuerrechtlichen Wahlmöglichkeiten, z.B. nach § 9 Nr. 1 Satz 2 und Nr. 7 Satz 2 GewStG übt der Testamentsvollstrecker aus.[206]

4. Grunderwerbsteuer

Grunderwerbsteuerliche Vorgänge werden nur dann relevant, wenn sie vom Erblasser noch zu dessen Lebzeiten verwirklicht wurden, beispielsweise weil er vor seinem Tode ein Grundstück gekauft hat. Die im Rahmen dieser Steuerart bestehenden Wahlrechte, beispielsweise § 16 GrEStG 117

200 Vgl. Piltz in Bengel/Reimann, Handbuch der Testamentsvollstreckung Kapitel 8 Rn. 16.
201 vgl. BFH Urt. v. 19.11.1970, BStBl. 1971 II, 121.
202 Vgl. Abschnitt 19 Abs. 5 Umsatzsteuerrichtlinien 2005 vom 16.12.2004 (BStBl. Sondernr. 3/2004).
203 Option zur Umsatzsteuer bedeutet, dass auf die Steuerbefreiung verzichtet wird, um zur Möglichkeit des Vorsteuerabzuges zu gelangen. Besondere praktische Bedeutung haben hier die Fälle des § 4 Nr. 12 UStG bei der Vermietung von Grundstücken. Im Übrigen zählt § 9 Abs. 1 UStG die optionsfähigen Umsätze abschließend auf.
204 Vgl. Piltz in Bengel/Reimann, Handbuch der Testamentsvollstreckung Kap. 8, Rn. 20.
205 Vgl. auch BFH, Urt. v. 01.04.1971, BStBl. 1971 II, 526.
206 Piltz in Bengel/Reimann, Handbuch der Testamentsvollstreckung Kapitel 8 Rn. 18.

werden vom Testamentsvollstrecker ausgeübt.[207]

Ist – wie häufig – durch den Testamentsvollstrecker der Nachlass auseinanderzusetzen, so stellt sich die Frage nach der Grunderwerbssteuer, wenn der Nachlass gleichmäßig zu verteilen ist und ein Miterbe das Grundstück im Rahmen der Teilung des Nachlasses übernimmt. Hier bestimmt § 3 Nr. 3 GrEStG, das Grunderwerbsteuer nicht anfällt, wenn das Nachlassgrundstück durch den Miterben übernommen wird. Durch Verwaltungsverfügung der OFD Hannover vom 03.11.2004 soll diese Befreiungsvorschrift nunmehr auch auf den Abkömmling eines Miterben angewendet werden.[208] Damit sind Gestaltungsmöglichkeiten durch das Überspringen einer Generation nunmehr leichter möglich.

5. Erbschaftsteuer

118 Mit dieser Steuerart hat sich der Testamentsvollstrecker regelmäßig zu befassen.[209] Nach § 31 Abs. 5 ErbStG ist die Erbschaftsteuererklärung durch den Testamentsvollstrecker abzugeben. Die Vorschrift erscheint umfassend, ist aber in der Praxis vom Umfang der angeordneten Testamentsvollstreckung her zu verstehen. Nur im Rahmen seines zivilrechtlichen Aufgabenkreises hat der Testamentsvollstrecker überhaupt die Möglichkeit, erbschaftsteuerlichen Verpflichtungen nachzukommen. Deshalb ist der Testamentsvollstrecker beispielsweise hinsichtlich Vermächtnisnehmern, Pflichtteilsberechtigten und Erbersatzanspruchsberechtigten grundsätzlich nicht zur Abgabe der Erbschaftsteuererklärung verpflichtet, es sei denn, die Testamentsvollstreckung würde sich ausdrücklich auch hierauf erstrecken.[210]

Ein vergleichbares Problem stellt sich bei der Verwaltungsvollstreckung, wenn Gegenstand der Vollstreckung nicht der gesamte Nachlass ist. Nach überwiegender Auffassung hat hier der Testamentsvollstrecker für den seiner Verwaltung unterliegenden Gegenstand die Erbschaftsteuererklärung abzugeben, der Erbe für die restlichen Vermögensgegenstände.

Für die Frage der Zustellung von Erbschaftsteuerbescheiden wird auf den Anwendungserlass zur Abgabenordnung verwiesen.[211]

Praxishinweis:

Die Verpflichtung zur Abgabe einer Erbschaftsteuererklärung kann vom Finanzamt erlassen werden, z.B. bei dürftigen Nachlass, der eine Steuerpflicht nicht entstehen lässt, bei gemeinnützigen Organisationen als Erben etc.. Vor Abgabe der Erbschaft der Erklärung sollte der Testamentsvollstrecker daher diese Möglichkeit sorgfältig prüfen.

Der Erbschaftsteuererklärung sollte das Nachlassverzeichnis beigefügt werden, § 31 Abs. 2 ErbStG.

Das Finanzamt ist vorsorglich aufzufordern, Mitteilung zu machen, wenn sich Abweichungen aufgrund von dem Finanzamt vorliegenden Anzeigen Dritter, z. B. Banken ergeben.

In geeigneten Fällen kann mit der Übersendung der Erklärung an das Finanzamt zugleich Stundungsantrag gestellt werden.

207 Piltz in Bengel/Reimann, Handbuch der Testamentsvollstreckung Rn. 23.
208 vgl. OFD Hannover, Vfg. v. 03.11.2004, S 4505-17-StO 261.
209 Zur Vermeidung von Haftungsverfahren für den Testamentsvollstrecker siehe § 10 E II.
210 BFH, Beschl. v. 09.06.1999 – II B 101/98, BStBl. II 1999, 529.
211 Vgl. BMF-Schreiben vom 15. Juli 1998 (BStBl Teil I 1998, S. 630) i.d.F. vom 03.01.2005 – Aktenzeichen: IV A 4 – S 0062 – 13/98.

In tatsächlich und rechtlich schwierigen Fällen sollte die Möglichkeit einer tatsächlichen Verständigung mit dem Finanzamt geprüft, z. B. bevor kostspielige Gutachten beauftragt werden.

6. Buchführungs- und Auskunftspflichten

Steuerliche Pflichten über die Aufzeichnung, Buchführung und Aufbewahrung von Unterlagen 119 treffen den Testamentsvollstrecker nicht. Verantwortlich hierfür ist vielmehr der Erbe, soweit er der Steuerpflichtige im Sinne der jeweiligen Steuergesetze ist. Dies gilt auch dann, wenn der Testamentsvollstrecker im Rahmen seiner Vollstreckung diese Pflichten gegenüber dem Erben zu erfüllen hat. Nur dann, wenn der Testamentsvollstrecker ein Gewerbebetrieb fortführt, ist er im Verhältnis zur Finanzverwaltung unmittelbar buchführungspflichtig.[212]

Nach § 93 Abs. 3 AO ist der Testamentsvollstrecker dem Finanzamt gegenüber jedoch umfassend auskunftspflichtig, ihm steht weder ein Auskunftsverweigerungsrecht als Angehöriger des Erben, noch als Angehöriger eines rechts- oder steuerberatenden Berufes zu. In beiden Fällen wird darauf verwiesen, dass der Testamentsvollstrecker nur zu Dingen Auskunft erteilen soll, die Gegenstand seiner Tätigkeit für den Erben sind, so dass ein Konflikt, der mit einem Recht, die Auskunft zu verweigern, vermieden werden soll, in diesen Fällen nicht bestehe.[213]

V. Anzeigepflicht nach § 153 AO

Die Fälle, in denen der Erblasser zu Lebzeiten Einkünfte und/ oder Erträgnisse hinterzogen hat, 120 sind in der Erbrechtspraxis nicht gerade selten. Strafrechtlich stellt sich i.d.R. kein Problem, weil der eigentliche Täter – der Erblasser – verstorben ist und eine etwaige strafrechtliche Verantwortlichkeit nicht „vererbt" werden kann. Problematischer wird es für den Testamentsvollstrecker schon mit der Erbschaftsteuererklärung. Häufig wird diese Erklärung abgegeben in dem guten Glauben, alle Vermögenswerte seien erfasst, später stellt sich jedoch beispielsweise Auslandsvermögen heraus.[214] Die Erklärung ist falsch, folglich ist sie nach § 153 AO zu berichtigen.

Gleiches gilt, wenn dem Testamentsvollstrecker Unregelmäßigkeiten in der Einkommensteuererklärung oder sonstigen Steuererklärungen des Erblassers auffallen. Auch hier ist – unter Berücksichtigung der Festsetzungsfrist (die bei Steuerhinterziehung zehn Jahre beträgt, vgl. §§ 169 Abs. 2, Satz 2, 171 Abs. 5 AO) – nach § 153 AO zu berichtigen.

Praxishinweis:

Keinesfalls sollte der Testamentsvollstrecker beim Bestehen einer Berichtigungspflicht dem Drängen der Erben nach weiterem Verschweigen nachgeben. Gerade der Erbfall mit seiner Vielzahl von Meldepflichten birgt die besonders große Gefahr, dass Steuersünden der Vergangenheit aufgedeckt werden.[215] Erschwert wird die Situation dadurch, dass die Finanzverwaltung dazu neigt, bestimmte Berufsgruppen – selbst wenn sie in einer Anstalt des öffentlichen Rechts[216] arbeiten – von vornherein unter den Generalverdacht einer Steuerhinterziehung zu stellen.

212 vgl. Daragan in Mayer/Bonefeld/Wälzholz/Weidlich, Testamentsvollstreckung, Rn. 870.
213 So Daragan in Mayer/Bonefeld/Wälzholz/Weidlich, Testamentsvollstreckung, Rn. 868 f., m.w.N.
214 So im Fall FG Düsseldorf, Urt. v. 10.07.2002 – 4 K 104/02, DStRE 2002, 1253.
215 Beachtenswert in diesem Zusammenhang auch die Entscheidung des BFH, Urt. v. 31.05.2006 – II R 66/04, DStR 2006, 2299-2302, wonach inländische Vermögensverwahrer und -verwalter verpflichtet sind, in die Anzeige nach § 33 ErbStG auch solche Vermögenswerte einzubeziehen, die in einer ausländischen Zweigniederlassung verwahrt werden.
216 Was dem Sachberarbeiter des Finanzamtes im nachfolgenden Beispielsfall vermutlich noch nicht einmal bewusst war.

Beispiel aus einer Einspruchsentscheidung:

Der Erblasser „war als Bankkaufmann bei der Kreisparkasse (...) beschäftigt. (...) Aufgrund der beruflichen Tätigkeit des Erblassers und dem Vorgehen bei der Geldanlage im Ausland bestehen für das Finanzamt keine Zweifel daran, dass der Erblasser eine Steuerhinterziehung begangen hat."

In jeder Anfängervorlesung zum Strafrecht wäre eine solche Leistung mit null Punkten bewertet worden. Eine juristische Subsumtion findet schlicht nicht statt. Der Sachbearbeiter gibt noch nicht einmal zu erkennen, ob ihm überhaupt bewusst ist, dass ein strafrechtlicher Unrechtsvorwurf neben der Verwirklichung eines objektiven Tatbestandes – wobei im vorliegenden Fall auch noch offen gelassen wird, welche Tatmodalität der Erblasser verwirklicht haben soll – die Feststellung des subjektiven Tatbestandes erfordert. Das gegen die Ehefrau des Erblassers geführte Strafverfahren war übrigens gemäß § 170 Abs. 2 StPO mangels hinreichenden Tatverdachtes eingestellt worden.

121 Jeder Testamentsvollstrecker, insbesondere derjenige, der in seiner sonstigen beruflichen Praxis nicht täglich mit der Finanzverwaltung zu tun hat, ist daher gut beraten, sich nicht darauf zu verlassen, dass im Besteuerungsverfahren eine unvoreingenommene Prüfung der Sach- und Rechtslage stattfindet.[217] Gefährlich werden kann die Situation aber auch für einen versierten steuerlichen Berater. Denn auch er kann sich als Testamentsvollstrecker wegen Steuerhinterziehung durch Unterlassen aufgrund unterlassener Berichtigung strafbar machen, § 370 Abs. 1 Nr. 2 i.V.m. § 153 Abs. 1 Satz 1 Nr. 1 AO.[218]

Gleichwohl ist zu konstatieren, dass die Anzeigepflicht des Testamentvollstreckers nicht unbegrenzt besteht. Durch ein bloßes Erkennenmüssen wird sie nicht in Gang gesetzt.[219] Die Grenze ist dort zu ziehen, wo der Testamentsvollstrecker tatsächlich erkennt, dass Unrichtigkeiten oder gar Steuerhinterziehungen vorliegen. Dann ist er verpflichtet, dies gemäß §§ 153 Abs. 1, Satz 2, 34 AO unverzüglich anzuzeigen und die erforderliche Richtigstellung vorzunehmen.

Gestaltungshinweis:

Die Pflichten des Testamentsvollstreckers bestehen in steuerlicher Hinsicht im Verhältnis zum deutschen Fiskus grundsätzlich auch für ausländisches Vermögen und zwar unabhängig davon, ob die Testamentsvollstreckung selbst als Rechtsinstitut im Ausland anerkannt wird. Um die sich aus diesem Umstand ergebenden Haftungsrisiken zu vermeiden, sollte der Umfang der Befugnisse des Testamentsvollstreckers durch entsprechende testamentarische Anordnung auf das inländische Vermögen beschränkt werden.[220]

Für den Erben wird die Möglichkeit gesehen, sich durch eine Erbausschlagung – oder, weil vom Zeitablauf in der Praxis sehr viel näherliegend – durch eine Anfechtung der Annahme der Erbschaft wegen Irrtums von der Pflicht zur Berichtigung zu befreien.[221]

217 Die beschränkten personellen Kapazitäten der Finanzverwaltung dürften hierfür nur eine Erklärung sein, überdies ohnehin keine Entschuldigung. Entsprechend den Erkenntnissen von Söffing, DB 2006, 2479-2481, liegt es eher an der Einstellungshaltung der konkreten Sachbearbeiter: Die Finanzverwaltung folgt blind den Erkenntnissen der Betriebsprüfung, die wiederum vom Diktat des Mehrergebnisses bestimmt ist. Das Einspruchsverfahren ist in vielen Fällen faktisch überflüssig, denn es gibt nur vereinzelte Fälle, in denen die Einspruchsentscheidung von den angefochtenen Bescheiden abweicht.

218 Vgl. BGH, Urt. v. 10.09.2007, 5 StR 213/07, PStR 2007, 252.

219 Tipke in Tipke-Kruse, Abgabenordnung/FGO, § 153 Tz. 12. (Lfg. 95 - 07/2001).

220 Szczesny/Wälzholz, BBEV 2007, 377, 381.

221 Szczesny/Wälzholz, BBEV 2007, 377, 379.

VI. Steuerliche Besonderheiten bei der Testamentsvollstreckung an Unternehmen im Rahmen der Treuhandlösung

Die treuhänderische Fortführung eines Unternehmens durch den Testamentsvollstrecker gestaltet sich aufgrund der unterschiedlichen Implikationen von Erbrecht einerseits und Handels- und Gesellschaftsrecht andererseits bereits auf der zivilrechtlichen Ebene überaus kompliziert.[222] Die steuerliche Seite gestaltet sich nicht weniger unübersichtlich. Während die umsatzsteuerliche Beurteilung der Vollrechtstreuhand an einem einzelkaufmännischen Unternehmen durch die höchstrichterliche Rechtsprechung als geklärt angesehen werden kann[223], ist für die Ertragsteuern noch keine klare Linie erkennbar[224]. Die steuerlichen Folgen der Treuhandlösung sollen daher für die wesentlichen Steuerarten nachfolgend überblicksmäßig dargestellt werden. 122

1. Umsatzsteuer

Führt der Testamentsvollstrecker ein einzelkaufmännisches Unternehmen als Vollrechtstreuhänder, tritt er auch im Außenverhältnis als Unternehmer auf. Das Umsatzsteuerrecht folgt insoweit den im Außenverhältnis begründeten schuldrechtlichen Leistungsbeziehungen – Unternehmer mit allen umsatzsteuerlichen Konsequenzen ist demnach (auch) der Testamentsvollstrecker. 123

Die Begründung einer Vollrechtstreuhand an einem einzelkaufmännischen Unternehmen bleibt als solche ohne umsatzsteuersteuerliche Konsequenzen, da das wirtschaftliche Eigentum bei dem oder den Treugeber-Erben verbleibt.[225] Liefert der Vollrechtstreuhänder bzw. Testamentsvollstrecker sodann die zunächst im wirtschaftlichen Eigentum des bzw. der Treugeber-Erben verbliebenen Gegenstände an Dritte weiter, werden umsatzsteuerlich Lieferungen des bzw. der Treugeber-Erben an den Vollrechtstreuhänder bzw. Testamentsvollstrecker und von diesem an die Endabnehmer angenommen (§ 3 Abs. 3 UStG).[226]

Hieraus folgt, dass auch der oder die Treugeber-Erbe(n) zumindest im Rahmen der Begründung der Treuhandschaft originär Unternehmer im Sinne des UStG werden, denn derivativ können sie die nicht vererbliche Unternehmereigenschaft nicht erworben haben.[227] Ebenso bleibt die Auflösung der Vollrechtstreuhandschaft hinsichtlich der im wirtschaftlichen Eigentum des oder der Treugeber-Erben verbliebenen Gegenstände umsatzsteuerneutral. Ergänzend ist bei Beendigung der Testamentsvollstreckung § 1 Abs. 1a UStG zu prüfen.[228]

Ebenso ist die Begründung und Beendigung einer Vollrechtstreuhand an dem Anteil eines persönlich haftenden Gesellschafters einer Personengesellschaft nicht umsatzsteuerbar, da der oder die Treugeber-Erben weiterhin wirtschaftliche Eigentümer an dem Gesellschaftsanteil bleiben und es insoweit bereits an einer sonstigen Leistung mangelt. Die Personengesellschaft als solche bleibt Unternehmer gemäß § 2 UStG. Der Vollrechtstreuhänder bzw. Testamentsvollstrecker 124

222 Siehe oben § 7 H 5.
223 BFH, Urteil vom 11.10.1990, V R 75/85, BStBl II 1990, S. 191
224 Wälzholz/Vassel-Knauf in Mayer/Bonefeld/Wälzholz/Weidlich, Testamentsvollstreckung, 2. Auflage 2005, Rn. 1140.
225 Eden, Treuhandschaft an Unternehmen und Unternehmensanteilen, 3. Auflage 2007, S. 235
226 Eden, a.a.O., S. 233
227 Piltz in Bengel/Reimann, a.a.O., S. 408
228 Eden, a.a.O., S. 237

wird jedoch mit (Sonder-)Entgelten, die er für Geschäftsführungsleistungen erhält, der Umsatzbesteuerung unterliegen.[229]

2. Ertragsteuern (Einkommen- und Gewerbesteuer)

125 Nach § 2 Abs. 1 Satz 1 EStG sind Einkünfte der Person zuzurechnen, die sie „erzielt".[230] Einkünfte sind demnach demjenigen zuzurechnen, der den konkreten Tatbestand der Einkunftserzielung erfüllt. Bei gewerblichen Betrieben ist dies derjenige, der als (Mit-)Unternehmer mit eigener Initiative und eigenem Risiko wirtschaftet.[231]

Bei der Vollrechtstreuhand an einem einzelkaufmännischen Unternehmen oder an einem Anteil eines persönlich haftenden Gesellschafters ist denkbar, dass:

- nur der Testamentsvollstrecker (Mit-)Unternehmer wird
- nur der oder die Erben (Mit-)Unternehmer werden
- beide zusammen – vergleichbar einer atypisch stillen Gesellschaft oder atypischen Unterbeteiligung – Mitunternehmer werden

Während in einem Teil der Literatur im Wesentlichen unter Rückgriff auf ein Urteil des BFH aus dem Jahre 1995[232] die Auffassung vertreten wird, dass für den Regelfall nur der oder die Erben (Mit-)Unternehmer werden[233], wird hier davon ausgegangen, dass der Testamentsvollstrecker mit dem oder den Erben vergleichbar einer atypisch stillen Gesellschaft oder atypischen Unterbeteiligung eine Innengesellschaft bildet. Damit würden sowohl der Testamentsvollstrecker in seiner Eigenschaft als Vollrechtstreuhänder als auch der oder die Treugeber-Erben gemeinsam gewerbliche Einkünfte erzielen. Dies gilt entsprechend für die übrigen Gewinneinkünfte gemäß § 2 Abs. 1 Satz 1 Nr. 1 und Nr. 3 EStG.

126 Vom Ergebnis her bleibt dies im Vergleich zur gängigen Auffassung jedoch ohne Konsequenzen, denn letztlich werden Gewinne, Verluste und Verlustausgleichsmöglichkeiten nur dem oder den Treugeber-Erben zugerechnet.

Mit dem zitierten Urteil aus dem Jahre 1995 hat der BFH entschieden, dass ein Kommanditist auch dann Mitunternehmer bleibt, wenn der ihm testamentarisch vermachte Kommanditanteil einer auch zivilrechtlich zulässigen (treuhänderischen) Verwaltungstestamentsvollstreckung unterliegt.[234] Keine Aussage hingegen hat der BFH – da nicht entscheidungserheblich – zur ertragsteuerlichen Behandlung des Testamentsvollstreckers getroffen. Ebenso ist die eher passive Testamentsvollstreckung über einen Kommanditanteil nicht mit einer aktiven Vollrechtstreuhand an einem einzelkaufmännischen Unternehmen oder an einem Anteil eines persönlich haftenden Gesellschafters einer Personengesellschaft vergleichbar.

(Mit-)Unternehmer ist, wer Unternehmerinitiative entfalten kann und Unternehmerrisiko trägt.[235] Dabei ist (Mit-)Unternehmer diejenige Person, nach deren Willen und auf deren Rechnung und Gefahr das Unternehmen in der Weise geführt wird, dass sich der Erfolg oder Misserfolg in ihrem Vermögen unmittelbar niederschlägt. Beide Zurechnungskriterien (Initiative und Risiko) müssen

229 BMF, Schreiben vom 31.05.2007, BStBl I 2007, S. 503
230 Lang in Tipke/Lang, Steuerrecht, 18. Auflage 2005, § 9, Rn. 150
231 Lang, a.a.O., § 9, Rn. 154; Schmidt/Wacker, EStG, § 15, Rn. 262
232 BFH, Urteil vom 16.05.1995, VIII R 18/93, DStR 1995, S. 1423
233 Wälzholz/Vassel-Knauf, a.a.O., Rn 1140; Scherer/Lorz, MAH Erbrecht, § 19 Rn. 304; Schmidt/Wacker, a.a.O., § 15, Rn. 301
234 Weidlich, a.a.O., Rn. 409
235 Lang/Seer, Persönliche Zurechnung von Einkünften bei Treuhandverhältnissen, FR 1992, S. 637

vorliegen, können jedoch im Einzelfall mehr oder weniger stark ausgeprägt sein.[236]

Während der Testamentsvollstrecker im Außenverhältnis – zwar pflichtgebunden, jedoch mit weitreichender Handlungs- und Entscheidungsfreiheit – „Herr des Geschehens" wird und somit in seiner Person (Mit-)Unternehmerinitiative entfaltet, tragen der oder die Erben auf Grund ihrer mittelbaren Haftung das hauptsächliche (Mit-)Unternehmerrisiko. Gerade in der Person des Testamentsvollstreckers hat der Erblasser eine Person seines Vertrauens gesucht, die seine eigenen unternehmerischen Interessen weiterverfolgen soll. Besonders deutlich wird dies, wenn jüngeren und meist noch geschäftlich unerfahrenen Erben ein Testamentsvollstrecker auch im unternehmerischen Bereich zur Seite gestellt ist. Er soll und kann als „verlängerter Arm" des Erblassers handeln, bekleidet also nicht nur eine formale Rechtsposition. Seine (Mit-)Unternehmerinitiative kristallisiert sich in diesem Fall sehr deutlich heraus.

Der Testamentsvollstrecker trägt ungeachtet eines Freistellungsanspruchs im Innenverhältnis aber 127
auch (Mit-)Unternehmerrisiko, da er als Treuhänder zunächst unbeschränkt und unbeschränkbar im Außenverhältnis haftet und ebenso Haftungsrisiken im Innenverhältnis beispielsweise aus § 2219 BGB ausgesetzt ist. Ebenso können natürlich die Erben (Mit-)Unternehmerinitiative entfalten, da ihnen in aller Regel Stimm-, Kontroll- und Widerspruchsrechte verbleiben.[237]

Testamentsvollstrecker und Erbe(n) bilden auf Grund ihrer gleichgerichteten Interessen somit steuerlich eine Innengesellschaftet[238], die es nach hier vertretener Ansicht rechtfertigt, bei der Vollrechtstreuhand an einem einzelkaufmännischen Unternehmen und einem Anteil eines persönlich haftenden Gesellschafters an einer Personengesellschaft in den Kernbereichen auf die ertragsteuerlichen Grundsätze einer atypisch stillen Gesellschaft oder atypischen Unterbeteiligung zu rekurrieren.[239]

Für die einzelnen Phasen 128

- Begründung der Vollrechtstreuhand
- laufende Geschäftstätigkeit bei Vollrechtstreuhand
- Beendigung der Vollrechtstreuhand

ergeben sich für die Einkommensteuer und die Gewerbesteuer folgende Besonderheiten:

a) Begründung der Vollrechtstreuhand

aa) Einkommensteuer

Zivilrechtlich wird das Treugut (Sachen, Rechte und Schulden eines einzelkaufmännischen Un- 129
ternehmens oder Gesellschaftsanteil eines persönlich haftenden Gesellschafters) zwar auf Grund des Treuhandverhältnisses auf den Treuhänder übertragen[240], (ertrag)steuerlich wird das Treugut auf Grund der besonderen Zurechnungsvorschrift des § 39 Abs. 2 Nr. 1 Satz 2 AO jedoch wei-

236 Lang/Seer, a.a.O.
237 Schmidt/Wacker, a.a.O., § 15, Rn. 263.
238 Schmidt/Wacker, a.a.O., § 15 Rn. 362.
239 vgl. zur (Mit-)Unternehmerstellung des Testamentsvollstreckers BFH, Urteil vom 04.11.2004, III R 21/02, DStR 2005; S. 103; BFH, Urteil 17.11.1987, VIII R 83/84, DB 1988, S. 996; Eden, Treuhandschaft an Unternehmen und Unternehmensanteilen, 3. Auflage 2007, S. 181; Piltz in Bengel/Reimann, Handbuch der Testamentsvollstreckung, 3. Auflage 2001, S. 409; vgl. zur treuhänderischen Beteiligungsstruktur als Untergesellschaft Carlé/Bauschatz in Korn, Einkommensteuergesetz, § 15, Rn. 136.
240 Weidlich, a.a.O., Rn. 383.

terhin dem Treugeber, also dem oder den Erben als (Sonder-)Betriebsvermögen zugerechnet.[241] Der zivilrechtliche Übertragungsakt als solcher ist also ertragsteuerneutral, führt also nicht etwa zu einem Entstrickungstatbestand. § 6 Abs. 3 EStG braucht nicht mehr geprüft zu werden. Die Begründung einer Vollrechtstreuhand ist somit einkommensteuerlich unproblematisch.

Komplexere Fragestellungen treten aber insbesondere dann auf, wenn aus der gewerblichen Einkunftsquelle Verluste entstanden sind, die der Erblasser noch nicht im Wege eines horizontalen oder vertikalen Verlustausgleichs nutzen konnte. Noch nicht genutzte (gewerbliche) Verlustvorträge werden – außerhalb des Anwendungsbereichs von § 15a EStG – nach § 10d Abs. 4 Satz 1 EStG gesondert festgestellt. Ungeachtet der Begründung einer Innengesellschaft bleiben die Gesellschafter dieser Innengesellschaft Subjekte der Einkünftezurechnung[242] nur mit der Besonderheit, dass der Vollrechtstreuhänder nunmehr ein gewerbliches Unternehmen für Rechnung aller Gesellschafter betreibt bzw. in dieser Eigenschaft einen Anteil als persönlich haftender Gesellschafter einer Personengesellschaft hält.[243] Die Begründung einer Vollrechtstreuhand als solche hat keinen direkten Einfluss auf die einkommensteuerliche Nutzbarkeit von durch den Erblasser ungenutzten Verlustvorträgen. Hier ist auf die allgemeinen, jedoch umstrittenen Grundsätze zurück zu greifen, wonach der oder die Nachfolger unter bestimmten Umständen die von dem Erblasser noch nicht genutzten Verluste im Rahmen ihrer eigenen Einkünfteermittlung geltend machen können.[244] Relevant ist dies nur für den oder die Treugeber-Erben, für den bzw. die im Einzelfall zu prüfen ist, ob ungenutzte Verlustvorträge des Erblassers insbesondere mit ihren eigenen gewerblichen Einkünften aus der neu konstituierten Innengesellschaft verrechnet werden können.

bb) Gewerbesteuer

130 Bei der Vollrechtstreuhand an einem einzelkaufmännischen Unternehmen wird nach hier vertretener Auffassung vergleichbar einer atypisch stillen Gesellschaft eine Mitunternehmerschaft im Sinne von § 15 Abs. 1 Nr. 2 Satz 1 EStG zwischen dem Vollrechtstreuhändern bzw. Testamentsvollstrecker und dem oder den Treugeber-Erben begründet.

Sachlich gewerbesteuerpflichtig wird die Mitunternehmerschaft (§ 2 Abs. 2 Satz 1 GewStG), während sich die persönliche Steuerpflicht (Steuerschuldnerschaft, § 5 Abs. 1 GewStG) auf den Vollrechtstreuhänder bzw. Testamentsvollstrecker als „Inhaber des Handelsgeschäfts" verlagert.[245] Ihm gegenüber sind demnach auch die verfahrensrechtlichen Handlungen vorzunehmen. Selbst wenn man, wie die h. M., nur den oder die Treugeber-Erben weiterhin als Unternehmer i. S. d. § 5 Abs. 1 Satz 2 GewStG ansieht, so bleibt doch der Vollrechtstreuhänder bzw. Testamentsvollstrecker als die nach außen auftretende Person dem Fiskus als Bevollmächtigter und Verfügungsberechtigter des Unternehmers i. S. d. §§ 34 Abs. 1, 69 AO verpflichtet.[246] Mit dem Tode des Erblassers endet dessen sachliche Steuerpflicht nach § 2 Abs. 5 Satz 1 GewStG.[247] Durch die Begründung einer Vollrechtstreuhand an dem im Erbwege übergegangenen einzelkaufmännischen Unternehmen bildet sich ein neues Gewerbesteuerobjekt.

241 Eden, a.a.O., S. 205; Carlé/Fuhrmann, Unentgeltliche Begründung, Übertragung und Beendigung von Treuhandverhältnissen, FR 2006, S. 749.

242 Schmidt/Wacker, EStG, § 15, Rn. 250.

243 Schmidt/Wacker, EStG, § 15, Rn. 180.

244 Schmidt/Heinicke, EStG, § 10d, Rn. 13; BFH, Beschluss vom 17.12.2007, GrS 2/2004, ZEV 2008 S. 199: Danach kann der Erbe einen vom Erblasser nicht ausgenutzten Verlustabzug nach § 10d EStG nicht (mehr) bei seiner eigenen Veranlagung zur Einkommensteuer geltend machen. Die bisher gegenteilige Rechtsprechung des BFH ist jedoch aus Gründen des Vertrauensschutzes weiterhin in allen Erbfällen anzuwenden, die bis zum Ablauf des Tages der Veröffentlichung des BFH-Beschlusses eingetreten sind.

245 BFH, Urteil vom 12.11.1985, VIII R 364/83, BStBl II 1986, S. 311.

246 Blümich/Gosch, § 5 GewStG, Rn. 32.

247 BFH, Urteil vom 07.12.1993, VIII R 160/86, BStBl II 1994, S. 331.

Hingegen lässt eine Vollrechtstreuhand an dem Anteil eines persönlich haftenden Gesellschafters einer Personengesellschaft die ohnehin schon bestehende persönliche und sachliche Gewerbesteuerpflicht der Personengesellschaft als solche grundsätzlich unberührt.[248] Hier wird die Innengesellschaft zwischen Vollrechtstreuhänder bzw. Testamentsvollstrecker und dem oder den Treugeber-Erben sozusagen im Hintergrund begründet, ohne dass dies auf das steuerliche Außenverhältnis der schon existierenden Personengesellschaft durchschlägt.

Unabhängig von der Begründung einer Vollrechtstreuhand kann ein vorhandener Verlustvortrag nach § 10a GewStG aus einem einzelkaufmännischen Unternehmen nicht mehr genutzt werden.[249] Da Träger des Rechts auf den Verlustabzug der einzelne Gesellschafter und nicht die Personengesellschaft selbst ist, gilt dies gleichermaßen für den anteilig auf den verstorbenen persönlich haftenden Gesellschafter entfallenden Gewerbeverlust.[250] Gewerbesteuerliche Verlustvorträge des Rechtsvorgängers gehen insoweit ohnehin unter.

b) Laufende Geschäftstätigkeit bei Vollrechtstreuhand

aa) Einkommensteuer

Die Treuhandlösung an einem einzelkaufmännischen Unternehmen begründet einkommensteuerlich eine Mitunternehmerschaft nach § 15 Abs. 1 Nr. 2 Satz 1 EStG. Subjekt der Gewinnerzielung, Gewinnermittlung und Einkünftequalifizierung wird somit die aus Testamentsvollstrecker und Erben bestehende Innengesellschaft.[251] Der steuerliche Gesamtgewinn der Mitunternehmerschaft ist gemäß § 180 Abs. 1 Nr. 2a AO einheitlich und gesondert festzustellen und auf die Beteiligten aufzuteilen[252]. 131

Bei der Ergebnisverteilung ergibt sich die Besonderheit, dass der Vollrechtstreuhänder bzw. Testamentsvollstrecker nicht bzw. nur mittelbar am Ergebnis aus der laufenden Geschäftstätigkeit partizipiert. Dies ist bei der einheitlichen und gesonderten Feststellung zu berücksichtigen mit der Folge, dass nur dem oder den Treugeber-Erben laufende Einkünfte der regulären Geschäftstätigkeit zugerechnet werden können. Einbezogen in das Feststellungsverfahren wird allerdings auch die Testamentsvollstreckervergütung, die nunmehr in gewerbliche Einkünfte (Sondervergütung) umqualifiziert wird.[253] Die gewerbliche „Infektion" der Testamentsvollstreckervergütung schlägt ebenfalls auf die Gewerbesteuer durch.

Rekurriert man auf die Grundsätze einer atypisch stillen Unterbeteiligung, führt die Vollrechtstreuhand an dem Anteil eines persönlich haftenden Gesellschafters einer Personengesellschaft zum Entstehen einer Unterbeteiligungsgesellschaft zwischen Vollrechtstreuhänder bzw. Testamentsvollstrecker und dem oder den Treugeber-Erben. Diese Unterbeteiligungsgesellschaft ist ebenso wie die Hauptgesellschaft eine Mitunternehmerschaf i. S. von § 15 Abs. 1 Nr. 2 Satz 1 EStG[254], für die sodann ein besonderes einheitliches und gesondertes Feststellungsverfahren durchzuführen ist (§ 179 Abs. 2 Satz 3 AO).[255] Im Ergebnis führt dies zu einem zweistufigen Verfahren: Auf der ersten Stufe werden die anteiligen Einkünfte aus der laufenden Geschäftstätigkeit

248 Blümich/Gosch, § 5 GewStG, Rn. 67 ff.
249 BFH, Urteil vom 07.12.1993, VIII R 160/86, BStBl 1994 II, S. 331; Blümich/von Twickel, § 10a GewStG, Rn. 90.
250 BFH, Beschluss vom 03.05.1993, GrS 3/92, BStBl II 1993, S. 616.
251 Schmidt/Wacker, EStG, § 15, Rn. 347.
252 OFD Rostock, Verfügung vom 19.12.1999, DStR 2000, S. 591.
253 Piltz, a.a.O., S. 409.
254 Schmidt/Wacker, EStG, § 15, Rn. 366.
255 Schmidt/Wacker, EStG, § 15, Rn. 370.

der Personengesellschaft dem Vollrechtstreuhänder bzw. Testamentsvollstrecker und danach auf der zweiten Stufe dem oder den Treugeber-Erben zugerechnet.[256]

Sofern aus der laufenden Geschäftstätigkeit Verluste resultieren, wird der Verlustausgleich des Vollrechtstreuhänders bzw. Testamentsvollstreckers auf Grund einer Freistellungsvereinbarung im Innenverhältnis über § 15a Abs. 5 Nr. 2 EStG ausgeschlossen.[257] Daraus folgt, dass der oder die Treugeber-Erben Verluste jedoch nur dann einkommensteuerlich (sofort) nutzen werden können, wenn diese durch Inanspruchnahme aus der internen Verlustausgleichsverpflichtung auf dessen bzw. deren Ebene effektiv werden.[258]

bb) Gewerbesteuer

132 Gewerbesteuerobjekt bei der Treuhandlösung an einem einzelkaufmännischen Unternehmen wird die aus Vollrechtstreuhänder bzw. Testamentsvollstrecker und Treugeber-Erben bestehende Mitunternehmerschaft, während alleiniger Gewerbesteuerschuldner der Testamentsvollstrecker wird. Hingegen bleibt die Personengesellschaft, deren Anteil im Erbwege übergegangen und an dem sodann eine Vollrechtstreuhand begründet wird, als solche als Gewerbesteuerobjekt bestehen. Solange die Gesellschafterstruktur sodann unverändert bestehen bleibt, ergeben sich im Hinblick auf die zukünftige Nutzbarkeit von Gewerbeverlusten keine Probleme.

7

Die Vergütung des Testamentsvollstreckers wird ertragsteuerlich in eine Sondervergütung nach § 15 Abs. 1 Nr. 2 Satz 1 EStG umqualifiziert und geht somit auch in die gewerbesteuerliche Bemessungsgrundlage, den Gewerbeertrag (§§ 6, 7 GewStG), ein. Eine einkommensteuerliche Entlastung durch Anrechnung nach § 35 EStG kann jedoch beim Testamentsvollstrecker nicht eintreten, da dieser nach dem Ergebnisverteilungsschlüssel nicht am Ergebnis der laufenden Geschäftstätigkeit teilnimmt. Denn im Innenverhältnis wird das Ergebnis der laufenden Geschäftstätigkeit allein dem oder den Treugeber-Erben zugerechnet, was als maßgebliche Ergebnisverteilung auch für § 35 EStG und die Aufteilung des Gewerbesteuer-Messbetrags anzuerkennen ist.[259] Diesem steuerlichen Nachteil des Testamentsvollstreckers ist allerdings entgegen zu halten, dass die Testamentsvollstreckervergütung einen Gewerbesteuererhöhungseffekt nach sich zieht und die Gewerbesteuer letztlich – wenn auch nur mittelbar – von dem oder den Treugeber-Erben getragen wird. Beide Effekte sind gegeneinander abzuwägen und bedürfen einer vertraglichen Regelung.

c) Beendigung der Vollrechtstreuhand

aa) Einkommensteuer

133 Die Beendigung der Vollrechtstreuhand an einem einzelkaufmännischen Unternehmen oder an einem Anteil eines persönlich haftenden Gesellschafters einer Personengesellschaft, also insbesondere die zivilrechtliche Rückübertragung bzw. -abtretung, löst keinen Entstrickungstatbestand aus. Denn ertragsteuerlich erfolgte die Zurechnung weiterhin bei den Treugeber-Erben, so dass es auch zu keiner gewinnrealisierenden Rückübertragung kommen kann.[260]

Sofern der oder die Treugeber-Erben bei der Vollrechtstreuhand an einem einzelkaufmännischen Unternehmen Verluste noch nicht effektiv ausgeglichen haben und es somit nur zu einem verre-

256 BFH, Urteil vom 13.03.1986, IV R 204/84, BStBl II 1986, S. 584.
257 Schmidt/Wacker, EStG, § 15a, Rn. 201; BFH, Urteil vom 10.07.2001, VIII R 45/98, BStBl II 2002, S. 339.
258 Schmidt/Wacker, EStG, § 15a, Rz. 198; BFH, Urteil vom 16.10.2007, VIII R 21/06; GmbHR 2008, S. 157.
259 BMF, Schreiben vom 19.09.2007, DStR 2007, S. 1769.
260 Carlé/Fuhrmann, Unentgeltliche Begründung, Übertragung und Beendigung von Treuhandverhältnissen sowie von Anteilen an mitunternehmerischen Innengesellschaften, FR 2006, S. 749.

chenbaren Verlust nach § 15a Abs. 4 EStG gekommen ist, stellt sich die Frage, ob diese nur verrechenbaren Verluste zukünftig noch nutzbar sind. Hier wird man sinngemäß auf die Rechtsprechung des BFH zur Umwandlung der Rechtsstellung eines Kommanditisten in die eines persönlich haftenden Gesellschafters zurück greifen können. Daraus folgt, dass der nunmehr persönlich haftende Gesellschafter bzw. spätere Einzelunternehmer verrechenbare Verluste zukünftig noch nutzen kann[261], allerdings keine Umpolung in sofort ausgleichsfähige Verluste stattfindet. Für den oder die Treugeber-Erben bedeutet dies, dass sie für ihre ggf. zunächst nur nach § 15a Abs. 4 EStG verrechenbaren Verluste keinen späteren Untergang – ausreichende zukünftige Gewinne vorausgesetzt – befürchten müssen. Dies wird sinngemäß bei der Auflösung einer Vollrechtstreuhand an dem Anteil eines persönlich haftenden Gesellschafters einer Personengesellschaft gelten.

bb) Gewerbesteuer

Gewerbesteuerlich ist die Entstrickung der Vollrechtstreuhand als solche ebenfalls steuerneutral, 134
da auch hier eine gewinnrealisierende Rückübertragung ausscheidet.[262]

Gewerbeverluste, die während des Bestehens der Vollrechtstreuhand an einem einzelkaufmännischen Unternehmen bzw. der mitunternehmerischen Innengesellschaft entstanden sind, sind nach Maßgabe des allgemeinen Gewinnverteilungsschlüssels auf die Gesellschafter aufzuteilen (§ 10a Sätze 4 und 5 GewStG). Auf Grund des „allgemeinen Gewinnverteilungsschlüssels" für die aus Testamentsvollstrecker bzw. Vollrechtstreuhänder und dem oder den Treugeber-Erben bestehenden Innengesellschaft entfällt der Gewerbeverlust jedoch bereits in voller Höhe auf den oder die Treugeber-Erben. Nur letzteren steht demnach auch die Möglichkeit zu, ungenutzte Gewerbeverluste künftig zu nutzen und zwar auch dann, wenn der oder die Treugeber-Erben das einzelkaufmännische Unternehmen künftig alleine fortführen. Insoweit liegt die notwendige Unternehmens- und Unternehmeridentität vor, die bei dem hierzu vergleichbaren Übergang eines ganzen Gewerbebetriebs von einer Personengesellschaft auf einen ihrer Gesellschafter gefordert wird.[263] Gleiches gilt für die Auflösung einer Vollrechtstreuhand an einem Anteil eines persönlich haftenden Gesellschafters einer Personengesellschaft.

3. Grunderwerbsteuer

Spätestens mit der Auflassung eines Grundstücks an den Vollrechtstreuhänder entsteht Grunder- 135
werbsteuer nach § 1 Abs. 1 Nr. 2 GrEStG.[264] In Ermangelung einer Gegenleistung bemisst sich die Grunderwerbsteuer nach den Grundbesitzwerten gemäß § 138 Abs. 2 und 3 BewG, die insoweit als Ersatzbemessungsgrundlage herangezogen werden (§ 8 Abs. 2 Nr. 1 GrEStG).[265] Kommt es später zur Rückübertragung eines Grundstücks vom Vollrechtstreuhänder bzw. Testamentsvollstrecker auf den oder die Treugeber-Erben, wird dieser an sich grunderwerbsteuerbare Vorgang über § 3 Nr. 8 GrEStG steuerfrei gestellt.[266] Besondere Beachtung sollte auch die Vorschrift des § 16 Abs. 2 GrEStG finden, nach der sowohl die ursprüngliche Übertragung von dem oder den Treugeber-Erben auf den Vollrechtstreuhänder bzw. Testamentsvollstrecker als auch die spätere Rückübertragung innerhalb eines 2-jährigen Zeitraums auf Antrag steuerfrei gestellt werden kön-

261 Schmidt/Wacker, EStG, § 15a, Rn. 185.
262 Carlé/Fuhrmann, Unentgeltliche Begründung, Übertragung und Beendigung von Treuhandverhältnissen sowie von Anteilen an mitunternehmerischen Innengesellschaften, FR 2006, S. 749.
263 Blümich/von Twickel, § 10a GewStG, Rn. 84.
264 Eden, a.a.O., S. 248; Oberste Finanzbehörden der Länder, gleichlautender Erlass vom 12.10.2007, DStR 2008, S. 355.
265 Eden, a.a.O., S. 248.
266 Eden, a.a.O., S. 253.

nen.[267] Die §§ 5 und 6 GrEStG sind trotz der aus Vollrechtstreuhänder bzw. Testamentsvollstrecker und Treugeber-Erben bestehenden Innengesellschaft darüber hinaus nicht anwendbar, da für die Innengesellschaft kein Gesamthandsvermögen begründet wird. Vor diesem Hintergrund wird es sich empfehlen, von einer zivilrechtlichen Übereignung von Grundstücken auf den Vollrechtstreuhänder bzw. Testamentsvollstrecker abzusehen und auf „Ersatzkonstruktionen", z. B. eine pacht- oder mietweise Überlassung, zurück zu greifen.

Im Zuge der Begründung einer Vollrechtstreuhand an dem Anteil eines persönlich haftenden Gesellschafters einer grundbesitzenden Personengesellschaft kann ein grunderwerbsteuerrelevanter Tatbestand ausgelöst werden, wenn hierdurch mindestens 95 Prozent der Anteile von dem oder den Treugeber-Erben auf den Vollrechtstreuhänder bzw. Testamentsvollstrecker übertragen werden.[268] Darüber hinaus ist zwar noch § 1 Abs. 3 GrEStG zu prüfen, der jedoch für Personengesellschaften bei Vorhandensein weiterer Gesellschafter, auch einer vermögensmäßig nicht beteiligten Komplementärgesellschaft (GmbH), in der Regel keine Anwendung findet.[269]

4. Erbschaft- und Schenkungsteuer

136 Während für Privatvermögen argumentiert wird, dass auf Grund der Rückübertragungsverpflichtung bereits eine erbschaft- bzw. schenkungsteuerliche Bereicherung des Vollrechtstreuhänders bzw. Testamentsvollstreckers ausscheidet[270], wird für Betriebsvermögen auf das ansonsten dem Erbschaft- und Schenkungsteuerrecht fremde wirtschaftliche Eigentum, also auf § 39 Abs. 2 Nr. 1 Satz 2 AO, rekurriert.[271] Dies folgt aus den bewertungsrechtlichen Grundsätzen zur sog. verlängerten Maßgeblichkeit, nach der ein im wirtschaftlichen Eigentum des Treugebers stehendes und in dessen Handels- und Steuerbilanz ausgewiesenes Wirtschaftsgut weiterhin dem Treugeber zugerechnet wird.[272] Somit führt weder die Begründung noch die Beendigung einer Vollrechtstreuhand an einem einzelkaufmännischen Unternehmen oder an dem Anteil eines persönlich haftenden Gesellschafters einer Personengesellschaft zu schenkungsteuerlichen Problemen.

Im Bereich der Erbschaft- und Schenkungsteuer sehr umstritten ist allerdings der unentgeltliche Übergang der Treugeberstellung. Hier wird von der Finanzverwaltung die Auffassung vertreten, dass die erbschaft- und schenkungsteuerlichen Begünstigungen für Betriebsvermögen nicht greifen, da letztlich ein mit dem gemeinen Wert zu bewertender Sachleistungsanspruch übertragen wird.[273]

5. Zusammenfassung und Gestaltungshinweise

137 Durch höchtsrichterliche Rechtsprechung ist geklärt, dass der Testamentsvollstrecker bei einer Vollrechtstreuhand an einem einzelkaufmännischen Unternehmen die Unternehmereigenschaft

267 Eden, a.a.O., S. 253.
268 Eden, a.a.O., S. 259.
269 Eden, a.a.O., S. 259.
270 Jülicher, Treuhandverhältnisse im Erbschaftsteuerrecht, DStR 2001, S. 2177.
271 Jülicher, a.a.O.
272 Eden, a.a.O., S. 272.
273 koordinierter Ländererlass vom 28.06.2005, entspricht Erlass FinMin. Bayern vom 14.06.2005, DStR 2005, S. 1231; bundesweit koordinierte Ergänzungen durch Erlass FinMin. Baden-Württemberg vom 16.02.2007, ZEV 2007, S. 192 sowie OFD Rheinland und Münster, Verfügung vom 30.03.2007, ZEV 2007, S. 295; zur Kritik: Wälzholz, Die neuen Treuhanderlasse vom 16.02.2007 und 30.03.2007: Die fiskalische Auslegung contra legem geht weiter (m.w.N.); Jülicher, ZErb 2007, S. 157.

im Sinne des Umsatzsteuergesetzes mit allen umsatzsteuerlichen Konsequenzen hieraus bekleidet. Besonders zu beachten ist jedoch, dass der oder die Treugeber-Erben auch Unternehmer werden und zwar für die Gegenstände, für die umsatzsteuerlich nach „Kommissionsgrundsätzen" mehrere Lieferungen angenommen werden (§ 3 Abs. 3 UStG).

Ertragsteuerliche Fragen werden in der Literatur zur Testamentsvollstreckung in Gestalt der Vollrechtstreuhand unterschiedlich kommentiert. Hier wird die Auffassung vertreten, dass zwischen Testamentsvollstrecker bzw. Vollrechtstreuhänder und dem oder den Treugeber-Erben eine ertragsteuerliche Mitunternehmerschaft (Innengesellschaft) begründet wird. Die Testamentsvollstreckervergütung wird somit mit in die gewerbesteuerliche Bemessungsgrundlage einbezogen – getragen wird die hierauf entfallende Gewerbesteuerbelastung jedoch letztlich von dem oder den Treugeber-Erben. 138

Bei Verlusten aus der laufenden Geschäftstätigkeit ist allerdings darauf zu achten, dass diese durch den oder die Treugeber-Erben effektiv ausgeglichen werden, da es ansonsten zu (zunächst) nur verrechenbaren Verlusten nach § 15a Abs. 4 EStG kommen kann.

Vorsicht ist auch bei Grundstücksübertragungen auf den Testamentsvollstrecker bzw. Vollrechtstreuhänder geboten, denn hier kann es zu einer effektiven Belastung mit Grunderwerbsteuer kommen. Hier sollten Ersatzlösungen, z. B. pacht- oder mietweise Grundstücksüberlassungen, geprüft werden.

Erbschaft- bzw. schenkungsteuerlich ist die Begründung und Auflösung der Testamentsvollstreckung bzw. Vollrechtstreuhand steuerneutral. Sehr umstritten ist hingegen die Übertragung der Treugeber-Stellung, da die Finanzverwaltung erbschaft- bzw. schenkungsteuerliche Begünstigungen nicht gewähren will.

VII. Übersicht: Wesentliche steuerliche Unterschiede zwischen Vollmachts- und Treuhandlösung bei der Testamentsvollstreckung im Unternehmensbereich

	Vollmachtslösung	Treuhandlösung
Unternehmer i. S. des UStG	Erbe(n)	primär Testamentsvollstrecker, aber auch Erbe(n) auf Grund Weiterlieferung der zunächst im wirtschaftlichen Eigentum des bzw. der Treugeber-Erben verbliebenen Gegenstände durch den Testamentsvollstrecker an Dritte
(Mit-)Unternehmer i. S. des EStG	Erbe(n)	steuerlich relevante Mitunternehmerschaft zwischen Treugeber-Erbe(n) und Testamentsvollstrecker in Gestalt einer Innengesellschaft
Gewerbesteuerobjekt i. S. des GewStG	der von dem oder den Erben fortgeführte Gewerbebetrieb	der von dem Testamentsvollstrecker und den Treugeber-Erben fortgeführte Gewerbebetrieb

	Vollmachtslösung	Treuhandlösung
Gewerbesteuerschuldner i. S. des GewStG	Erbe(n)	Testamentsvollstrecker
Gesondertes und einheitliches Feststellungsverfahren	Feststellungsbeteiligte: ggf. nur Erben	Feststellungsbeteiligte: Testamentsvollstrecker und Treugeber-Erben
Grunderwerbsteuer	nicht relevant	bei Grundstücksübertragung von dem oder den Treugeber-Erben auf Vollrechtstreuhänder
Erbschaft- und Schenkungsteuer	nicht relevant	bei Weiterübertragung der Treugeberstellung, nach Auffassung der Finanzverwaltung Bewertung mit gemeinem Wert ohne etwaige Begünstigungen für Betriebsvermögen

§ 8 Die Beendigung des Testamentsvollstreckeramtes

A. Regelfälle der Amtsbeendigung

Das Amt des Testamentsvollstreckers endet regelmäßig mit der Erledigung aller ihm zugewiesener Aufgaben. Bei der Abwicklungsvollstreckung ist das nach der vollständigen Aufteilung des Nachlasses der Fall. Neben der Erledigung aller Aufgaben des Testamentsvollstreckers können weitere Gründe für die Beendigung der Testamentsvollstreckung in der letztwilligen Verfügung angeordnet sein, beispielsweise ein bestimmter Endtermin oder eine auflösende Bedingung für die Vollstreckung.[1] Eine Verwaltungsvollstreckung endet darüber hinaus im Regelfall[2] spätestens 30 Jahre nach dem Erbfall, § 2210 Satz 1 BGB. Diese Frist gilt nicht für die normale Abwicklungsvollstreckung, hier geht der Gesetzgeber davon aus, dass sie sich ohnehin in angemessener Zeit erledigt.[3] 1

B. Sonderfälle der Amtsbeendigung

I. Eintritt der Amtsunfähigkeit

Die Testamentsvollstreckung endet spiegelbildlich mit den Gründen, die eine Ernennung ausschließen, also wenn der Testamentsvollstrecker (beschränkt) geschäftsunfähig oder für ihn zur Besorgung seiner Vermögensangelegenheiten ein Betreuer im Sinne des § 1896 BGB bestellt wird, §§ 2225 2. Fall, 2201 BGB. Die Bestellung eines vorläufigen Betreuers nach §§ 69 f. FGG genügt bereits zur Amtsbeendigung.[4] 2

II. Tod des Testamentsvollstreckers, § 2225 1. Fall BGB

Mit dem Tod des Testamentsvollstreckers endet das Amt automatisch, § 2225 BGB. Zu unterscheiden ist zwischen natürlichen und juristischen Personen als Testamentsvollstreckern. 3

1. Natürliche Personen

Zu beachten ist, dass das Amt des Testamentsvollstreckers zwar nicht vererblich ist,[5] gleichwohl Folgen für den Erben des Testamentsvollstreckers bestehen. Der Erbe des Vollstreckers ist gemäß §§ 2218, 673 Satz 2 BGB anzeigepflichtig und nach h.M. auch einstweilen besorgungspflichtig. 4

1 Weidlich in Dauner-Lieb/Heide/Ring, Anwaltkommentar Erbrecht § 2225 Rn. 2.
2 Zu der Möglichkeit einer lebenslänglichen Beschränkung des Erben in Ausnahmefällen vgl. Edenhofer in Palandt, BGB § 2210 Rn. 2.
3 Edenhofer in Palandt, BGB § 2210 Rn. 1.
4 vgl. Mayer in Mayer/Bonefeld/Wälzholz/Weidlich, Testamentsvollstreckung, Rn. 266.
5 vgl. Edenhofer in Palandt, Bürgerliches Gesetzbuch, § 2225 Rn. 1.

Hier lauern Haftungsgefahren, über die sich weder die Erben von Testamentsvollstreckern, noch die Testamentsvollstrecker selbst kaum Gedanken machen.[6] Aus diesen Gründen empfiehlt es sich, schon bei der Testamentsgestaltung durch die Benennung eines Ersatztestamentsvollstrecker Vorsorge zu treffen – auch zum Schutz der Erben des Testamentsvollstreckers. Auch die gemeinschaftliche Testamentsvollstreckung kann sich in geeigneten Fällen als Lösung anbieten. Dem Mitvollstrecker kommt dann gemäß § 2224 Abs. 1 Satz 2 BGB die Verpflichtung zur Durchführung der zur Erhaltung des Nachlassbestandes notwendigen Maßnahmen zu.

Ist Ersatzvollstreckung angeordnet, oder in sonstiger zulässiger Weise ein Nachfolger benannt, so setzt dieser die Testamentsvollstreckung fort.

2. Verlust der Rechtsfähigkeit juristischer Personen

5 Die praktische Bedeutung dieser Fälle ist eher gering, sieht man einmal von der Löschung juristischer Personen wegen Vermögenslosigkeit ab. Im Zuge von handelsrechtlichen Umwandlungen kann im Einzelfall eine Beendigung der Testamentsvollstreckung eintreten und zwar dann, wenn es bei einer Verschmelzung zur Neugründung kommt (§§ 36 Abs. 1 Satz 1, 20 Abs. 1 Nr. 2 Satz 1 UmwG). Erfolgt die Verschmelzung hingegen durch Aufnahme (§ 20 Abs. 1 Nr. 1 UmwG), dauert das Amt fort, wenn der aufnehmende Rechtsträger der Testamentsvollstrecker war.[7] Solche Fälle können beispielsweise bei der Fusion von Banken eine Rolle spielen.

III. Kündigung durch den Testamentsvollstrecker

6 Der Testamentsvollstrecker kann grundsätzlich jederzeit kündigen, § 2226 S. 1 BGB. Bei einer Kündigung zur Unzeit macht er sich jedoch ggf. schadenersatzpflichtig, §§ 2226 Satz 3 i.V.m. 671 Abs. 2 BGB. Die Kündigung wird mit Eingang der formlosen Erklärung beim Nachlassgericht wirksam, §§ 2226 Satz 2, 130 Abs. 3 BGB. Zu beachten ist, dass ein Testamentsvollstrecker, dessen Kündigung beim Nachlassgericht eingegangen ist, keinen Gebrauch mehr von einem ihm etwa eingeräumten Recht auf Benennung eines Ersatztestamentsvollstreckers mehr machen kann. Das Ernennungsrecht sollte daher spätestens im Kündigungsschreiben ausgeübt werden und zwar in der nach §§ 2199 Abs. 3, 2198 Abs. 1 Satz 2 BGB erforderlichen öffentlich beglaubigten Form.[8]

IV. Entlassung des Testamentsvollstreckers, § 2227 BGB

Unter bestimmten Voraussetzungen ermöglicht § 2227 BGB die Entlassung des Testamentsvollstreckers gegen dessen Willen. Die Vorschrift dient damit dem Schutz des durch die Testamentsvollstreckung Beschwerten. Sie setzt immer einer entgegenstehenden Willen des Testamentsvollstreckers voraus, § 81 Abs. 2 FGG. Liegt ein Einverständnis des Testamentsvollstreckers mit seiner Entlassung vor, bedarf es keiner Entscheidung des Nachlassgerichtes, Vielmehr ist dann von einer Amtsniederlegung nach § 2226 BGB auszugehen.[9]

Die Entlassung des Testamentsvollstreckers erfolgt nie von Amts wegen. Erforderlich ist stets ein Entlassungsantrag. Darüber hinaus muss ein konkreter Entlassungsgrund vorliegen.

6 vgl. Mayer in Mayer/Bonefeld/Wälzholz/Weidlich, Testamentsvollstreckung, Rn. 265.
7 vgl. Mayer in Mayer/Bonefeld/Wälzholz/Weidlich, Testamentsvollstreckung, Rn. 265.
8 Vgl. Praxistipp von Bonefeld in Mayer/Bonefeld/Wälzholz/Weidlich, Rn. 924.
9 Rott in Frieser, Fachanwaltskommentar, 2. Auflage 2008, § 2227 BGB Rn. 2.

1. Entlassungsantrag

Der Entlassungsantrag ist beim zuständigen Nachlassgericht zu stellen. Anwaltszwang besteht nicht. 7

Antragsberechtigt[10] ist gemäß § 2227 Abs. 1 jeder Beteiligte, also auf jeden Fall jeder Erbe oder Miterbe, der Vermächtnisnehmer, die Mittestamentsvollstrecker, solange sie im Amt sind,[11] sowie die Pflichtteilsberechtigten[12], letztere jedoch nur, solange sich ihre gegen den Nachlass gerichteten Ansprüche noch nicht erledigt haben[13]. Auch diejenigen Miterben, die ihren Erbteil übertragen haben oder deren Erbteil gepfändet ist, kommen in Betracht,[14] im Übrigen grds nur insoweit, als es um ihren eigenen Anteil geht und die Beziehungen zu den übrigen Miterben nicht berührt werden.[15]

Dagegen sind nicht antragsberechtigt die Nachlassgläubiger,[16] die Eigengläubiger des Erben und der Testamentsvollstrecker selbst[17] sowie die Eltern, denen nach § 1638 BGB die Sorge für das ihrem Kind zugewendete Vermögen entzogen ist.[18]

2. Entlassungsverfahren

Sachlich und örtlich Zuständigkeit ist das Nachlassgericht, das den Testamentsvollstrecker ernannt hat, §§ 72, 73 FGG.

Der Testamentsvollstrecker ist im Entlassungsverfahren gemäß § 2227 Abs. 2 BGB anzuhören, die übrigen Beteiligten nach Art. 103 Abs. 1 GG.[19] Die Anhörung kann auch mündlich erfolgen. Sie ist nicht formgebundenen.[20]

Praxishinweis[21]:

Ist dem Testamentsvollstrecker durch die letztwillige Verfügung das Recht zur Ernennung seines Nachfolgers eingeräumt worden, so ist ihm vor dem Wirksamwerden seiner Entlassung Gelegenheit zu geben, von diesem Recht Gebrauch zu machen. Dazu ist ihm sogar die Möglichkeit einzuräumen, zum Zwecke der Ernennung seines Nachfolgers kurzzeitig sein Testamentsvollstreckeramt wieder aufzunehmen. Hierfür kann dem Testamentsvollstrecker eine Frist gesetzt werden, die mit einem Monat regelmäßig als angemessen und ausreichend anzusehen ist.[22]

10 Darstellung nach Rott in Frieser, Fachanwaltskommentar Erbrecht, 2. Auflage 2008, § 2227 BGB Rn. 5 ff.
11 OLG Köln NJW-RR 1987, 1098.
12 BayObLG NJW-RR 2002, 439, 440; FamRZ 2005, 1595.
13 KG FamRZ 2005, 1595.
14 Bengel/Reimann/Bengel Handbuch der Testamentsvollstreckung, 3. Auflage 2001 Kap VII Rn 24 unter Hinweis auf die Haftungsregelungen der §§ 2382, 2385.
15 OLG Köln NJW-RR 1987, 1098.
16 BGHZ 35, 296, 301.
17 Palandt/Edenhofer § 2227 Rn. 8.
18 BGHZ 106, 96.
19 Zimmermann in Münchener Kommentar zum BGB, 4. Auflage 204, § 2227 Rn. 15.
20 BayObLG FamRZ 1998, 325.
21 Nach Rott in Frieser, Fachanwaltskommenztar Erbrecht, 2. Auflage 2008, § 2227 BGB Rn. 7.
22 OLG Hamm, Beschl v. 15.1.2007, 15 W 277/06, Rpfl 2007, 324-327.

3. Entlassungsgrund

8 Die Entlassungsgründe lassen sich in drei Fallgruppen strukturieren:[23]

a) grobe Pflichtverletzungen

9 Eine grobe Pflichtverletzung besteht in jedem schuldhaften Verhalten, das die Belange der Beteiligten erheblich gefährdet.[24]

Beispiele:

strafbare Untreue, völlige Untätigkeit, rechtswidrige Zueignung von Pfandbriefen, hartnäckige Verweigerungen der Auskunfts- und Rechnungslegung, schuldhafte Unterlassung der Vorlage des Nachlassverzeichnisses[25]; Nichtbeachtung von Auskunftsansprüchen der Erben und Rechnungslegungspflichten[26]; Missachtung von Verwaltungsanordnungen des Erblassers, Verweigerung der Vermächtniserfüllung gegen den Willen der Erben,[27] Ungleichbehandlung von Miterben;[28] Unterbreitung konkreter Vorschläge zu einer im Testament ausgeschlossenen Nachlassauseinandersetzung, auch wenn die Erben den Testamentsvollstrecker hierzu gedrängt haben.[29]

b) Unfähigkeit zur ordnungsgemäßen Amtsführung

10 Hierunter lassen sich die Fälle fassen, in denen der Testamentsvollstrecker den ihm gestellten Aufgaben nicht gewachsen ist, wobei es regelmäßig nicht auf ein Verschulden des Testamentsvolstreckers ankommt.

Beispiele:[30]

Verschollenheit oder Haft (MüKo/Zimmermann § 2227 Rn. 9); länger andauernde Krankheit oder Ortsabwesenheit[31]; Insolvenz oder Vermögensverfall des Testamentsvollstreckers[32], Untätigkeit des Testamentsvolsltreckers,[33] zehnjährige Dauer einer Abwicklungsvollstreckung.[34]

c) Entlassung aus anderen wichtigen Gründen:

11 Hierunter werden im Wesentlichen drei Fallgruppen verstanden:

- objektiv gerechtfertigtes Misstrauen,
- Feindschaft,
- Interessengegensatz.

23 vgl. zum gesamten Themenkomplex Mayer in Mayer/Bonefeld/Wälzholz/Weidlich, Rn. 271 ff.
24 vgl. OLG Köln, OLGZ 1992, 192, 195 = FamRZ 1992, 723.
25 OLG Zweibrücken FGPrax 1997, 109, 110.
26 BayObLG NJW-RR 1988, 645, 646.
27 BayObLG FamRZ 2001, 124, 125; 298, 302.
28 BGHZ 25, 275, 287.
29 OLG Karlsruhe, Beschl. v. 15.9.2004, 14 Wx 73/03, ZEV 2005, 322-323.
30 Darstellung nach Rott in Frieser, Fachanwaltsommentar Erbrecht, 2. Auflage 2008, § 2227 BGB Rn. 15.
31 BayObLG ZEV 1989, 348.
32 Zimmermann in Münchener Kommentar zum BGB 4. Auflage 2004, § 2227 Rn. 9.
33 vgl. BayObLG, Beschl. v. 10.1.1997, 1Z BR 65/95, FamRZ 1997, 905-911.
34 OLG Köln, Beschl. v. 27.10.2004, 2 Wx 29/04, 2 Wx 30/04, FamRZ 2005, 1204-1206.

Praxishinweis:

Bei der Testamentsvollstreckung handelt es sich um ein sehr individuelles erbrechtliches Gestaltungsmittel. Entsprechend einzelfallbezogen erscheint daher die Rechtsprechung. Der geschäftsmäßige Testamentsvollstrecker ist daher gut beraten, sich einen Überblick über die in der Rechtsprechung vorherrschenden Tendenzen zu verschaffen, um sich nicht unnötigen Risiken in der Auseinandersetzung mit den Erben auszusetzen.

Bespiele:

- Es stellt eine grobe Pflichtverletzung im Sinne des § 2227 BGB dar, wenn der Testamentsvollstrecker durch Verwaltungsanordnungen im Testament zum Erhalt des Grundbesitzes verpflichtet ist, dennoch aber ein inländisches Grundstück verkauft, ohne zuvor einen Antrag nach § 2216 Abs. 2 S. 2 BGB gestellt und ohne vorher den Erben unterrichtet oder angehört zu haben.[35]
- Hat der Erblasser Testamentsvollstreckung nur für den Erbteil eines von zwei Miterben angeordnet und beantragt der unbelastete Miterbe die Entlassung des Testamentsvollstreckers, ist das Vorliegen eines wichtigen Grundes für die Entlassung im Lichte der unterschiedlichen Interessen des Antragstellers und des belasteten Miterben, der es bei der Testamentsvollstreckung belassen will, zu würdigen.[36]
- Der Umstand, dass die in das Amt des Testamentsvollstreckers berufene Person zu einem zurückliegenden Zeitpunkt die eidesstattliche Versicherung abgegeben hat, reicht allein nicht ohne weiteres aus, um einen wichtigen Grund im Sinne des § 2227 Abs. 1 BGB bejahen zu können. Erforderlich ist vielmehr eine umfassende Würdigung aller Umstände im Hinblick auf eine objektive Gefährdung der Interessen der Erben.[37]
- Ein Testamentsvollstrecker muss in das erstellende Nachlassverzeichnis auch solche Gegenstände und Verbindlichkeiten aufnehmen, deren Bestand und/oder Zugehörigkeit zum Nachlass zweifelhaft oder bestritten ist. Kommt er dieser Verpflichtung nicht nach und kommt es deshalb zu einer fehlerhaften oder missverständlichen Information der Erben, kann ein Grund gegeben sein, der Zweifel an der Amtsführung des Testamentsvollstreckers begründet und seine Entlassung rechtfertigt.[38]
- Legt der Testamentsvollstrecker den an ihn ausgezahlten Betrag aus einer Lebensversicherung, für die der Erblasser die Alleinerben der Tochter als Bezugsberechtigte bestimmt hatte, in der Weise an, dass er diesen Betrag sich selbst als zinsloses Darlehen gewährt, so kann das hieraus sich ergebende Misstrauen der Erben die Entlassung des Testamentsvollstreckers rechtfertigen.[39]
- Unterbreitet der Testamentsvollstrecker den Erben konkrete Vorschläge zu einer im Testament ausgeschlossenen Nachlassauseinandersetzung, so liegt darin eine seine Entlassung aus dem Amt rechtfertigende grobe Pflichtverletzung auch dann, wenn die Erben ihn zur vorzeitigen Auseinandersetzung gedrängt hatten. Die Unterbreitung eines in hohem Maße eigennützigen Auseinandersetzungsvorschlags stellt eine grobe Pflichtverletzung und damit einen wichtigen Grund für die Entlassung des Testamentsvollstreckers dar.[40]
- Die Erben können eine Abberufung des Testamentsvollstreckers selbst dann, wenn diesem kleinere Verfehlungen zur Last fallen, nicht verlangen, wenn sie dem Testamentsvollstrecker von vorneherein keine Chance gegeben haben, sein Amt unter vernünftigen Bedingungen anzutreten und es ordnungsgemäß auszuüben.[41]

35 BayObLG, Beschluss vom 30.09.1999, 1Z BR 142/98, FamRZ 2000, 573-577.
36 OLG Celle, Beschluss vom 03.01.2005, 6 W 125/04, OLGR Celle 2005, 112.
37 OLG Hamm, Beschluss vom 21.10.1993, 15 W 195/93, FamRZ 1994, 1419-1422.
38 OLG Karlsruhe, Beschluss vom 29.08.1997, 4 W 135/96,NJWE-FER 1998, 255.
39 OLG Frankfurt, Beschluss vom 06.02.1998, 20 W 51/95, JuS 1998, 845.
40 OLG Karlsruhe, Beschluss vom 15.09.2004, 14 Wx 73/03, FamRZ 2005, 1282-1284.
41 OLG Düsseldorf, Beschluss vom 01.02.1999, 3 Wx 411/98, FamRZ 2000, 191-192.

V. Vereinbarung mit den Erben

12 Dem Wesen der Testamentsvollstreckung würde es widersprechen, ließe sich eine Beendigung des Amtes durch bloße Vereinbarung mit den Erben erreichen. Aus einer solchen Vereinbarung wird sich allerdings die Verpflichtung des Testamentsvollstreckers zur Kündigung oder Amtsniederlegung herleiten lassen.[42]

C. Rechtsfolgen der Amtsbeendigung

13 Anders als beim Erbschein wird mit der Beendigung des Amtes das Testamentsvollstreckerzeugnis gem. § 2368 Abs. 3, Halbsatz 2 BGB von selbst kraftlos. Die Möglichkeit des gutgläubigen Erwerbs vom Testamentsvollstrecker erlischt. Um einen möglichen Missbrauch des Testamentsvollstreckerzeugnisses zu verhindern, kann das Nachlassgericht das Testamentsvollstreckerzeugnis zu den Akten zurückfordern. Eine „Einziehung" ist unzulässig, weil überflüssig.[43]

Ob ein Testamentsvollstreckerzeugnis zurückgegeben werden soll, kann nicht einheitlich beantwortet werden. Sollte, insbesondere bei einer Auseinandersetzungsvollstreckung nicht ausgeschlossen werden können, dass nachtäglich noch Vermögenswerte „auftauchen", empfiehlt es sich, das Zeugnis nicht zum Nachlassgericht zurückzureichen, weil anderenfalls ein neues Zeugnis (mit den damit verbundenen Kostenfolgen) beantragt werden müsste.

Ein Erbschein, in dem die angeordnete Testamentsvollstreckung ausgewiesen ist, wird unrichtig und muss eingezogen werden. Nach h. M. ist davon auszugehen, dass auch Vollmachten, die dem Testamentsvollstrecker im Hinblick auf sein Amt erteilt wurden erlöschen und zur Vermeidung einer Haftung nach § 179 BGB zurückzugeben sind.[44] Ein etwaiger Grundbuchvermerk nach § 52 GBO ist zu löschen, §§ 84 ff. GBO.

42 Vgl. Weidlich in Dauer-Lieb/Heidel/Ring, Anwaltkommentar Erbrecht, § 2225 Rn. 6.
43 Vgl. Edenhofer in Palandt, BGB, § 2368, Rn. 10.
44 Weidlich in Dauer-Lieb/Heidel/Ring, Anwaltkommentar Erbrecht, § 2226 Rn. 17.

§ 9 Die Vergütung des Testamentsvollstreckers

A. Gesetzliche Grundlagen

Die gesetzliche Regelung ist kurz und einfach gehalten. § 2221 BGB regelt Folgendes: 1

> *„Der Testamentsvollstrecker kann für die Führung seines Amtes eine angemessene Vergütung verlangen, sofern nicht der Erblasser ein anderes bestimmt hat."*

Gerade weil die Regelung so kurz ist, führt sie in der Praxis immer wieder zu vehementen Streitigkeiten. Der Testamentsvollstrecker fühlt sich für seine Tätigkeit häufig nicht ausreichend vergütet, die Erben hingegen meinen, ihr Nachlass werde über Gebühr belastet. Das bekannte Handbuch der Testamentsvollstreckung von Bengel/Reimann behandelt das Thema der ordnungsgemäßen Vergütung des Testamentsvollstreckers in einem eigenen Kapitel auf etwa 50 eng gedruckten Seiten. Die Arbeitsgemeinschaft Testamentsvollstreckung und Vermögenssorge (AGT)[1] beschäftigt einen eigenen Arbeitskreis, der sich mit diesen Vergütungsfragen beschäftigt.

Der Ausgangspunkt ist noch sehr einfach. Der Erblasser bestimmt, ob der Testamentsvollstrecker eine Vergütung erhält. Trifft der Erblasser in seinem Testament keine Aussagen, so erhält der Testamentsvollstrecker gemäß § 2221 BGB eine *angemessene* Vergütung.

Der Erblasser hat also folgende Möglichkeiten: 2

- Er kann die Vergütung ausschließen;
- er kann eine Vergütung nach Höhe und Zahlungsweise festlegen.

Eine solche Anordnung ist der gerichtlichen Überprüfung entzogen, sie gilt kraft Bestimmung durch den Erblasser als angemessen, auch wenn sie außergewöhnlich hoch sein sollte.[2]

Die Praxis zeigt jedoch, dass nur in Ausnahmefällen die letztwillige Verfügung auch eine Bestimmung über die Höhe der dem Testamentsvollstrecker zustehenden Vergütung enthält. Die ungenaue gesetzliche Regelung, aber auch die oft fehlende Fähigkeit bei den Testamentsgestaltern, diese Fragen offen mit dem künftigen Erblasser zu kommunizieren, sind die entscheidenden Ursachen dafür, dass eine präzise Vergütungsregelung für den Testamentsvollstrecker keinen Eingang in die letztwilligen Verfügungen findet. Für den Berater ist es regelmäßig schlicht einfacher, und damit wirtschaftlich vernünftiger, die Frage der Vergütung des Testamentsvollstreckers überhaupt nicht anzusprechen und die Auseinandersetzung mit der Thematik auf die Zeit nach dem Ableben des Erblassers zu vertagen.[3]

Verschoben ist aber nicht aufgehoben. Um die Klärung der Frage, welches die angemessene Vergütung des Testamentsvollstreckers für seine Tätigkeit ist, wenn nichts vereinbart ist, wird kein an der Testamentsvollstreckung Beteiligter umhinkommen. Das Gesetz bietet keine weitere Hilfestellung. Die Rechtsprechung ist kasuistisch; ihr können nur sehr schwer auch nur einigermaßen verbindliche Maßstäbe entnommen werden.

1 www.agt-ev.de.

2 Überschreitet die zugunsten des Testamentsvollstreckers verfügte Vergütung offenkundig die Grenze des Angemessenen, können sich Besonderheiten für die Besteuerung ergeben, vgl. unten unter I. V.5.

3 Schiffer/Rott, Testamentsvollstreckung: Grundlagen der richtigen Gestaltung der Vergütung, in BBEV 2008, 13 - 20.

Gestaltungshinweis:

Geht der Erblasserwille dahin, einen qualifizierten Testamentsvollstrecker außerhalb des Familien- und Freundeskreises zu gewinnen, wird er in der Praxis nicht umhin kommen, eine Vergütung anzubieten und diese in seiner letztwilligen Verfügung festzuschreiben. Damit muss richtigerweise bereits in der Beratungspraxis die Frage gelöst werden, wie die Vergütung des (künftigen) Testamentsvollstreckers zu bemessen ist.

B. Angemessenheit der Vergütung

3 "*Ein Mensch, der gute Arbeit macht, ist auch auf sein Honorar bedacht.*" Diesen Grundsatz nimmt der künftige Erblasser wie selbstverständlich für sich in Anspruch. Diesen Anspruch sollte er aber auch seinem Berater und seinem späteren Testamentsvollstrecker zubilligen. Zudem sollte er sehr genau beachten, dass kein Testamentsvollstrecker, auch nicht ein durch das Nachlassgericht bestimmter, verpflichtet ist, die Testamentsvollstreckung zu übernehmen. Hinzu kommt die Erkenntnis, dass Fehler, die heute bei der Anordnung der Testamentsvollstreckung gemacht werden, nach dem Tod nicht mehr oder nur noch mit hohem finanziellen Aufwand zu korrigieren sind.

Gestaltungshinweis:[4]

Eine niedrige Testamentsvollstreckervergütung mag zwar auf den ersten Blick die Erben schonen. Bei der Abwägung sollte sich der (künftige) Erblasser aber nicht allein von diesem Gedanken leiten lassen, sondern vielmehr davon, einen erfahrenen und qualifizierten Testamentsvollstrecker für seine Erben zu gewinnen, der es nicht nötig hat, wirtschaftlich unrentable Testamentsvollstreckungen übernehmen zu müssen. Ein solcher Testamentsvollstrecker wird es dann auch nicht nötig haben, sämtliche Möglichkeiten zur Honorar- und Auslagenoptimierung auszuschöpfen, die die unklare gesetzliche Regelung mit sich bringt.

I. Festlegung durch den Erblasser

Die Festlegung der Vergütung durch den Erblasser ist immer verbindlich, sowohl für den Testamentsvollstrecker, als auch für den Erben. Der Erblasser kann auch verfügen, dass ein Dritter die Höhe der Vergütung festsetzt[5] oder der Testamentsvollstrecker selbst die Vergütung für seine Tätigkeit bestimmen soll.[6] In diesen Fällen ist die Festsetzung nach billigen Ermessen in entsprechender Anwendung der §§ 317, 2156 BGB bzw. § 315 BGB durchzuführen.[7]

Praxishinweis:

Das Nachlassgericht kann nicht befugt werden; die Testamentsvollstreckervergütung festzusetzen.[8] Eine solche Bestimmung in der letztwilligen Verfügung wäre unwirksam.

4 Nach Schiffer/Rott, Testamentsvollstreckung: Grundlagen der richtigen Gestaltung der Vergütung, in BBEV 2008, 13 - 20.
5 BGH, WM 1972, 101.
6 BGH, NJW 1957, 947.
7 Edenhofer in: Palandt, Kommentar zum Bürgerlichen Gesetzbuch, § 2221 Rn. 4.
8 Edenhofer in: Palandt, Kommentar zum Bürgerlichen Gesetzbuch, § 2221 Rn. 4.

1. Zeitbezogene Vergütung

Als das grundsätzlich fairste Prinzip – jedenfalls aus Sicht des Testamentsvollstreckers – ist die zeitbezogene Vergütung anzusehen.[9] Sie wird insbesondere dem Zeitaufwand im Einzelfall gerecht und trägt in der Praxis erfahrungsgemäß dazu bei, besänftigend auf all zu streitlustige Erben einzuwirken. Jeden unnötigen Stein, den sie dem Testamentsvollstrecker in den Weg legen, müssen sie in diesem Fall aus dem Nachlass bezahlen. Da die Abrechnung des Testamentsvollstrekkers auch in diesem Falle gerichtlich überprüfbar ist, lassen sich auch all zu langsam arbeitende Testamentsvollstrecker dadurch disziplinieren, dass die Frage der Erforderlichkeit ihrer Tätigkeit überprüft werden kann. 4

Natürlich muss auch bei einer zeitbezogenen Vergütung des Testamentsvollstreckers eine angemessene Relation zum Nachlasswert gewahrt bleiben. Aus diesem Grunde wird häufig eine Obergrenze von 12 % des Brutto-Nachlasswertes zur Begrenzung von stundenbezogenen Abrechnungen genannt, jedenfalls soweit es sich nicht um Dauervollstreckungen handelt.[10] Mit dieser Obergrenze wird man im Regelfall als Testamentsvollstrecker leben können. Ist der erhöhte Stundenaufwand allerdings darauf zurückzuführen, dass die Erben sich in besonderem Maße als streitlustig erweisen, wird man sich auch an dieser Obergrenze nicht sklavisch festhalten dürfen.

Eine stundenbezogene Abrechnung hat auch etwas mit Seriosität zu tun. Im vermögensverwaltenden Bereich setzt sich zunehmend die Erkenntnis durch, dass tätigkeitsbezogene Vergütungen der Qualität der Arbeit eher förderlich sind, als provisionsabhängige Vergütungen. Es ist kein Grund ersichtlich, warum im Bereich der qualifizierten Testamentsvollstreckung etwas anderes gelten sollte.

Die Zeitvergütung wird teilweise in der Literatur dann als anwendbar erachtet, wenn der Erblasser keine entsprechende Anordnung getroffen und der Testamentsvollstrecker mit den Erben auch keine besondere Vereinbarung geschlossen hat.[11] Zur Begründung wird darauf verwiesen, dass die Stundenabrechnung im Einzelfall angemessener sei und zudem viele Probleme der Abrechnung lösen könne, wie insbesondere die Vergütung bei vorzeitiger Kündigung, die Aufteilung für steuerliche Zwecke, aber auch die Verteilungsproblematik beim Einsatz mehrerer Testamentsvollstrecker.[12] 5

Praxishinweis:

Die Rechtsprechung folgt diesem Ansatz nicht, sondern verweist auf den traditionellen Ansatz, Gebühren nach Tabellen zu bewerten, als den (einzig) sachgerechter Ansatz.[13]

---

9 Zur Zulässigkeit der Abrechnung nach Stunden vergleiche Zimmermann, Testamentsvollstreckung, Rn. 703 ff.

10 vgl. Zimmermann, ZEV 2001, 334, 337 f.

11 Vgl. Zimmermann, ZEV 2001 S. 334; Zimmermann in Münchener Kommentar zum BGB, 4. Aufl. 2004, § 2221 Rn. 17.

12 *Zimmermann*, Die Testamentsvollstreckung, 2. Aufl. 2003, S. 482, Rn. 712.

13 LG Köln, Urteil v. 26. 9. 2006 - 18 O 140/05, RNotZ 2007 S. 40., vgl. zur Kritik an dieser Argumentation wiederum Rott/Schiffer, Moderne Formen der Vergütung von Testamentsvollstreckern in der Praxis, in BBEV 2008, 102 – 110, die ergänzend darauf hinweisen, das professionell agierende Testamentsvollstrecker unter Berücksichtigung der dargestellten Vergütungskriterien bei einer Zeitvergütung im Regelfall finanziell eher schlechter ab als glücklose Vollstrecker abschneiden und eine Kompensation über die Höhe des Stundensatzes in der Praxis nicht zu erreichen sein wird, solange Stundensätze zwischen 50,-- € und 120,-- € diskutiert werden (z. B. *Birk*, Vergütung und Aufwendungsersatz des Testamentsvollstreckers, jur. Diss. Konstanz 2002, S. 107 f.).

Gestaltungshinweis:

In Spezialfällen kann die Zeitabrechnung durchaus ein geeignetes Mittel zur Bemessung der angemessenen Testamentsvollstreckervergütung sein. Dabei ist an Fälle zu denken, in denen der Erblasser streitige Auseinandersetzungen in der Erbengemeinschaft erwartet oder ihm bei hohen Nachlasswerten die mit Hilfe einer Tabelle berechnete Vergütung zu hoch erscheint. Dann sind die Vergütungssätze aber zumindest in einer solchen Höhe letztwillig festzulegen, wie sie im Rahmen der sonstigen beruflichen Tätigkeit des geschäftsmäßig tätigen Testamentsvollstreckers üblicherweise vereinbart werden. Eine Gebührenbegrenzung nach oben ist in diesen Spezialfällen angesichts des deutlich dokumentierten Erblasserwillens i. d. R. nicht angezeigt.[14]

2. Pauschalvereinbarungen

6 Diese Form der Vergütung kommt auch für Testamentsvollstrecker grundsätzlich in Betracht, sei es in der Form eines Festbetrages, sei es in Form einer prozentualen Beteiligung am Nachlass. Sie krankt aber den gleichen grundsätzlichen Problemen, wie die Pauschalvergütung in der anwaltlichen oder steuerberatenden Praxis bei der Gestaltung von Vermögensnachfolgeregelungen. Der Erblasser verspricht sich eine klar kalkulierbare Kostenstruktur für die Testamentsvollstreckung. Dabei wird aber regelmäßig übersehen, den Umfang und Aufwand der zu erbringenden Gegenleistung abzuklären. Die Pauschalvergütung führt daher in der Praxis häufig dazu, dass entweder das Honorar nachverhandelt werden muss – was im Falle der Testamentsvollstreckung schon von der Natur der Sache her ausgeschlossen ist – oder die Neigung des Beraters zur kreativen Gestaltung mit der Dauer des Auftragsverhältnisses abnimmt. Sie erweist sich daher häufig als eine besonders schlechte Lösung.[15]

Vergleichbares gilt für die Anordnung eines Erfolgshonorares durch den Erblasser. Schon eine Antwort auf die Frage, wie sich der Erfolg eines Testamentsvollstreckers überhaupt messen lässt, ist in der Praxis nicht zuverlässig möglich.

Beispiel:

Wie aber lässt sich ein Erfolg bei einer vollständigen oder auch nur teilweisen Befriedung einer sich seit Jahren streitenden Erbengemeinschaft messen? Wenn die Befriedung endgültig ist? Wenn ein Gerichtsverfahren vermieden werden konnte?

Gestaltungshinweis:[16]

Als Zusatzkomponente zu einer Grundvergütung kann ein Erfolgshonorar ausnahmsweise sinnvoll sein, wenn es einen messbaren Erfolg für den Testamentsvollstrecker gibt, z. B. eine Unternehmensbeteiligung zu einem überdurchschnittlichen Preis veräußert werden soll.

3. Anwendung der Insolvenzverwaltervergütungsverordnung

Eine entsprechende Anwendung der Insolvenzverwaltervergütungsordnung auch für Testamentsvollstrecker wird in der Literatur ebenfalls unter dem Aspekt der Vergütungsbemessung für den Fall diskutiert, dass der Erblasser nichts anderweitiges angeordnet hat.[17] Diese Auffassung hat sich allerdings nicht durchgesetzt, weil die Insolvenzverwaltervergütungsordnung für ersichtlich

14 So ausdrücklich Rott/Schiffer, Moderne Formen der Vergütung von Testamentsvollstreckern in der Praxis, in BBEV 2008, 102 – 110.

15 Vgl. Schiffer/Rott, Testamentsvollstreckung, Grundlagen zur richtigen Gestaltung der Vergütung, BBEV 2008, 8 f.

16 Nach Rott/Schiffer, Moderne Formen der Vergütung von Testamentsvollstreckern in der Praxis, in BBEV 2008, 102 – 110.

17 Vgl. hierzu den Hinweis von Lenzen, in: Frieser, Kompaktkommentar Erbrecht, 2007, § 2221 BGB Rn. 11.

andere Sachverhalte als für eine Testamentsvollstreckung entwickelt worden ist. Insolvenzverwaltung und Testamentsvollstreckung stellen grundsätzlich unterschiedliche Tätigkeiten dar. So geht die Insolvenzverwaltung von einem wirtschaftlichen Fehlschlag und zumindest teilweise vernichteten Vermögenswerten aus, die es nach Möglichkeit wiederherzustellen gilt. Testamentsvollstrekkung hingegen basiert auf unbeschädigten Vermögenswerten, die zu verteilen oder zu verwalten sind. Die jeweilige Verantwortung und die Zielsetzung des jeweiligen Handelns sind mithin nicht vergleichbar. Darüber hinaus dürfte die analoge Anwendung am Fehlen einer planwidrigen Regelungslücke sowie an dem Erfordernis einer gesetzlichen Ermächtigungsgrundlage scheitern. Schließlich bietet die Anwendung der Insolvenzverwaltervergütungsverordnung gegenüber den speziell für die Vergütung von Testamentsvollstreckern entwickelten Tabellen keinen ersichtlichen Vorteil.[18]

II. Vereinbarung mit den Erben

Die zwischen dem Testamentsvollstrecker und den Erben ausgehandelte Vergütung ist regelmäßig 7
als angemessen anzusehen; die Angemessenheit kann unterstellt werden.[19] Eine solche Vereinbarung ist zwischen Testamentsvollstrecker und Erben möglichst zu Beginn der Tätigkeit der Testamentsvollstreckung zu treffen. Gelingt in diesem Stadium eine einvernehmliche Regelung nicht, kann angenommen werden, dass hierüber auch bei Beendigung der Tätigkeit des Testamentsvollstreckers keine Einigung zu erzielen sein wird. Für den Testamentsvollstrecker gewinnt dann die laufende Dokumentation seiner Tätigkeit für die spätere Bestimmung der Angemessenheit der Vergütung besondere Bedeutung.

III. Vergütungstabellen

Die Rechtsprechung greift bei der Anwendung von § 2221 BGB seit jeher auf Tabellen zurück. 8
Dabei betont sie fortlaufend, dass sich jede schematische Anwendung einer Tabelle verbietet und es immer Aufgabe des konkret zur Entscheidungsfindung berufenen Richters sei, die Angemessenheit der Vergütung im konkreten Einzelfall zu ermitteln.[20] Die Abrechnung nach sogenannten Tabellen[21] stellt damit zwar die heute noch üblichste Art der Bemessung der Testamentsvollstreckervergütung dar. Aus der Praxis heraus kann aber nicht gesagt werden, dass sie zu signifikant niedrigerem Streitpotential führt, als andere – durch den Erblasser angeordnete – Vergütungsformen.

1. Fehlende Rechtskraft von Vergütungstabellen

Zur Rechtsnatur der sog. Vergütungstabellen ist zunächst festzustellen, dass es sich bei ihnen 9
nicht um Regelungen handelt, die mit irgendeiner Rechtskraft ausgestattet wären oder auch nur gesetzesnahe Regelungskraft entfalten würden. Sie müssen daher von den Gerichten im Vergütungsrechtsstreit nicht anerkannt werden.

18 Rott/Schiffer, Moderne Formen der Vergütung von Testamentsvollstreckern in der Praxis, in BBEV 2008, 102 - 110.
19 Meinecke/Michel § 10 Anm. 61.
20 vgl. hierzu nur LG Köln, Urteil v. 26. 9. 2006, a. a. O., m. w. N.
21 Einen guten Überblick mit fiktivem Fallbeispiel gibt auch Reimann, Die Berechnung der Testamentsvollstreckervergütung nach den neueren Tabellen, DStR 2002, 2005 - 2012.

10 Auch die Vergütungstabellen knüpfen an die gesetzliche Regelung an, wonach die Führung des Amtes des Testamentsvollstreckers angemessen zu vergüten ist. Welche Kriterien für die Angemessenheit maßgebend sind, hat der Bundesgerichtshof[22] vor über vierzig Jahren so formuliert:

> *„für die Vergütung des Testamentsvollstreckers (ist) der ihm im Rahmen der Verfügung von Todes wegen nach dem Gesetz obliegende Pflichtenkreis, der Umfang der ihn treffenden Verantwortung und die von ihm geleistete Arbeit maßgebend, wobei die Schwierigkeit der gelösten Aufgaben, die Dauer der Abwicklung oder der Verwaltung, die Verwertung besonderer Kenntnisse und Erfahrungen und auch die Bewährung einer sich im Erfolg auswirkenden Geschicklichkeit zu berücksichtigen sind".*

11 Entscheidend für die Angemessenheit ist somit immer der Einzelfall, wobei sich im Laufe der Zeit folgende Kriterien als besonders relevant herausgebildet haben:

- Wert und Umfang des Nachlasses;
- Bestand des Nachlasses (Immobilienbesitz, kaufmännisches Unternehmen, Privathaushalt, Kapitalvermögen);
- Strukturierung des Nachlasses (Schulden, Steuersituation, Ordnung der Unterlagen);
- Zahl der beteiligten Personen (Erben, Gläubiger, Vermächtnisnehmer, Streitigkeiten bei Auseinandersetzung und Schuldenregulierung; Außenprüfung durch Finanzamt),
- Zeitliche Dauer der Testamentsvollstreckung.

Da es keine amtliche Tabelle im Sinne einer Gebührenordnung gibt, haben sich unterschiedliche Tabellen entwickelt.

2. Die in der Praxis wichtigsten Tabellen

12 Vergütungstabellen haben sich im Laufe der Zeit sehr zahlreiche gebildet, etwa ein Dutzend. Sie unterscheiden sich vielfach nur in der Zuordnung bestimmter Vergütungsbeträge zu bestimmten Nachlasswerten. Geläufig sind folgende „klassischen" Tabellen[23]:

- sog. Rheinische Tabelle (1925),
- Möhring´sche Tabelle,
- Neue Rheinische Tabelle (Deutscher Notarverein 2000).

Als die „Mutter" aller Tabellen wird die „**(Alte) Rheinische Tabelle**" angesehen, die im Jahre 1925 von dem Verein für das Notariat in Rheinpreußen aufgestellt wurde.[24] Allerdings gilt diese Tabelle heute als überholt und ist daher für eine unmittelbare Verwendung nicht geeignet. Sie geht noch von Reichsmark aus; die Werte wurden später einfach 1:1 in DM übertragen.

Die zeitlich nachfolgenden Tabellen sind insbesondere von dem Gedanken getragen, die seit 1925 eingetretene Geldmarktentwicklung auszugleichen. Zu nennen sind insbesondere die **„Möhring'sche Tabelle"**,[25] die **„Klinghöffer'sche Tabelle"**[26] sowie die **„Eckelskemper'sche Tabelle"**[27]. Diese Tabellen gehen für die Vergütung grundsätzlich von normalen Verhältnissen

22 BGH NJW 1963, 487.

23 vgl.die Darstellung von Lang in Lange/Werkmüller, Der Erbfall in der Bankpraxis, § 25 III 1 Rn. 175 ff.; vgl. Tiling, ZEV 1998, 331; Haas/Lieb, ZErb 2002, 202. Die Rheinische Tabelle 2000 findet sich im Internet auf der Homepage des Deutschen Notarvereins unter www.dnotv.de unter dem Stichwort „Testamentsvollstreckung".

24 OLG Düsseldorf, Urteil v. 28.04.1995 – 7 U 166/94, MittRhNotk 1996 S. 172.

25 Vgl. *Möhring* u. a., Vermögensverwaltung in Vormundschafts- und Nachlasssachen, 7. Aufl. 1992, S. 224 ff.

26 Vgl. dazu *Klinghöffer*, Vermögensverwaltung in Nachlasssachen, 2003, Rn. 323 – eine Weiterentwicklung der „Möhring'sche Tabelle".

27 Vgl. *Eckelskemper*, in: *Bengel/Reimann*, a. a. O., Kap. X Rn. 57 ff.

und einer „glatten“ Abwicklung aus, was dem Grundsatz der (konkreten) Verantwortungsvergütung und dem erforderlichen Blick auf den Einzelfall der Testamentsvollstreckung widerspricht.

Als derzeit modernste Tabelle, gleichsam als „Nachfolgemodell“ der „Alten Rheinischen Tabelle“ sind die „Vergütungsempfehlungen des Deutschen Notarvereins“[28] aus dem Jahr 2000 zu nennen. Diese Tabelle hat sich in der Praxis als aktuell und überzeugend, weil grundsätzlich passend für die Vielzahl der Fallvarianten, durchgesetzt. Dies ist auch vor dem Hintergrund zu begrüßen, dass das Nebeneinander verschiedener Tabellen und deren Weiterentwicklungen in der Praxis eher zu einer Verwirrung des Rechtsverkehrs als zu mehr Verlässlichkeit und Klarheit geführt haben.[29]

3. Gemeinsamkeiten der Tabellen

Allen Tabellen ist zunächst gemeinsam, dass Ausgangspunkt für die Ermittlung der Vergütung ein Vomhundertsatz des Bruttonachlasswertes ist, wobei vom Verkehrswert auszugehen ist. 13

Weiterhin ist ihnen gemeinsam die Aufgliederung in folgende vier Gebührentatbestände:

- Regelgebühr,
- Konstituierungsgebühr,
- Verwaltungsgebühr,
- Auseinandersetzungsgebühr,
- Zuschläge oder Abschläge,
- Besondere Vergütung von Leistungen als Berufsangehöriger,
- Gebührenbegrenzung nach oben.

In einzelnen Gebührentatbeständen werden folgende Aufgaben erfasst: 14

- Regelgebühr (Grundgebühr)
  - Ermittlung und Inbesitznahme des Nachlasses,
  - Erstellung der Verzeichnisse,
  - Anfertigung der Erbschaftsteuererklärung,
  - Zahlung der Steuer,
  - Regulierung der Nachlassverbindlichkeiten,
  - Erstellung der Schlussrechnung,
  - Herausgabe des Nachlasses an die Erben.

  Insgesamt wird von einer nicht besonders schwierigen Testamentsvollstreckertätigkeit ausgegangen.

  Das Oberlandesgericht Köln[30] hat bei einem Nachlass, der aus zwei Grundstücken, einem Wertpapierdepot, einem Bankguthaben und einem einzigen Girokonto sowie der Haushaltseinrichtung und Schmuck bestand, angenommen, dass die damit zusammenhängende Tätigkeit des Testamentsvollstreckers durch eine Grundgebühr entgolten wird. Die Beauftragung eines Grundstückssachverständigen oder die Kündigung von Dauerlieferverträgen, Versicherungen usw. stellten nach Auffassung des Gerichts keine besonderen Umstände dar, die den Ansatz

28 auch „**Neue Rheinische Tabelle**“ genannt; vgl. www.dnotv.de.
29 Rott/Schiffer, Moderne Formen der Vergütung von Testamentsvollstreckern in der Praxis, in BBEV 2008, 102 - 110.
30 OLG Köln, NJW-RR 1994, 269.

einer zusätzlichen Konstituierungsgebühr rechtfertigten. Auch die Erstellung einer normalen Erbschaftsteuererklärung wird regelmäßig als noch von der Grundgebühr erfasst angesehen.[31]

- Konstituierungsgebühr

  Sie fällt zusätzlich zur Regelgebühr an, wenn die Inbesitznahme des Nachlasses besonders schwierig ist oder besondere Kenntnisse voraussetzt, z.B. im Fall von

  - Erforderlichkeit besonderer Maßnahmen zur Ermittlung der Erben,
  - Schwierigkeiten bei der Sichtung und Inbesitznahme des Nachlasses,
  - Klärung umfangreicher Nachlassverbindlichkeiten,
  - schwierige inländischer Erbschaftsteuerfragen,
  - Auslandsimmobilien oder unternehmerischen Beteiligungen im Nachlass,
  - schwierig zu bewertenden immateriellen Gütern.
- Verwaltungsgebühr

  Dieser Gebührentatbestand fällt zusätzlich in den Fällen einer länger andauernden Verwaltung an, insbesondere bei

  - Dauervollstreckung,
  - besonders komplexe Vermögensstruktur (Auslandsvermögen, Gesellschaftsbeteiligungen),
  - aufwändige und schwierige Gestaltungsaufgaben (Umstrukturierungen, Umschuldungen)
  - Bewältigung besonders schwieriger Steuerangelegenheiten
- Auseinandersetzungsgebühr

  Diese Gebühr kommt zusätzlich dann zum Tragen, wenn die Auseinandersetzung besonders schwierig ist, beispielsweise bei

  - sehr zerstrittenen Erbengemeinschaften,
  - der Erstellung umfassender Teilungspläne,
  - Schwierigkeiten bei Vollzug oder Erfüllung von Vermächtnissen
  - dem Verkauf zahlreicher Nachlassgegenstände.

15 Weiterhin gemeinsam ist den verschiedenen Tabellen, dass sie keineswegs schematisch angewandt werden dürfen, sondern immer unter Berücksichtigung der konkreten Amtstätigkeit des Testamentsvollstreckers eingesetzt werden müssen, woraus sich dann Zuschläge oder Abschläge ergeben.[32]

Von der Rechtsprechung[33] sind beispielsweise Abschläge von der Grundvergütung vorgenommen worden, wenn von dem Testamentsvollstrecker für Tätigkeiten, die er selbst hätte durchführen können, Hilfspersonen eingesetzt wurden, z.B. Steuerberater, Wirtschaftsprüfer oder Hausverwaltungen.

Für die frühere Rheinische Tabelle hat das Oberlandesgericht Köln es als einen Reduzierungsgrund angesehen, dass der Testamentsvollstrecker nicht zu einer qualifizierten Berufsgruppe (Notare, Rechtsanwälte, Steuerberater, Wirtschaftsprüfer) gehörte; denn die Rheinische Tabelle habe

31 Haas/Lieb, ZErb 2022, 202, 209.
32 BGH, MDR 1993, 293.
33 BGH, NJW 1967, 876.

sich an Notare gewandt, so dass maßgeblich bei der Vergütungsregelung der Einsatz besonderer Kenntnisse und Erfahrungen war.[34]

Dieser Gedanke ist von der Literatur mittlerweile weiterentwickelt und dem Umstand angepasst worden, dass sich die Testamentsvollstreckung zum Geschäftsfeld für „jedermann" entwickelt hat. Es könne nicht unberücksichtigt bleiben, dass sich Angehörige aus den Berufsgruppen der Notare, Rechtsanwälte, Steuerberater, Wirtschaftsprüfer und qualifizierten Bankern in besonderem Maße dem Gedanken der Verantwortungsvollstreckung verpflichtet fühlen und einen hohen Weiterbildungsaufwand betreiben, indem sie sich z. B. als Testamentsvollstrecker oder Fachberater zertifizieren lassen sowie eine Vermögensschadenhaftpflichtversicherung vorhalten. Der erforderliche Blick auf den konkreten Einzelfall führe daher zwangsläufig dazu, neben Abschlägen für wenig qualifizierte Testamentsvollstrecker Zuschläge für höher qualifizierte Testamentsvollstrecker zuzulassen. Mit Recht wird dabei darauf hingewiesen, dass mit steigendem Grad an Qualifizierung und Spezialisierung auch das von der Rechtsprechung aufgestellte Kriterium der sich im Einzelfall im Erfolg der Testamentsvollstreckung auswirkenden Geschicklichkeit deutlich häufiger realisiert. Dies rechtfertige es, einen entsprechenden Spezialistenzuschlag vorzunehmen. Als Zuschlagssatz werden 15 % auf die sich im konkreten Fall ergebende Gesamtvergütung des Testamentsvollstreckers als angemessen erachtet, für Testamentsvollstrecker unterhalb der Eingangsqualifikation wird ein Abschlag von bis zu 50 % vorgeschlagen.[35] 16

Darüber hinaus ist anerkannt, dass der Testamentsvollstrecker, der als Berufsangehöriger besondere Leistungen erbringt, diese auch gesondert vergütet erhält (§§ 2218, 670 BGB). Insoweit ist maßgeblich, ob ein Laientestamentsvollstrecker für die entsprechende Tätigkeit einen Rechtsanwalt, Steuerberater oder sonstigen Berufsangehörigen hinzugezogen hätte.[36]

Schließlich ist den Tabellen weiterhin gemeinsam eine Gebührenbegrenzung nach oben. Feste Richtwerte gibt es aber auch hier nicht. In Literatur und Rechtsprechung wird überwiegend angenommen, dass eine Obergrenze von 12 Prozent des Bruttonachlasswertes nicht überschritten werden soll.[37] Nach der Neuen Rheinischen Tabelle soll die Gesamtvergütung in der Regel insgesamt das 3-fache des Vergütungsgrundbetrages nicht überschreiten. Ob die Rechtsprechung dem folgen wird, wird abzuwarten sein.

Besonderheiten gelten bei der Dauertestamentsvollstreckung. Nach der Neuen Rheinischen Tabelle soll der Testamentsvollstrecker im Einklang mit Literatur[38] und Rechtsprechung[39] nach dem Zeitpunkt der Erbschaftsteuerveranlagung pro Jahr als Verwaltungsgebühr 1/3 Prozent bis 1/2 Prozent des dann noch gegebenen Nachlassbruttowertes zusätzlich erhalten, oder – wenn höher – 2 % bis 4 % des jährlichen Nachlassbruttoertrags bzw. des Jahresbetrages der Bruttoeinnahmen.[40] Bei Geschäftsbetrieben oder Unternehmen können auch solche Vergütungen in Betracht kommen, die der Tätigkeit entsprechend, z. B. Aufsichtsratvergütungen oder eine übliche Geschäftsführervergütung. Eine einheitliche Rechtsprechung hierzu gibt es jedoch ebenfalls nicht. Der Bundesgerichtshof[41] hat in diesem Zusammenhang einen Ausgleich für das vom Testamentsvollstrecker zu tragende Unternehmensrisiko anerkannt durch Gewährung *„eines namhaften* 17

34 OLG Köln, NJW-RR 1995, 202.
35 Schiffer/Rott, Testamentsvollstreckung: Grundlagen der richtigen Gestaltung der Vergütung, in BBEV 2008, 13 – 20.
36 so OLG Köln, NJW-RR 1994, 270.
37 vgl. Lenzen in: Deutscher Erbrechtskommentar, § 2221 Rn. 2 mit weiteren Hinweisen auf Literatur und Rechtsprechung.
38 vgl. Zimmermann in Münchener Kommentar zum BGB, § 2221 Rn. 14.
39 so z.B. OLG Köln, NJW-RR 1994, 269.
40 so Zimmermann in Münchener Kommentar zum BGB, § 2221 Rn. 14.
41 BGH DNotZ 1964, 168.

Hundertsatzes des Gewinns". Das Landgericht Hamburg[42] hat in einer älteren Entscheidung für eine erfolgreiche Unternehmensführung eine Vergütung von 10 Prozent des jährlichen Reingewinns für angemessen erachtet. Entscheidend kann und wird also immer der konkrete Einzelfall der Vollstreckung sein.

Anders als bei der Abwicklungsvollstreckung soll es bei Dauervollstreckungen keine Obergrenze für die Gesamtvergütung geben,[43] auch nicht bei einer Zeitvergütung.[44]

4. Gegenüberstellung der Tabellen

18 Die (alte) **Rheinische Tabelle des Notariatsvereins** für Rheinpreußen **von 1925** stellt die am längsten in Gebrauch befindliche Tabelle dar. Von der Rechtsprechung[45] wurde sie häufig als Vergütungsrichtlinie bestätigt. Die für nötig gehaltene Anpassung an die heutigen Verhältnisse sollte sich ohne weiteres durch die gestiegenen Nachlasswerte ergeben.[46]

19 Daraus ergaben sich folgende Richtwerte, bezogen auf die Höhe des Bruttonachlasswertes:

bis zu 10.000,00 €	4,00%
darüber hinaus bis 50.000,00 €	3,00%
darüber hinaus bis 500.000,00 €	3,00%
darüber hinaus	2,00%

20 In den unteren Wertbereichen stärker differenzierend enthält die sog. **Möhring'sche Tabelle**[47], deren Anwendung ebenfalls von der Rechtsprechung akzeptiert worden ist[48], folgende Richtwerte:

bis 10.000,00 €	7,5%
bis 50.000,00 €	5,82%
bis 500.000,00 €	3,82%
bis 1.000.000,00 €	2,81%
darüber hinaus (von dem über 1 Mio. € liegenden Wert) zusätzlich	1,00%

21 Inzwischen hat der Deutsche Notarverein im Jahre 2000 eine Nachfolgetabelle zur „Rheinischen Tabelle" entwickelt.[49] Demnach soll der Vergütungsgrundbetrag wie folgt ermittelt werden:

bis 250.000,00 €	4,00%
bis 500.000,00 €	3,00%
bis 2,5 Mio. €	2,50%
bis 5 Mio. €	2,00%
über 5 Mio. €	1,50%

mindestens aber der höchste Betrag der Vorstufe.

42 LG Hamburg MDR 1959, 761.
43 vgl. Tiling, ZEV 1998, 331, 335.
44 So Zimmermann, Testamentsvollstreckung, Rn. 703 ff., Rn. 709.
45 BGH NJW 1963, 487; 1967, 2402; OLG Köln NJW-RR 1987, 1098; NJW-RR 1994, 269.
46 BGH NJW 1967, 2402; dagegen zu Recht Eckelskemper in Bengel/Reimann, Kapitel 10 Rn. 27.
47 Wiedergegeben u.a. bei Knapp/Ebeling, Kommentar zum Erbschafts- und Schenkungssteuergesetz, § 10 Rn. 124.
48 OLG Köln, NJW-RR 1987, 1415. FG Düsseldorf, Urt. v. 09.01.2002, 4 K 7055/99, soweit ersichtlich n.v. akzeptiert die Tabelle zumindest für die Jahre 1993 bis 1995.
49 Abgedruckt im Anhang zu diesem Skriptum, im übrigen u.a. in ZEV 2000, 181. Einen Überblick mit Gegenüberstellung zu den bis dahin geltenden Bemessungskriterien gibt Reimann, Die Testamentsvollstreckervergütung nach den Empfehlungen des Deutschen Notarvereins, DNotZ 2001, 344 – 356.

5. Beispielsberechnung für eine Testamentsvollstreckervergütung nach der Tabelle des Deutschen Notarvereins 2000:

Brutto-Nachlasswert: 260.000,00 EUR 22

Grundbetrag:

3 % vom Nachlasswert, mindestens aber höchster Betrag der Vorstufe

3 % von 260.000,00 EUR	=	7.800,00 EUR
4 % aus 250.000,00 EUR (Vorstufe)	=	10.000,00 EUR
Grundbetrag somit:		**10.000,00 EUR**

Besondere Konstituierungsgebühr (z.B. Unternehmensbeteiligung)

Zuschlag von 2/10 bis 10/10 des Grundbetrages,

hier z.B. 6/10 = **6.000,00 EUR**

Auseinandersetzungsgebühr (z.B. besonders schwieriger Teilungsplan)

Zuschlag von 2/10 bis 10/10,

hier angenommen 8/10 = **8.000,00 EUR**

Gesamtbetrag:	**24.000,00 EUR**
zzgl. Mehrwertsteuer[50] (16%)	3.840,00 EUR
Zwischensumme	27.840,00 EUR
zzgl. Auslagenerstattung	2.000,00 EUR
Summe	**29.840,00 EUR**

Die in der Notartabelle vorgesehene Obergrenze in Höhe des dreifachen Grundbetrages (30.000,00 EUR) ist nicht überschritten.

C. Einzelfragen

I. Schuldner der Vergütung

Die gesetzliche Regelung in § 2221 BGB enthält keinen Hinweis darauf, wer die Kosten der Testamentsvollstreckung zu tragen hat. Im Außenverhältnis dem Testamentsvollstrecker gegenüber sind die Erben als Gesamtschuldner zur Zahlung verpflichtet sind. Dies folgt aus dem Umstand, dass es sich beim Vergütungsanspruch um eine gemeinschaftliche Nachlassverbindlichkeit gem. §§ 2046 Abs. 1, 2058 BGB handelt. Der Testamentsvollstrecker sieht sich hier in der komfortablen Situation, dass er von jedem Miterben wahlweise den vollen oder einen anteiligen Betrag verlangen kann. Die Frage, wer innerhalb der Erbengemeinschaft, also im Innenverhältnis der Erben untereinander, die Vergütung schlussendlich zu zahlen hat, ist somit kein Problem des Testamentsvollstreckers, sondern in erster Linie der Erben und soll daher im Folgenden nur kurz angesprochen werden. Dabei gilt grundsätzlich Folgendes: 23

50 Nach der Neuen Rheinischen Tabelle ist die Umsatzsteuer der Vergütung hinzuzurechnen, zum Meinungsstreit vgl. unten bei Einzelfragen zu „Behandlung der Umsatzsteuer“.

24 Wer die Kosten der Testamentsvollstreckung zu tragen hat, bestimmt zunächst der Erblasser in seiner letztwilligen Verfügung.

Unterlässt er, wie so häufig, eine entsprechende Regelung, richtet sich die Frage nach der Kostentragung in erster Linie danach, wem die Testamentsvollstreckung zugute kommt, was ggf. im Wege der Auslegung der letztwilligen Verfügung zu klären ist.[51] In Betracht kommen:

- Der gesamte Nachlass als solches
- Einzelne am Nachlass beteiligte Personen

Beispiele:

Ist die Testamentsvollstreckung auf die Verschaffung eines Vermächtnisses gerichtet, liegt sie primär im Interesse des Vermächtnisnehmers, so dass dieser auch Schuldner der Testamentsvollstreckervergütung ist. Anders kann es aussehen, wenn die Auseinandersetzung des Nachlasses bis zur Volljährigkeit eines minderjährigen Erben ausgeschlossen ist. Dann sind alle Erben Schuldner der Vergütung, weil der Erblasser trotz des Einzelinteresses des Minderjährigen den gesamten Nachlass als Adressat der Testamentsvollstreckung sieht.[52]

II. Die Fälligkeit der Vergütung

25 Soweit vom Erblasser nichts anderes bestimmt ist, ist die Vergütung erst mit Beendigung der Testamentsvollstreckung in einer Summe fällig, ein Recht auf Vorschuss besteht nicht. Der Grund liegt in der Regelung der §§ 2218, 666 BGB. Danach ist die Fälligkeit der Vergütung an die vorangehende Rechnungslegung durch den Testamentsvollstrecker geknüpft. Da § 2218 BGB die Regelung der Vorschusspflicht im Auftragsverhältnis (§ 669 BGB) nicht erwähnt, hat der Testamentsvollstrecker grundsätzlich keinen Anspruch auf eine Vorschussleistung.

Der Testamentsvollstrecker hat aber das Recht, seine Vergütung dem Nachlass zu entnehmen.[53] Dadurch kann er faktisch eine Vorschusszahlung erhalten, über die er aber im Rahmen seiner Pflicht zur ordnungsgemäßen Rechnungslegung (§ 2228 i.V.m. § 666 BGB) abzurechnen verpflichtet ist. Die Schlussvergütung kann er erst mit Rechnungslegung verlangen.[54] Insoweit trägt er also das Risiko, dass er nicht zuviel aus dem Nachlass entnommen hat. Im Missbrauchsfall kann dies zur Entlassung des Testamentsvollstreckers gemäß § 2227 BGB führen. Im Zweifelsfall empfiehlt sich insoweit stets die Abstimmung mit den Erben.

Bei einer länger dauernden Verwaltung ist der Testamentsvollstrecker nach § 2218 BGB zur jährlichen Rechnungslegung verpflichtet ist. In diesem Fall ergibt sich daraus auch die Berechtigung zur entsprechenden Vorschussleistung.

Gestaltungshinweis:

In der Praxis kann daher nur dazu geraten werden, bei Abfassung der letztwilligen Verfügung auch die Frage der Fälligkeit von Vorauszahlungen an den Testamentsvollstrecker zu regeln.

51 Eckelskemper in Bengel/Reimann, Handbuch der Testamentsvollstreckung, Kap. 10 Rn. 82 ff.

52 alle Beispiele nach Eckelskemper in Bengel/Reimann, Handbuch der Testamentsvollstreckung, Kap. 10 Rn. 82 bis 84, der zahlreiche weitere Fälle aufführt.

53 BGH, NJW 1963, 1616; WM 1972, 101.

54 BGH Urt. v. 22.03.1957 – IV ZR 116/56, LM Nr. 1 zu § 2221 BGB.

III. Auslagenersatzanspruch neben dem Vergütungsanspruch

Über § 2218 Abs. 1 BGB findet auf das Rechtsverhältnis zwischen dem Erben und dem Testamentsvollstrecker Auftragsrecht Anwendung. Gemäß § 670 BGB sind die Erben daher dem Testamentsvollstrecker gegenüber zum Ersatz der Aufwendungen verpflichtet, die er den Umständen nach für erforderlich halten durfte. 26

Praxishinweis:[55]

Dieser Aufwendungsersatzanspruch besteht rechtlich vollkommen unabhängig neben dem Vergütungsanspruch. Er unterliegt daher auch eigenen Fälligkeitsregelungen (§ 271 BGB, „sofort"), aber auch eigenen Verjährungsregelungen. Im eigenen Interesse sollte der Testamentsvollstrecker daher die Vorfinanzierung von Auslagen aus dem Privatvermögen vermeiden, zumindest aber sicherheitshalber in der kurzen Verjährungsfrist des § 195 BGB geltend machen.

Im Wesentlichen gehören zu den ersatzfähigen Aufwendungen: 27

- Telekommunikationsauslagen
- Reiseauslagen
- Fotokopien
- Aufwendungen für eingeschaltete Hilfspersonen (z. B. Rechtsanwälte, Steuerberater, Makler)

Während über diese Auslagen eher selten Streit mit den Erben entsteht, entzündet er sich hingegen häufig an der Frage, inwieweit für die Leistung eigener berufsmäßiger Dienste neben der Testamentsvollstreckervergütung abgerechnet werden kann.

Beispiele:

Separate Abrechung der Erbschaftsteuererklärung durch den Testamentsvollstrecker als Steuerberater, die (außergerichtliche) Geltendmachung einer Nachlassforderung durch den Testamentsvollstrecker als Rechtsanwalt.

Ob und inwieweit derartige Kosten erstattungsfähig sind, hängt von zwei Voraussetzungen ab:

- Die Kosten müssen im Rahmen ordnungsgemäßer Verwaltung des Nachlasses angefallen sein (§ 2216 BGB) und
- der Testamentsvollstrecker muss die Verursachung zu Recht für erforderlich gehalten haben (§ 670 BGB).

Umfang und Inhalt der Pflicht zur ordnungsgemäßen Verwaltung durch den Testamentsvollstrecker ergeben sich vorrangig aus den Anordnungen des Erblassers (§ 2216 Abs. 2 Satz 1 BGB) sowie aus dem Sinn und Zweck der konkret angeordneten Testamentsvollstreckung. Dabei ist zwischen den einzelnen Testamentsvollstreckungsarten zu unterscheiden.

Die Erforderlichkeit der Auslagen ist immer anhand des konkreten Einzelfalls zu bestimmen.

Beispiele:[56]

Wird im Rahmen einer Testamentsvollstreckung die Beurteilung rechtlicher Fragen erforderlich, kann und muss der Testamentsvollstrecker grundsätzlich Rechtsrat einholen. Die damit verbundene Belastung des Nachlasses mit zusätzlichen Kosten ist die für den Erblasser vorhersehbare Folge seiner Auswahl der Person des Testamentsvollstreckers.[57]

Anders sieht es aus, wenn die Beantwortung der Rechtsfrage für jedermann auf der Hand liegt, z. B. bei der Beauftragung eines Rechtsanwalts, um Einsprüche gegen Erbschaftsteuerbescheide einzulegen, an deren Berechtigung keine Zweifel bestehen.[58]

55 Nach Rott/Schiffer, Moderne Formen der Vergütung von Testamentsvollstreckern in der Praxis, in BBEV 2008, 102 - 110.
56 Nach Rott/Schiffer, Moderne Formen der Vergütung von Testamentsvollstreckern in der Praxis, in BBEV 2008, 102 - 110.
57 BGH, Urteil v. 11. 11. 2004 - I ZR 213/01, NJW 2005 S. 969, 971.
58 BGH, Urteil v. 19. 1. 2000 - IV ZR 157/98, ZEV 2000 S. 195.

Wiederum anders kann sich der Sachverhalt beurteilen, wenn der Testamentsvollstrecker gerade wegen seiner besonderen Spezialkenntnisse ausgewählt wurde (z. B. als Gesellschaftsrechtler oder Wirtschaftsanwalt). Wird in solchen Fällen dennoch ein zusätzlicher Fachmann beauftragt, trägt dafür grundsätzlich der Testamentsvollstrecker die Kosten, indem er diese selbst zu übernehmen hat oder dadurch, dass sein Einzelfallhonorar niedriger ausfällt.

Ein verlorener Prozess allein hingegen verpflichtet nicht zur Rückzahlung der Anwaltskosten, wenn sich der Testamentsvollstrecker unter Berücksichtigung der von ihm zu erwartenden Sorgfalt, ggf. auch unter Einschluss seiner besonderen beruflichen Qualifikation, zur Prozessführung entschlossen hat.[59]

28 Einen Sonderfall bildet der Ersatz von Versicherungsprämien für die Vermögenschadenhaftpflichtversicherung des Testamentsvollstreckers. Nach der im Vordringen befindlichen Auffassung ist der Ersatz jedenfalls nicht gänzlich ausgeschlossen.[60] Die Einzelheiten sind noch streitig. Richtigerweise wird im Einzelfall zu differenzieren sein:[61]

Besteht für den Testamentsvollstrecker das gesetzliche Erfordernis zur Unterhaltung einer Haftpflichtversicherung, ist der sich durch die Einsetzung des Berufsträgers als Testamentsvollstrecker dokumentierte (hypothetische) Wille des Erblassers dahingehend zu interpretieren, dass er bis zur Höhe der von einem derartigen Berufsträger typischerweise unterhaltenen Deckungssumme die Aufwendungen nicht dem Auslagenersatzanspruch zugerechnet wissen will. Im Übrigen würde eine Abgrenzung von den allgemeinen Bürokosten auch an der praktischen Schwierigkeit einer Aufteilung scheitern.

29 Wird hingegen, was insbesondere bei besonders werthaltigen oder risikoreichen Testamentsvollstreckungen dringend anzuraten ist, eine auf diese Vollstreckung bezogene Zusatzversicherung (Excedentenversicherung) abgeschlossen, ist regelmäßig von einem entsprechenden Auslagenerstattungsanspruch des Testamentsvollstreckers auszugehen.

Gestaltungshinweis:

Es ist jedem Erblasser dringend zu empfehlen, auch diese Frage in der ***letztwilligen Verfügung*** *zu regeln. Sie wirkt sich schließlich nicht nur zugunsten des Testamentsvollstreckers aus, sondern im Haftungsfall auch zugunsten der Erben.*

IV. Zurückbehaltungsrecht des Testamentsvollstrecker

30 Der Vergütungsanspruch des Testamentsvollstreckers gründet gegenüber dem Herausgabeverlangen des Erben ein Zurückbehaltungsrecht. Gegenüber der Verpflichtung des Testamentsvollstrekkers zur Rechnungslegung (§ 2218 BGB) und dem Überlassungsanspruch gemäß § 2217 BGB besteht ein Zurückbehaltungsrecht nicht.

V. Verjährung des Vergütungsanspruchs

31 Die Verjährung des Vergütungsanspruchs richtet sich wegen seiner erbrechtlichen Grundlage

59 Vgl. OLG Karlsruhe, Urteil v. 16. 7. 2004 - 14 U 87/03, FamRZ 2005 S. 842 f.

60 *Bengel/Reimann/Bengel*, Handbuch der Testamentsvollstreckung, 3. Aufl. 2001, Rn. 150; *Birk*, Vergütung und Aufwendungsersatz des Testamentsvollstreckers, 2002, S. 150; *Lieb*, a. a. O., Rn. 317.

61 Rott/Schiffer, Moderne Formen der Vergütung von Testamentsvollstreckern in der Praxis, in BBEV 2008, 102 - 110.

nach § 197 Abs. 1 Nr. 2 BGB und beträgt daher 30 Jahre.[62] Diese Frage ist jedoch wegen des bestehenden Zusammenhangs zum Auftragsrecht umstritten.[63]

Praxishinweis:

Die rechtzeitige Entnahme der Vergütung aus dem Nachlass vermeidet dieses Problem. Zu warnen ist allerdings davor, dass sich der Testamentsvollstrecker die zur Entnahme der Vergütung erforderliche Liquidität durch die Veräußerung von Sachwerten erst verschafft. Dies ist nur in sehr engen Ausnahmefällen zulässig, z. B. bei einer Zustimmung der Erben.[64]

VI. Vergütungsanspruch bei mehreren Testamentsvollstreckern

Mehrere Testamentsvollstrecker haben Anspruch auf die ihnen jeweils konkret zustehende Vergütung, die sich wiederum nach der jeweiligen Tätigkeit des einzelnen Testamentsvollstreckers richtet. Die Vergütungen können somit unterschiedlich hoch ausfallen. Bei gleichem Einsatz der Testamentsvollstrecker kann jedem Testamentsvollstrecker die volle Vergütung zustehen.[65] 32

Die Fälle, in denen ein Erblasser zwei oder mehr Testamentsvollstrecker ernennt, um seiner komplex gewordenen Vermögensstruktur den jeweiligen Spezialisten zuzuordnen, werden in der Zukunft zunehmen.

Gestaltungshinweis:[66]

Bei derartigen Testamentsvollstreckerlösungen sollte es sich von selbst verstehen, dass der Erblasser in seiner letztwilligen Verfügung die Höhe und die Verteilung der Vergütung zwischen den einzelnen Testamentsvollstreckern regeln sollte.

Aus diesem Umstand darf aber nicht die Schlussfolgerung gezogen werden, dass zwei Testamentsvollstrecker insgesamt eine zweimal so hohe Vergütung erhalten, wie sie ein Einzeltestamentsvollstrecker erhielte. 33

Gleichwohl wird man davon ausgehen können, dass jeder Erblasser, der seiner Testamentsvollstreckung einen so hohen Stellenwert einräumt, dass er mehrere Testamentsvollstrecker bestimmt, grundsätzlich auch eine entsprechend höhere Testamentsvollstreckungsvergütung einkalkuliert. Die Verteilung zwischen den Testamentsvollstreckern erfolgt nach der individuellen Leistung eines jeden Einzelnen, wobei zu berücksichtigen ist, dass manche Aufgaben nur einmal anfallen und zudem nur durch einen Testamentsvollstrecker erledigt werden (z. B. die Inbesitznahme des Nachlasses oder die Erstellung des Nachlassverzeichnisses).[67]

Gestaltungshinweis:

Mittestamentsvollstrecker haften dem Nachlass gegenüber gesamtschuldnerisch. Jeder trägt folglich das Insolvenzrisiko des anderen. Dieser Umstand muss sich auch angemessen in der Höhe der Vergütung widerspiegeln. Daher sollte auch dieser Umstand bei der Regelung in der letztwilligen Verfügung angemessen Berücksichtigung finden.

62 Edenhofer inPalandt, Kommentar zum BGB, § 2221 Rn. 13.
63 vgl. Heinrichs in Palandt, Kommentar zum BGB, § 197 Rn. 8; Löhning ZEV 2004, 267.
64 BGH Urt. v. 14.02.1973, IV ZR 90/71, BB 1973, 499.
65 Tiling, ZEV 1998, 331, 338.
66 Nach Schiffer/Rott, Testamentsvollstreckung: Grundlagen der richtigen Gestaltung der Vergütung, in BBEV 2008, 13 - 20.
67 Schiffer/Rott, Testamentsvollstreckung: Grundlagen der richtigen Gestaltung der Vergütung, in BBEV 2008, 13 - 20.

VII. Der Vergütungsanspruch des vermeintlichen Testamentsvollstreckers

34 Insgesamt unbefriedigend stellt sich die Vergütungssituation dar, wenn sich nachtäglich herausstellt, dass die Ernennung des Testamentsvollstreckers unwirksam ist, er aber bereits tätig wurde.[68]

Beispiel:

Durch eine erst im Nachhinein neu aufgetauchte letztwillige Verfügung erfährt der(vermeintliche) Testamentsvollstrecker, dass er nicht Testamentsvollstrecker sein sollte.

Aus § 2221 BGB lässt sich ein Vergütungsanspruch nicht herleiten. Da das für die Testamentsvollstreckung charakteristische gesetzliche Schuldverhältnis in diesem Fall gerade nicht besteht.[69] Im Übrigen ist zu unterscheiden.

1. Der gutgläubige Testamentsvollstrecker

35 Der Testamentsvollstrecker, der im Vertrauen auf seine wirksame Einsetzung für den Nachlass handelt, soll nach überwiegender Auffassung für seine bis dahin geleistete Tätigkeit eine angemessene Vergütung erhalten. Anspruchsgrundlage sind dann die Vorschriften über die Geschäftsbesorgung, die hier zu Gunsten der Erben erfolgt, §§ 675, 612 BGB.[70]

2. Der bösgläubige Testamentsvollstrecker

36 Bestätigt sich später die von den Erben schon früher vertretene Auffassung, die Bestellung zum Testamentsvollstrecker sei zu Unrecht erfolgt, entfällt nach der Rechtsprechung des Bundesgerichtshofs der Vergütungsanspruch vollständig.[71] Diese Auffassung wird von Teilen des Schrifttums geteilt.[72] Ein Testamentsvollstrecker, dem die Bedenken gegen seine Ernennung bekannt seien, sei generell nicht schutzwürdig.

Richtigerweise wird man differenzieren müssen. Tragen die Erben keine substantiierten Gründe gegen die Wirksamkeit der Ernennung vor und kann der Testamentsvollstrecker bei einer objektiven Betrachtungsweise ebenfalls keine gegen die Wirksamkeit der Ernennung sprechenden Gründe erkennen, so muss der Erbe den von dem Erblasser gesetzten Rechtsschein gegen sich gelten lassen, mit der Folge dass dem (insoweit gutgläubigen) Testamentsvollstrecker eine Vergütung zuzubilligen ist.[73] Anderenfalls wäre jedem Erben ein in der Praxis für ihn vollkommen unproblematisch und risikolos handhabbares Instrumentarium in die Hand gegeben, jeden Testamentsvollstrecker, auch den wirksamen eingesetzten, vom Antritt seines Amtes einfach dadurch abzuschrecken, dass substanzlos die Wirksamkeit der Ernennung bestritten wird. Die Folge wäre die praktische Aushöhlung des gesamten Rechtsinstitutes.

68 Bei Untätigkeit eines vermeintlichen Testamentsvollstreckers wird sich nach richtiger Auffassung di Vergütungsfrage nicht stellen, vgl. Edenhofer in Palandt, 67. Auflage 2008, Rn. 2.
69 Zimmermann, Münchener Kommentar zum BGB, 4. Auflage 2004, § 2221 Rn. 27.
70 BGH, Urt. v. 22.05.1963,V ZR 42/61, NJW 1963, 1615, Edenhofer in Palandt, 67. Auflage 2008, Rn. 3.
71 BGH, Urt. v. 06.0.7.1977, IV ZR 17/76, NJW 1977 , 1726.
72 Edenhofer in Palandt, 67. Auflage 2008, Rn. 3.
73 Haegele-Winkler Rn. 632.

3. Der vom Nachlassgericht eingesetzte Testamentsvollstrecker

Noch einmal anders wird die Situation beurteilt, wenn der vermeintliche Testamentsvollstrecker durch das Nachlassgericht nach § 2200 BGB ernannt wurde. Aufgrund des erhöhten Vertrauens in die gerichtliche Ernennung soll ihm hier der Vergütungsanspruch nach § 2221 BGB zustehen, solange er im Vertrauen auf die Gültigkeit dieser Ernennung tätig war.[74] 37

Gestaltungshinweis:

Angesichts der in Literatur und Rechtsprechung nicht eindeutig und teilweise auch nicht zufriedenstellend geklärten Rechtslage zum Vergütungsanspruch des vermeintlichen Testamentsvollstreckers muss bei der Formulierung der Testamentsvollstreckerernennung höchste Sorgfalt aufgewandt werden. Testierende, die hier nachlässig agieren, den das hohe Risiko ein, dass die gesamte gewollte Testamentsvollstreckung ins Leere läuft, weil professionell agierende Testamentsvollstrecker in der Praxis kaum bereit sein werden, dass Vergütungsrisiko zu tragen.

Praxishinweis:

Dem Testamentsvollstrecker kann nur empfohlen werden, vor Annahme des Amtes die Wirksamkeit der Anordnung sorgfältig zu prüfen. Es bleiben Zweifel, wird er sich entscheiden müssen, ob er bereit ist, dass Vergütungsrisiko zu tragen. Eine gewisse Verbesserungen seiner Position wird sich erreichen lassen, wenn er – in Absprache mit dem Nachlassgericht – die vom Erblasser ausgesprochene Ernennung nicht annimmt, sich anschließend aber (einen hierfür rechtlich geeigneten Fall unterstellt) durch das Nachlassgericht gemäß § 2200 BGB) bestellen lässt. Auf die ganz sichere Seite begibt sich der Testamentsvollstrecker, wenn er – was grundsätzlich ohnehin empfehlenswert ist – zu Beginn seines Amtes mit den Erben eine konkrete Vergütungsvereinbarung trifft.

9

VIII. Die Behandlung der Umsatzsteuer

Ob die Umsatzsteuer in der dem Testamentsvollstrecker zustehenden Gesamtvergütung, insbesondere, wenn sie nach einer Tabelle berechnet wird, bereits enthalten ist, ist sehr streitig. Die Rechtsprechung bejahte dies bislang ziemlich durchgängig.[75] Dies führte zu dem unsinnigen Ergebnis, dass nicht geschäftsmäßige Testamentsvollstrecker eine höhere Nettovergütung erhalten konnten, als berufsmäßig agierende Testamentsvollstrecker.[76] 38

Das Schrifttum[77] hat sich schon immer sehr einhellig gegen dieses widersinnige Ergebnis gewandt. Nunmehr beginnt sich auch in der Rechtsprechung ein Auffassungswandel durchzusetzen. In der steuerrechtlichen Rechtsprechung wurde die Grenze zur geschäftsmäßigen Testamentsvollstreckung stark herabgesetzt.[78] Danach wird ein Testamentvollstrecker, der über einen längeren Zeitraum eine Vielzahl von Handlungen vornimmt, regelmäßig nachhaltig und somit unternehmerisch tätig, und zwar ausdrücklich auch bei einer auf die Auseinandersetzung des Nachlasses beschränkten Testamentsvollstreckung. Es falle in diesen Fällen daher auch dann Umsatzsteuer an, wenn die Testamentsvollstreckertätigkeit aus privaten Gründen aufgenommen wurde.[79]

74 RG, Urt. v. 30.09.1937, IV 325/36, RGZ 155, 350 - 355, 353.
75 vgl. nur KG NJW 1974, 752; OLG Köln, Urteil v. 8. 7. 1993 - 1 U 50/92, FamRZ 1994 S. 328; aber auch Palandt/Edenhofer, 67. Aufl. 2008, § 2221 BGB Rn. 4 a. E.
76 Schiffer/Rott, Testamentsvollstreckung: Grundlagen der richtigen Gestaltung der Vergütung, in BBEV 2008, 13 – 20.
77 Zimmermann in Münchener Kommentar zum bürgerlichen Recht, § 2221, Rn. 15; Möhring/Beisswingert/Klingelhöffer, S. 236.
78 BFH, Urt. v. 7. 9. 2006 - V R 6/05, NJW 2007 S. 1391.
79 Nach Auffassung des BFH a.a.O. kann die EuGH-Rspr. zur „nur gelegentlichen" Ausführung von Umsätzen durch Nutzung privater Gegenstände hier nicht erweiternd angewendet werden.

Zur weiteren Streitentschärfung hat die Neue Rheinische Tabelle beigetragen, die davon ausgeht, dass der Vergütung des Testamentsvollstreckers die etwaige Mehrwertsteuer hinzuzurechnen ist. Mittlerweile ist zumindest die erstinstanzliche Rspr. dieser Auffassung mittlerweile beigetreten.[80] Diese Auffassung verdient Zustimmung. Sie entspricht dem Willen des Erblassers. Dieser hat zu seinem Testamentsvollstrecker eine professionell agierende Person bestimmt, die nun einmal von Gesetzes wegen umsatzsteuerpflichtig ist.[81]

Gestaltungshinweis:

Angesichts des unverhältnismäßig hohen Umsatzsteuersatzes macht die Frage nach der Vergütung der Umsatzsteuer einen nicht unbeträchtlichen Teil des Testamentsvollstreckerhonorars aus. Will der Erblasser nicht riskieren, dass die von ihm bestimmte Testamentsvollstrecker sein Amt nicht antritt, sollte er, um hier eine Streitfrage zu vermeiden, die ihm zustehende Testierfreiheit nutzen und in seiner letztwilligen Verfügung ausdrücklich festlegen, dass der Testamentsvollstrecker die Vergütung zzgl. etwaiger Umsatzsteuer erhält.

D. Prozessuale Durchsetzung des Vergütungsanspruchs

39 Streitigkeiten im Zusammenhang mit der Vergütung des Testamentsvollstreckers sind grundsätzlich vor den **Zivilgerichten** auszutragen, es sei denn die Streitenden haben sich, z. B. wegen der Vertraulichkeit der Angelegenheit, auf ein privates Schiedsgericht geeinigt oder der Erblasser hat ein solches letztwillig angeordnet, wozu er nach § 1066 ZPO ohne Weiteres befugt ist.[82]

Die Zuständigkeit des Nachlassgerichts ist nicht gegeben.[83] Das gilt selbst dann, wenn der Erblasser dies ausdrücklich so angeordnet hat.

Praxishinweis:

Liegt gleichwohl eine Erblasseranordnung mit dem Inhalt vor, dass das Nachlassgericht den Streit entscheiden soll, wie es in der Praxis gar nicht so selten zu beobachten ist,[84] erscheint im Einzelfall die Überlegung erwägenswert, ob die letztwillige Verfügung des Erblassers nicht möglicherweise dahingehend ausgelegt werden kann, dass ein Mitglied des Nachlassgerichts als Privatperson die Vergütung entsprechend § 317 BGB festlegen soll.[85]

Gestaltungshinweis:

Angesichts der Vehemenz, mit der der Streit zwischen den Erben und dem Testamentsvollstrecker über die Angemessenheit der Vergütung häufig geführt wird, kann nur dazu geraten werden, für klare Regelungen in der letztwilligen Verfügung zu sorgen. Wie diese konkret auszusehen haben, bestimmt allerdings immer der Einzelfall. Dabei sollte im Vordergrund stehen, wie umfangreich und schwierig sich die Testamentsvollstreckung im konkreten Einzelfall erweisen wird.

80 vgl. LG Köln, Urt. v. 26. 9. 2006 - 18 O 140/05, RNotZ 2007 S. 40.
81 Schiffer/Rott, Testamentsvollstreckung: Grundlagen der richtigen Gestaltung der Vergütung, in BBEV 2008, 13 – 20.
82 Vgl. Schiffer, Schiedsverfahren und Mediation, 2005, S. 160.
83 BGH, WM 1972, 101.
84 Schiffer/Rott, Testamentsvollstreckung: Grundlagen der richtigen Gestaltung der Vergütung, in BBEV 2008, 13 – 20.
85 So der Vorschlag von Eickelskemper in: Bengel/Reimann, Handbuch der Testamentsvollstreckung, Kap. 10 Rn 91, der auf Haegele/Winkler Rn. 620 verweist. Der Vorschlag dürfte allerdings in der Praxis häufig schwer umzusetzen sein, da in Streitfällen zwischen Testamentsvollstreckern und Erben zunächst das Prozessgericht die letztwillige Verfügung entsprechend auslegen und anschließend der Nachlassrichter als Privatperson sich entscheiden müsste. Darüber hinaus dürfte keine Verpflichtung des Richters als Privatperson bestehen, das Bestimmungsrecht auszuüben.

E. Die steuerliche Behandlung der Testamentsvollstreckervergütung

I. Ausgangsüberlegungen

Wie die Vergütung, die der Testamentsvollstrecker für seine Tätigkeit erhält, steuerlich zu behandeln ist, hängt im wesentlichen von folgenden Umständen ab: 40

- Ist der Testamentsvollstrecker nur gelegentlich oder nachhaltig als Vollstrecker tätig?
- Ist er selbständig oder unselbständig tätig?
- Ist seine Vergütung angemessen oder unangemessen?

II. Einkommensteuer

1. Unentgeltliche Tätigkeit

Erfolgt die Testamentsvollstreckung unentgeltlich, so besteht keine Einkommensteuerpflicht, 41 egal, ob der Testamentsvollstrecker als Privatperson oder im Rahmen seiner beruflichen Tätigkeit agiert.[86] Ansonsten ist zu differenzieren.

2. Entgeltliche Tätigkeit durch Privatperson

Der gelegentlichen Tätigkeit einer Privatperson, die eine Testamentsvollstreckung gegen Vergü- 42 tung übernimmt, fehlt es an der Absicht, nachhaltig und mit Gewinnerzielungsabsicht am Wirtschaftsleben[87] teilzunehmen. Ihre Einkünfte sind als sonstige (selbständige, weil nicht aus abhängiger Beschäftigung stammender) Einkünfte nach § 22 Nr. 3 EStG zu versteuern.

3. Entgeltliche freiberufliche Tätigkeit

Ist der Testamentsvollstrecker bereits selbständig tätig und steht die Testamentsvollstreckung im 43 Zusammenhang mit dieser Tätigkeit, so handelt es sich unabhängig von einer etwa bestehenden Wiederholungsabsicht um freiberufliche Einkünfte aus § 18 EStG, auch wenn der freie Beruf in einer Sozietät ausgeübt wird.[88] Vorsicht ist allerdings im Hinblick auf § 18 Abs. 1 Nr. 3 EStG geboten. Die Zuordnung zu den selbständigen Einkünften verlangt grundsätzlich, dass die Tätigkeit der Testamentsvollstreckung persönlich ausgeübt wird. Die Mithilfe mehr als einer qualifizierten

86 Vorsicht ist allerdings im Bereich der Umsatzsteuer geboten. Hier kann eine fiktive Leistung nach § 3 Abs. 9 a Satz 1 Nr. 2 UStG vorliegen, ebenso wenn die Vergütung zu gering bemessen ist.

87 Besteht dagegen die Absicht, bei nächster sich bietender Gelegenheit die Testamentsvollstreckung zu wiederholen, so stellt bereits die erstmalige Betätigung Einkunftserzielung aus selbständiger oder gewerblicher Tätigkeit dar, vgl. Bengel/Reimann, Testamentsvollstreckung, Kapitel 10 Rn. 160.

88 BFH, Urt. v. 06.09.1990, IV R 125/89, BStBl. II 1990, 1028, DStR 1990, 737.

Hilfskraft bei der Testamentsvollstreckung führt daher in der Regel zu gewerblichen Einkünften.[89]

4. Abfindungszahlungen

44 Auch eine Abfindungszahlung, die für den Verzicht auf die Ausübung des Amtes als Testamentsvollstrecker gezahlt wird, unterliegt grundsätzlich der Steuerpflicht.[90]

III. Gewerbesteuer

1. Zusammenhang mit anderweitiger gewerblicher Tätigkeit

45 Fallen die Einkünfte aus testamentsvollstreckender Tätigkeit im Zusammenhang mit einer anderweitigen gewerblichen Tätigkeit[91] an, dann teilen sie deren Schicksal als gewerbliche Einkünfte.[92]

2. Unternehmensfortführung

46 Gewerbesteuer fällt ferner auch in den Fällen an, in denen der Testamentsvollstrecker – auch als Privatperson – ein (einzelkaufmännisches) Unternehmen treuhänderisch fortführt.[93]

3. Gefahren für Freiberufler als Testamentsvollstrecker

47 Problematisch sind die Fälle, in denen die Testamentsvollstreckung durch Freiberufler erbracht wird, die in einer Personalgesellschaft zusammengeschlossen sind.

Zwar gehören die Tätigkeiten in den Berufen als Rechtsanwalt, Steuerberater und Wirtschaftsprüfer zu den sog. Katalogberufen nach § 18 Abs. 1 Nr. 3 EStG, so dass eigentlich auch fachlich vorgebildete Arbeitskräfte eingesetzt werden können, ohne dass gewerbliche Einkünfte begründet werden. Andererseits sind – gerade im Hinblick auf die Entscheidung des Bundesgerichtshofs zur Zulässigkeit geschäftsmäßiger Testamentsvollstreckungen durch jedermann[94] bereits Stimmen laut geworden, die davor warnen, dass die berufliche Tätigkeit der Testamentsvollstrecker zukünftig als gewerbesteuerpflichtig angesehen werden könnte.[95] Die Warnung erscheint berechtigt, wie die Entscheidungen des Bundesfinanzhofes zur Gewerbesteuerpflicht der Einkünfte des Insolvenzverwalters[96] oder des Berufsbetreuers[97] zeigen. Erst recht wird sich diese Gefahr durch

89 vgl. Daragan in: Mayer/Bonefeld/Wälzholz/Weidlich, Testamentsvollstreckung Rn. 1098 unter Hinweis auf BFH Urt. v. 25.11.1970, BStBl. II. 1991, 239; Eckelskemper in Bengel/Reimann, Handbuch der Testamentsvollstreckung, Kap. 10 Rn. 146.

90 So ausdrücklich für den Bereich der Umsatzsteuer: BFH, Urt. v. 05.06.2003 – V R 25/02, BStBl. II 2003, 734, DStR 2003, 1392.

91 Zu nennen ist hier z. B. die Tätigkeit der Banken oder von Steuerberatungs-GmbH´s als Testamentsvollstrecker, nach dem zu erwartenden RechtsdientleistungsG in Zukunft auch noch sehr vieler weiterer Berufsgruppen.

92 Vgl. Daragan in: Mayer/Bonefeld/Wälzholz/Weidlich, Testamentsvollstreckung Rn. 184.

93 Vgl. Eckelskemper in Bengel/Reimann, Handbuch der Testamentsvollstreckung, Kap. 10 Rn. 144, 188.

94 Vgl. BGH Urt. v. 11.11.2004 – I ZR 213/01, AnwBl. 2005, 289 (Testamentsvollstreckung durch Banken, sowie BGH Urt. v. 11.11.2004 – I ZR 182/02 (Testamentsvollstreckung durch Steuerberater), AnwBl. 2005, 287.

95 Vgl. Olbing, AnwBl. 2005, 289.

96 BFH, Urt. v. 12.12.2001, XI R 56/00, BStBl. II 2002, 202; DStR 2002, 353.

97 BFH, Urt. v. 04.11.2004, IV R 26/03; FG Düsseldorf Urt. v. 23.09.2003, 9 K 7943/00.

das Rechtsberatungsgesetz manifestieren, wonach die geschäftsmäßige Testamentsvollstreckung für jedermann als Nebentätigkeit zu seinem Gewerbe gestattet ist.

Für Freiberufler besteht hier also – zumindest vorsorglich – dringender Handlungsbedarf. Der Bundesfinanzhof geht von der sog. „Abfärbetheorie" aus, wonach die Einkünfte einer Personengesellschaft, die teils freiberuflich, teils gewerblich sind, in vollem Umfang als gewerblich anzusehen und entsprechend zu besteuern sind.[98] Die rechtliche Trennung der Testamentsvollstreckung von der sonstigen anwaltlichen Tätigkeit ist dann dringend angezeigt.[99]

Praxishinweis:

Eine hilfreiche Gestaltungsoption hat der Bundesfinanzhof[100] mit der Entscheidung vom 28.06.2006 aufgezeigt. Danach führen gewerbliche Einkünfte im Sonderbereich des Gesellschafters einer freiberuflich tätigen Personengesellschaft nicht zu einer Abfärbung gemäß § 15 Abs. 3 Nr. 1 EStG auf die Einkünfte der (übrigen) Gesellschafter im Gesamthandsbereich. Die Führung der Testamentsvollstreckung im Sonderbereich des Freiberuflers sollte daher geeignet sein, gewerbesteuerliche Risiken der Mitgesellschafter zu vermeiden. Typischerweise in Freiberuflergesellschaften verwendete Vertragsklauseln, wonach sämtliche Einkünfte eines Gesellschafters, auch solche aus einer Testamentsvollstreckung, als Einkünfte der Gesellschaft gelten, könnten die Finanzverwaltung aber veranlassen, einen von dieser Rechtsprechung abweichenden Fall anzunehmen und gleichwohl die Infizierung anzunehmen.

Bei der Frage der Mitunternehmerstellung eines Testamentsvollstreckers hat der BFH die allgemein für die Beurteilung der Mitunternehmerstellung geltenden Grundsätze für anwendbar erklärt.[101]

IV. Umsatzsteuer

Der Amtsinhaber, der nur einmalig tätig wird, handelt nicht in Wiederholungsabsicht.[102] Umsatzsteuer fällt in diesen Fällen nicht an. 48

Ist eine Testamentsvollstreckung allerdings schwierig und zieht sie sich über mehrere Jahre hin, so wird der Testamentsvollstrecker auch dann nachhaltig tätig, wenn es sich um die Vollstreckung nur eines Nachlasses handelt. Neben der Verwaltungstestamentsvollstreckung kann auch eine Auseinandersetzungstestamentsvollstreckung eine nachhaltige Tätigkeit begründen.[103]

Eine nachhaltige Tätigkeit führt nach § 2 Abs. 1 Satz 3 UStG, sofern sie zur Erzielung von Einnahmen und selbstständig ausgeübt wird, zur Unternehmereigenschaft i.S.d. § 2 Abs. 1 Satz 1 UStG. Mithin besteht auch bei einer nur einmaligen Tätigkeit die Gefahr einer umsatzsteuerpflichtigen Erbringung von Leistungen durch den Testamentsvollstrecker.[104]

98 BFH, Urt. v. 08.12.1994, IV R 7/92 m.w.N., BStBl. II 1996, 264, DStR 1995, 638.
99 So auch die Empfehlung von Olbing, AnwBl. 2005, 289.
100 BFH Urt. v. 28.06.2006 - XI R 31/05, DStR 2006, 1934-1938.
101 BFH, IV B 23/96 vom 26.11.1996, BFH/NV 1997, 393. In dem Fall, der dem Beschluss des BFH zugrunde lag, war der Testamentsvollstrecker zugleich Ertragsvermächtnisnehmer an dem vererbten Kommanditanteil. Bemerkenswert an diesem Beschluss ist, dass der BFH zur Begründung gerade nicht auf die Besonderheiten der Testamentsvollstreckung zurückgegriffen hat, sondern die allgemein für die Beurteilung der Gewerblichkeit entscheidenden Grundsätze herangezogen hat.
102 So ausdrücklich Kirnberger, ZEV 1998, 342.
103 Heidner in Bunjes/Geist, UStG, 7. Auflage, 2003, § 2 Rz. 66, BFH Urt. v. 07.09.2006, VR 6/05, NJW 2007, 1391, ausdrücklich auch für den Fall einer aus privaten Gründen aufgenommenen Testamentsvollstredckung.
104 Dabei spielt es keine Rolle, aus welchen Gründen die Testamentsvollstreckung erfolgt und ob die Testamentsvollstrekkung zu den eigentlichen bzw. sonstigen Aufgaben des Unternehmens des Testamentsvollstreckers gehört, sofern ein solches Unternehmen bereits besteht. Das folgt schon aus dem einheitlichen Unternehmerbegriff des § 2 Abs. 1 Satz 2 UStG, wonach das Unternehmen die gesamte gewerbliche oder berufliche Tätigkeit des Unternehmers umfasst.

Praxishinweis:

Die Kleinunternehmerregelung des § 19 UStG[105] ist auch in diesen Fällen anwendbar[106], was in der Praxis bei Testamentsvollstreckungen von geringerem Umfang viele Erleichterungen schaffen dürfte. Kommt die Kleinunternehmerregelung zur Anwendung, muss der Testamentsvollstrecker auf seine Umsätze keine Umsatzsteuer erheben. Darüber hinaus entfallen die formalen Verpflichtungen im Zusammenhang mit dem Ausweis der Umsatzsteuer (z. B. Angabe der fortlaufenden Rechnungsnummer und der Steuernummer auf der Rechnung). Die Option zur Umsatzsteuer zur Ermöglichung des Vorsteuerabzuges dürfte aus der Sicht des Testamentsvollstreckers in der Praxis eher selten sinnvoll sein, da die Aufwendungen des Testamentsvollstreckers ohnehin i.d.R. über den Auslagenersatzanspruch in voller Höhe vom Nachlass getragen werden.

Gehört die Testamentsvollstreckung von Anfang an zu den Aufgaben eines bestehenden Unternehmens des Testamentsvollstreckers, unterliegt die Vergütung des Testamentsvollstreckers immer der Umsatzsteuerpflicht, unabhängig vom Umfang der Tätigkeit.[107]

Auf die konkrete Nachhaltigkeit i.S.d. § 2 Abs. 1 Satz 3 UStG der vom Testamentsvollstrecker ausgeführten Tätigkeiten kommt es dann nicht mehr an. Die Umsatzsteuerpflicht ergibt sich als „Annex" zu den sonstigen Tätigkeiten des Testamentsvollstreckers im Rahmen seines bestehenden Unternehmens.

49 Der BFH hat entschieden, dass ein als Testamentsvollstrecker tätiger Rechtsanwalt regelmäßig in Ausübung seines Berufes i.S.d. § 191 Abs. 2 AO handelt.[108] Für Steuerberater kann nichts anderes gelten.

Angesichts dessen dürfte es äußerst schwierig sein, eine klare Trennung zwischen einer „privat" veranlassten Testamentsvollstreckung und einer Testamentsvollstreckung vorzunehmen, die zu den Aufgaben des Unternehmens des Steuerberaters oder Rechtsanwalts gehört. Daher ist es lediglich bei einer einmaligen und gerade nicht nachhaltigen Tätigkeit i.S.d. § 2 Abs. 1 Satz 3 UStG denkbar, die unternehmerische Tätigkeit von der insoweit „privat" veranlassten Tätigkeit als Testamentsvollstrecker zu trennen.

Ist der als Testamentsvollstrecker tätige Freiberufler Mitglied einer Sozietät, ist das Unternehmen der Sozietät von dem Unternehmen des jeweiligen Berufsträgers zu trennen. Mithin wird eine Testamentsvollstreckung, die dem handelnden Berufsträgers allein übertragen wurde und von ihm auf eigene Rechnung betrieben wird, nur dem Unternehmen des handelnden Berufsträgers zugerechnet.[109]

Daher ist es bei Mitgliedschaft in einer Sozietät grundsätzlich möglich, die Umsatzsteuerpflicht der Testamentsvollstreckertätigkeit zu vermeiden. Problematisch ist das allerdings in den Fällen, in denen sich der als Testamentsvollstrecker tätige und allein beauftragte Berufsträger zur Durchführung der Testamentsvollstreckung der Sach- und/oder Personenressourcen der Sozietät bedient, in der er als Berufsträger Mitglied ist. Dann könnte es zu einer sog. „Abfärbung" kommen, die zu einer

105 Der Umsatz im vorangegangenen Jahr darf einen Betrag von 17.500 € nicht überstiegen haben und der Umsatz im laufenden Jahr darf 50.000 €, jeweils inklusive Umsatzsteuer, voraussichtlich nicht übersteigen.

106 Kronthaler, ZEV 2007, 46.

107 Auch das folgt aus dem einheitlichen Unternehmerbegriff des § 2 Abs. 1 Satz 2 UStG.

108 Zwar sei die Tätigkeit als Testamentsvollstrecker keine dem Rechtsanwaltsberuf vorbehaltene oder ihn in besonderer Weise charakterisierende Tätigkeit, dennoch falle sie unter sämtliche Rechtsangelegenheiten i.S.d. § 3 Abs. 1 BRAO, in denen der Rechtsanwalt der berufene unabhängige Vertreter und Berater ist. Das Amt eines Testamentsvollstreckers erfordere häufig qualifizierte Rechtskenntnisse. Wird ein Rechtsanwalt als Testamentsvollstrecker ernannt, sei deshalb im Zweifel davon auszugehen, dass dies wegen seiner beruflichen Stellung und seiner Rechtskenntnisse erfolge (BFH, II R 4/96 vom 13.05.1998, BStBl. II 1998, 760). Anders allerdings EuGH, Urt. v. 06.12.2007, Rechtssache C-401/06.

109 Zur Zurechnung der jeweiligen Tätigkeit zu dem jeweiligen Unternehmen vgl. Heidner in Bunjes/Geist, UStG, 7. Auflage, 2003, § 2 Rz. 136, m.w.N.

Umsatzsteuerpflicht der Testamentsvollstreckertätigkeit aufgrund einer „Vermischung“ führt.[110]

Auch die von einem inländischen Wirtschaftsprüfer und Steuerberater – für einen Rechtsanwalt gilt nichts anderes – einem im Ausland lebenden Erben gegenüber erbrachte Testamentsvollstreckerleistung ist umsatzsteuerpflichtig. Es handelt sich nach der Auffassung des Bundesfinanzhofs nicht um eine Beratungsleistung i.S.d. § 3a Abs. 4 Nr. 3 UStG, für die als Leistungsort der Sitz im Drittland gelten würde.[111] 50

Auch eine Abfindungszahlung, die für den Verzicht auf die Ausübung des Amtes als Testamentsvollstrecker gezahlt wird, kann umsatzsteuerpflichtig sein. Nach ständiger Rechtsprechung des Bundesfinanzhofs stellt der Verzicht, ganz oder teilweise eine gewerbliche oder berufliche Tätigkeit auszuüben, eine „sonstige Leistung“ gemäß § 3a Abs. 4 Nr. 9 UStG 1993 dar.[112]

Die lange Zeit streitige Frage um den Ort der vom Testamentsvollstrecker erbrachten Leistung kann mittlerweile als geklärt angesehen werden. Der EuGH[113] hat die Vertragsverletzungsklage gegen Deutschland abgewiesen, mit der die Kommission feststellen lassen wollte, dass die für die Besteuerung von Dienstleistungen maßgebliche Bestimmung des Leistungsortes im deutschen Umsatzsteuerrecht gegen Vorschriften der Umsatzsteuerrichtlinie verstoße.

Nach dem deutschen Umsatzsteuergesetz ist bei Leistungen eines Rechtsanwaltes der Ort des Empfängers, bei Leistungen eines Testamentsvollstreckers hingegen der Ort maßgeblich, an dem dieser seine Niederlassung hat, obwohl nach Auffassung der Kommission als Testamentsvollstrekker regelmäßig Anwälte tätig würden.

Maßgeblich für die Entscheidung des EuGH war die Frage, ob die Leistung der Testamentsvollstreckung und die von einem Rechtsanwalt erbrachte Leistung ähnlich sind – wie es Art. 9 der Umsatzsteuerrichtlinie voraussetzt. Diese Frage hat der EuGH klar verneint. Die Leistung des Testamentsvollstreckers sei weder eine hauptsächlich, noch gewöhnlich von einem Rechtsanwalt zu erbringende Leistung, noch eine Leistung, die derjenigen von Rechtsanwälten ähnlich ist, da sie nicht die Vertretung und Verteidigung der Interessen eines Mandanten zum Gegenstand habe. Der Testamentsvollstrecker vertrete auch nicht die Interessen des Erblassers, sondern vollziehe dessen Willen. Damit handele der Testamentsvollstrecker – anders als der Rechtsanwalt – auch nicht im Dienste der Rechtspflege.

Bei der Abzugsfähigkeit der Umsatzsteuer ist zu differenzieren. Die Umsatzsteuer kann abgezogen werden, wenn sie Betriebsausgaben- oder Werbungskostencharakter hat (§ 9b EStG).[114]

Die Umsatzsteuer, die der Unternehmer auf den Eigenverbrauch zu zahlen hat, sowie die Vorsteuer für Aufwendungen, die auf das Abzugsverbot des § 12 EStG fallen, sind nach § 12 Nr. 3 EStG in der Fassung des StEntlG vom 24.03.1999 ausdrücklich nicht abzugsfähig.[115]

110 Detailfragen und Abgrenzungskriterien sind äußerst umstritten und sollen hier nicht weiter vertieft werden.
111 BFH, Urt. v. 05.06.2003 – V R 25/02, BStBl. II 2003, 734, DStR 2003, 1392. Bemerkenswert ist die Begründung des BFH: Bei der Testamentsvollstreckung handelt es sich im Schwerpunkt nicht um eine Beratungsleistung, wie sie Wirtschaftsprüfer und Steuerberater gewöhnlich erbringen.
112 BFH, Urt. v. 06.05.2004, V R 40/02, BStBl. II 2004, 854; NJW 2004, 3064.
113 EuGH Urt. v. 06.12.2007, Rechtssache C-401/06.
114 Vgl. dazu Rundshagen in Korn, EStG, § 12 Rz. 48 (Juli 2000).
115 Vgl. dazu ergänzend Rundshagen in Korn, EStG, § 12 Rz. 48, m.w.N. (Juli 2000).

V. Die steuerliche Behandlung unangemessen hoher Testamentsvollstreckervergütung

51 Der hinter dieser Problematik stehende Ausgangspunkt ist die Überlegung, dass eine unangemessen hohe Testamentsvollstreckervergütung gedanklich aufgeteilt und wie folgt betrachtet werden kann: Der Teil der Vergütung, der die anhand der Tabellen ermittelten Vergütungssätze übersteigt, ist unangemessen hoch. Zivilrechtlich soll der unangemessene Teil der Vergütung ein unter der Bedingung der Amtsannahme stehendes Vermächtnis darstellen. Hinter dieser zivilrechtlichen Fiktion[116] stehen insolvenzrechtliche Überlegungen. Während die Tesamentsvollstreckervergütung in angemessener Höhe zu den Masseschulden (§ 324 Abs. 1 Nr. 6 InsO) zählt, wird sie nach einer starken Auffassung in der Literatur[117] im Übrigen zu den nachrangigen Ansprüchen nach § 327 Abs. 1 Nr. 2 InsO gerechnet und so verhindert, dass der Erblasser den Testamentsvollstrekker durch die Festlegung einer überhöhten Vergütung zum Nachteil anderer Nachlassgläubiger bevorzugen kann.

Steuerrechtlich war bislang streitig, in welchem Verhältnis der angemessene und der unangemessene Teil der Vergütung zueinander stehen. Das FG Düsseldorf ging in seinem Urteil vom 09.01.2002 davon aus, dass die gesamte Vergütung (sowohl der angemessene als auch der unangemessene Teil) der Einkommensteuer unterliege.[118] Zusätzlich sei der Teil der Vergütung des Testamentsvollstreckers, der über die angemessene Vergütung hinausgeht, als durch die Amtsannahme bedingtes steuerpflichtiges Vermächtnis zu behandeln.[119]

Der vielfältigen Kritik an dieser Auffassung, insbesondere dahingehend, dass sie zu einer systemwidrigen Doppelbesteuerung[120] im klassischen Sinne führe, bei der derselbe steuerpflichtige Vorgang zwei Steuerarten gleichzeitig unterworfen werde, hat sich der Bundesfinanzhof in seinem Urteil vom 02.02.2005[121] im Revisionsverfahren angeschlossen. Er stellte ausdrücklich klar, dass zivilrechtliche Fiktionen für das Erbschaftsteuerrecht nicht verbindlich sind, sondern jeder gesetzliche Tatbestand nach seiner eigenen, spezifischen Teleologie auszulegen sei. Nach Auffassung des BFH besteht eine Vermutung dafür, dass eine vom Erblasser als Testamentsvollstreckervergü-

116 So ausdrücklich BFH Urt. v. 02.02.2005 – II R 18/03, NJW 2005, 1967 – 1968.

117 Reimann in Staudinger, Bürgerliches Gesetzbuch, § 2221 Rn. 24, weitere Nachweise bei BFH Urt. v. 02.02.2005 – II R 18/03, NJW 2005, 1967 – 1968. Diese Auffassung scheint allerdings im Wanken begriffen. Entgegen den Vorauflagen findet sich bei Edenhofer in Palandt § 2221 Rn. 1 diese Auffassung nicht mehr wiedergegeben.

118 FG Düsseldorf, 4 K 7055/99 vom 09.01.2002, soweit ersichtlich bislang n.v. Der Entscheidung des FG Düsseldorf lag eine zugunsten eines Steuerberaters durch notarielles Testament angeordnete Testamentsvollstreckung mit testamentarisch festgelegter Vergütung zugrunde. Das FG prüfte intensiv die Frage der Angemessenheit der Vergütung und stellte eine unangemessen hohe Vergütung – anhand der Möhring´schen Tabelle – fest.

119 Dabei war nicht hinreichend dogmatisch geklärt, in welchem Verhältnis Einkommensteuer und Erbschaftsteuer im Bereich der Testamentsvollstreckervergütungen zueinander stehen (Götz/Lipps, DB 2004, 675). Grundsätzlich sei von einer einheitlichen Besteuerung mit Einkommensteuer auszugehen. Jedoch sei auch eine Besteuerung des unangemessenen Teils mit Erbschaft- und Schenkungsteuer möglich. Entgegen FG Düsseldorf, Urt. v. 09.01.2002 sei aber von einem alternativen Verhältnis von Einkommensteuer und Erbschaftsteuer auszugehen (Kirnberger, ZEV 2001, 267).

120 Zur Abgrenzung der Doppelbesteuerung von der von § 35 a.F. EStG erfassten Doppelbelastung sowie zur Ausgleichsregelung und Einkommensteuerermäßigung nach § 35 a.F. EStG vgl. Meincke, EStG, 13. Auflage, 2002, Einführung Rz. 3, m.w.N.. Dort geht der Verfasser auch auf die Gründe für den ersatzlosen Wegfall des § 35 a. F: EStG ein. In der Begründung zu dem Entwurf des Steuerentlastungsgesetzes 1999/2000/2002 heißt es dazu wörtlich: „Die Steuerermäßigung bei Belastung mit Erbschaftssteuer (§ 35 EStG) wird aufgegeben. Zwar milderte die Vorschrift eine dem Leistungsfähigkeitsprinzip widersprechende Doppelbelastung von Einkünften mit Einkommen- und Erbschaftssteuer. Eine Aufhebung wird jedoch aus Vereinfachungsgründen für vertretbar gehalten." Eine derartige Begründung ist wenig aussagekräftig. Zum Anwendungsbereich des § 35 a.F. EStG vgl. ergänzend BFH, X R 132/95 vom 20.10.1999, BStBl. II 2000, 82.

121 BFH Urt. v. 02.02.2005, II R 18/03, NJW 2005, 1967 – 1968.

tung bezeichnete Vergütung tatsächlich und rechtlich mit der Testamentsvollstreckung zusammenhänge. Nur ausnahmsweise komme eine erbschaftsteuerliche Beurteilung als Vermächtnis in Betracht, wenn besondere Umstände im Einzelfall vorliegen, dass das als Testamentsvollstreckervergütung bezeichnete Honorar tatsächlich und rechtlich nicht mit der Testamentsvollstreckung zusammenhängt.

Die Auffassung des BFH ist in der Praxis durchgängig auf Zustimmung gestoßen.[122] Im Rahmen 52
der Erbschaftbesteuerung braucht nicht mehr geprüft zu werden, ob die Vergütung des Testamentsvollstreckers angemessen ist, die systemwidrige Doppelbelastung mit Einkommen- und Erbschaftsteuer ist jedenfalls für das Gros der Fälle – ausgeschlossen. Gleichwohl erscheint Streit mit dem Finanzamt nicht völlig ausgeschlossen. In Zweifelsfällen wird für die Beurteilung darauf abzustellen sein, ob sich die über eine angemessene Honorierung des Testamentsvollstreckers hinausgehende Vergütung noch im Rahmen des Sozialüblichen und betrieblich Erwartbaren hält. Da die Belastung mit Erbschaftsteuer regelmäßig günstiger ist, sollte ein das angemessene Entgelt übersteigender Betrag dem Testamentsvollstrecker ausdrücklich als Vermächtnis zugewendet werden.[123]

Gestaltungshinweis:

Da die Belastung mit Erbschaftsteuer regelmäßig günstiger sein dürfte, als die Einkommenbesteuerung, wird bei Vorliegen eines entsprechenden Erblasserwillen empfohlen, dem Testamentsvollstrecker ausdrücklich ein Vermächtnis zuzuwenden, gleichsam als Teil der Vergütung.[124] Dieser Betrag wäre dann konsequenterweise auch nicht der Umsatzsteuer zu unterwerfen.[125] Inwieweit sich dieser Ansatz in der Praxis erfolgreich durchsetzen lässt, bleibt zwar abzuwarten, denn der BFH hat andererseits auch die Auffassung vertreten[126], dass eine für den Gewerbebetrieb eines Steuerpflichtigen bestimmte Erbschaft als Betriebseinnahme zu versteuern sei. Gleichwohl bleibt der Ansatz bedenkenswert, da er zumindest eine Option zur steuerlichen Optimierung eröffnet, die anderenfalls nicht gegeben ist. Überdies lässt sich eine derartige Gestaltung auch dazu nutzen, z. B. eine besonders erfolgreiche Führung der Testamentsvollstreckung zusätzlich zu honorieren.

122 Vgl. Viskorf, Anmerkung zum Urteil des BFH v. 02.02.2005, FR 2005, 765; Wälzholz, Die Besteuerung unangemessen hoher Vergütungen für Testamentsvollstrecker, ZERB 2005, 247.
123 So die ausdrückliche Empfehlung von Fischer (VorsRiBFH), jurisPR-SteuerR 22/2005.
124 So die ausdrückliche Empfehlung von Fischer (VorsRiBFH), jurisPR-SteuerR 22/2005.
125 Vgl. Zimmermann, Die Testamentsvollstreckung, 2. Aufl. 2003, Rn. 740; Kirnberger, ZEV 2001, 267-268, 267.
126 BFH, Urt. v. 14.3.2006, VIII R 60/03, DB 2006, 1590.

§ 10 Die Haftung des Testamentsvollstreckers

A. Haftungsgrundlagen bei Pflichtverletzungen

1 Wird die Beurteilung rechtlicher Fragen im Rahmen der Testamentsvollstreckung erforderlich, kann und muss der Testamentsvollstrecker Rechtsrat einholen. Dies könne der Erblasser auch so erwarten.[1]

Praxishinweis:

Die Übernahme amerikanischer Rechtsbegriffe und des amerikanischen Rechtsdenkens in das deutsche Recht[2] wird nicht ohne Folgen auch für das deutsche Haftungsrecht bleiben.[3] Parallel dazu steigt die Anspruchsmentalität. Zunehmend treten sog. „Anlegerschutzanwälte" auf. Nicht zu verkennen ist weiterhin das sog. Deep-Pockets-Phänomen. Wer tatsächlich oder vermeintlich über entsprechende Vermögenswerte oder eine einschlägige Versicherung verfügt, wie etwa ein Anwalt oder Steuerberater als Testamentsvollstrecker, wird eher verklagt als jemand, bei dem weniger zu holen ist. Diese Entwicklung wird auch vor den geschäftsmäßigen Testamentsvollstreckern nicht Halt machen. Die Beherrschung der Haftungs- und Risikofragen der Testamentsvollstreckung gehört daher zum Grund-Know-How jedes Testamentsvollstreckers.[4]

I. Rechtlicher Ausgangspunkt

2 Die Haftung des Testamentsvollstreckers ist in § 2219 BGB wie folgt geregelt:

(1) Verletzt der Testamentsvollstrecker die ihm obliegenden Verpflichtungen, so ist er, wenn ihm ein Verschulden zur Last fällt, für den daraus entstehenden Schaden dem Erben und soweit ein Vermächtnis zu vollziehen ist, auch dem Vermächtnisnehmer verantwortlich.

(2) Mehrere Testamentsvollstrecker, denen ein Verschulden zur Last fällt, haften als Gesamtschuldner.

Mit dieser Haftungsverpflichtung wird ein Kontrapunkt zu der starken Stellung geschaffen, die der Testamentsvollstrecker im deutschen Recht hat. Folglich ist die Vorschrift als zwingendes Recht ausgestaltet, d. h. der Erblasser kann den Testamentsvollstrecker nicht davon befreien, § 2220 BGB. Nur die Erben selbst können auf den Schutz des § 2220 BGB verzichten.[5]

3 Daneben kommen als Anspruchsgrundlagen gegen den Testamentsvollstrecker die allgmeinen Vorschriften in Betracht, wie z. B. § 823 BGB (unerlaubte Handlung). Diese Vorschriften knüpfen allerdings nicht an die konkrete Amtsführung des Testamentsvollstreckers an, sondern treffen ihn wie jeden anderen Staatsbürger auch und werden daher nachfolgend nicht dargestellt.

Beispiel:

Der Testamentsvollstrecker verletzt den Erben – oder auch völlig unbeteiligte Dritte – körperlich oder begeht eine Eigentumsbeschädigung.

1 BGH, Urteil v. 11. 11. 2004 - I ZR 182/02, DStR 2005, 573-576.
2 Vgl. Hellwig, AnwBl 2002 S. 566; Sieg, DB 2002 S. 1759, 1760 f..
3 Hierzu vertiefend Schiffer, in: Schiffer/Rödl/Rott, Haftungsgefahren im Unternehmen, 2004, 1 ff..
4 Rott/Schiffer, Testamentsvollstreckung: Haftungsgefahren erkennen und vermeiden!, in BBEV 2007, 391 – 397.
5 Edenhofer, in: Palandt, Kommentar zum BGB, § 2220, 67. Aufl. 2008, Rn. 1.

Eine gewisse Sonderrolle spielt das Steuerrecht mit seinen Haftungsvorschriften für fremde (Steuer-) Schuld. Sie sind regelmäßig weniger bekannt und sollen daher anschließend dargestellt werden.

II. Verletzung der Pflichten als Testamentsvollstrecker

Jede Haftung setzt eine objektive Pflichtverletzung voraus. Die Pflichten des Testamentsvollstreckers ergeben sich aus den §§ 2203 bis 2209, 2215 bis 2218 BGB sowie § 2226 Satz 3 BGB i. V. mit § 671 Abs. 2, 3 BGB. Ergänzend sind die vom Erblasser getroffenen Anordnungen heranzuziehen.[6] 4

Praxishinweis:

Keineswegs sollte sich der Testamentsvollstrecker dazu verleiten lassen, auf den Druck der Erben hin bestimmte Handlungen vorzunehmen. Weisungen der Erben sind ohne rechtliche Bedeutung.[7] Glaubt er, im Interesse des Nachlasses von Weisungen des Erblassers abweichen zu müssen, ist der gesetzlich vorgesehene Weg eines Antrages an das Nachlassgericht nach § 2216 BGB einzuhalten. Nur wenn sich der Testamentsvollstrecker mit der Zustimmung sämtlicher Beteiligten über Erblasseranordnungen hinwegsetzen würde, kann seine Haftung entfallen.[8]

Die Pflichtverletzung kann nicht nur in der Ausführung einer pflichtwidrigen Handlung bestehen, sondern auch in einem Unterlassen, d. h. insbesondere in einer Nichterfüllung oder nur teilweisen Erfüllung der dem Testamentsvollstrecker übertragenen Aufgaben.[9]

Es können grundsätzlich zwei Fallgruppen der Haftung des Testamentsvollstreckers unterschieden werden: 5

- Haftung für eigene Tätigkeit
- Haftung für eingeschaltete Dritte.

1. Haftung für originär eigene Tätigkeit

Die Grundsätze, die der Testamentsvollstrecker im Rahmen ordnungsgemäßer Vollstreckung einzuhalten hat, werden durch objektive Maßstäbe bestimmt, nicht durch die subjektiven Fähigkeiten des Testamentsvollstreckers. Vom Testamentsvollstrecker wird in ständiger Rechtsprechung verlangt, dass er sich der Hilfeleistung durch Fachleute bedient, wenn er selbst nicht über die entsprechenden Kenntnisse und Fähigkeiten verfügt.[10] 6

Praxisbeispiele für die originär eigene Haftung von Testamentsvollstreckern:[11]

- Zum Zwecke der Erbteilung musste ein Grundstück verwertet werden. Obwohl freihändig zuvor ein höherer Preis geboten wurde, wählte der Testamentsvollstrecker (ein Notar) die freiwillige Versteigerung und erteilte den Zuschlag zu einem niedrigeren als dem freihändig gebotenen Wert. Der Testamentsvollstrecker haftet für den Differenzschaden.[12]

6 Rott, in: Frieser, Kompaktkommentar Erbrecht, 2007, § 2219 Rn. 2; Rott/Schiffer, Testamentsvollstreckung: Haftungsgefahren erkennen und vermeiden!, in BBEV 2007, 391 – 397.
7 Brandner, in: Münchener Kommentar zum BGB, 4. Auflage 2004, § 2219 Rn. 12.
8 Rott in Frieser: Kompaktkommentar Erbrecht 2007, § 2216 Rn. 22.
9 Reimann, in: Staudinger, BGB, § 2219 Rn. 5.
10 Edenhofer in Palandt, Kommentar zum BGB § 2219 Rn. 1. Der BGH Urt. v. 11.11.2004 – I ZR 213/01, AnwBl. 2005, 289 sowie Urt. v. 11.11.2004 – I ZR 182/02, AnwBl. 2005, 287 führt u.a. diese Erwägung zur Begründung der Zulässigkeit der geschäftsmäßigen Testamentvollstreckung durch jedermann an.
11 Nach Rott/Schiffer, Testamentsvollstreckung: Haftungsverfahren erkennen und vermeiden! in BBEV 2007, 391 – 397.
12 vgl. Bengel/Reimann Handbuch der Testamentsvollstreckung, Kap. XII.1 Rn. 99.

- Gehört ein Grundstück zum Nachlass, so treffen den Testamentsvollstrecker auch die Verkehrssicherungspflichten wie z.B. das Streuen bei Schnee- und Eisglätte. Kommt eine Person zu Schaden, weil die Verkehrssicherungspflicht nicht erfüllt wurde, haftet der Testamentsvollstrecker.[13]
- Der Testamentsvollstrecker darf sich nicht nur mit einem mäßigen Erfolg seiner Tätigkeit begnügen, wenn Möglichkeiten zu einem besseren Erfolg bestehen.[14]
- Letztwillige Verfügungen hat der Testamentsvollstrecker auf ihre Wirksamkeit hin zu überprüfen; unwirksame Vermächtnisse dürfen nicht erfüllt werden.[15]
- Sämtliche zum Nachlass gehörenden Rechte sind geltend zu machen.
- Erforderliche Prozesse sind zu führen, überflüssige hingegen zu unterlassen.[16]

2. Haftung für eingeschaltete Dritte

7 Grundsätzlich stellt die Testamentsvollstreckung eine höchstpersönliche Amtsführung dar. Es gilt das sog. Substitutionsverbot. Dies schließt allerdings nicht aus, dass sich der Testamentsvollstrecker für einzelne Tätigkeiten der Hilfe von Gehilfen bedient. Dabei ist zu unterscheiden:

a) Haftung für Erfüllungsgehilfen

8 Für Gehilfen haftet der Testamentsvollstrecker in gleichem Maße, als hätte er die Pflichtverletzung selbst begangen, §§ 2218, 664, 278 BGB.

Beispiel:

Der Testamentsvollstrecker lässt das Nachlassverzeichnis durch eine Sekretärin erstellen, die eine wesentliche Nachlassposition vergisst.

b) Haftung für eingeschaltete Fachleute

9 Schaltet der Testamentsvollstrecker Fachleute ein (Beispiel: Einschaltung eines Steuerberaters für die Erstellung der Erbschaftssteuererklärung), haftet er nur eingeschränkt und zwar für

- die sorgfältige Auswahl des Fachmanns,
- die sachgerechte und richtige Information des Fachmanns,
- die Beaufsichtigung des Fachmanns.

Praxishinweis:

Die Haftung wegen nicht ausreichender Überwachung darf in der Praxis nicht unterschätzt werden. Sie wird insbesondere relevant bei anspruchsvoll strukturierten Nachlässen, in denen Vermögen zu verwalten ist. Die Rechtsprechung hat hier beispielsweise die Haftung eines Testamentsvollstreckers bejaht, der den noch vom Erblasser selbst eingeschalteten Vermögensverwalter weiterhin beauftragt, aber nicht zusätzlich überwacht hat.[17]

13 vgl. Bengel/Reimann, Handbuch der Testamentsvollstreckung, Kap. XII.1 Rn. 99.
14 vgl. BGH FamRZ 2003, 92 zum Leerstehenlassen einiger von mehreren Wohnungen.
15 vgl. Brandner in Münchener Kommentar zum BGB, 4. Auflage 2004, § 2219 Rn. 14.
16 Brandner in Münchener Kommentar zum BGB, 4. Auflage 2004, § 2219 Rn. 14.
17 BGH Urt. v. 04.11.1998, FamRZ 1999, 435.

III. Verschulden

Auch im Bereich der Testamentsvollstreckung gilt der allgemeine haftungsrechtliche Gundsatz: „Keine Haftung ohne Verschulden". Dabei ist allerdings zu beachten, dass der Testamentsvollstrecker aufgrund seiner besonderen Vertrauensstellung auch zu besonderer Sorgfalt verpflichtet ist. Das Maß seines Verschuldens bestimmt sich nach § 276 BGB,[18] erfasst also jede Art von Vorsatz und Fahrlässigkeit. Eine Beschränkung der Haftung durch den Erblasser, etwa auf Vorsatz und grobe Fahrlässigkeit, kommt wegen des zwingenden Charakters der Regelung des § 2220 BGB nicht in Betracht. Verfügt der Testamentsvollstrecker über besondere Qualifikationen, z. B. als Rechtsanwalt, Steuerberater, zertifizierter Testamentsvollstrecker oder Fachberater, muss er die in seinem Beruf geltenden, besonderen Standards beachten, denn der Erblasser hat ihn gerade wegen der besonderen Fähigkeiten ausgesucht.[19] 10

Beispiele für ein Verschulden des Testamentsvollstreckers[20]:

- Unterlassene Hinzuziehung von Fachleuten;
- ungeprüftes Übergehen von Vorschlägen, die von den Erben vorgebracht werden;
- Annahme oder Beibehaltung des Amtes, obwohl dem Testamentsvollstrecker die notwendigen Kenntnisse fehlen.

Gestaltungshinweis:

Der Erblasser kann in seiner letztwilligen Verfügung das Maß der vom Testamentsvollstrecker zu beachtenden Sorgfalt sogar noch erweitern.[21] Diese Überlegung wird er vornehmlich dann angestellen, wenn er auf eine besondere Sorgfalt bei der Abwicklung oder Verwaltung seines Nachlasses Wert legt.

In diesem Fall sollte die zusätzliche Haftungsübernahme für den Testamentsvollstrecker aber auch mit der Anordnung einer entsprechend erhöhten Vergütung einhergehen. Bei der Annahme eines solchen Testamentsvollstreckeramtes ist zudem die Frage der Eintrittspflicht der Vermögensschadenhaftpflichtversicherung besonders sorgfältig zu klären.[22] 11

IV. Mitverschulden

Hier geltend die allgemeinen Vorschriften, also insbesondere § 254 BGB. 12

Beispiel:

Mitverschuldensbegründend ist es, wenn es der Erbe unterlässt, rechtzeitig Klage gegen den Testamentsvollstrecker auf Vornahme der pflichtgemäß gebotenen Maßnahme oder auf Unterlassung der vermeintlich pflichtwidrigen Handlung zu erheben.[23]

V. Kausalität

Die Beweislast für die anspruchsbegründenden Tatsachen liegt auch bei der Haftungsnorm des § 2219 BGB bei demjenigen, der sich darauf beruft.[24] Für den Bereich der haftungsausfüllenden Kausalität kommt die Möglichkeit einer Beweiserleichterung nach § 287 ZPO in Betracht. 13

18 vgl. LG München, Urt. v. 13.01.2006, 3 O 6959/05, WM 2006, 1073 – 1076.
19 Rott/Schiffer, Testamentsvollstreckung: Haftungsgefahren erkennen und vermeiden!, in BBEV 2007, 391 – 397.
20 Vgl. Brandner, Münchener Kommentar zum BGB, 4. Auflage 2004, § 2219 Rn. 11.
21 Vgl. Brandner, Münchener Kommentar zum BGB, 4. Auflage 2004, § 2219 Rn. 8.
22 Rott/Schiffer, Testamentsvollstreckung: Haftungsgefahren erkennen und vermeiden!, BBEV 2007, 391 – 397.
23 Rott/Schiffer, Testamentsvollstreckung: Haftungsgefahren erkennen und vermeiden!, BBEV 2007, 391 – 397 m.w.N.
24 BGH, Urteil v. 23. 5. 2001 - IV ZR 64/00, ZEV 2001, 358-359; Reimann, ZEV 2006, S. 186.

B. Haftungsgläubiger

I. Der Erbe

14 Der Schadenersatzanspruch gegen den Testamentsvollstrecker wird entsprechend § 2041 Satz 1 BGB als Surrogat dem Nachlass zugehörig angesehen. Bei mehreren Erben ist er von diesen gemeinsam geltend zu machen, §§ 2039, 2040 BGB, anders, wenn nur ein Erbe geschädigt wurde. Der Testamentsvollstrecker ist als Nachlassschuldner von der Vertretung des Nachlasses ausgeschlossen. Ist ein Nachfolger des schädigenden Testamentsvollstreckers bestimmt, so unterliegt die Geltendmachung des Schadenersatzanspruches der Erben gegen den früherer Testamentsvollstrecker seiner Befugnis.[25]

II. Der Vermächtnisnehmer

15 Nach h. M. kann der Vermächtnisnehmer seinen Schadenersatzanspruch gegen den Testamentsvollstrecker selbst geltend machen, ohne vorher den Erben (der eigentlich Schuldner der gehörigen Erfüllung des Vermächtnisanspruchs ist) in Anspruch nehmen zu müssen.[26]

III. Dritte, am Nachlass nicht beteiligte Personen

16 Drittgläubigern steht der Anspruch aus 2219 BGB nicht zu. In Betracht kommen Ansprüche aus §§ 823 ff. BGB, diskutiert werden teilweise auch Ansprüche unter dem Gesichtspunkt der Drittschadensliquidation.[27]

C. Verjährung

17 Entgegen warnender Stimmen der Literatur[28] hat der Bundesgerichtshof entschieden, dass die zivilrechtlichen Schadenersatzansprüche gegen einen Testamentsvollstrecker nach § 2219 Abs. 1 BGB auch nach der Neuregelung des Verjährungsrechtes zum 01.01.2002 erst in 30 Jahren seit ihrer Entstehung verjähren. Dies gilt auch dann, wenn berufsrechtliche Regelungen eine kürzere Verjährung vorsehen, beispielsweise die – seinerzeit noch geltende – dreijährige Verjährungsfrist für die Haftung der Rechtsanwälte nach § 51b BRAO.[29]

Praxistipp:

Da Haftpflichtprozesse der Enkel des Erblassers, dessen Nachlass vollstreckt wurde, gegen die Kinder eines mittlerweile verstorbenen Testamentsvollstreckers aufgrund dieser Rechtsprechung denkbar geworden sind, sollte jeder Testamentsvollstrecker sorgfältig darauf bedacht sein, nach Beendigung der Vollstreckung eine Entlastungsvereinbarung herbeizuführen, je-

25 Vgl. hierzu die Darstellung bei Weidlich in Dauner-Lieb/Heidel/Ring, Anwaltkommentar Erbrecht, § 2219 Rn. 11 ff. m.w.N..
26 Weidlich in Dauer-Leib/Heidel/Ring, Anwaltkommentar Erbrecht, § 2219 Rn. 14.
27 Vgl. Darstellung bei Weidlich in Dauer-Leib/Heidel/Ring, Anwaltkommentar Erbrecht, § 2219 Rn. 15.
28 z.B. Bengel/ Reimann, Handbuch der Testamentsvollstreckung, Kap. 12. IX Rn. 78.
29 vgl. BGH Urt. v. 18.09.2002 – IV ZR 278/01, FamRZ 2003, 92; kritisch hierzu Baldus, FamRZ 2003, 308, erneut bestätigend BGH, Urt. v. 18.04.2007–IV ZR 279/05, NJW 2007, 2174 – 2175.

denfalls aber seine Unterlagen noch mindestens 30 Jahre aufzubewahren, insbesondere auch seine Versicherungsunterlagen. Problematisch erscheinen in diesem Zusammenhang insbesondere die Fälle, in denen die Haftung der vom Testamentsvollstrecker eingeschalteten Dritten ihm gegenüber als vertraglicher Schadenersatzanspruch in kurzer Frist verjähren, während der Testamentsvollstrecker wegen des angeblich erbrechtlichen Charakters der Anspruchsgrundlage des § 2219 BGB[30] selbst 30 Jahre lang für die sorgfältige Auswahl dieses Dritten haftet.

Eine Verkürzung der Verjährungsfrist auf die dreijährige Regelverjährung des § 195 BGB könnte sich künftig aus dem Gesetz zur Änderung des Erb- und Verjährungsrechts[31] ergeben. Der Gesetzgeber beabsichtigt insoweit zum einen eine Modernisierung erbrechtlicher Regelungen,[32] zum anderen aber auch eine Anpassung der erbrechtlichen Verjährungsvorschriften an die durch das Gesetz zur Modernisierung des Schuldrechts im Bereich des übrigen BGB ab dem 01.01.2002 wesentlich verkürzten Verjährungsvorschriften.

Es wird erwartet, dass diese Abkürzung dann auch für die Haftung von Testamentsvollstreckern gelten wird.[33]

D. Sonderfälle

I. Haftung vor Amtsannahme und nach Amtsbeendigung

Vor der förmlichen Annahme des Testamentsvollstreckeramtes gemäß § 2202 BGB hat der Testamentsvollstrecker oftmals im Nachlassinteresse schon vorläufige oder sichernde Maßnahmen getätigt, die keinen Aufschub duldeten. Nach Amtsantritt wird er diese Handlungen regelmäßig ausdrücklich oder zumindest stillschweigend genehmigen, §§ 177, 180, 185 Abs. 2 BGB. Auf solche Handlungen ist nach h. M. § 2219 BGB analog anzuwenden,[34] auch wenn sie vor Amtsantritt, also außerhalb der Eigenschaft als Testamentsvollstrecker durchgeführt wurden. 18

Handlungen nach Beendigung des Amtes, z. B. nach Amtsniederlegung, wirken grundsätzlich nicht mehr für den Nachlass. Etwas anderes kann ausnahmsweise wiederum für unaufschiebbare Handlungen gelten[35], wobei dann wiederum § 2219 BGB entsprechend anzuwenden ist.[36]

II. Haftung der Erben des Testamentsvollstreckers

Für den Laien eher überraschend können auch die Erben des Testamentsvollstreckers betroffen sein.

30 Was auch nach der Entscheidung des BGH Urt. v. 18.09.2002 – IV ZR 278/01, FamRZ 2003, 92 streitig bleibt, vgl. Heinrichs in Palandt, Kommentar zum BGB § 197 Rn. 8, der insoweit konsequent schlussfolgert, dass dann auch die Verjährung der Vergütungsansprüche des Testamentsvollstreckers 30 Jahre betragen müsse.

31 Regierungsentwurfvom30.0.1.2008,http://www.bmj.de/files/-/3011/RegE%20Gesetz%20zur%20Änderung%20des%20Erb-%20und%20Verjährungsrechts.pdf; Beschluss des Bundesrates vom 14.03.2008, http://www.bundesrat.de/cln_051/SharedDocs/Drucksachen/2008/0001-0100/96-08_28B_29,templateId=raw,property=publicationFile.pdf/96-08(B).pdf.

32 Vgl. Rott, Bankmagazin X/2007 S. 44; Rott/Jansen, Die Reform des Erbrechts, BBEV 2008, 146 – 152; Rott, Erbrechtsreform 2008, Stiftung & Sponsoring, 2008, 24 – 25.

33 Vgl. Rott/Schiffer, Testamentsvollstreckung: Haftungsgefahren erkennen und vermeiden!, in BBEV 2007, 391 – 397.

34 Mayer, in Mayer/Bonefeld/Wälzholz/Weidlich, Testamentsvollstreckung, 2. Aufl. 2005, Rn. 441; Rott/Schiffer, Testamentsvollstreckung: Haftungsgefahren erkennen und vermeiden!, in BBEV 2007, 391 – 397.

35 Mayer, in Mayer/Bonefeld/Wälzholz/Weidlich, Testamentsvollstreckung, 2. Aufl. 2005, Rn. 442.

36 Rott/Schiffer, Testamentsvollstreckung: Haftungsgefahren erkennen und vermeiden!, in BBEV 2007, 391 – 397.

Das Amt des Testamentsvollstreckers ist nicht vererblich. Gleichwohl ergibt sich aus dem ergänzend anwendbaren Auftragsrecht, dass die Erben des Testamentsvollstreckers zur einstweiligen Amtsfortführung nach §§ 2218 Abs. 1, 673 Satz 2 BGB verpflichtet sein können, wenn der Testamentsvollstreckers im Amt verstirbt.

Gestaltungshinweis:

Hier droht eine Gefahr, der sich kaum ein Testamentsvollstrecker bewusst ist. Abhilfe schafft hier nur die sorgfältig gestaltete Anordnung der Testamentsvollstreckung mit Hilfe eines Ersatztestamentsvollstreckers oder eines Mittestamentsvollstreckers,[37] der im Moment des Versterbens des Testamentsvollstreckers dessen Aufgaben übernimmt, so dass es eines Eintritts der Erben nicht bedarf.

III. Haftung des vermeintlichen Testamentsvollstreckers

19 Auf den nur vermeintlichen Testamentsvollstrecker, d. h. denjenigen, der irrtümlich das Amt ausübt, wird nach h. M. § 2219 BGB nach seinem Sinn und (Schutz-)Zweck entsprechend angewendet.[38]

IV. Haftung mehrerer Testamentsvollstrecker

20 Mehrere Mittestamentsvollstrecker haften grundsätzlich als Gesamtschuldner nach §§ 421 ff. BGB, d. h. ein jeder hat nach außen auch für die Fehler des anderen einzustehen und kann sich allenfalls im Innenverhältnis untereinander schadlos halten. Folglich trägt er das Insolvenzrisiko seines Mitvollstreckers. Anders kann der Fall bei mehreren, hintereinander tätig werdenden Testamentsvollstreckern liegen. Diese haften dann nicht als Gesamtschuldner, wenn ihr jeweiliger Verursachungs- und Schadensbeitrag eindeutig zugeordnet werden kann.[39]

V. Geltendmachung des Haftungsanspruchs durch die Erben

21 Der Schadenersatzanspruch gegen den Testamentsvollstrecker wird entsprechend § 2041 Satz 1 BGB als Surrogat dem Nachlass zugehörig angesehen. Bei mehreren Erben ist er deshalb von diesen gemäß §§ 2039, 2040 BGB gemeinschaftlich geltend zu machen. Anderes gilt allerdings, wenn nur ein Erbe geschädigt wurde.

Unterliegt der Nachlass der Testamentsvollstreckung, wäre auch der Haftungsanspruch gegen den Testamentsvollstrecker von ihm selbst geltend zu machen. Als Nachlassschuldner ist er jedoch von der Vertretung des Nachlasses ausgeschlossen. Ist ein Nachfolger des schädigenden Testamentsvollstreckers bestimmt, unterliegt die Geltendmachung des Schadenersatzanspruchs der Erben gegen den früheren Testamentsvollstrecker seiner Befugnis.[40] Ansonsten fällt die Befugnis den Erben zu.

37 Mayer, in Mayer/Bonefeld/Wälzholz/Weidlich, Testamentsvollstreckung, 2. Aufl. 2005, Rn. 443.
38 Rott/Schiffer, Testamentsvollstreckung: Haftungsgefahren erkennen und vermeiden!, in BBEV 2007, 391 - 397.
39 Edenhofer in Palandt, Kommentar zum BGB § 2219 Rn. 1.
40 *Weidlich*, in: *Dauner-Lieb/Heidel/Ring*, Anwaltkommentar Erbrecht, § 2219 Rn. 11 ff., m. w. N..

E. Der Haftungsstreit

I. Zuständiges staatliches Gericht

Klagen gegen den Testamentsvollstrecker wegen Pflichtverletzungen sind vor den Zivilgerichten auszutragen. Zuständig ist nach §§ 12, 13 ZPO das Zivilgericht, bei dem der Testamentsvollstrecker seinen allgemeinen Gerichtsstand hat. Dieser wird üblicherweise durch den Wohnort bestimmt. Darüber hinaus kann der Kläger auch den besonderen Gerichtsstand der Erbschaft nach § 27 ZPO wählen.[41] 22

Grundsätzlich muss ein bezifferter Leistungsantrag gestellt werden. Nur in Ausnahmefällen, in denen z. B. der Schaden der Höhe nach noch nicht fest steht, aber sicher ist, dass er in Zukunft eintreten wird und möglicherweise Verjährung droht, kann ein Feststellungsantrag zulässig sein. Die (positive) Feststellungsklage führt regelmäßig zu einer Hemmung der Verjährung über den ganzen Anspruch,[42] was gerade bei der in Zukunft zu erwartenden Abkürzung der Verjährungsfrist für die Haftungsansprüche gegen den Testamentsvollstrecker an Bedeutung gewinnen wird.

Praxishinweis:

Für Schadenersatzklagen gegen den Testamentsvollstrecker ist niemals das Nachlassgericht zuständig. Dies gilt selbst dann, wenn der Erblasser dies ausdrücklich in seiner letztwilligen Verfügung angeordnet haben sollte.

II. Letztwilliges Schiedsgericht

Einen in der Praxis leider viel zu selten beschrittenen Weg der Herbeiführung einer Erbauseinandersetzung bildet die Schiedsgerichtsbarkeit. Nach § 1066 ZPO kann der Erblasser durch Verfügung von Todes wegen bestimmen, dass alle oder aber auch nur bestimmte Streitigkeiten, die ihren Grund in dem Erbfall haben, unter Ausschluss der ordentlichen Gerichte auf ein Schiedsgericht übertragen werden sollen.[43] 23

Gestaltungshinweis:

Eine testamentarisch, also einseitig angeordnete Schiedsgerichtsklausel bietet dem Erblasser gleich mehrere Vorteile. Zum einen kann er die Streitigkeiten innerhalb seiner Familie den oft all zu neugierigen Blicken der Öffentlichkeit entziehen. Insbesondere bei prominenten Familienmitgliedern oder im Zusammenhang mit Unternehmen ist dies ersichtlich ein besonders wichtiger Punkt. Zum anderen lässt sich die Gefahr von Fehlentscheidungen durch die Benennung eines auf dem Gebiet des Erbrechts spezialisierten Fachmanns als Schiedsrichter erheblich reduzieren. In der staatlichen Gerichtsbarkeit werden auch Erbrechtsprozesse in aller Regel durch nicht spezialisierte Richter entschieden.

Praxishinweis:

Enthält das Testament keine Schiedsgerichtsklausel, können im Streitfall die beteiligten Miterben – soweit wenigstens insoweit Einigkeit besteht – ihre Auseinandersetzung der Öffentlichkeit immer noch dadurch entziehen, dass sie nunmehr – nachträglich – die Entscheidung des Streits in einem schiedsrichterlichen Verfahren vereinbaren. Zu beachten ist hierbei nunmehr jedoch die in § 1031 ZPO vorgeschriebene besondere Schriftform der Schiedsvereinbarung. Aus § 1032 Abs. 3 ZPO ergibt sich

41 vgl. Vollkommer, in: Zöller, ZPO, 26. Aufl. 2007, § 27 Rn. 3.
42 Greger in: Zöller, ZPO, 26. Aufl. 2007, § 256 Rn. 17.
43 vgl. hierzu Schiffer, Schiedsverfahren und Mediation, 2. Aufl., 2005, 160 ff.

im Übrigen, dass ein Schiedsverfahren sogar noch dann anhängig gemacht werden kann, wenn bereits eine Klage vor dem staatlichen Gericht anhängig ist. Die vor dem staatlichen Gericht anhängig gemachte Klage müsste jedoch dann alsbald zurückgenommen, zumindest aber in der Hauptsache für erledigt erklärt werden.[44]

F. Die Haftung des Testamentsvollstreckers für Steuerschulden

I. Die Haftung wegen nicht oder nicht rechtzeitig abgegebener Erklärungen

24 Gibt der Testamentsvollstrecker bei einer festgestellten Unrichtigkeit in früheren Steuererklärungen des Erblassers keine Berichtigung nach §§ 153 Abs. 1, Satz 2, 34 AO ab, kann er sich der leichtfertigen Steuerverkürzung nach § 378 AO oder einer Steuerhinterziehung nach § 370 AO schuldig machen.[45] Den Testamentsvollstrecker trifft dann die persönliche Haftung für die vom Erblasser hinterzogenen Steuern nach § 71 AO.

Praxistipp:

Besondere Haftungsgefahren bestehen für den Testamentsvollstrecker, der eine Berichtigungserklärung unterlassen hat, wenn sich herausstellt, dass der Erblasser eine Steuerstraftat begangen hat. Nach § 169 Abs. 2 AO verlängert sich die Frist für die Steuerfestsetzung auf 10 Jahre, für die die hinterzogenen Steuer nachzuzahlen und gemäß §§ 235, 238 AO mit 0,5% pro angefangenem Monat (also 6% p.a.) zu verzinsen ist. Darüber hinaus eröffnet sich für das Finanzamt auf Grund eines nicht aufklärbaren Sachverhaltes gemäß § 162 AO die Möglichkeit zu einer Schätzung der Besteuerungsgrundlagen, die erfahrungsgemäß im Zweifel auch nicht zu Gunsten des Steuerpflichtigen ausfällt.[46] *Das Finanzamt hat zwar im Rahmen des § 71 AO ein Auswahlermessen*[47]*, weil die Erben Steuerschuldner bleiben, bei mehrgliedrigen Erbengemeinschaften mit möglicherweise im Ausland lebenden Mitgliedern wird das Auswahlermessen aber sehr schnell auf die Inanspruchnahme des Testamentsvollstreckers reduziert.*

II. Die Haftung als Vermögensverwalter oder Verfügungsbefugter

25 Die Haftung des Testamentsvollstreckers mit seinem eigenen Vermögen für fremde, also regelmäßig den Erben treffende Steuerschulden, setzt voraus, dass der Testamentsvollstrecker ihn treffende steuerliche Pflichten vorsätzlich oder grob fahrlässig verletzt hat. Die Haftung umfasst auch die Säumniszuschläge gemäß § 240 AO für den Fall verspäteter Zahlung.[48] Diese in § 34 AO geregelte Haftung knüpft an die Stellung des Testamentsvollstreckers als Vermögensverwalter an und erfasst damit die regelmäßige Aufgabenstellung des Testamentsvollstreckers. An den Haftungstatbestand als Verfügungsberechtigter nach § 35 AO wird angeknüpft, wenn der Testamentsvollstrecker in

44 Rott/Schiffer, Testamentsvollstreckung: Haftungsgefahren erkennen und vermeiden!, in BBEV 2007, 391 – 397.
45 Zu den wichtigsten Steuerordnungswidrigkeiten und Steuerstraftatbeständen vgl. Schiffer u. Rott in Schiffer/Rödel/Rott, Haftungsgefahren im Unternehmen, Rn. 1728 ff.
46 Vgl. zu den steuerlichen Folgen Schiffer u. Rott in Schiffer/Rödel/Rott, Haftungsgefahren im Unternehmen, Rn. 1724 ff.
47 Loose in Tipke-Kruse, Abgabenordnung/FGO, § 71 Tz. 14. (Lfg. 105 – 10/2004).
48 Vgl. Daragan in Mayer/Bonefeld/Wälzholz/Weidlich, Testamentsvollstreckung Rn. 1286.

Anspruch genommen werden soll aus steuerlichen Tatbeständen, die sich aus einer Betriebsfortführung im Rahmen der Treuhänderlösung ergeben.[49]

III. Die Haftung für die Erbschaftsteuer

Für den regelmäßig im Rahmen der Testamentsvollstreckung vorkommenden Fall der Erbschaftssteuer haftet der Testamentsvollstrecker grundsätzlich nicht persönlich. Verletzt er jedoch grob fahrlässig oder gar vorsätzlich die ihm nach § 32 Abs. 1 Satz 2 ErbStG obliegende Pflicht, für die Zahlung der Erbschaftssteuer zu sorgen und kann deshalb die Steuer nicht oder nicht rechtzeitig festgesetzt oder erfüllt werden, haftet der Testamentsvollstrecker nach § 69 i.V.m. § 34 Abs. 1, Abs. 3 AO als Vermögensverwalter selbst für die nicht beizutreibende Steuer.

Praxishinweis:

Die vorzeitige Auszahlung aus Mitteln der Erbschaft an die Erben, bevor die Zahlung der Erbschaftsteuer sichergestellt ist, wird allgemein als grob fahrlässig angesehen.[50] Jedem Testamentsvollstrecker ist daher im eigenen Interesse zu raten, den Nachlass solange nicht vollständig auszukehren, bis die Erbschaftsteuer festgesetzt und auch tatsächlich aus dem Nachlass bezahlt worden ist.[51] Insoweit dürfte auch kein Versicherungsfall vorliegen!

G. Strategien zur Haftungsvermeidung

I. Bei zivilrechtlicher Inanspruchnahme

1. Entlastung des Testamentsvollstreckers

Oft überschätzt wird die Frage der Entlastung des Testamentsvollstreckers. Es herrscht verbreitet 26
die Ansicht, wer entlastet sei, hafte nicht mehr. Dies ist indessen falsch, denn eine Entlastung gilt immer nur für die Sachverhalte, die denjenigen, die entlastet haben, auch bekannt waren. Streitgegenstand sind aber regelmäßig gerade solche Sachverhalte, die erst später bekannt werden und für die die Entlastung gerade nicht erteilt worden ist.[52]

Nach h. M.[53] hat der Testamentsvollstrecker gegen die Erben keinen Anspruch auf Entlastung. Er wird daher eine – freiwillige – Entlastung nur erreichen können, wenn er zuvor keine auf Konfrontation angelegte Testamentsvollstreckung geführt hat.

Praxishinweis:

Die erste und zugleich sehr wirkungsvolle Schutzmaßnahme gegen einen Schadenersatzprozess ist daher der zwar bestimmte, aber vertrauensvolle Umgang mit den Erben.[54]

49 Vgl. Daragan in Mayer/Bonefeld/Wälzholz/Weidlich, Testamentsvollstreckung Rn. 1313.
50 Soweit ersichtlich, wurde bislang in der Rechtsprechung nur ein Ausnahmefall entscheiden. Hierbei handelte es sich allerdings um einen ausgesprochenen steuerlichen Laien, vgl. FG München, Urt. v. 25.10.1999, DStRE 2000, 372, 273.
51 Zur Haftung des Testamentsvollstreckers in diesen Fällen vgl. Hess. FG Urt. v. 23.02.1995, EFG 1996, 666.
52 Rott/Schiffer, Testamentsvollstreckung: Haftungsgefahren erkennen und vermeiden!, in BBEV 2007, 391 – 397.
53 vgl. hierzu Zimmermann, in Münchener Kommentar zum BGB, 4. Auflage 2004, § 2218 Rn. 15, Voss, ZEV 2007 S. 363.
54 Rott/Schiffer, Testamentsvollstreckung: Haftungsgefahren erkennen und vermeiden!, in BBEV 2007, 391 – 397.

2. Feststellungsklage

Bei nicht zu überwindenden Meinungsverschiedenheiten über die ordnungsgemäße Erledigung der Testamentsvollstreckung oder von Einzelgeschäften bleibt nur die Möglichkeit, gegenüber dem Erben, der eine Entlastungserklärung beharrlich verweigert, Klage auf Feststellung zu erheben, dass der Testamentsvollstrecker seine Pflichten ordnungsgemäß erfüllt hat und daher keine Schadenersatzansprüche gegen ihn bestehen. Da die Entlastung formlos möglich ist, kann sie auch konkludent in der vorbehaltslosen Zahlung des Vollstreckerhonorars oder der Aufwendungen des Testamentsvollstreckers gesehen werden.[55]

Praxishinweis:

Ob dieser Ansatz praxisrelevant werden wird, erscheint jedoch zweifelhaft, wenn der Testamentsvollstrecker der regelmäßigen Empfehlung folgt, seine Vergütung selbst aus dem Nachlass zu entnehmen.

3. Haftungsbegrenzungsvereinbarungen

27 Um die missliebigen Folgen nahezu endloser Haftung zu vermeiden, sollten Testamentsvollstrecker unbedingt sämtliche Möglichkeiten der Haftungsbegrenzung nutzen. Hierzu gehört auch die Herbeiführung von Haftungsbegrenzungsvereinbarungen.

28 a) Vereinbarungen mit dem Erblasser

29 Nach § 2220 BGB kann der Erblasser den (künftigen) Testamentsvollstrecker nicht seiner Haftung befreien. Die Vorschrift ist zwingend, sie erfasst auch Umgehungsgeschäfte. Wie die Haftungsverpflichtung selbst bildet sie den Gegenpol zu der starken Stellung des Testamentsvollstreckers im deutschen Recht.[56] Gleichwohl kann an die Aufnahme eines entsprechenden Wunsches in die letztwillige Verfügung des Erblassers gedacht werden. Denn wenn der Erblasser einen solchen Wunsch äußert, wird das sicherlich nicht ohne Eindruck auf die Erben bleiben.

30 b) Vereinbarungen mit den Erben

31 Ein Verzicht der Erben auf den Schutz des § 2220 BGB ist nach allgemeiner Auffassung – jedenfalls nach Eintritt des Erbfalls – zulässig.[57]

Gestaltungshinweis:

Zu beachten ist, dass bei mehreren Erben alle einem entsprechenden Verzicht zustimmen, § 2040 Abs. 1 BGB.[58]

4. Haftpflichtversicherung

32 Jedem Testamentsvollstrecker, insbesondere solchen Personen, die nicht bereits als Berufsträger ausreichend versichert sind, ist die Absicherung des Haftpflichtrisikos durch den Abschluss einer

55 Mayer/Bonefeld/Wälzholz/Weidlich, Testamentsvollstreckung, 2. Aufl. 2005, Rn. 938.
56 Edenhofer in Palandt, Kommentar zum BGB § 2220 Rn. 1.
57 vgl. Edenhofer in Palandt, Kommentar zum BGB § 2220 Rn. 1.
58 Vgl. weidlich in Dauer-Lieb/Heidel/Ring, Anwaltkommentar Erbrecht, § 2220 Rn. 1 a.E..

(zusätzlichen) Vermögenschadenhaftplichtversicherung dringend anzuraten. Solche Versicherungen werden von verschiedenen Versicherungsgesellschaften angeboten. Für kleine und mittlere Nachlässe bestehen häufig feste Tarife; die Versicherungsprämien für größere Nachlässe werden regelmäßig individuell ausgehandelt.

In den Berufshaftpflichtversicherungen der Rechtsanwälte, Notare, Wirtschaftsprüfer und Steuerberater ist das Risiko der Tätigkeit als Testamentsvollstrecker nach derzeitiger Rechtslage mit eingeschlossen. 33

Praxishinweis:

Eine Änderung erscheint allerdings nicht unwahrscheinlich. Denn nach dem Rechtsdienstleistungsgesetz wird eine geschäftsmäßige Testamentsvollstreckung durch jedermann ab dem 01.07.2008 als stets erlaubnisfreie Nebenleistung immer zulässig sein. Folglich wird die Argumentation, die Testamentsvollstreckung gehöre zum Kernbereich der rechtsanwaltlichen und steuerberatenden Dienstleistungen und sei deshalb in den Versicherungsschutz der Berufshaftpflichtversicherung aufzunehmen, nicht mehr auf Dauer aufrechterhalten werden können. Der Zwang zu Sparmaßnahmen bei den Versicherungsgesellschaften wird schließlich ein Übriges tun.[59]

Wie bei allen Versicherungen darf der Abschluss allein nicht zur Unvorsichtigkeit verleiten. Denn verschiedene Haftungssituationen sind sich hierdurch nicht versichert. So dürfte eine Haftung für Steueransprüche gem. § 69 AO bei sämtlichen Versicherungsformen ausgeschlossen sein.[60]

5. Checkliste zur Haftungsvermeidung[61]

Haftungsrisiken lassen sich nie gänzlich ausschließen, erst recht nicht bei einem so komplexen Tätigkeitsfeld wie der Testamentsvollstreckung. Mit wenigen einfachen Regeln lassen sich die Risiken jedoch auf ein Minimum reduzieren. 34

1. Einen bestimmten, aber vertrauensvollen Umgang mit den Erben pflegen.
2. Durch permanente Fortbildung auf dem aktuellen Stand bleiben.
3. Rechtsprechung und Gesetzesentwicklung fortlaufend beobachten.
4. Nach Beendigung der Vollstreckung eine Entlastungsvereinbarung mit den Erben herbeiführen.
5. Ausreichende Haftpflichtversicherung bereit halten.
6. Unterlagen (einschließlich der Versicherungsunterlagen!) mindestens 30 Jahre aufbewahren.

II. Bei Inanspruchnahme durch den Steuerfiskus

1. Einlegung von Rechtsbehelfen

Zu beachten ist, dass der Testamentsvollstrecker nur dann zur Einlegung von Rechtsbehelfen befugt ist, wenn er durch einen Bescheid, insbesondere durch einen Haftungsbescheid, selbst in Anspruch genommen wird. Betreffen die Steuerbescheide hingegen die Erben, sei es als Schuldner 35

59 Rott/Schiffer, Testamentsvollstreckung: Haftungsgefahren erkennen und vermeiden!, in BBEV 2007, 391 – 397.
60 Bengel in Bengel/Reimann, Handbuch der Testamentsvolsltreckung, 2. Auflage 2003, Kap. 8, Rn. 151 f.
61 Nach Rott/Schiffer, Testamentsvollstreckung: Haftungsgefahren erkennen und vermeiden!, in BBEV 2007, 391 - 397.

der Erbschaftssteuer, sei es als Rechtsnachfolger in die steuerlichen Pflichten des Erblassers, so können die Bescheide nur durch die Erben angefochten werden.[62] Will der Testamentsvollstrecker hier gleichwohl tätig werden, muss er sich von den Erben ausdrücklich bevollmächtigen lassen.[63]

Praxishinweis:

Zu beachten ist in diesem Fall, dass der Testamentsvollstrecker das Vertretungsverhältnis – vergleichbar der Anzeige einer anwaltlichen Vertretung – auch nach außen zum Ausdruck bringt, damit ihm nicht später vorgeworfen werden kann, er habe das Rechtsmittel im eigenen Namen und damit unzulässigerweise eingelegt.

2. Besonderheiten bei der Vermögenschadenhaftpflichtversicherung

36 Eine Haftung für Steueransprüche gem. § 69 AO dürfte sowohl bei einer D&O-, als auch einer Vermögensschadenhaftplichtversicherung ausgeschlossen sein.[64] Hier kann nur eigenes sorgfältiges Arbeiten eine Inanspruchnahme verhindern.

3. Sonderregelungen für Rechtsanwälte, Wirtschaftsprüfer und Steuerberater

37 Eine "letzte Rettung" kann für einen Testamentsvollstrecker, der einer privilegierten Freiberufler-Berufsgruppe angehört, die Kenntnis von § 191 Abs. 2 AO darstellen. Bevor gegen einen Rechtsanwalt, Patentanwalt, Notar, Steuerberater, Steuerbevollmächtigten, Wirtschaftsprüfer oder Vereidigten Buchprüfer wegen einer Pflichtverletzung i. S. von § 69 AO, die ihm in Ausübung seines Berufs unterlaufen ist, ein Haftungsbescheid erlassen wird, hat die Finanzbehörde der zuständigen Berufskammer Gelegenheit zu geben, die Gesichtspunkte vorzubringen, die von ihrem Standpunkt für die Entscheidung von Bedeutung sind.

Beispiel:

Eine zur Testamentsvollstreckerin ernannte Rechtsanwältin hatte für den Alleinerben die Erbschaftsteuererklärung abgegeben. Da der Erbe die Erbschaftsteuer nicht zahlte und auch Vollstreckungsversuche gegen ihn erfolglos geblieben waren, nahm das Finanzamt die Anwältin als Haftungsschuldnerin in Anspruch (§ 34 Abs. 3 AO , § 35 AO i. V. m. § 69 AO , § 32 Abs. 1 Satz 2 ErbStG , § 191 Abs. 2 AO). Das beklagte Finanzamt hatte der zuständigen Berufskammer vor Erlass des Haftungsbescheides nicht Gelegenheit gegeben, die Gesichtspunkte vorzubringen, die von ihrem Standpunkt aus für die Entscheidung von Bedeutung sind (Erbschaftssteuer ; Haftung).

Der BFH hielt dies für rechtswidrig, weil die Anwältin auch als Testamentsvollstreckerin in Ausübung ihres Berufs als Rechtsanwältin gehandelt habe und deshalb gem. § 191 Abs. 2 AO der zuständigen Berufskammer vor Erlass des Haftungsbescheids Gelegenheit zur Stellungnahme hätte gegeben werden müssen. Der Haftungsbescheid wurde aufgehoben.[65]

---

62 Vgl. H 88, Erbschaftsteuer-Richtlinien, Amtliche Hinweise 2003 , Neufassung durch gleichlautende Erlasse der obersten Finanzbehörden der Länder vom 17. März 2003 BStBl Teil Sondernummer 1 2003, S. 91.

63 Piltz in Bengel/Reimann, Handbuch der Testamentsvollstreckung, Kap. 8 Rn. 33 ff.

64 vgl. Bengel/Reimann, Handbuch der Testamentsvollstreckung, Kapitel 8, Rn. 151 f.

65 BFH, Urt v. 13. 05. 1998, II R 4/96, BStBl. II 1998, 760. Ob die Entscheidung nach dem Rechtsdienstleistungsgesetz noch ebenso ausfallen würde, darf bezweifelt werden, weil danach die Rechtsberatung, die die berufliche Tätigkeit eines Rechtsanwaltes auszeichnet, nicht mehr im Vordergrund der Testamentsvollstreckung steht.

H. Exkurs: Die Haftung Dritter für den Testamentsvollstrecker

I. Die Haftung des Erben für Pflichtverletzungen des Testamentsvollstreckers

Über § 278 BGB haftet der Erbe bei der Erfüllung einer Nachlassverbindlichkeit für ein Verschulden „seines" Testamentsvollstreckers wie für eigenes Verschulden.[66] Eine unerlaubte Handlung des Testamentsvollstreckers wird dem Erben wegen der fehlenden Weisungsabhängigkeit hingegen nicht nach § 831 BGB zugerechnet werden können.[67] Insgesamt zeigt sich auch hier, dass der gesetzgeberische Ansatz des Rechtsdienstleistungsgesetzes, die geschäftsmäßige Testamentsvollstreckung durch jedermann und ohne jedwede Vermögenschadenhaftpflichtversicherung zuzulassen, überdenkenswert erscheint. 38

II. Die Haftung für die Auswahl des Testamentsvollstreckers

1. Die Haftung des Nachlassgerichtes

Ernennt das Nachlassgericht einen Testamentsvollstrecker, so kommt eine Haftung nach § 839 BGB i.V.m. Art. 34 GG in Betracht, wenn sich die Auswahl als fehlerhaft erweist, ein adäquat kausaler Schaden entstanden ist und anderweitiger Ersatz – insbesondere vom Testamentsvollstrecker selbst – nicht zu erlangen ist.[68] 39

2. Die Haftung sonstiger Auswahlpersonen

Überlässt der Erblasser die Bestimmung der Person des Testamentsvollstreckers gemäß § 2198 BGB einem Dritten und benennt dieser einen ungeeigneten Testamentsvollstrecker, so fehlt es an einer Haftungsnorm,[69] es sei denn, ein Tatbestand der § 823 ff. BGB würde eingreifen. 40

66 Weidlich in Dauner-Leib/Heidel/Ring, Anwaltkommentar Erbrecht, § 2219 Rn. 20 m.w.N.
67 Weidlich in Dauner-Leib/Heidel/Ring, Anwaltkommentar Erbrecht, § 2219 Rn. 20 a.E..
68 vgl. Weidlich in Dauer-Lieb/Heidel/Ring, Anwaltkommentar Erbrecht § 2219 Rn. 10.
69 Weidlich in Dauer-Lieb/Heidel/Ring, Anwaltkommentar Erbrecht § 2219 Rn. 10.

§ 11 Besonderheiten der Testamentsvollstreckung in internationalen Erbfällen

A. Typische Sachverhalte des internationalen Erbrechts

1 Erbfälle mit internationalem Bezug gehören sowohl aufgrund der zunehmenden Mobilität breiter Bevölkerungsschichten, als auch dem zunehmenden Auslandsvermögen deutscher Staatsangehöriger heute bereits zum Regelfall. Darüber hinaus führen immer häufiger anzutreffende gemischt nationale Ehen zu Einflüssen des internationalen Erbrechts auf die Vermögensnachfolge.

2 Folgende typische Sachverhalte mit Auslandsbezug[1] führen zur Anwendung internationalen Erbrechts:

- fremde Staatsangehörigkeit, Mehrstaatlichkeit oder Staatenlosigkeit eines Beteiligten;
- Auslandbelegenheit eines Nachlassgegenstandes;
- ausländischer Vornahmeort einer letztwilligen Verfügung;
- Vereinbarung der Anwendung ausländischen Rechts durch die Beteiligten (sog. Rechtsformwahl bei letztwilligen Verfügungen).

B. Auswirkungen auf die Testamentsvollstreckung

3 Das deutsche Erbstatut bestimmt in Art. 25 Abs. 1 EGBGB, dass sich die Rechtsnachfolge von Todes wegen nach dem Recht des Staates richtet, dem der Erblasser im Zeitpunkt seines Todes angehörte. Die Verweisung auf das Heimatrecht des Erblassers ist eine sog. Gesamtnormverweisung, Art. 4 Abs. 1 S. 1 EGBGB. Daher sind die kollisionsrechtlichen Vorschriften der Rechtsordnung, auf welche verwiesen wird, zu beachten. Diese fremde Rechtsnorm kann

- entweder die Verweisung annehmen,
- oder auf das deutsche Recht zurückverweisen, welches die Rückverweisung annimmt, Artikel 4 Abs. 1 S. 2 EGBGB,
- oder auf eine dritte Rechtsordnung weiterverweisen.

Häufig führen die Regeln des internationalen Erbrechts dazu, dass es zu einer Nachlassspaltung kommt. Das bewegliche Vermögen vererbt sich nach dem Recht des Staates des letzten Wohnsitzes[2], unbewegliches Vermögen hingegen nach dem Recht des Belegenheitsstaates.[3]

4 Die Auswirkungen einer Nachlassspaltung treffen grundsätzlich alle Bereiche des Erbrechts. Das bedeutet, dass der Kreis der gesetzlichen Erben unterschiedlich sein kann, ein zwischen zwei Partnern abgeschlossenen Erbvertrag in einem Staat wirksam und im anderen Staat ungültig sein kann, in Deutschland mögliche Erb- und Pflichtteilsverzichtverträge im Ausland keine Anerkennung finden und die Erbschaft für jeden Nachlass gesondert angenommen und ausgeschlagen werden kann. Hieraus folgt zwingend, dass die Stellung und die Aufgaben eines Testamentsvoll-

1 Frank in Rott/Kornau,Estate Planning, Kapitel XI.2I (Internationale Vermögensnachfolge).
2 sog. "domicile".
3 sog. lex rei sitae.

streckers für jeden Nachlassteil gesondert bestimmt werden müssen[4] und sich gerade die Behandlung diffizilerer Vermögenswerte wie Immobilien oder Gesellschaftsbeteiligungen ganz anders regelt, als nach dem deutschen Recht anzunehmen wäre. Der Grund liegt in der außerordentlich starken Rechtsstellung, die das deutsche Erbrecht dem Testamentsvollstrecker zubilligt. Im Unterschied hierzu gewähren die meisten anderen europäischen Rechtsordnungen dem Testamentsvollstrecker nur vergleichsweise eingeschränkte Rechte, so beispielsweise Frankreich, Belgien, Luxemburg, Spanien, Italien, Dänemark und Österreich, die eine Dauervollstreckung nicht kennen. Andere Länder, wie Griechenland, Niederlande und die Schweiz erkennen zwar grundsätzlich diese Form der Testamentsvollstreckung an, unterstellen den Testamentsvollstrecker dann aber regelmäßig einer öffentlichen Aufsicht.[5]

C. Handlungsempfehlungen für geschäftsmäßige Testamentsvollstrecker

Die Schwierigkeiten einer internationalen Testamentsvollstreckung müssen zunächst ganz klar in 5
dem hohen Aufwand für eine rechtssichere Gestaltung gesehen werden. Darüber hinaus müssen die gefundenen Konstruktionen auch deutlich intensiver einer laufenden Überprüfung unterzogen werden. Dies gilt nicht nur für Nachlässe, die einer starken Umstrukturierung auf der Vermögensseite unterliegen. Zu der laufenden Überwachung auf Änderungen im deutschen Erbrecht und dem deutschen Steuerrecht gesellt sich die ebenso sorgfältige Beobachtung der ausländischen Rechtsordnung.[6]

Betrachtet man die Testamentsvollstreckung als Fortsetzung des Willens des Erblassers, den sich dieser zu Lebzeiten gebildet hat, dann dürfte es Probleme mit einer Testamentsvollstreckung an Auslandsvermögen, insbesondere ausländischen Grundbesitz und Gesellschaftsbeteiligungen, nicht geben. Im Rahmen des vorangegangenen Estate Planning wären diese Problemfälle aufgedeckt und sachgerecht gelöst worden. Durch lebzeitige Verfügungen lassen sich die Probleme eines Nachlasses mit Auslandsvermögen regelmäßig deutlich besser und auch kostengünstiger regeln, als durch letztwillige Verfügungen. Lässt sich hierfür eine Bereitschaft des Erblassers nicht finden, empfiehlt sich das Ausweichen auf eine internationale Nachlassvollmacht.[7]

4 Frank in Rott/Kornau, Estate Planning, Kapitel XI.2I (Internationale Vermögensnachfolge).
5 Reimann, die Kontrolle des Testamentsvollstreckers, FamRZ 1995, 588, 589.
6 Ein Musterbeispiel, wie häufig ausländische Rechtsordnungen ihrer erbrechtlichen Bestimmungen ändern, bietet zur Zeit Frankreich. Zuletzt wurde das französische Erbrecht durch Gesetz vom 03.12.2001 für die Todesfälle ab dem 01.07.2002 erheblich reformiert, u. a. die Stellung des überlebenden Ehegatten verbessert. Bereits im Jahr 2005 wurde ein weiterer Reformentwurf des Erbrechts vorgelegt, der das Erbrecht erneut in weiten Teilen erheblich ändern soll.
7 Vgl. oben unter B.IV.2 sowie das Muster im Anhang unter C.V.

§ 12 Nachlassverwaltung

A. Grundsätzliche Unterschiede zwischen Nachlassverwaltung und Testamentsvollstreckung

1 Nach der Legaldefinition des § 1975 BGB handelt es sich bei der Nachlassverwaltung um eine Nachlasspflegschaft, die zum Zwecke der Befriedigung der Nachlassgläubiger angeordnet ist. Aus diesem Grund sind auf die Nachlassverwaltung grundsätzlich zwei verschiedene Normensysteme anwendbar. Zum einen handelt es sich dabei um die allgemeinen Vorschriften über die Pflegschaft, §§ 1915 ff. BGB, so dass auch das Vormundschaftsrecht anzuwenden ist, allerdings nur insoweit, als dies mit Sinn und Zweck der Nachlassverwaltung vereinbar ist. Zum andern ähnelt die Nachlassverwaltung aufgrund mehrfacher Bezugnahmen auf die Insolvenzordnung ihrem rechtlichen Gepräge nach mehr einem geordneten Vermögensverwaltungsverfahren, von dem es sich allerdings in seiner Zielsetzung unterscheidet. Ziel der Nachlassverwaltung ist die vollständige Befriedigung der Nachlassgläubiger, während die Insolvenzverwaltung die gleichmäßige, (nur) quotale Befriedigung der Gläubiger bezweckt.[1] Dem entspricht auch die Stellung des Nachlassverwalters. Er ist nicht etwa gesetzlicher Vertreter, wie dies bei Pfleger und Vormund der Fall ist. Vielmehr handelt es sich bei ihm um ein amtlich bestelltes Organ zur Verwaltung einer fremden Vermögensmasse mit eigener Parteistellung im Rechtsstreit[2] und damit vergleichbar dem Insolvenzverwalter.

Die Nachlassverwaltung hat eine Doppelfunktion, die sich auch in der Antragsbefugnis (§ 1981 BGB – Abs. 1 einerseits und Abs. 2 andererseits) widerspiegelt. Den Interessen des Erben dient sie dadurch, dass sie die Möglichkeit schafft, Nachlass und Eigenvermögen getrennt zu halten und so eine Haftung des Erben mit seinem persönlichen Vermögen für Verbindlichkeiten des Nachlasses verhindert. Den Interessen der Nachlassgläubiger dient sie dadurch, dass sie diesen ein Instrument zur Verfügung stellt, dass das ererbte Vermögen vor einer Verschwendung durch den Erben schützt.

2 Mit der Testamentsvollstreckung hat sie gemeinsam, dass beide Rechtsinstitute zu einer Trennung von Nachlassvermögen und Eigenvermögen des Erben führen und eine Fremdverwaltung des Nachlasses unter Ausschluss des Erben stattfindet. Unterschiede ergeben sich jedoch dadurch, dass mittels der Testamentsvollstreckung nur erreicht werden kann, dass die Eigengläubiger des Erben vor einem Zugriff auf den Nachlass abgewehrt werden. Für Verbindlichkeiten des Nachlasses bleibt aber die Verantwortlichkeit des Erben, ggf. mit seinem Privatvermögen bestehen, § 2213 Abs. 1 BGB.[3] Aus diesem Grund muss auch der Testamentsvollstrecker, will er den Zugriff der Nachlassgläubiger auf das Privatvermögen des Erben verhindern, Nachlassverwaltung beantragen.

Auch in ihrer Begründung unterscheiden sich beide Rechtsinstitute deutlich. Die Testamentsvollstreckung basiert auf dem freien Willensentschluss des Erblassers. Die Nachlassverwaltung

1 Fromm, ZEV 2006, 298.
2 Siegmann in Münchner Kommentar zum BGB, dritte Auflage 2004, § 1975 Rn. 3.
3 Vgl. Rott in Frieser, Kompaktkommentar Erbrecht, § 2213 Rn. 9. Aus diesem Grund muss auch der Testamentsvollstrecker, wie er den Zugriff der Nachlassgläubiger auf das Privatvermögen des Erben verhindern, Nachlassverwaltung beantragen.

wird hingegen angeordnet, wenn der Erbe oder ein Nachlassgläubiger dies beantragen. Anders als der Testamentsvollstrecker unterliegt der Nachlassverwalter einer Aufsicht durch das Nachlassgericht, §§ 1960, 1915, 1837, 1886, 1962 BGB.

Auch als Geschäftsfeld erscheint die Nachlassverwaltung deutlich weniger lukrativ als die Testamentsvollstreckung, sofern es sich nicht um die Nachlassverwaltung an einem Unternehmen handelt und sich hierfür die in der Literatur teilweise vorgeschlagenen Vergütungskriterien durchsetzen lassen.[4]

B. Voraussetzungen für die Anordnung einer Nachlassverwaltung

I. Antrag

Die Nachlassverwaltung wird nie von Amts wegen angeordnet, sondern nur auf Antrag. Insoweit besteht Vergleichbarkeit mit dem Nachlassinsolvenzverfahren. Hier ist die Antragspflicht in §§ 13 Abs. 1, 317 InsO geregelt. Im Unterschied zum Nachlassinsolvenzverfahren, in dem der Antrag beim Insolvenzgericht gestellt werden muss, ist für die Anordnung der Nachlassverwaltung das Nachlassgericht zuständig. 3

1. Antragsberechtigung der Erben

Der Erbe ist immer antragsberechtigt, es sei denn, er haftet für die Nachlassverbindlichkeiten bereits unbeschränkt, § 2013 Abs. 1 S. 1 zweiter Halbsatz BGB. Miterben können den Antrag nur gemeinschaftlich stellen. Sie sind mit der Antragstellung ausgeschlossen, wenn der Nachlass geteilt ist, § 2062 BGB. Das Antragsrecht des Nacherben folgt aus § 2144 BGB, wobei an die Stelle des Nachlasses dasjenige tritt, was der Nacherbe aus der Erbschaft erlangt. Der Erbe kann den Antrag grundlos und grundsätzlich zeitlich unbefristet stellen.[5] 4

2. Antragsberechtigung des Testamentsvollstreckers

Nach überwiegender Auffassung ist auch der Testamentsvollstrecker antragsberechtigt. Dies folgt aus einer analogen Anwendung des § 317 InsO.[6] Ist ein Testamentsvollstrecker bestellt, so kann dieser auch zum Nachlassverwalter bestellt werden. Solange keine Ansprüche des Nachlasses gegen den Testamentsvollstrecker geltend zu machen sind, bestehen hiergegen keine Bedenken. Im Gegenteil kann sich dies als wirksames Mittel darstellen, falls der Erbe den Antrag auf Nachlassverwaltung gezielt zu dem Zweck gestellt hat, den Testamentsvollstrecker an seiner Amtsausübung zu hindern. Hat der Testamentsvollstrecker den Antrag selbst gestellt, um sein Amt gefahrlos niederlegen zu können, empfiehlt es sich, bereits mit der Antragstellung dem Nachlassgericht gegenüber zu erklären, man stehe für eine Übernahme des Amtes als Nachlassverwalter nicht zur 5

4 Vgl. Fromm, ZEV 2006, 298, 300.
5 Soweit er nicht sein Recht zur Haftungsbeschränkung gemäß § 2013 Abs. 1 BGB verloren hat, vergleiche Löhnig in Frieser, Kompaktkommentar Erbrecht, 2007, § 1981 Rn. 1.
6 Siegmann in Münchner Kommentar zum BGB, 4. Auflage 2004, § 1981 Rn. 4.

Verfügung. Eine Verpflichtung zur Übernahme einer Nachlassverwaltung besteht nicht, da § 1981 Abs. 3 BGB die Vorschrift des § 1785 BGB, die eine Übernahmepflicht begründen würde, ausdrücklich für nicht anwendbar erklärt.

3. Antragsberechtigung des Nachlassgläubigers

6 Antragsberechtigt ist jeder Nachlassgläubiger, also auch der Pflichtteilsberechtigte oder ein Vermächtnisnehmer.

In zeitlicher Hinsicht kann der Antrag nach § 1981 Abs. 2 S. 2 BGB nicht mehr gestellt werden, wenn seit der Annahme der Erbschaft zwei Jahre verstrichen sind. Es handelt sich um eine Ausschlussfrist,[7] die nur den Antrag des Nachlassgläubigers betrifft. Der Grund liegt in der mit zunehmendem Zeitablauf immer stärker werdenden Vermischung von Nachlass und Eigenvermögen des Erben.

In sachlicher Hinsicht muss für den Gläubiger Grund zu der Annahme bestehen, dass die Befriedigung der Nachlassgläubiger aus dem Nachlass durch das Verhalten oder die Vermögenslage des Erben gefährdet wird. Die Gefahr darf nicht nur für den einzelnen – i.d.R. antragstellenden – Gläubiger bestehen, sondern die Befriedigung aller Nachlassgläubiger muss gefährdet sein.

Vermögensgefährdendes Verhalten des Gläubigers wird angenommen bei Verschleuderung des Nachlasses[8], willkürlicher Befriedigung einzelner Nachlassgläubiger oder Gleichgültigkeit gegenüber dem Nachlass.[9]

Die schlechte Vermögenslage des Erben gefährdet den Nachlass bei unwirtschaftlichem Gebaren des Erben oder der Gefahr des Zugriffs von Eigengläubigern. Auf ein Verschulden des Erben kommt es nicht an.[10] Bei mehreren Erben genügt es, wenn die Voraussetzungen nur bei einem von ihnen vorliegen.[11]

Im Rahmen des von ihm gestellten Antrages muss der Nachlassgläubiger seine Gläubigerstellung und die Gefahrenlage für die Befriedigung der Forderungen der Nachlassgläubiger glaubhaft machen. Nicht ausreichend ist es, wenn sich Grund und Höhe der Forderung erst durch umfangreiche Sachverhaltsaufklärung oder die Beantwortung schwieriger Rechtsfragen klären lassen.[12]

II. Die Person des Nachlassverwalters

7 Als Nachlassverwalter kommen nur Personen in Betracht, die unbefangen und ohne Interessenkonflikt dem Nachlass gegenüberstehen. Diese Entscheidung trifft das Nachlassgericht gemäß § 1981 Abs. 1 BGB, § 3 Nr. 2 c, § 16 Abs. 1 Nr. 1 RPflG in der Person des Rechtspflegers[13] nach pflichtgemäßem Ermessen. Ein Erbe scheidet daher regelmäßig als Nachlassverwalter aus, ein Miterbe kann ggf. in Betracht kommen[14], ebenso ein Testamentsvollstrecker.[15]

7 Löhnig in Frieser, Kompaktkommentar Erbrecht, 2007, § 1981 Rn. 2.
8 Beispiele nach Löhnig in Frieser, Kompaktkommentar Erbrecht, 2007, § 1981 Rn. 2.
9 BayObLG, Beschl. v. 13.03.2002, 1Z BR 57/01, NJW-RR 2002, 871, 872.
10 Hartig in jurisPK-BGB, 3. Aufl. 2006, § 1981 BGB Rn. 20.
11 Hartig in jurisPK-BGB, 3. Aufl. 2006, § 1981 BGB Rn. 22.
12 KG Berlin, Beschl. v. 28.09.2004, 1 W 99/04, Rpfleger 2005, 87.
13 BayObLG, Beschl. v. 18.12.1987, BReg 1 Z 61/87, FamRZ 1988, 543, 544.
14 Hartig in jurisPK-BGB, 3. Aufl. 2006, § 1981 BGB Rn. 23.
15 s. o. Ziff. 3).

III. Wirkungen der Anordnung der Nachlassverwaltung

Nach § 1984 BGB verliert der Erbe mit der Anordnung der Nachlassverwaltung die Befugnis, selbst den Nachlass zu verwalten und über ihn zu verfügen. Ergänzt wird die Vorschrift durch die Regelungen der §§ 1975 bis 1977, 2000 BGB sowie §§ 241, 246, 784 ZPO. 8

1. Erlöschen der Verfügungs- und Verwaltungsbefugnis

Die Verfügungs- und Verwaltungsbefugnis des Erben erlischt mit dem Wirksamwerden der Anordnung der Nachlassverwaltung, regelmäßig also mit der Zustellung, nicht erst der Bekanntmachung. Als Rechtsfolge sind die Rechtshandlungen des Erben den Nachlassgläubigern gegenüber unwirksam. Dies folgt bereits aus dem Verweis in § 1984 Abs. 1 S. 2 BGB auf die Vorschriften der §§ 81, 82 InsO. Unwirksamkeit ist hier im Sinne einer absoluten Unwirksamkeit zu verstehen. Sie entfaltet also Wirkung gegenüber jedermann, soweit die Zwecke der Nachlassverwaltung berührt werden können.[16] Daher kann sich z. B. der Schuldner auf die Unwirksamkeit einer nach der Anordnung der Nachlassverwaltung erfolgten Abtretung einer Nachlassforderung berufen.[17] Der Nachlassverwalter kann die unwirksamen Verfügungen jedoch gemäß § 185 BGB genehmigen.[18] 9

Da im deutschen bürgerlichen Recht der gute Glaube eines Erwerbers in die Verfügungsbefugnis des Veräußerers – ausgenommen bei Grundstücken[19] – nicht geschützt ist, ist eine Verfügung durch den Erben nach Anordnung der Nachlassverwaltung Dritten gegenüber selbst dann unwirksam, wenn der Erwerber die Nachlassverwaltung oder grobe Fahrlässigkeit nicht gekannt hat.[20]

Die Beschränkungen, denen der Erbe unterliegt, gelten auch für die Verfügungs- und Verwaltungsmacht des Testamentsvollstreckers, soweit sie mit der Befugnis des Nachlassverwalters kollidieren. Das Amt des Testamentsvollstreckers ruht, es ist nicht beendet, sondern der Testamentsvollstrecker erlangt mit der Aufhebung der Nachlassverwaltung seine ursprüngliche Befugnis zurück. Hat er die Nachlassverwaltung nicht genutzt, um sein Amt niederzulegen, kann er während der Nachlassverwaltung – ebenso wie der Erbe – Mängel der Verwaltung durch den Nachlassverwalter gegenüber dem Nachlassgericht rügen.[21] 10

2. Verlust der Prozessführungsbefugnis

Für Passivprozesse regelt § 1984 Abs. 1 S. 3 BGB ausdrücklich, dass diese nur gegen den Nachlassverwalter gerichtet werden können. Für Aktivprozesse folgt dieses Ergebnis aus § 1984 Abs. 1 S. 1 der BGB, denn die Verwaltung des Nachlasses umfasst auch die Prozessführung. 11

Bereits anhängige Rechtsstreite werden durch die Anordnung der Nachlassverwaltung gemäß § 241 ZPO unterbrochen, soweit nicht eine anwaltliche Vertretung besteht, § 246 ZPO. Die Fortsetzung eines unterbrochenen Prozesses ist nur durch den Nachlassverwalter möglich. Im Einzelfall kann es empfehlenswert sein, wenn der Nachlassverwalter den Erben aufgrund seiner besseren Sachkenntnis im Wege der gewillkürten Prozessstandschaft ermächtigt, den Prozess im eigenen Namen für den Nachlass zu führen.

16 BGH Urt. v. 09.11.1966 – V ZR 176/63, zit. nach juris Rn. 15.
17 Siegmann in Münchner Kommentar zum BGB, 4. Auflage 2004, § 1984 Rn. 3.
18 Löhnig in Frieser, Kompaktkommentar Erbrecht, 2007, § 1984 Rn. 2.
19 Aufgrund entsprechender Anwendung der §§ 892, 893 BGB, vgl. Siegmann in Münchner Kommentar zum BGB, 4. Auflage 2004, § 1984 Rn. 3.
20 Edenhofer in Palandt, 66. Auflage 2007, § 1984 Rn. 3.
21 Siegmann in Münchner Kommentar zum BGB, 4. Auflage 2004, § 1984 Rn. 2.

Grundsätzlich ist zu beachten, dass dem Nachlassverwalter die alleinige Prozessführungsbefugnis nur insoweit zukommt, als es sich um vermögensrechtliche Streitigkeiten des Nachlasses handelt. Auch nur in Bezug auf derartige Streitigkeiten kommt eine Unterbrechung des Rechtsstreits in Betracht. Besondere Sorgfalt ist daher im Rahmen gesellschaftsrechtlicher Ansprüche bei Personengesellschaften geboten. Hier werden z.B. Rechtsstreitigkeiten, die ein Erbe als Nachfolger des Erblassers in einer Personengesellschaft über seine Mitgliedschaft führt, durch die Anordnung der Nachlassverwaltung nicht unterbrochen. Wiederum anders verhält es sich allerdings, wenn nur die vermögensrechtliche Seite der Gesellschaftsansprüche betroffen ist, also insbesondere im Rahmen von Gewinn- und Abfindungsansprüchen.[22]

Nicht vom Verlust der Prozessführungsbefugnis für Passivprozesse erfasst sind nach h.M. die Auskunftsansprüche des Pflichtteilsberechtigten gemäß § 2314 BGB, die auch während der Nachlassverwaltung gegen den Erben geltend gemacht werden können.[23]

3. Beschränkung der Zwangsvollstreckung in den Nachlass

a) Die Situation der Eigengläubiger

12 Nach § 1984 Abs. 2 BGB sind Zwangsvollstreckungsmaßnahmen und Arreste in den Nachlass zu Gunsten eines Gläubigers, der nicht Nachlassgläubiger ist, ausgeschlossen. Betroffen sind hier also die Eigengläubiger des Erben. Dies gilt unabhängig davon, ob der Erbe unbeschränkt haftet oder nicht. Grund für diese Regelung ist, dass der Nachlass nach Anordnung der Nachlassverwaltung sämtlichen Nachlassgläubigern ungemindert zur Verfügung stehen soll. Gegen bereits vor Anordnung der Nachlassverwaltung erfolgte Vollstreckungsmaßnahmen kann sich der Nachlassverwalter durch Klageerhebung nach §§ 785, 784 Abs. 2 BGB wehren. Wollen Eigengläubiger des Erben nach Anordnung der Nachlassverwaltung in den Nachlass vollstrecken, steht dem Nachlassverwalter die Abwehrklage nach §§ 784, 767 ZPO zur Verfügung. Im Ergebnis ist daher festzuhalten, dass Eigengläubiger des Erben auf den Überschuss beschränkt sind, der sich nach Befriedigung der Nachlassgläubiger ergibt.[24]

b) Die Situation der Nachlassgläubiger

13 Im Umkehrschluss aus § 1984 Abs. 2 BGB folgt, dass Nachlassgläubiger in den Nachlass vollstrekken können. Die Haftung des Erben beschränkt sich jedoch gemäß § 1975 Abs. 1 BGB auf den Nachlass, sofern er nicht aus anderen Gründen bereits unbeschränkt haftet.

Gegen eine drohende Zwangsvollstreckung in sein Eigenvermögen kann sich der Erbe mit der Vollstreckungsabwehrklage nach §§ 785, 781, 780, 767 ZPO zur Wehr setzen. Zu beachten ist allerdings, dass ihm die Haftungsbeschränkung im Urteil gemäß § 780 ZPO vorbehalten sein muss. Ist eine Zwangsvollstreckung in sein Eigenvermögen bereits erfolgt, kann der Erbe mit einer Klage nach §§ 781, 784 Abs. 1, 785, 767 ZPO die Aufhebung der Vollstreckungsmaßnahmen beantragen.[25]

22 Siegmann in Münchner Kommentar zum BGB, 4. Auflage 2004, § 1984 Rn. 6.
23 Siegmann in Münchner Kommentar zum BGB, 4. Auflage 2004, § 1984 Rn. 8.
24 Siegmann in Münchner Kommentar zum BGB, 4. Auflage 2004, § 1984 Rn. 17 - 19.
25 Siegmann in Münchner Kommentar zum BGB, 4. Auflage 2004, § 1984 Rn. 18.

c) Die Situation des Nachlassgläubigers

Zu unterscheiden sind in zeitlicher Hinsicht zwei Phasen. Ist eine Zwangsvollstreckung bereits erfolgt, bevor die Anordnung der Nachlassverwaltung wirksam wurde, kann der Nachlassgläubiger aufgrund eines bestehenden Urteils, das sowohl gegen den Erblasser, als auch gegen den Erben ergangen sein kann, vollstrecken, ohne dass es einer Vollstreckungsklausel gemäß § 727 ZPO gegen den Nachlassverwalter bedarf. Wird hingegen mit der Zwangsvollstreckung erst nach Anordnung der Nachlassverwaltung begonnen, muss der Titel gegen den Nachlassverwalter umgeschrieben werden.[26] 14

4. Bekanntmachung der Nachlassverwaltung

Die Bekanntmachung ist Wirksamkeitsvoraussetzung für die Nachlassverwaltung. Gemäß § 16 Abs. 1 FGG erfolgt die Bekanntmachung gegenüber dem Erben oder dem Testamentsvollstrecker. Bei Miterben wird die Anordnung bereits mit der ersten Bekanntmachung an einen von ihnen wirksam.[27] 15

Gemäß § 1983 BGB hat das Nachlassgericht die Bekanntmachung zu veröffentlichen. Die konkrete Art und Weise der Veröffentlichung steht im Ermessen des Nachlassgerichts. Der Nachlass muss bezeichnet werden, i.d.R. erfolgt dies durch Angabe des Namens des Erblassers. Darüber hinaus empfiehlt es sich, dass Namen und Anschrift des Nachlassverwalters veröffentlicht werden. Anders als zum Beispiel in § 30 Abs. 1 S. 2 InsO gibt es keine Regelung darüber in welchem Blatt die Bekanntmachung zu erfolgen hat. Es ist daher auf die jeweiligen landesgesetzlichen Vorschriften über die Veröffentlichung gerichtlicher Bekanntmachungen zurückzugreifen.[28] Anders als die Bekanntmachung selbst ist die Veröffentlichung der Bekanntmachung keine Wirksamkeitsvoraussetzung für die Nachlassverwaltung.[29]

12

IV. Ordnungsgemäße Verwaltung durch den Nachlassverwalter

1. Die Rechtsstellung des Nachlassverwalters

Der Nachlassverwalter ist nicht nur im Interesse des Erben tätig, vielmehr nimmt er die Belange aller Beteiligten, insbesondere auch der Nachlassgläubiger wahr. Damit ist er nach der ganz herrschender Meinung nicht gesetzlicher Vertreter des Erben, sondern amtlich bestelltes Organ zur Verwaltung einer fremden Vermögensmasse mit eigener Parteistellung.[30] 16

Rechtsträger bleibt weiterhin der Erbe, insoweit besteht Vergleichbarkeit zur Testamentsvollstreckung.

26 Siegmann in Münchner Kommentar zum BGB, 4. Auflage 2004, § 1984 Rn. 17.
27 BayObLG Beschl. v. 15.2. 1966, 1 b Z 133/65, BayObLGZ 1966, 75,76.
28 Hartig in jurisPK-BGB, 3. Aufl. 2006, § 1983 BGB Rn. 5.
29 BayObLG Beschl. v. 15.2. 1966, 1 b Z 133/65, BayObLGZ 1966, 75,76.
30 Hartig in jurisPK-BGB, 3. Aufl. 2006, § 1985 BGB Rn. 2 m.w.N..

Praxishinweis:

Wie schon dem Testamentvollstrecker, so kann auch dem Nachlassverwalter nur geraten werden, seine Rechtsstellung ausdrücklich offen zulegen, z. B. durch die Verwendung der Formulierung:

„handelnd als Nachlassverwalter über den Nachlass des ..."

17 Unterbleibt diese Offenlegung, verpflichtet er nicht den Erben als Träger des Nachlasses, sondern haftet dem Vertragspartner persönlich.[31]

Aus der Definition der Nachlassverwaltung als Nachlasspflegschaft in § 1975 BGB folgt, dass nach § 1915 BGB die Regeln über die Vormundschaft (§§ 1773 -1895 BGB) entsprechend anwendbar sind, es sei denn, es wurde gesetzlich ausdrücklich etwas anderes bestimmt. Damit unterliegt der Nachlassverwalter dem Selbstkontrahierungsverbot nach §§ 1795 Abs. 2, 181 BGB, von dem er gedanklich anders als der Testamentsvollstrecker – auch nicht durch den Erblasser befreit werden kann. Vergleichbar zum Testamentsvollstrecker ist das Recht zur Vornahme von Schenkungen geregelt. Es beschränkt sich gemäß § 1804 BGB auf Anstandsschenkungen. Das in § 1815 BGB ausdrücklich normierte Verbot für den Nachlassverwalter, das Vermögen weder für sich, noch für einen Gegenverwalter zu verwenden, ergibt sich im Recht der Testamentsvollstreckung aus allgemeinen Grundsätzen.

2. Die Aufgaben des Nachlassverwalters

18 Hierher gehört auch die Geltendmachung und notfalls gerichtliche Durchsetzung von Ansprüchen gegen den Erben nach § 1978 BGB. Der Erbe muss alles, was er aus seiner bisherigen Verwaltung des Nachlasses erlangt hat, an den Nachlassverwalter herausgeben. Gezogene Nutzungen muss er ersetzen, gleiches gilt für Bestandteile des Nachlasses, die er verbraucht hat. Ein Verschulden von Gehilfen muss sich der Erbe nach § 278 BGB zurechnen lassen, insoweit haftet er auch mit seinem Eigenvermögen.[32]

§ 1985 BGB legt als wichtigste Aufgaben des Nachlassverwalters die Verwaltung des Nachlasses und die Berichtigung der Nachlassverbindlichkeiten fest. Ergänzt wird diese Vorschrift durch weitere Befugnisse des Verwalters. Hierzu gehören insbesondere die Beantragung des Aufgebotsverfahrens nach § 991 ZPO oder die Eröffnung des Nachlassinsolvenzverfahrens nach § 317 InsO.

a) Inbesitznahme des Nachlasses und Geltendmachung von Forderungen

19 Vergleichbar zur Verpflichtung des Testamentsvollstreckers hat der Nachlassverwalter sich nicht auf die bloße Erhaltung des Nachlasses zu beschränken. Vielmehr muss er das verwaltete Vermögen nach den Regeln einer ordnungsgemäßen Wirtschaft vermehren. Hierzu hat er zunächst den Nachlass in Besitz zu nehmen. Weiterhin hat er die zum Nachlass gehörenden Forderungen einzuziehen. Hierher gehört auch die Geltendmachung und notfalls gerichtliche Durchsetzung von Ansprüchen gegen den Erben nach § 1978 BGB.[33]

31 Siegmann in Münchner Kommentar zum BGB, 4. Auflage 2004, § 1985 Rn. 5, der in Fn 28 darauf hinweist, dass der Nachlassverwalter in diesen Fällen, jedenfalls wenn das Geschäft im Rahmen ordnungsgemäßer Verwaltung erfolgte, ein Aufwendungsersatzanspruch gegen den Nachlass zustehen kann.

32 Löhnig in Frieser, Kompaktkommentar Erbrecht, 2007, § 1978 Rn. 3.

33 siehe vorstehende Ziff. 2.

b) Berichtigung der Nachlassschulden

In der Begleichung der Nachlassverbindlichkeiten liegt eine wesentliche Hauptaufgabe des Nachlassverwalters. Hierzu hat er, wenn nötig, den Nachlass zu verwerten. In welcher Form dies geschieht, z. B. durch Veräußerung, im Wege der freihändigen oder öffentlichen Versteigerung, liegt grundsätzlich in seinem Ermessen. Die Grenze seines Ermessens wird über § 1985 Abs. 2 S. 2 BGB gezogen, wonach die Vorschriften der §§ 1979, 1980 BGB zu beachten sind. Dies bedeutet, dass der Nachlassverwalter eine Verbindlichkeit nur dann erfüllen darf, wenn er annehmen kann, dass der Nachlass zur Berichtigung aller Verbindlichkeiten ausreicht. Ist dies der Fall, muss er sich gegenüber den Nachlassgläubigern auf §§ 2014, 2015 BGB berufen. Stellt er Zahlungsunfähigkeit oder Überschuldung fest, hat er Nachlassinsolvenz zu beantragen.[34] 20

c) Rechnungslegung

Gemäß § 1840 Abs. 1, 2 BGB i. V. m. § 1915 Abs. 1 BGB hat der Nachlassverwalter jährlich Rechnung zu legen. Wie von einem Testamentsvollstrecker gehört auch diese Verpflichtung zu den Kardinalpflichten. Ein hartnäckiger Verstoß hiergegen kann die Entlassung des Nachlassverwalters nach § 1886 BGB begründen.[35] 21

d) Erfüllung steuerlicher Pflichten

§ 31 Abs. 5 ErbStG normiert für Testamentvollstrecker und Nachlassverwalter gleichzeitig die Pflicht zur Abgabe der Erbschaftsteuererklärung. Insoweit kann auf die für den Testamentsvollstrecker geltenden Grundsätze verwiesen werden. Dies gilt auch für die übrigen steuerlichen Pflichten, die im Rahmen der Verwaltung eines Nachlasses an Stelle der Erben zu erfüllen sind. 22

Praxishinweis:

Wie dem Testamentsvollstrecker, so kann auch dem Nachlassverwalter nur dringend geraten werden, für die Begleichung etwaiger Erbschaftssteuern aus Mitteln des Nachlasses zu sorgen. Die Verpflichtung hierzu folgt unmittelbar aus § 32 Abs. 1 S. 2 ErbStG. Ansonsten droht auch dem Nachlassverwalter die Gefahr der persönlichen Haftung nach §§ 34, 35 AO. Gerade bei Rechtsanwälten oder Steuerberatern als Nachlassverwaltern wird es regelmäßig als grob fahrlässig angesehen werden können, wenn die Zahlung der Erbschaftsteuer nicht sichergestellt wird.

3. Sonderfälle der Nachlassverwaltung

a) Grundstücke im Nachlass

Das Gesetz sieht eine Eintragung der Nachlassverwaltung in das Grundbuch nicht vor. Unterbliebe eine solche Eintragung, könnte ein Dritter gutgläubig Eigentum am Grundstück erwerben. Dies steht im Widerspruch zu der als Folge der Nachlassverwaltung gemäß § 1984 BGB eintretenden Verfügungsbeschränkung des Erben. Die Literatur geht deshalb davon aus, dass eine Eintragung 23

34 Siegmann in Münchener Kommentar zum BGB, 4. Auflage 2004, § 1985 Rn. 8.
35 Vgl. hierzu instruktiv BayObLG, Beschl. v. 18.12.1987, BReg 1 Z 61/87, FamRZ 1988, 543, 544.

der Nachlassverwaltung im Grundbuch erfolgen muss, um Nachteile für die Nachlassgläubiger zu verhindern. Die Eintragung ist durch den Nachlassverwalter vorzunehmen, insoweit besteht Vergleichbarkeit zur entsprechenden Verpflichtung des Testamentsvollstreckers.[36]

b) Vermögensanlagen

24 Die Anlage von Geldern durch den Nachlassverwalter wird in Rechtsprechung und Schrifttum praktisch nicht diskutiert. Die sachgerechte Lösung muss daher durch Rückgriff auf die Grundsätze zur Anlageentscheidung durch Testamentsvollstrecker gefunden werden, wobei die Besonderheiten der Nachlassverwaltung zu berücksichtigen sind.

Bei der Anlage von Geldern wird einem Testamentsvollstrecker von der Rechtsprechung ein Ermessensspielraum eingeräumt. Er darf sich nicht mit einem nur mäßigen Erfolg seiner Tätigkeit begnügen, sondern muss Möglichkeiten zu besserem Erfolg wahrnehmen (wie ein „dynamischer Geschäftsführer"). Ihm sind nur solche Anlagen verwehrt, die nach Lage des Falles den Grundsätzen einer wirtschaftlichen Vermögensverwaltung zuwiderlaufen. Es wird nicht als ermessensfehlerhaft angesehen, wenn sich ein Testamentsvollstrecker jedenfalls für die Verwaltung solcher Gelder, die er für die kurzfristige Befriedigung von Nachlassverbindlichkeiten benötigt , nicht von sich aus vorab einen Überblick über die Konditionen anderer Kreditinstitute verschafft, sondern das Angebot annimmt, das ihm die Bank offeriert, bei der er die übrigen Geschäfte des Nachlasses abwickelt. Begründet wird dies mit der besonderen Vertrauensstellung, die der Erblasser dem Testamentsvollstrecker entgegenbringt.[37]

Im Unterschied dazu ist der Nachlassverwalter hingegen dem Erben als Träger des verwalteten Vermögens verantwortlich, gemäß § 1985 Abs. 2 S. 1 BGB aber auch den Nachlassgläubigern.[38] Aufgrund der Anwendbarkeit der Normensysteme aus dem Pflegschaft- und Vormundschaftsrecht[39] wird teilweise vertreten, dass der Nachlassverwalter den Vorschriften über die Anlegung von Mündelgeld und die Verwaltung von Inhaberpapieren gemäß §§ 1807 ff., 1814 BGB zu beachten hat.[40] Richtigerweise wird man bei einem modernen Verständnis der Nachlassverwaltung und den heute gegebenen Möglichkeiten zur Anlage in kurzfristig verfügbaren Geldern zu interessanten Konditionen von folgenden Grundsätzen ausgehen müssen:

- Gelder sind grundsätzlich verzinslich anzulegen,
- die Einschränkungen nach §§ 1812, 1813 BGB gelten für den Nachlassverwalter nicht,[41]
- Schenkungen sind nur als Pflicht- und Anstandsschenkungen (§ 1804) zulässig.

c) Führung von Einzelunternehmen durch den Nachlassverwalter

25 Gehört ein Einzelunternehmen zum Nachlass, kann dieses nach heute unstreitiger Auffassung vom Nachlassverwalter fortgeführt werden. Hierzu gehören kaufmännische Betriebe ebenso wie Handwerksbetriebe oder Betriebe der Land- und Forstwirtschaft. Die Nachlassverwaltung von –

36 Hartig in jurisPK-BGB, 3. Aufl. 2006, § 1983 BGB Rn. 7, 8; Siegmann in Münchener Kommentar zum BGB, 4. Auflage 2004, § 1983 Rn. 2.
37 BGH Urt. v. 14.12.1994, IV ZR 184/93, NJW-R. R. 1995, 577 – 578.
38 Siegmann in Münchner Kommentar zum BGB, 4. Auflage 2004, § 1985 Rn. 10.
39 S.o. unter lit. K.
40 Vgl. Darstellung des Meinungsstandes bei Siegmann in Münchner Kommentar zum BGB, 4. Auflage 2004, § 1985 Rn. 2.
41 Edenhofer in Palandt, 67. Auflage 2008, § 1985 Rn. 2; Burghard ZEV 1996, 136, 138.

glücklicherweise mittelständischen – Unternehmen gehört zu den anspruchsvollsten Aufgaben, denen ein Nachlassverwalter ausgesetzt ist. Es stellt sich eine Vielzahl von Rechts- und Praxisfragen, die juristisch kaum aufbereitet sind. Dies bewirkt häufig eine Verunsicherung der handelnden Personen. Als häufigste Folge der Nachlassverwaltung an einem Unternehmen wird daher der Weg in die Nachlassinsolvenz beschrieben.[42]

Durch die Betriebsfortführung der Seite des Nachlassverwalters wird dieser nicht selbst zum Kaufmann, im Einzelfall können aber die Grundsätze der Handelsgeschäfte anwendbar sein, wie z. B. über das Schweigen auf ein kaufmännisches Bestätigungsschreiben[43] oder die formfreie Bürgschaftsübernahme.

Die Verwaltungsbefugnis des Nachlassverwalters erstreckt sich auf das Unternehmen im Ganzen[44], d. h. die Betriebsgrundstücke, Warenlager und offene Forderungen. Gezogene Gewinne aus dem Unternehmen fallen in den Nachlass. Will der Nachlassverwalter das Unternehmen veräußern, muss die vormundschaftsgerichtliche Genehmigung nach § 1822 Abs. 1 Nr. 3 BGB herbeigeführt werden.

Probleme können im Einzelfall dann entstehen, wenn die Nachlassverwaltung erst längere Zeit nach dem Erbfall angeordnet wurde und der Erbe bis dahin die Geschäfte geführt oder dem Betrieb gar mit seinem eigenen zusammengeführt hat. Kann in einem solchen Fall eine Trennung zwischen dem Betrieb des Erben – der nicht der Nachlassverwaltung unterliegt – und den in den Nachlass gefallenen Betrieb nicht mehr angenommen werden, beschränkt sich der Anspruch des Nachlassverwalters auf die Herausgabe der zum Nachlass gehörenden Betriebsgrundstücke, der vom Erblasser stammenden Betriebseinrichtungen sowie auf den Warenbestand und die Außenstände, die zum Zeitpunkt des Erbfalls vorhanden waren. Darüber hinaus wird man den Erben nach § 1978 BGB als ersatzpflichtig ansehen müssen für den Goodwill des Betriebes, weil er diesen mit der Fortführung im eigenen Namen aus dem Nachlass entnommen hat.[45]

d) Besonderheiten bei Personengesellschaften

12

Anders als bei der Dauertestamentsvollstreckung an Gesellschaftsanteilen von Personengesell- 26
schaften hat im Bereich der Nachlassverwaltung seit 40 Jahren keine Weiterentwicklung der Rechtsprechung mehr stattgefunden.[46] Hier wird in der einschlägigen Kommentarliteratur[47] stets auf die Grundsatzentscheidung des Bundesgerichtshofs vom 30.03.1967[48] zurückgegriffen.

Danach erstrecken sich die Befugnisse des Nachlaßverwalters nur auf das Nachlassvermögen und erfassen nicht auch die persönlichen Rechtsbeziehungen des Erblassers, in die der Erbe mit dem Erbfall eingerückt ist. Diese Beschränkung der Befugnisse des Nachlassverwalters ist für die Verwaltung eines Gesellschaftsanteils von besonderer Bedeutung. Nur die rein vermögensrechtlichen Ansprüche unterliegen der Nachlassverwaltung. Hierzu gehören insbesondere:[49]

- der Anspruch auf den Gewinn,

42 Fromm, ZEV 2006, 298.
43 BGH Urt. v. 05.05.1976, IV ZR 53/75, NJW 1976, 1402 (betreffend einen Testamentsvollstrecker).
44 Vgl. hierzu die Darstellung bei Siegmann in Münchner Kommentar zum BGB, 4. Auflage 2004, § 1985 Rn. 5.
45 Siegmann in Münchner Kommentar zum BGB, 4. Auflage 2004, § 1985 Rn. 5.
46 Hier setzt die Kritik von Fromm, ZEV 2006, 298, 299 an.
47 Z. B. Siegmann in Münchner Kommentar zum BGB, 4. Auflage 2004, § 1985 Rn. 6, Hartig in jurisPK-BGB. 3. Auflage 2006, § 1985 BGB, Rn. 17.
48 BGH Urt. v. 30.03.1967, II ZR 102/65, BGHZ 47, 293 -302.
49 Nach BGH Urt. v. 30.03.1967, II ZR 102/65, BGHZ 47, 293 -302 und Siegmann in Münchner Kommentar zum BGB, 4. Auflage 2004, § 1985 Rn. 6.

- der Anspruch auf das Abfindungsguthaben,
- die Wahrnehmung der Erbenrechte in einer Liquidationsgesellschaft

27 Der Verwaltung des Nachlaßverwalters unterliegen hingegen nicht solche Befugnisse, die die Rechtsstellung des Erben in seiner Eigenschaft als Gesellschafter unmittelbar berühren, insbesondere[50]:

- die Befugnis des Erben gemäß § 139 Abs. 1 HGB über seine weitere Stellung in einer OHG zu entscheiden,
- persönliche Mitgliedschaftsrechte des Erben,
- die Ausübung von Kündigungsrechten,
- der Abschluss von Auseinandersetzungsvereinbarungen mit Mitgesellschaftern,
- die Verfügung über zum Gesellschaftsvermögen gehörende Grundstücke.

e) Nachlassverwaltung an Kapitalgesellschaften

28 GmbH- und AG- Anteile unterliegen bereits kraft Gesetzes der unbeschränkten Vererbbarkeit. Vergleichbar zur Rechtslage bei der Dauertestamentsvollstreckung unterliegen sie der uneingeschränkten Nachlassverwaltung.[51]

f) Haftungsrisiken bei der Fortführung von Unternehmen

29 Stellt der Nachlassverwalter die Insolvenzgefährdung eines seiner Verwaltung unterliegenden Unternehmens fest, hat er dafür Sorge zu tragen, dass die Geschäftsführung den notwendigen Insolvenzantrag stellt. Dabei ist sorgfältig zu unterscheiden zwischen der Insolvenzreife des Unternehmens als solchem und der Überschuldung des Nachlasses. Beide müssen keineswegs miteinander einhergehen. Insbesondere, wenn das Unternehmen nur einen kleinen Vermögensanteil am Nachlass ausmacht, wird die Unternehmensinsolvenz die Insolvenz des Nachlasses nicht nach sich ziehen. Kümmert sich der Nachlassverwalter jedoch nicht ausreichend um das Unternehmen und führt dessen nicht rechtzeitig erkannte Insolvenzreife dazu, dass der übrige Nachlass gefährdet wird, kann er sich selbst nach § 1985 Abs. 2 S. 2 i. V. m. § 1980 BGB schadenersatzpflichtig machen.[52]

g) Besonderheiten bei Erbengemeinschaften

30 Bei Erbengemeinschaften sind vielfältige Fallkonstellationen denkbar.

Zunächst stellt sich die Frage, ob in der Fortführung eines ererbten Handelsgeschäftes durch mehrere Miterben ein gesellschaftlicher Zusammenschluss, beispielsweise in der Form einer OHG gesehen werden muss. Die Rechtsprechung verneint diese Annahme und gestattet die Fortführung eines Unternehmens in ungeteilter Erbengemeinschaft aus überwiegend praktischen und wirtschaftlichen Gründen. Die Bildung einer Handelsgesellschaft und die Übertragung des Geschäftsvermögens auf die Gesellschaft würde den Erben, der das Unternehmen möglicherweise nur vor-

50 Nach Siegmann in Münchner Kommentar zum BGB, 4. Auflage 2004, § 1985 Rn. 6.

51 Siegmann in Münchner Kommentar zum BGB, 4. Auflage 2004, § 1985 Rn. 6, Hartig in jurisPK-BGB. 3. Auflage 2006, § 1985 BGB, Rn. 18; Fromm, ZEV 2006, 298.

52 Hierauf weist insbesondere Fromm, ZEV 2006, 298, 300 hin.

übergehend, bis ein geeigneter Veräußerungszeitraum gefunden ist, fortführen will, vielfach mit einem unverhältnismäßigen Aufwand belasten. Der Umstand, dass eine Erbengemeinschaft wegen der fehlenden organschaftlichen Ausstattung zur Fortführung eines Handelsgeschäfts nicht sonderlich geeignet ist, wird in der Abwägung hingenommen.[53]

Liegt eine sog. qualifizierten Nachfolgeklausel vor, geht der Gesellschaftsanteil auf den privilegierten Erben über. Die Nachlassverwaltung erstreckt sich dann auf die vermögensrechtlichen Befugnisse dieses Miterben am Gesellschaftsanteil.[54]

Haben die Miterben hingegen zur Fortführung des Unternehmens eine Gesellschaft gegründet, ist das Handelsgeschäft nicht mehr Bestandteil des Nachlasses. Der Nachlassverwalter kann in diesem Fall nur noch die vorhandenen Nachlassgegenstände herausverlangen. Darüber hinaus wird man die Erben nach § 1978 BGB als ersatzpflichtig ansehen müssen für den Goodwill des Betriebes, den sie im Einzelfall aus dem Nachlass entnommen haben dürften.[55]

4. Herausgabe des Nachlasses und Schlussrechnungslegung

Bei Beendigung seines Amtes, die mit der Zustellung des Aufhebungsbeschlusses durch das Nach- 31
lassgericht wirksam wird, hat der Verwalter die Schlussrechnung zu legen, § 1890 BGB, und den verbliebenen Nachlass gemäß § 1986 BGB an die Erben herauszugeben.

Praxishinweis:

Schlussrechnungslegung und Herausgabepflicht stehen in engem Zusammenhang. Die Pflicht zur Herausgabe des Nachlasses an den Erben erfasst sämtliche Nachlassgegenstände, die der Nachlassverwalter bei Beendigung der Nachlassverwaltung in Besitz hat. Ändert sich diese Besitzlage bis zum Zeitpunkt der Geltendmachung des Herausgabeverlangens durch den Erben, so nützt dies dem Nachlassverwalter nicht. Er ist hinsichtlich des Umfangs seiner Herausgabepflicht grundsätzlich an seine eigenen Aufzeichnungen gebunden. Solange er nicht darlegen und notfalls beweisen kann, dass und aufgrund welcher Umstände die von ihm erlangten Nachlassgegenstände seinem Zugriff wieder entzogen worden sind, ist die Herausgabepflicht begründet.[56]

5. Die gerichtliche Kontrolle des Nachlassverwalters

Anders als der Testamentsvollstrecker unterliegt der Nachlassverwalter gemäß §§ 1960, 1915, 32
1837, 1886, 1962 BGB der Aufsicht des Nachlassgerichts. Diese Aufsicht ist unterschiedlich ausgestaltet.

In reinen Zweckmäßigkeitsfragen unterliegt der Nachlassverwalter keinen gerichtlichen Weisungen. Insoweit setzt sich der Grundsatz durch, dass er sein Amt unabhängig und eigenverantwortlich ausübt.[57]

53 BGH Urt. v. 08.10.1984, II ZR 223/83, BGHZ 92, 259 – 269.
54 Siegmann in Münchner Kommentar zum BGB, 4. Auflage 2004, § 1985 Rn. 7.
55 Siegmann in Münchner Kommentar zum BGB, 4. Auflage 2004, § 1985 Rn. 7.
56 OLG Brandenburg, Urt. v. 30.01.2008, 13 U 86/06 (zit. nach juris Rn. 21 zur insoweit vergleichbaren Rechtslage bei einem Nachlasspfleger.
57 BGH Urt. v. 26.10.1967, VII ZR 86/65, BGHZ 49, 1-6.

Der Genehmigung des Nachlassgerichts bedarf der Nachlassverwalter in den Fällen der §§ 1821, 1822, 1828 – 1831 BGB.[58] Hier setzt sich der Grundsatz der besonderen Bedeutung dieser Geschäfte durch.

Streitig ist, ob die Genehmigung das Nachlassgerichtes in den Fällen der §§ 1812, 1813, 1825 BGB erforderlich ist. Teilweise wird dies bejaht,[59] überwiegend jedoch unter Hinweis auf die Stellung des Nachlassverwalters verneint.[60]

Gemäß § 1843 BGB hat das Nachlassgericht die vom Nachlassverwalter nach §§ 1841, 1915 BGB zu erstellende Rechnungslegung rechnerisch und sachlich zu prüfen, es sei denn, Nachlassgläubiger und etwaige Miterben verzichten hierauf. Es hat weiterhin die Möglichkeit, eine Berichtigung und Ergänzung zu verlangen.

Die Entlassungsmöglichkeit des Nachlassverwalters durch das Nachlassgericht nach § 1886 BGB besteht – anders als beim Testamentsvollstrecker – von Amts wegen. Ein Verschulden des Nachlassverwalters ist nicht erforderlich. Es genügt gemäß §§ 1915, 1886 BGB, dass eine Gefährdung des Interesses der Nachlassgläubiger oder des Erben vorliegt.[61] Zuvor ist jedoch zu prüfen, ob nicht andere Mittel ausreichen, um die Gefährdung zu beseitigen, z. B. die Bestellung eines Gegenverwalters nach § 1792 BGB.

V. Ablehnung und Beendigung der Nachlassverwaltung

33 Nach § 1982 BGB kann die Anordnung der Nachlassverwaltung abgelehnt werden, wenn die durch ihre Durchführung entstehenden Gebühren und Auslagen höher sind, als der Wert des Nachlasses. Solange die Kosten jedoch noch vom Nachlass gedeckt sind, ist das Verfahren durchzuführen, auch wenn dadurch ein unverhältnismäßig großer Teil des Nachlasses verwertet werden muss.[62] Notfalls muss das Nachlassgericht das Gutachten eines Sachverständigen einholen.[63] Zahlt der Erbe oder der Testamentsvollstrecker einen die Kosten der Nachlassverwaltung deckenden Vorschuss ein, darf analog § 26 Abs. 1 InsO der Antrag nicht abgelehnt werden.[64]

Gemäß § 1988 Abs. 2 BGB kann die Nachlassverwaltung aufgehoben werden, wenn sich im Laufe des Verfahrens herausstellt, dass eine die kostendeckende Masse nicht vorhanden ist.

Ihr regelmäßiges Ende findet die Nachlassverwaltung mit der Aufhebung durch das Nachlassgericht, § 1975 BGB i. V. m. § 1919 BGB. Diese ist immer anzuordnen, wenn der Zweck der Nachlassverwaltung erreicht ist, also der Nachlassverwalter alle bekannten Nachlassverbindlichkeiten berichtigt oder sichergestellt hat, § 1986 Abs. 2 BGB. Ohne Zweckerreichung kommt eine Aufhebung in Betracht, wenn alle Nachlassgläubiger und die Erben zustimmen, der Erbe die Erbschaft nachträglich ausschlägt, der Nachlass durch Gläubigerbefriedigung erschöpft ist[65] oder in die Nachlassinsolvenz überzugehen ist. Kein Aufhebungsgrund sind der Tod des Erben oder eine Antragsrücknahme.[66]

58 BGH Urt. v. 26.10.1967, VII ZR 86/65, BGHZ 49, 1, 5.
59 Marotzke in Staudinger, § 1985 Rn. 34.
60 Edenhofer in Palandt, 67. Auflage 2008, § 1985 Rn. 2; Hartig in jurisPK-BGB, 3. Aufl. 2006, § 1985 BGB Rn 6.
61 Hartig in jurisPK-BGB, 3. Aufl. 2006, § 1985 BGB Rn. 10.
62 Siegmann in Münchner Kommentar zum BGB, 4. Auflage 2004, § 1982 Rn. 1.
63 Hartig in jurisPK-BGB, 3. Aufl. 2006, § 1982 BGB Rn. 4.
64 Hartig in jurisPK-BGB, 3. Aufl. 2006, § 1982 BGB Rn. 8.
65 Siegmann in Münchner Kommentar zum BGB, 4. Auflage 2004, § 1988 Rn. 4 mit weiteren Beispielen.
66 Siegmann in Münchner Kommentar zum BGB, 4. Auflage 2004, § 1982 Rn. 5.

VI. Die Vergütung des Nachlassverwalters, § 1987 BGB

Die Vergütung des Nachlassverwalters weist an verschiedenen Stellen gewisse Parallelen mit der Vergütung des Testamentsvollstreckers auf, an anderen Stellen, insbesondere bei der Durchsetzung, gibt es erhebliche Abweichungen. Ist es schwer, die angemessene Vergütung für die Leistung eines geschäftsmäßigen Testamentsvollstreckers zu bestimmen. Angesichts der bestehenden Meinungsvielfalt und einer uneinheitlichen Rechtsprechung,[67] potenzieren sich die Probleme bei der Vergütungsbestimmung für den Nachlassverwalter geradezu aufgrund des Fehlens einheitlicher Denkansätze. 34

1. Rechtsgrundlage der Vergütung

Der Ausgangspunkt der Vergütungsbemessung ist auch beim Nachlassverwalter noch einfach. 35
Gemäß § 1987 BGB kann er – wie der Testamentsvollstrecker nach der nahezu wortgleichen Vorschrift des § 2221 BGB – für die Führung seines Amtes eine angemessene Vergütung verlangen. Anders als einem Testamentsvollstrecker und in Abweichung von § 1836 BGB, wonach die Vormundschaft nur ausnahmsweise entgeltlich geführt wird, steht dem Nachlassverwalter stets eine angemessene Vergütung zu. Mit dieser Regelung will es das Gesetz ermöglichen, geeignete und motivierte Personen für die Übernahme des Amtes zu finden.[68] Leider bleiben sowohl Gesetz, wie auch Rechtsprechung bei der Frage der zuverlässigen Bestimmung der Vergütungshöhe beim Nachlassverwalter noch unverbindlicher, als beim Testamentsvollstrecker.

a) Entsprechende Anwendung der Insolvenzverwaltervergütungsverordnung

Diese in der Literatur teilweise vertretene Auffassung[69] liegt bei der Nachlassverwaltung von Unternehmen sicherlich etwas näher, als bei der Testamentsvollstreckung.[70] In der Praxis kann diese jedoch nicht empfohlen werden, weil die h. M. davon ausgeht, dass die Insolvenzverwaltervergütungsverordnung schon in Ermangelung einer Regelungslücke analog angewendet werden kann. Gleiches gilt für die Vergütungsverordnungen der Rechtsanwälte und Steuerberater.[71] Als gewisse Orientierungshilfe kommen die in Anwendung dieser Grundsätze ergebenden Vergütungssätze jedoch durchaus in Betracht.[72] 36

b) Zeitvergütung

Dieser von der Testamentsvollstreckervergütung her bekannte Ansatz wird in der Literatur und teilweise auch in der Rechtsprechung[73] ebenfalls für die Nachlassverwaltung vertreten. Soweit 37

67 Vgl. Rott/Schiffer, Moderne Formen der Vergütung von Testamentsvollstreckern in der Praxis, BBEV 2008, 102 - 110.
68 Siegmann in Münchner Kommentar zum BGB, 4. Auflage 2004, § 1987 Rn. 1.
69 Fromm, ZEV 2006, 298, 300.
70 Daher kritisch zu diesem Ansatz bei der Testamentsvollstreckervergütung: Rott/Schiffer, Moderne Formen der Vergütung von Testamentsvollstreckern in der Praxis, BBEV 2008, 102 -110, 105.
71 Edenhofer in Palandt, 67 Auflage 2007, § 1987 Rn. 1.
72 Siegmann in Münchener Kommentar, 4. Auflage 2004, § 1987 Rn. 2.
73 OLG Zweibrücken, Beschl. v. 15.03.2007, 3 W 19/07, FamRZ 2007, 1191 - 1192.

gleichzeitig gefordert wird, dass sich die Höhe der Zeitvergütung nach dem berufsmäßigen Stundensatz des Nachlassverwalters bestimmt,[74] ist hiergegen nichts einzuwenden. Da es jedoch verfassungsrechtlich nicht geboten ist, die Vergütung einer in freier Entschließung übernommenen Dienstleistung an der Vergütung im Hauptberuf auszurichten,[75] dürften die Aussichten eines Rechtsanwaltes oder Steuerberaters, einen auskömmlichen Stundensatz anerkannt zu erhalten, in der Praxis gegen Null tendieren.[76] Erste Ansätze der Rechtsprechung in diese Richtung sind bereits erkennbar.[77]

c) Kriterien der Rechtsprechung

38 Durchaus vergleichbar mit der Situation des Testamentsvollstreckers sind die Kriterien, die die Rechtsprechung zur Ausfüllung des unbestimmten Rechtsbegriffes der Angemessenheit in § 1987 BGB entwickelt hat. Hier sind zu nennen:[78]

- Wert und Umfang des Nachlasses,
- Schwierigkeit und Dauer der Nachlassverwaltung,
- das Maß der Verantwortung,
- verwertbare besondere Fachkenntnisse,[79]
- Erfolg der Tätigkeit.

Wie bei der Testamentsvollstreckung ergibt sich die Bemessungsgrundlage aus dem Aktivnachlass, nicht dem Nettonachlass. Der Vergütungsrahmen wurde von der Rechtsprechung zwischen 3% und 5% bei kleineren Nachlässen und zwischen 1% und 2% bei größeren Nachlässen gezogen.[80]

39 Mit dem Inkrafttreten des VBVG[81] ab dem 01.07.2005 wird teilweise vertreten, dass die Vergütung des Nachlassverwalters überdacht werden müsse. Zwar stelle § 1987 BGB eine abschließende Sonderregelung dar, es könne aber nicht außer Betracht bleiben, dass § 1975 BGB die Nachlassverwaltung als besondere Form der Nachlasspflegschaft ansehe und somit auf die entsprechenden Regelungen verweise.[82] Solange in der Rechtsprechung jedoch kein hinreichendes Fingerspitzengefühl dafür besteht, wie sich die Kostenstruktur in einer Steuerberatungs- oder Anwaltskanzlei darstellt, wird es, diese pessimistische Prognose sei gewagt, nie gelingen, eine auch aus der Sicht des Nachlassverwalters angemessene Vergütung zu bemessen. Bezeichnend für die Herangehensweise der Gerichte an Vergütungsfragen sei ein vom OLG Köln[83] entschiedener Fall genannt: Die ursprünglich festgesetzte Vergütung (ca. 15.300 €) wich um mehr als den Faktor 3 von der im Beschwerdeverfahren festgesetzten Vergütung (ca. 4.800 €) ab.

74 Hartig in jurisPK-BGB, 3. Auflage 2006, § 1987 Rn. 5.
75 BVerfG, Beschl. v. 15.12.1999, 1 BvR 1904/1905 u. a., BtPrax 2000, S. 77 (zur angemessenen Vergütung von Berufsbetreuern).
76 Vgl. in diesem Zusammenhang die in kritischen Anmerkungen von Rott/Schiffer, Moderne Formen der Vergütung von Testamentsvollstreckern in der Praxis, BBEV 2008, 102 -110, 105 zur vergleichbaren Situation bei den Testamentsvollstrecker.
77 OLG Zweibrücken, Beschl. v. 15.03.2007, 3 W 19/07, FamRZ 2007, 1191 – 1192.
78 Edenhofer in Palandt, 67. Auflage 2007, § 1987 Rn. 1.
79 Hartig in jurisPK-BGB, 3. Auflage 2006, § 1987 Rn. 5.
80 BayObLG Beschl. v. 20.12.1990, BReg 1 a / 69/90, FamRZ 1991, 861 – 862.
81 Gesetz über die Vergütung von Vormündern und Betreuern (Vormünder- und Betreuervergütungsgesetz – VBVG) vom 21.04.2005 (BGBl. I S. 1076).
82 Zimmermann, Die Vergütung des Nachlasspflegers seit 1.7.2005, ZEV 2005, 473 – 475.
83 OLG Köln Beschl. v. 14.04.2005, 2 Wx 43/04, FamRZ 2005, 2078 – 2079.

Praxishinweis:

Angesichts derart großer Differenzen bei der Angemessenheitsbeurteilung durch die Gerichte in nur einem Instanzenzug kann einem Nachlassverwalter nicht früh genug empfohlen werden, sich mit der örtlichen Vergütungspraxis vertraut zu machen und im Zweifel ein an ihn herangetragenes Amt nicht anzunehmen, wenn die von ihm geforderte qualifizierte Arbeit nicht wenigstens kostendeckend erbracht werden kann.

2. Festsetzung der Vergütung

Anders als bei der Testamentsvollstreckung bedarf die Vergütung des Nachlassverwalters einer gerichtlichen Festsetzung. Sie erfolgt durch das Nachlassgericht, §§ 1975, 1915, 1962 BGB, §§ 75, 56g Abs. 1 S. 1 Nr. 2, Abs. 7 FGG. Funktionell zuständig ist der Rechtspfleger, nicht der Richter, §§ 3 Nr. 2c, 16 Abs. 1 Nr. 1 RPflG. Der auf Antrag des Nachlassverwalters hin ergehende Festsetzungsbeschluss ist ein gegen den Nachlass gerichteter Vollstreckungstitel, § 56g Abs. 6 FGG. Beschwerdemöglichkeiten bestehen sowohl für den Nachlassverwalter, als auch den Erben sowie den Testamentsvollstrecker, darüber hinaus für Nachlassgläubiger, wenn die Vergütung ihre Befriedigung beeinträchtigt. Materiellrechtliche Einwendungen sind im Vergütungsfestsetzungsverfahren grundsätzlich nicht zu berücksichtigen, beispielsweise wenn der Erbe einen Schadensersatzanspruch wegen einer Pflichtverletzung des Nachlassverwalters geltend machen möchte. Diese Einwendungen müssen vor dem Prozessgericht geklärt werden. 40

3. Aufwendungsersatz

Von der Vergütung streng zu unterscheiden ist der Anspruch auf Ersatz von Aufwendungen. Sie können stets neben der Vergütung verlangt werden, §§ 1915, 1835 Abs. 1 S. 1, 670, 256, 257 BGB. Hierzu gehören insbesondere[84]: 41

- Reisekosten
- Porto- und Telefonkosten
- Kosten für die Beschaffung von Urkunden (z.B. Erbschein, das eigene Antragsrecht des Nachlassverwalters leitet sich aus §§ 2353, 1981,1985 BGB her)[85]
- Eigene berufsmäßige Dienste des Nachlassverwalters, §§ 1915, 1835 Abs. 3 BGB[86]
- Bürokosten des Nachlassverwalters[87]

Praxishinweis:

Anders als die Vergütung kann der Aufwendungsersatzanspruch nicht durch das Nachlassgericht festgesetzt werden. Im Streitfall muss daher ein Klageverfahren vor dem Prozessgericht geführt werden.

84 Nach Siegmann in Münchener Kommentar zum BGB, 4. Auflage 2004, § 1987 Rn. 5.
85 Lemke in Frieser, Kompaktkommentar Erbrecht 2007, § 2353 Rn. 26.
86 OLG Zweibrücken, Beschl. v. 15.03.2007, 13 W 19/07, FamRZ 2007, 1191, 1192.
87 Edenhofer in Palandt, 67. Auflage 2008, § 1987 Rn. 3.

4. Anspruch auf Abschlagszahlungen

42 Dem Nachlassverwalter wird gemäß §§ 1915 Abs. 1, 1836 Abs. 1 S. 3 BGB, § 3 Abs. 4 VBVG[88] grundsätzlich ein Anspruch auf Abschlagszahlungen zugebilligt, soweit sie nicht im Einzelfall aufgrund ihrer Rechtsnatur als Anzahlung auf eine erwartete höhere Vergütung ausgeschlossen sind. Ein solcher Ausnahmefall ist nach der Rechtsprechung anzunehmen, wenn der Vergütungsanspruch bereits abrechenbar und festsetzbar entstanden ist.[89]

Praxishinweis:

Für die Durchsetzbarkeit von Abschlagszahlungen muss immer sehr sorgfältig darauf geachtet werden, dass die tatsächlichen Voraussetzungen für den geltend gemachten Anspruch nach Grund und Höhe dem Gericht so nachvollziehbar dargelegt werden, dass dieses zu einer zumindest summarischen Prüfung in der Lage ist. Auch ist hinreichend zwischen solchen Tätigkeiten zu differenzieren, die der Nachlassverwalter nach § 1987 BGB vergütet erhalten will und solchen Leistungen, für die er in seiner Eigenschaft als Berufsträger Aufwendungsersatz nach §§ 1915, 1835 Abs. 3 BGB beansprucht. Ansonsten droht die Zurückweisung des Antrags.

5. Der Schuldner von Vergütung und Aufwendungsersatz

43 Verantwortlich ist immer der Nachlass als solcher. Insoweit kann im Einzelfall ein Unterschied zur Testamentsvollstreckung bestehen, bei der ggf. im Wege der Auslegung der letztwilligen Verfügung zu klären ist, welche am Nachlass beteiligte Person im Innenverhältnis die Vergütung zu tragen hat.[90] Die Staatskasse kommt – im Unterschied zum Berufsvormund – auch nicht ausnahmsweise als Schuldner in Betracht.[91]

6. Entnahmerecht

44 Gemeinsam ist dem Anspruch auf Vergütung und dem Aufwendungsersatzanspruch, dass es sich bei beiden um eine Nachlassverbindlichkeit handelt. Folglich hat der Verwalter die Befugnis, seine Zahlungsansprüche nach Rechtskraft des Festsetzungsbeschlusses bzw. des Urteils selbst durch Entnahme aus dem Nachlass zu befriedigen.

7. Zurückbehaltungsrecht

45 Ist die Vergütung noch nicht festgesetzt oder über den Aufwendungsersatzanspruch noch nicht entschieden, steht dem Nachlassverwalter im Verhältnis zu den Erben ein Zurückbehaltungsrecht am Nachlass zu. Dieses Zurückbehaltungsrecht besteht in analoger Anwendung des § 323 InsO nicht gegenüber dem Nachlassinsolvenzverwalter. Insoweit erhält der Nachlassverwalter für seine Ansprüche den Rang eines Massegläubigers, § 324 Abs. 1 Nr. 5 InsO.

88 Gesetz über die Vergütung von Vormündern und Betreuern (Vormünder- und Betreuervergütungsgesetz – VBVG) vom 21.04.2005 (BGBl. I S. 1076).

89 OLG Zweibrücken, Beschl. v. 15.03.2007, 13 W 19/07, FamRZ 2007, 1191, 1192.

90 Schiffer/Rott, Testamentsvollstreckung – Grundlagen zur richtigen Gestaltung der Vergütung, BBEV 2008, 13 -20, 19.

91 Edenhofer in Palandt, 67. Auflage 2008, § 1987 Rn. 1.

VII. Die Haftung des Nachlassverwalters

1. Haftung gegenüber den Erben

Mit der Ernennung zum Nachlassverwalter entsteht ein gesetzliches Schuldverhältnis zwischen ihm und dem Erben.[92] Der Nachlassverwalter ist daher für die Erfüllung seiner Aufgaben gemäß §§ 1985, 1915 Abs. 1, 1833 BGB sowie den §§ 1834, 1839 – 1841, 1844 BGB entsprechend wie ein Vormund[93] zunächst dem Erben als Träger des verwalteten Vermögens verantwortlich.[94] Diesem gegenüber haftet er für jeden Schaden, der dem Erben durch eine schuldhafte Pflichtverletzung des Nachlassverwalters entstanden ist, mit seinem eigenen Vermögen. 46

Anders als in § 280 Abs. 1 S. 2 BGB wird das Vertretenmüssen nicht vermutet. Vielmehr ist es vom Erben zu beweisen. Ihm kommen jedoch die Regeln des Anscheinsbeweises zugute, wenn die Begehung einer Pflichtverletzung feststeht.[95]

2. Haftung gegenüber den Gläubigern

Neben der Haftung gegenüber den Erben ist der Nachlassverwalter nach § 1985 Abs. 2 S. 1 BGB auch den Nachlassgläubigern verantwortlich. Auch insoweit wird ein gesetzliches Schuldverhältnis angenommen.[96] Zu ersetzen ist im Schadensfall jeder Vermögensnachteil, den ein Nachlassgläubiger durch eine schuldhafte Pflichtverletzung des Nachlassverwalters erlitten hat. 47

Beispiele für Pflichtverletzungen[97]:

- Begleichung einer Nachlassverbindlichkeit, obwohl der Nachlass zur Berichtigung aller Verbindlichkeiten nicht ausreicht
- versäumte Antragstellung auf Nachlassinsolvenz nach §§ 1985 Abs. 2 S. 2, 1980 BGB
- Herausgabe des Nachlasses an den Erben vor Berichtigung einer bekannten Nachlassverbindlichkeiten, § 1986 BGB
- Verletzung steuerlicher Pflichten (insbes. § 32 Abs. 1 S. 2, 31 Abs. 5 ErbStG, 34, 69 AO)
- Regressansprüche der Berufsgenossenschaft bei Fortführung eines Nachlassunternehmens (§ 111 SGB VII).

Für deliktisches Verhalten haftet der Nachlassverwalter hingegen nicht aufgrund des gesetzlichen Schuldverhältnisses, sondern nach §§ 823 ff. BGB persönlich. 48

Der Anspruch des Nachlassgläubigers gegenüber dem Nachlassverwalter auf pflichtgemäße Verwaltung bedeutet jedoch nicht, dass der Gläubiger Anspruch auf die Vornahme einer bestimmten, konkreten Einzelmaßnahme durch den Nachlassverwalter hätte. Er kann ein solches Verhalten allenfalls zum Anlass nehmen, beim Nachlassgericht ein Einschreiten gegen den Verwalter anzuregen. Ein Recht auf Beantragung einer Entlassung steht ihm nicht zu.[98]

92 RG Urt. v. 03.02.1936, IV 139/35, RGZ 150, 190.
93 Hartig in jurisPK-BGB, 3. Auflage 2006, § 1985 Rn. 23.
94 Siegmann in Münchner Kommentar zum BGB, 4. Auflage 2004, § 1985 Rn. 10.
95 Löhnig in Frieser, Kompaktkommentar Erbrecht, 2007, § 1985 Rn. 8.
96 OLG Frankfurt, Beschl. v. 05.01.1998, 20 W 431/96, 20 W 456/96, FamRZ 1998, 636, 637.
97 Beispiele nach Siegmann in Münchner Kommentar zum BGB, 4. Auflage 2004, § 1985 Rn. 11.
98 OLG Frankfurt, Beschl. v. 05.01.1998, 20 W 431/96, 20 W 456/96, FamRZ 1998, 636, 637.

3. Verjährung

49 Nach der Entscheidung des Bundesgerichtshofs vom 18.04.2007[99] verjähren die zivilrechtlichen Schadenersatzansprüche gegen einen Testamentsvollstrecker auch nach der Neuregelung des Verjährungsrechtes zum 01.01.2002 gemäß § 2219 Abs. 1 BGB erst in 30 Jahren seit ihrer Entstehung. Dies gilt auch dann, wenn berufsrechtliche Regelungen eine kürzere Verjährung vorsehen.[100] Wegen der erbrechtlichen Grundlage, die die Haftungsansprüche haben, muss man davon ausgehen, dass auch die Ansprüche gegen den Nachlassverwalter gemäß § 197 Abs. 1 Nr. 2 BGB erst in 30 Jahren verjähren.

Praxishinweis:

Eine Verkürzung der Verjährungsfrist auf die dreijähige Regelverjährung des § 195 BGB wird sich aller Voraussicht nach künftig auch für den Nachlassverwalter aus dem Gesetz zur Änderung des Erb- und Verjährungsrechts ergeben.[101]

4. Herbeiführung von Haftungsbeschränkungen

50 Haftungsbegrenzungsvereinbarungen, wie sie für Testamentsvollstrecker empfohlen werden, sind auch für Nachlassverwalter denkbar und sinnvoll. Dabei ist allerdings zu beachten, dass der Abschluss solcher Vereinbarungen mit den Erben regelmäßig unproblematischer ist, als mit den Nachlassgläubigern. Sinnvoll sind solche Vereinbarungen jedoch nur dann, wenn sämtliche Beteiligte erfasst werden können. Während die Erben regelmäßig bekannt sind, ist das bei Nachlassgläubigern nicht ohne weiteres anzunehmen, er sei denn, der Nachlassverwalter hat ein Aufgebotsverfahren auf Ausschluss der noch nicht bekannten Nachlassgläubiger gestellt.

Praxishinweis:

Das Aufgebotsverfahren nach § 1970 BGB i. V. m. § 946 ff. ZPO ist grundsätzlich als begleitende Maßnahme zu jeder Nachlassverwaltung empfehlenswert, da sich der Nachlassverwalter ansonsten der Gefahr aussetzt, einem unbekannt gebliebenen Nachlassgläubiger persönlich zu haften.[102]

In Einzelfällen ist es denkbar, dass sich eine Beschränkung der Haftung des Nachlassverwalters gegenüber dem Erben auch aus den Grundsätzen von Treu und Glauben (§ 242 BGB) ergeben kann, beispielsweise wenn sich der Nachlassverwalter in einer überobligatorischen Art und Weise für den Nachlass eingesetzt und diesem dadurch Mitteln verholfen hat, die anderweitig nicht zu erlangen gewesen wären.[103]

5. Exkurs: Die Haftung des Nachlassgerichts

51 Anders als der Testamentsvollstrecker untersteht der Nachlassverwalter der Aufsicht des Nachlassgerichts. Folglich kommt eine Haftung des Nachlassgerichts für schuldhafte Amtspflichtverletzungen, insbesondere bei mangelhafter Beaufsichtigung des Nachlassverwalters, nach den

99 BGH Urt. v. 18.04.2007 – IV ZR 279/05 – NJW 2007, 2174-2175.
100 vgl. BGH Urt. v. 18.09.2002 – IV ZR 278/01, FamRZ 2003, 92; kritisch hierzu Baldus, FamRZ 2003, 308.
101 Siehe oben § 10 C.
102 Siegmann in Münchner Kommentar zum BGB, 4. Auflage 2004, § 1985 Rn. 11.
103 Hartig in jurisPK-BGB, 3. Auflage 2006, § 1985 BGB Rn. 23.

Amtshaftungsgrundsätzen des § 839 BGB, Art. 34 GG noch sehr viel eher zum Zuge. Bereits das Reichsgericht[104] hat für den Fall fahrlässiger Verletzung der dem Nachlassgericht obliegenden Beaufsichtigungspflicht über den Nachlassverwalter eine Schadenersatzpflicht angenommen. Im konkreten Fall ging es um die unterbliebene Überwachung der verzinslichen Anlage von Geldern durch den Nachlassverwalter. Da die Nachlassverwaltung nicht nur im Interesse des Erben erfolgt, sondern auch im Interesse der Nachlassgläubiger, können auch diese anspruchsberechtigt sein.

104 RG Urt. v. 26.05.1916, III 51/16, RGZ 88, 264 - 267.

§ 13 Fallstudie: „Vergessener Erbe und vergessenes Vermögen"

1 Die nachfolgende Fallstudie soll exemplarisch den praktischen Ablauf einer Testamentsvollstreckung verdeutlichen und dabei gleichzeitig auch aufzeigen, dass es sich bei der Testamentsvollstreckung nicht um einen statisch, immer nach festen Regeln ablaufenden Prozess handelt, sondern um einen gleichsam „lebenden Organismus". Keine Testamentsvollstreckung gleicht der anderen.

Auch wenn die Fallstudie Prämissen setzen muss, so z. B. die, dass der Testamentsvollstrecker aus der Berufsgruppe der vermögensverwaltenden Vollstrecker stammt, ist sie doch so gestaltet, dass sich jeder geschäftsmäßige Testamentsvollstrecker in ihr wieder findet und Nutzen aus ihr ziehen kann. Sie dient daher gleichzeitig auch als anschauliches Kurzrepetitorium dessen, was zuvor dargestellt wurde.

A. Der Sachverhalt

2 Die Spar-Vermögens-Verwaltungs-Bank AG (SVVB) betreut ihren Kunden Maximilian Graf von Koks seit vielen Jahren im Private Banking. Graf Koks, der deutscher Staatsangehöriger ist, hat soeben seine Ehefrau verloren. Mit seinem Kundenberater diskutiert er Überlegungen, was mit seinem Vermögen nach seinem Tod geschehen soll. Dem Kundenberater sind die beiden Söhne Max und Moritz bekannt, die in Australien und in Südafrika wohnen. Das Vermögen von Graf Koks ist übersichtlich strukturiert. Er verfügt über ein Mehrparteienhaus in Wanne-Eickel, ein Wertpapierdepot und ein Festgeldkonto. Seine Söhne weiß er gut versorgt. Da sie im Ausland leben, möchte er die Nachlassabwicklung für sie möglichst einfach gestalten. In seinem Kundenberater sieht er hierfür die geeignete Person.

Bei der SVVB wird die Testamentsvollstreckung als Geschäftsfeld angeboten. Der Kundenberater gibt einige grundsätzliche Auskünfte zur Gestaltung einer letztwilligen Verfügung. Graf Koks winkt aber ziemlich schnell ab und besteht darauf, das Testament mit seinem Notar, den er seit über 40 Jahren aus dem Rotary-Club kennt, auszuarbeiten.

3 Der Notar formuliert ein Testament, das folgenden wesentlichen Inhalt hat:

> *„Erben meines Vermögens sollen meine Kinder nach den Regeln der gesetzlichen Erbfolge werden. Ich ordne Testamentsvollstreckung an. Zum Testamentsvollstrecker bestimme ich die Spar-Vermögens-Verwaltungs-Bank AG."*

Das Testament wird beim Nachlassgericht hinterlegt, eine Kopie erhält der Kundenberater.

10 Jahre später verstirbt Graf Koks in einer Seniorenresidenz in Düsseldorf-Meerbusch. Die SVVB erhält vom Nachlassgericht einem Brief mit der Anfrage, ob sie die Testamentsvollstreckung übernehmen möchte.

B. Die Herangehensweise

I. Vorüberlegungen

Zu Beginn ist alles relativ einfach. Die Spar-Vermögens-Verwaltungs-Bank AG wird zunächst prüfen, ob sie sachlich und personell in der Lage ist, die ihr angetragene Testamentsvollstreckung zu übernehmen. Die Entscheidung hängt zunächst davon ab, welche Art der Testamentsvollstreckung angeordnet ist und welche Person innerhalb der SVVB für die Durchführung der Testamentsvollstreckung zuständig ist. 4

II. Welche Art der Testamentsvollstreckung liegt vor?

Die für die vermögensverwaltenden Berufsgruppen wichtigsten Formen der Testamentsvollstreckung stellen die Abwicklungs-/ Auseinandersetzungsvollstreckung, die Dauervollstreckung sowie die Verwaltungsvollstreckung dar. Daneben gibt es noch die hier offensichtlich nicht einschlägigen Erscheinungsformen der Vermächtnisvollstreckung (§ 2223 BGB), der Vollstreckung bei Vor- und Nacherbschaft mit ihren verschiedenen Unterformen, der Testamentsvollstreckung mit beschränktem Aufgabenkreis (§ 2208 Abs. 1 BGB), der beaufsichtigenden Testamentsvollstreckung (§ 2208 Abs. 2 BGB) sowie der Testamentsvollstreckung zur Pflichtteilsbeschränkung in guter Absicht (§ 2338 BGB). 5

Entsprechend ihrer Stellung als gesetzlichem Regelfall der Testamentsvollstreckung greifen die Regelungen der Abwicklungsvollstreckung nach §§ 2203, 2204 BGB immer dann, wenn der Erblasser zu den Aufgaben des Testamentsvollstreckers keine anderweitigen Bestimmungen getroffen hat und sich auch aus der Auslegung des Testamentes nichts anderes ergibt. 6

Im vorliegenden Fall hat der Erblasser in seinem notariellen Testament nicht mehr geregelt als: „*Ich ordne Testamentsvollstreckung an*". Folglich handelt es sich um eine Abwicklungsvollstreckung.

Zur Nachlassabwicklung gehören insbesondere folgende Aufgaben: 7

- Ausführung der letztwilligen Anordnungen des Erblassers, insbesondere Erfüllung von Vermächtnissen, Auflagen oder Teilungsanordnungen
- Erfüllung der Nachlassverbindlichkeiten
- Bewirkung der Erbauseinandersetzung unter den Miterben, sofern der Erblasser die Auseinandersetzung nicht nach § 2044 BGB ausgeschlossen hat.

Die Auseinandersetzung ist alsbald zu bewirken. Dabei sind vorrangig die vom Erblasser getroffenen Anordnungen zu berücksichtigen, ersatzweise die gesetzlichen Vorschriften, §§ 2204, 2042, 2046 ff., 2050 ff., 752 – 754, 755 ff. BGB. Empfehlenswert ist zum Schutze des Nachlasses wie auch des Testamentsvollstreckers die Aufnahme einer Anordnung gem. § 2048 Satz 2, Satz 3 BGB in das Testament, wonach die Auseinandersetzung des Nachlasses nach billigem Ermessen des Testamentsvollstreckers zu erfolgen hat.[1] Der Anspruch der Miterben auf Erbauseinandersetzung richtet sich allein gegen den Testamentsvollstrecker, sofern die Anordnung der Testamentsvoll-

1 vgl. Nieder, Handbuch der Testamentsgestaltung Rn. 892.

streckung sich auch hierauf erstreckt. Mit der vollständigen Abwicklung des Nachlasses endet die Abwicklungsvollstreckung automatisch.[2]

III. Verstoß gegen das Substitutionsverbot?

8 Nach § 78 AktG wird die Spar-Vermögens-Verwaltungs-Bank AG durch ihren Vorstand vertreten, dem nach § 77 AktG auch die Geschäftsführung obliegt. Über § 2218 BGB, der zu den nach § 2220 BGB nicht abdingbaren Vorschriften der Testamentsvollstreckung gehört, gilt im Verhältnis zu den Erben § 664 Abs. 1 Satz 1 BGB. Danach muss der Testamentsvollstrecker sein Amt höchstpersönlich, also eigenverantwortlich und durch den Einsatz seiner eigenen Person ausüben, sog. Substitutionsverbot.[3] Müssten die Vorstände von Banken jede Testamentsvollstreckung persönlich durchführen, wären die Entscheidungen des Bundesgerichtshofs vom 11.11.2004[4], die die Testamentsvollstreckung durch Steuerberater und Banken ausdrücklich für zulässig erklärt hat, ad absurdum geführt.[5]

Aufgrund der grundgesetzlichen Garantien des Erbrechts, des Privateigentums und der Privatautonomie aus Art. 14 Abs. 1 Satz 1, Art. 2 Abs. 1 GG und der einfachgesetzlichen Kodifikation in §§ 2203, 2216 Abs.1 Satz 1, 664 Abs. 1 Satz 2 BGB ist der Anspruch die Testamentsvollstreckung im Zweifel zu ermöglichen, wo und wie der Erblasser sie gewollt hat.[6]

9 Rechtlich lässt sich dieses Ergebnis auf zwei grundsätzlich verschiedenen Wegen[7] erreichen. Der Testamentsvollstrecker kann sein Amt nach § 2226 S. 1 BGB kündigen, zuvor aber noch seinen Nachfolger ernennen. Dies setzt allerdings eine entsprechende Ermächtigung durch den Erblasser in der letztwilligen Verfügung voraus, § 2199 Abs. 2 BGB. An einer solchen Ermächtigung fehlt es jedoch im vorliegenden Fall, so dass dieser Weg für den Vorstand der SVVB ausscheidet.

Unstreitig anerkannt ist die Möglichkeit – vielfach besteht sogar die rechtliche Notwendigkeit[8] – dass der Testamentsvollstrecker einem Dritten Einzelvollmachten erteilt.[9] Der Vorstand der SVVB wäre somit in der Lage, einzelne Aufgaben an den Kundenbetreuer des verstorbenen Grafen Koks zu übertragen, was die Durchführung der Testamentsvollstreckung jedoch in der Praxis recht schwerfällig machen würde.

10 Als Ausweg bietet sich die Erteilung einer Generalvollmacht des Vorstandes der SVVB zugunsten des Kundenberaters an. Angesichts der kontrovers diskutierten Frage, inwieweit die Erteilung einer Generalvollmacht nicht eine Umgehung des Substitutionsverbotes darstellt[10], sollte die Generalvollmacht

- jederzeit widerruflich sein und
- Grundstücksgeschäfte ausschließen sowie
- dem Erblasserwillen entsprechen

2 vgl. Mayer in: Mayer/Bonefeld/Wälzholz/Weidlich, Testamentsvollstreckung, Rn. 16.
3 Klumpp in Bengel/Reimann Kap. 6 Rn 8, 9.
4 BGH Urt. v. 11.11.2004 – I ZR 213/01, AnwBl. 2005, 289.
5 Gleichwohl soll nach der Auffassung einiger anwaltlicher Standesvertreter, geäußert in der Sitzung des Arbeitskreises Erbrecht des Kölner Anwaltvereins vom 27.09.2006, gerade mit diesem Argument versucht werden, gegen die geschäftsmäßige Testamentsvollstreckung durch Banken zu Felde zu ziehen.
6 Adams, Stefani, Interessenkonflikte des Testamentsvollstreckers, jur. Diss. Bochum 1996, S. 30.
7 Vgl. die Darstellung bei Klumpp in Bengel/Reimann, Kap. 6 Rn. 20 ff.
8 Z. B. bei der Erteilung einer Vollmacht an einen Rechtsanwalt im Anwaltsprozess.
9 Klumpp in Bengel/Reimann, Kap. 6 Rn. 21.
10 Vgl. die Darstellung des Meinungsstandes bei Klumpp in Bengel/Reimann, Kap. 6 Rn. 23 ff.

Wenn der Vorstand der SVVB die Vollmacht in dieser Form erteilt, kann die Testamentsvollstreckung – wie von Graf Koks gewünscht – weitgehend durch den Kundenbetreuer durchgeführt werden.

C. Notwendige erste Schritte

I. Die Annahme des Amtes

1. Erklärung gegenüber dem zuständigen Nachlassgericht

Die Annahme des Amtes (wie auch seine Ablehnung) erfolgt durch Erklärung gegenüber dem Nachlassgericht, § 2202 Abs. 2 Satz 1 BGB. Örtlich zuständig ist das Nachlassgericht, das auch für die Eröffnung der Verfügung von Todes wegen zuständig ist (§§ 72, 73 FGG). Das Testament muss noch nicht eröffnet sein, auch die Annahme der Erbschaft muss noch nicht erklärt sein. 11

Die Annahmeerklärung kann entweder zu Protokoll des Nachlassgerichtes oder zu Protokoll der Geschäftsstelle eines beliebigen Amtsgerichtes abgegeben werden, (§§ 2228 BGB, 11 FGG) oder sie wird in privatschriftlicher Form beim Gericht eingereicht. Die Erklärung wird wirksam mit Eingang beim zuständigen Nachlassgericht (§§ 72, 73 FGG).

2. Handlungsempfehlung für den Testamentsvollstrecker

Zu warnen ist vor einer vorschnellen Annahme des Amtes als Testamentsvollstrecker. Zwar kann das Amt jederzeit ohne Angabe von Gründen durch Erklärung gegenüber dem Nachlassgericht nach § 2226 BGB niedergelegt werden. Erfolgt die Niederlegung jedoch zur Unzeit, kann sich der Testamentsvollstrecker nach § 671 Abs. 2, Abs. 3 BGB schadenersatzpflichtig machen. Es ist daher dringend zu empfehlen, zunächst einmal abzuklären, ob die zeitlichen und organisatorischen Möglichkeiten zur Regelung des Nachlasses vorhanden sind.[11] Auch Fragen der Vermögensschadenhaftpflichtversicherung sollten geklärt sein. Das gilt insbesondere, wenn die Testamentsvollstreckung die Übernahme unternehmerischer Geschäftsführung erfordert. Hier ist möglicherweise der Abschluss einer speziellen D&O – Versicherung, ggf. in Verbindung mit einer Betriebshaftpflichtversicherung angezeigt.[12] Die Grundzüge des unternehmerischen Haftungspotentials sollten darüber hinaus in solchen Fällen ebenfalls bekannt sein.[13] 12

11 vgl. im einzelnen Bonefeld in Mayer/Bonefeld/Wälzholz/Weidlich, Testamentsvollstreckung, Rn. 655.

12 Zu den abgesicherten Haftungsfällen, dem Versicherungsumfang und den Besonderheiten der D&O – Versicherung vgl. Kenntner in Schiffer/Rödel/Rott, Haftungsgefahren im Unternehmen, Rn 571 ff.

13 Eine überaus brauchbare Hilfe bietet hier das Praxishandbuch von Schiffer/Rödel/Rott, Haftungsgefahren im Unternehmen, in dem 55 Autoren verschiedenster Professionen aus über 1000 Jahren Berufserfahrung zu den verschiedensten Themen Ratschläge zur Risikovermeidung in Unternehmen zur Verfügung stellen.

II. Zeitpunkt der Annahme

13 Aus § 2202 Abs. 2 Satz 2 erster Halbsatz BGB folgt, dass die Erklärung auf Annahme des Amtes als Testamentsvollstrecker erst nach dem Eintritt des Erbfalls abgegeben werden kann. Folglich sind Rechtsgeschäfte, die der Testamentsvollstrecker vor Amtsbeginn vornimmt, unwirksam. Sie werden auch nicht durch die spätere Amtsannahme ohne weiteres wirksam. Der Testamentsvollstrecker kann nach Annahme des Amtes jedoch die vorher vorgenommenen Rechtsgeschäfte gemäß §§ 177, 184 BGB genehmigen. Eine solche ausdrückliche, nach außen in Erscheinung tretende Genehmigung wird allerdings nach h. M. für erforderlich gehalten.[14]

Auf Antrag eines Beteiligten oder von Amts wegen kann das Nachlassgericht eine Frist zur Erklärung über die Annahme des Testamentsvollstreckeramtes setzen, vgl. § 2202 Abs. 3 BGB.

III. Herbeiführung einer Verwaltungsvereinbarung mit den Erben

14 Die Spar-Vermögens-Verwaltungs-Bank AG hat feste Vorstellungen davon, nach welchen Qualitätskriterien eine von ihr geführte Testamentsvollstreckung durchzuführen ist. Im Testament des Grafen Koks finden sich hierzu jedoch – anders als in den Testamenten, an deren Gestaltung sie mit ihren Ideen mitgewirkt hat – keinerlei Anhaltspunkte. Auch die Vergütungsfrage, die sie gerne im Rahmen ihrer Dienstleistungspalette einigermaßen einheitlich geregelt wissen möchte, ist nicht geregelt. Streit mit den Erben erscheint daher vorprogrammiert. Solche Auseinandersetzungen harmonieren jedoch nicht mit der von Spar-Vermögens-Verwaltungs-Bank AG gewünschten Außendarstellung. Um nicht das Amt des Testamentsvollstreckers niederlegen zu müssen, verhandelt sie mit den Erben über den Abschluss einer Verwaltungsvereinbarung. In dieser Vereinbarung werden die Ziele und Konditionen der Testamentsvollstreckung ebenso einvernehmlich festgelegt, wie Fragen der Haftung und Streitschlichtungsmechanismen. Der Abschluss derartiger Vereinbarungen empfiehlt sich selbstverständlich nicht nur für speziell vermögensverwaltende Testamentsvollstrecker, sondern in allen Fällen, in denen sich die testamentarische Anordnung als lückenhaft erweist. Die Vereinbarung hat schließlich folgenden Inhalt:

14 vgl. Mayer in Mayer/Bonefeld/Wälzholz/Weidlich, Testamentsvollstreckung, Rn. 48.

Verwaltungsvereinbarung[15] 15

zwischen

der Erbengemeinschaft nach dem am (...) in Düsseldorf-Meerbusch verstorbenen Maximilian Graf von Koks (Erblasser)

– nachfolgend „die Erben" genannt –

und

der Spar-Vermögens-Verwaltungs-Bank AG, (...) als bestelltem Testamentsvollstrecker in dieser Nachlassangelegenheit, vertreten durch den Vorstand, bestehend aus (...), dieser vertreten durch Herrn K. Undenberater, legitimiert durch Vollmacht vom (...),

– nachfolgend „der Testamentsvollstrecker" genannt –

– gemeinsam bezeichnet als „die Parteien" –

Präambel

Der am (...) in München verstorbene Maximilian Graf von Koks hat durch notarielles Testament vom .... vor dem Notar R. Otary folgende Personen zu gleichen Teilen zu seinen Erben ernannt:

1. Max Graf von Koks, (...)
2. Moritz Graf von Koks, (...)

Des Weiteren hat er die Spar-Vermögens-Verwaltungs-Bank AG zum Testamentsvollstrecker bestellt. Besondere Anordnungen über die Führung der Testamentsvollstreckung wurden nicht getroffen. Die Spar-Vermögens-Verwaltungs-Bank AG hat unter dem (...) das Amt als Testamentsvollstrecker angenommen, ein Testamentsvollstreckerzeugnis ist noch nicht erteilt.

In Ansehung des Umfangs des Nachlasses, des entfernten Wohnsitzes der beteiligten Erben und im Interesse einer sachgerechten Auseinandersetzung des Nachlasses treffen die Erben mit dem Testamentsvollstrecker die nachfolgende Verwaltungsvereinbarung.

§ 1 Grundlagen

1.

Die Parteien sind sich darüber einig, dass das notarielle Testament vom (...) die Grundlage für ihre Zusammenarbeit ist.

2.

Die Parteien verstehen die Einsetzung der Spar-Vermögens-Verwaltungs-Bank AG zum Testamentsvollstrecker dahingehend, dass der Erblasser den Testamentsvollstecker von den Beschränkungen des § 181 BGB stillschweigend befreit[16] hat. Die Erben bestätigen diese Befreiung hiermit nochmals ausdrücklich.

3.

Die Erben erklären sich mit dem Inhalt der Herrn K. Undenberater unter dem (...) erteilten Generalvollmacht, die dieser Vereinbarung als Anlage 1 beigefügt ist, ausdrücklich einverstanden.

15 Muster in starker Anlehnung an Bonefeld in Mayer/Bonefeld/Wälzholz/Weidlich, Testamentsvollstreckung, S. 454 mit Adaption an die Besonderheiten des vorliegenden Einzelfalls. Ergänzt wurde in § 12 insbesondere die gerade bei der geschäftsmäßigen Testamentsvollstreckung durch Banken und Vermögensverwalter sinnvolle Schiedsklausel, die den Rechtsstreit den „neugierigen Blicken" der Öffentlichkeit entziehen soll. Die Einbeziehung von Anlagen ermöglicht den universellen Einsatz der Vereinbarung.

16 Dieses Verständnis erscheint nicht unkritisch. Eine ausdrückliche Befreiung im Testament ist auf jeden Fall vorzugswürdig.

4.

Die Erben bevollmächtigen den Testamentsvollstrecker, soweit er dazu nicht bereits ohnehin im Rahmen des § 2205 BGB berechtigt ist, alle weiteren vom Erblasser in dem Testament erteilten post- und transmortalen Vollmachten ganz oder teilweise zu widerrufen, unbeschadet ihres eigenen Rechts, diese Vollmachten ganz oder teilweise zu widerrufen, und zwar durch jedes einzelne Mitglied der Erbengemeinschaft.

5.

Der Testamentsvollstrecker ist zur Anerkennung und Erfüllung von Pflichtteilsansprüchen bevollmächtigt, soweit er dies nach pflichtgemäßen Ermessen für richtig und angemessen erachtet.

6.

Der Testamentsvollstrecker ist berechtigt und verpflichtet, von ihm festgestellte Steuerverkürzungen des Erblassers im Wege der berichtigenden Erklärung gemäß § 153 AO der Finanzverwaltung bekanntzugeben.

7.

Die Erben bestätigen, dass sie die Auseinandersetzung des Nachlasses wünschen, insoweit aber dem Testamentsvollstrecker keine Zeitvorgabe machen wollen. Allerdings wünschen die Erben keine Dauertestamentsvollstreckung.

8.

Im Übrigen gelten für das Amt des Testamentsvollstreckers die Bestimmungen der §§ 2197 ff BGB, soweit sie nachstehend nicht ausdrücklich abgeändert werden.

9.

Soweit der Testamentsvollstrecker im Rahmen von rechtlichen Auseinandersetzungen ein Anerkenntnis, einen Vergleich oder einen Verzicht erklärt, so bedarf er dazu der vorherigen schriftlichen Zustimmung der Erben.

§ 2 Nachlassverzeichnis

1.

Im Hinblick auf den Umfang des Nachlasses sind die Erben damit einverstanden, dass der Testamentsvollstrecker das Nachlassverzeichnis in einem Zeitraum von voraussichtlich 6 Monaten ab der Erteilung des für ihn bestimmten Testamentsvollstreckerzeugnisses erstellt. Der Testamentsvollstrecker ist jedoch berechtigt und verpflichtet, hinsichtlich einzelner Nachlassgruppen Teilverzeichnisse aufzustellen und diese den Erben unverzüglich nach Fertigstellung zuzuleiten.

2.

Hinsichtlich der körperlichen Bestandsaufnahme der Nachlassgegenstände sind die Erben damit einverstanden, dass der Testamentsvollstrecker diese durch Zeugen, Fotos und Videoaufnahmen dokumentiert.

3.

Auf die Aufnahme des Nachlassverzeichnisses in den besonderen Formen des § 2215 Abs. 4 BGB wird wechselseitig verzichtet.

§ 3 Informations- und Auskunftsverpflichtung

1.

Die Erben sind verpflichtet, dem Testamentsvollstrecker alle von ihm gewünschten Auskünfte im Zusammenhang mit dem Nachlass zu erteilen, Urkunden, Verträge und sonstigen Schriftwechsel herauszugeben, bzw. die Anfertigung von Kopien zu gestatten und alle in ihrem Besitz befindlichen Nachlassgegenstände an ihn herauszugeben.

2.

Seiner Informationsverpflichtung gegenüber den Erben gemäß § 2218 BGB genügt der Testamentsvollstrecker nur durch entsprechende Information eines jeden einzelnen Erben.

§ 4 Nachlassverwaltung

1.

Der Testamentsvollstrecker ist berechtigt, bei der Anlage von geldwerten Nachlassgegenständen bzw. sonstigen liquiden Mitteln den bisherigen Vorgaben des Erblassers, die dieser Vereinbarung als Anlage 2 beigefügt sind, zu folgen. Soweit die Erben hinsichtlich der Anlage von Nachlasswerten Sonderbeschlüsse fassen und der Testamentsvollstrecker diesen Anlagebeschlüssen entspricht, verzichten die Erben schon jetzt auf jegliche Haftungsansprüche gegen den Testamentsvollstrecker, soweit der Anlagebeschluss nicht evident unsinnig oder gefährlich ist.

2.

Soweit der Testamentsvollstrecker Anordnungen des Erblassers für die Verwaltung befolgt, so tritt eine Gefährdung im Sinne des § 2216 Abs. 2 Satz 2 BGB erst ein, wenn mindestens 50 % des Nachlasses gefährdet sind. Ansonsten braucht der Testamentsvollstrecker die Anordnungen des Erblassers nur dann nicht zu befolgen, wenn die Erben einstimmig eine andere Maßnahme beschließen. Befolgt der Testamentsvollstrecker diesen Beschluss, wozu er nicht verpflichtet ist, so entbinden ihn die Erben gleichzeitig von jeglicher Haftung für die Folgen dieses Beschlusses.

3.

Der Testamentsvollstrecker ist berechtigt, im Zuge der Verwaltung des Nachlasses Rechtsanwälte, Steuerberater, Wirtschaftsprüfer, und sonstige sachkundige Personen zu Lasten des Nachlasses zu beauftragen, soweit er dies nach pflichtgemäßem Ermessen für erforderlich erachtet.

§ 5 Auseinandersetzungsplan

1.

Sobald der Testamentsvollstrecker das Nachlassverzeichnis endgültig aufgestellt hat, dieses von den Erben genehmigt ist und er darüber hinaus die Grundlagen der Nachlassverwertung geklärt hat, hat er einen Auseinandersetzungsplan aufzustellen.

2.

Die Erben verpflichten sich, zu dem Auseinandersetzungsplan des Testamentsvollstreckers innerhalb von 4 Wochen seit Zustellung Stellung zu nehmen. Erfolgt keine oder eine verspätete Stellungnahme durch auch nur einen der Erben, so gilt der Auseinandersetzungsplan als abgelehnt. Der Testamentsvollstrecker ist dann berechtigt, die Auseinandersetzung gemäß den §§ 750 ff BGB zu betreiben.

3.

Die Endgültigkeitserklärung des Testamentsvollstreckers bezüglich des Auseinandersetzungsplanes kann durch jeden der Erben nur innerhalb eines Monats seit Zustellung durch Klage angefochten werden, soweit der Testamentsvollstrecker bei der Übersendung der Endgültigkeitserklärung darauf hinweist.

4.

Soweit der Testamentsvollstrecker mit den Erben einen Auseinandersetzungsvertrag abschließt, gilt dieser als Enthaftungserklärung zugunsten des Testamentsvollstreckers. Im Übrigen stellen die Erben in diesem Fall den Testamentsvollstrecker von Haftungsansprüchen der anderen Haftungsgläubiger im Sinne des § 2219 BGB frei.

§ 6 Honorar

1.

Der Testamentsvollstrecker hat Anspruch auf Vergütung seiner Tätigkeit entsprechend dem Preistableau für Testamentsvollstreckung der Spar-Vermögens-Verwaltungs-Bank AG, das dieser Vereinbarung als Anlage 3 beigefügt ist.

2.

Die vorstehende Vergütungsregelung gilt auch für den Fall der vermeintlichen Testamentsvollstreckung. Insoweit verzichten die Erben ausdrücklich auf Ansprüche aus ungerechtfertigter Bereicherung.

§ 7 Haftung

1.

Der Testamentsvollstrecker haftet den Erben nach Maßgabe der gesetzlichen Bestimmungen und unter Berücksichtigung der nachstehenden Vereinbarungen.

2.

Soweit der Testamentsvollstrecker einem Beschluss der Erben Folge leistet, entbinden sie ihn von jeglicher Haftung für die Folgen dieses Beschlusses, soweit die Schadensträchtigkeit des Beschlusses nicht evident ist. Die Haftungsfreistellung gilt auch für Risikogeschäfte, die aufgrund eines Beschlusses der Erben durch den Testamentsvollstrecker ausgeführt werden.

3.

Die Erben stellen den Testamentsvollstrecker von allen Ansprüchen der Vermächtnisnehmer und anderer Haftungsgläubiger frei, soweit der Testamentsvollstrecker einen Beschluss der Erben ausführt.

§ 8 Rechnungslegung

1.

Der Testamentsvollstrecker ist verpflichtet, den Erben mindestens einmal pro Kalenderjahr Rechnung zu legen sowie abschließend bei Beendigung der Testamentsvollstreckung.

2.

Der Anspruch der Erben auf Rechnungslegung erlischt 10 Jahre nach der formellen Beendigung der Testamentsvollstreckertätigkeit.

§ 9 Aktenaufbewahrung

1.

Die Erben können jederzeit nach Beendigung der Testamentsvollstreckertätigkeit von dem Testamentsvollstrecker die Herausgabe sämtlicher Akten verlangen.

2.

Nach Ablauf von 5 Jahren seit Beendigung der Testamentsvollstreckertätigkeit ist der Testamentsvollstrecker berechtigt, die Akten den Erben zur Übernahme anzubieten. Nehmen die Erben die angebotenen Akten nicht innerhalb einer Frist von einem Monat an, so ist der Testamentsvollstrecker berechtigt, die Akten zu vernichten.

§ 10 Verjährung

Alle wechselseitigen Ansprüche zwischen dem Testamentsvollstrecker einerseits und den Erben andererseits, gleichgültig ob die Erben noch in Erbengemeinschaft gesamthänderisch gebunden sind oder aufgrund der Auseinandersetzung ggfs. einzelberechtigt sind, verjähren 3 Jahre nach der formalen Beendigung der Testamentsvollstreckung (Rückgabe des Testamentsvollstreckerzeugnisses an das Nachlassgericht), sofern der Testamentsvollstrecker die Erben über dieses Datum unterrichtet hat.

§ 11 Dauer der Testamentsvollstreckung

1.

Abgesehen von den gesetzlich geregelten Beendigungstatbeständen endet das Amt des Testamentsvollstreckers, wenn er sämtliche im Rahmen der Testamentsvollstreckung ihm obliegenden Aufgaben erfüllt hat und sein Testamentsvollstreckerzeugnis an das Nachlassgericht zurückgegeben hat.

2.

Im Falle einer Rechtsformänderung in der Person des Testamentsvollstreckers soll das Amt durch den Rechtsnachfolger weitergeführt werden.

§ 12 Schiedsklausel

Streitigkeiten der Erben unter sich oder mit dem Testamentsvollstrecker, welche sich bei der Durchführung des Testamentes oder dieser Vereinbarung ergeben, sollen unter Ausschluss der ordentlichen Gerichte durch einen Schiedsrichter als Einzelrichter entschieden werden. Die Parteien verpflichten sich, hierüber in separater Urkunde eine gesonderte Schiedsvereinbarung[17] gemäß dem in Anlage 4 beigefügten Muster abzuschließen.

§ 13 Schriftform, Salvatorische Klausel

1.

Änderungen und Ergänzungen dieser Verwaltungsvereinbarung bedürfen der Schriftform. Gleiches gilt für die Abänderung des Schriftformerfordernisses. Telefaxmitteilungen genügen dem Schriftformerfordernis, Emails nicht.

2.

Sollte eine der vorstehenden Bestimmungen und Vereinbarungen unwirksam oder nichtig sein oder werden, so soll der Bestand der übrigen Bestimmungen dadurch nicht berührt werden. Die Parteien sind dann wechselseitig verpflichtet, anstelle der unwirksamen oder nichtigen Vereinbarung eine solche zu treffen, die dem wirtschaftlichen Ziel der gewollten Vereinbarung in rechtlich zulässiger Art und Weise am nächsten kommt.

Düsseldorf- Meerbusch, den (...)

(...)	(...)	(...)
(Max Graf von Koks)	(Moritz Graf von Koks)	(Testamentsvollstrecker)

Anlage 1: Generalvollmacht zugunsten des Herrn K. Undenberater vom (...)

Anlage 2: Vorgaben des Erblassers zur Anlage von geldwerten Nachlassgegenständen und sonstigen liquiden Mitteln vom (...)

Anlage 3: Preistableau für die Testamentsvollstreckung durch die SVVB AG vom (...)

Anlage 4: Schiedsvereinbarung (Muster)

IV. Testamentsvollstreckerzeugnis

Das Testamentsvollstreckerzeugnis hat grundsätzlich zwei Funktionen. Zum einen dient es dem Testamentsvollstrecker zum Nachweis seiner Rechte gegenüber Dritten. Zum anderen darf ein gutgläubiger Dritter auf die Richtigkeit des Testamentsvollstreckerzeugnisses vertrauen, §§ 2368 Abs. 3, 2365, 2267 BGB. 16

1. Wirkungen des Testamentsvollstreckerzeugnisses

Der öffentliche Glaube des Testamentsvollstreckerzeugnisses geht dahin,[18] dass 17

- der als Testamentsvollstrecker im Zeugnis Bezeichnete rechtsgültig Testamentsvollstrecker wurde

17 Da es sich bei den Erben regelmäßig um Verbraucher i. S. des § 13 BGB handeln wird, empfiehlt es sich dringend , die schärferen Formvorschriften des § 1031 Abs. 5 ZPO für die Schiedsvereinbarung einzuhalten. Hier zeigt sich der Vorzug, wenn der Erblasser in seiner letztwilligen Verfügung bereits eine Schiedsgerichtsklausel aufgenommen hat, was nach § 1066 ZPO ohne Zustimmung der Erben zulässig ist.

18 Mayer inMayer/Bonefeld/Wälzholz/Weidlich, Testamentsvollstreckung Rn 51 m.w.N.

- ihm das Amt in seinem regelmäßigen Umfang zusteht
- der Testamentsvollstrecker durch keinen anderen als die dort angegebenen Anordnungen beschwert ist.

Das Testamentsvollstreckerzeugnis schützt nur den Dritten im Rechtsverkehr. Es entfaltet keine Schutzfunktion im Verhältnis zwischen dem Erben und dem Testamentsvollstrecker.[19]

2. Arten von Testamentsvollstreckerzeugnissen

18 Es lassen sich folgende Arten von Testamentsvollstreckerzeugnissen unterscheiden:

- Das normale Testamentsvollstreckerzeugnis

  (wird dann erteilt, wenn nur ein Testamentsvollstrecker vorhanden ist.)
- Ein gemeinschaftliches Testamentsvollstreckerzeugnis

  (bezeugt das Recht aller Testamentsvollstrecker.)
- Ein Teil-Testamentsvollstreckerzeugnis

  (wird erteilt, wenn zwar mehrere Testamentsvollstrecker ernannt sind, aber nur das Recht eines oder einzelner Testamentsvollstrecker bekundet wird. In diesem Zeugnis sind auch die Mitvollstrecker namentlich anzugeben.)
- Ein gegenständlich beschränktes Testamentsvollstreckerzeugnis

  (wird in entsprechender Anwendung des § 2369 BGB erteilt, wenn der Erblasser nach ausländischem Recht beerbt wurde. Die Rechtsstellung des Testamentsvollstreckers regelt sich nach dem Erbstatut, Art. 25 EGBGB. Für das Verfahren des Nachlassgerichtes gilt das deutsche Recht.[20])

V. Beantragung des Testamentsvollstreckerzeugnisses

1. Antragsrecht

19 Antragsberechtigt sind neben der zum Testamentsvollstrecker berufenen Person auch die Nachlassgläubiger, §§ 792, 896 ZPO. Bei mehreren Testamentsvollstreckern kann jeder die Erteilung beantragen. Nicht antragsberechtigt ist der Erbe.[21]

2. Inhalt des Antrages

20 Nach §§ 2368 Abs. 3, 2354, 2355 BGB muss der formlos mögliche Antrag auf Erteilung eines Testamentsvollstreckerzeugnisses folgendes enthalten:

- der Todeszeitpunkt des Erblassers,
- die Verfügung von Todes wegen mit der die Testamentsvollstreckung angeordnet wurde,
- Art und Umfang der Befugnisse des Testamentsvollstreckers,

---

19 Promberger in Münchener Kommentar zum BGB, § 2368 Rn 44.
20 Vgl. zum ganzen Mayer in Mayer/Bonefeld/Wälzholz/Weidlich, Testamentsvollstreckung, Rn. 54.
21 vgl. OLG Hamm, FamRZ 2000, 487, 488.

- die Anhängigkeit eines Rechtsstreits über die Ernennung oder den Wegfall einer Person, die dem Testamentsvollstrecker im Amte vorangegangen wäre.

Der Nachweis ist durch Urkunden, im Übrigen durch eidesstattliche Versicherung zu führen. Zur Abnahme der eidesstattlichen Versicherung sind außer den Notaren auch die Amtsgerichte berufen, §§ 2368 Abs. 2, 2356 Abs. 2 Satz 1 BGB.

3. Prüfungsumfang durch das Nachlassgericht

Das Nachlassgericht prüft, ob eine gültige Ernennung zum Testamentsvollstrecker vorliegt und der Testamentsvollstrecker das Amt angenommen hat. Weiterhin wird geprüft, ob die Aufgaben des Testamentsvollstreckers nicht bereits zum Zeitpunkt der Ausstellung des Testamentsvollstrekkerzeugnisses gegenstandslos geworden sind. [22] 21

Gemäß § 2368 Abs. 2 BGB soll das Nachlassgericht vor der Erteilung des Testamentsvollstreckerzeugnisses den Erben über die Gültigkeit der Ernennung hören, sofern die Ernennung nicht in einer öffentlichen Urkunde enthalten ist.

In rechtlich unproblematischen Fällen wird das Nachlassgericht das Testamentvollstreckerzeugnis umgehend ausstellen. In zweifelhaften Fällen kann – entsprechend der im Erbscheinsverfahren geübten Praxis – auch ein Vorbescheid erlassen werden, in dem das Nachlassgericht in Beschlussform ankündigt, dass ein Testamentsvollstreckerzeugnis mit einem bestimmten Inhalt erteilt werde, wenn nicht binnen einer bestimmten Frist Beschwerde eingelegt wird. Mit dieser Praxis kann die vorschnelle Erteilung eines unrichtigen Zeugnisses verhindert werden.[23]

4. Rückgabe des Testamentsvollstrecker-Zeugnisses

Anders als beim Erbschein wird mit der Beendigung des Testamentsvollstreckeramtes das Zeugnis gem. § 2368 Abs. 3, Halbsatz 2 BGB von selbst kraftlos. Die Möglichkeit des gutgläubigen Erwerbs vom Testamentsvollstrecker erlischt. Um einen möglichen Missbrauch des Testamentsvollstreckerzeugnisses zu verhindern, kann das Nachlassgericht das Testamentsvollstreckerzeugnis zu den Akten zurückfordern. Eine „Einziehung" ist unzulässig, weil überflüssig. [24] 22

5. Rechtsmittel

Ein Vorbescheid kann innerhalb der vom Nachlassgericht gesetzten Frist mit der einfachen Beschwerde[25] angefochten werden und zwar auch durch den Erben.[26] 23

Ist das Testamentsvollstreckerzeugnis erteilt, so steht jedem, dessen Recht dadurch beeinträchtigt wird, die Beschwerde nach § 20 FGG zu. Das kann im Einzelfall auch ein Mitgesellschafter sein, der geltend macht, dass im Testamentsvollstreckerzeugnis zu Unrecht ausgewiesen ist, dass sich die Vollstreckung auch auf die Gesellschaftsbeteiligung erstreckt.[27]

22 vgl. Mayer in Mayer/Bonefeld/Wälzholz/Weidlich, Testamentsvollstreckung, Rn. 59.
23 vgl. zu dieser Praxis Mayer in Mayer/Bonefeld/Wälzholz/Weidlich, Testamentsvollstreckung, Rn. 60 unter Hinweis auf OLG Hamm, FamRZ 2000, 487 sowie BayObLG, FamRZ 1991, 494.
24 Vgl. Edenhofer in Palandt, BGB, § 2368, Rn. 10.
25 OLG Hamm, Urt.v. 08.06.1999, 15 W 105/99, FamRZ 2000, 487, 488.
26 Vgl. Promberger in Münchener Kommentar zum BGB, § 2368 Rn. 25.
27 Vgl. OLG Hamm, FamRZ 1992, 113 m. Anm. Reimann.

Gegen die Ablehnung des Antrages auf Erteilung des Testamentsvollstreckerzeugnisses ist nur der Testamentsvollstrecker, nicht aber der Erbe beschwerdebefugt, korrespondierend zu der fehlenden Antragsbefugnis des Erben nach § 20 Abs. 1 FGG.[28]

6. Verhältnis von Testamentsvollstreckerzeugnis zu Erbschein

24 Das Testamentsvollstreckerzeugnis ist in § 2368 BGB geregelt, der Erbschein in §§ 2353 ff. BGB. Beide Zeugnisse werden nur auf Antrag erteilt. Wenn das Gesetz in § 2364 Abs. 1 BGB im Zusammenhang mit dem Erbschein von „Testamentsvollstrecker" spricht, so ist dies missverständlich. Gemeint ist vielmehr, dass im Erbschein die Tatsache der Anordnung der Testamentsvollstrekkung an sich angeben werden muss. Die Person des Testamentsvollstreckers wird nicht namentlich genannt, sie ist nur im Testamentsvollstreckerzeugnis auszuweisen.[29]

Hatte der Testamentsvollstrecker die Annahme des Amtes abgelehnt und ist auch kein Ersatzvollstrecker genannt, so erübrigt sich die Eintragung im Erbschein.[30]

Ist Testamentsvollstreckung angeordnet, fehlt aber eine entsprechende Eintragung im Erbschein, so ist der Erbschein unrichtig und gem. § 2361 BGB einzuziehen.[31]

Wie sich aus § 2368 Abs. 1 Satz 1 BGB ergibt, sind vom Regelfall des §§ 2211 BGB abweichende Verfügungsbefugnisse des Testamentsvollstreckers im Erbschein anzugeben. Bei der Beurteilung der Frage, welche Beschränkungen anzugeben sind, ist immer vom gesetzgeberischen Zweck auszugehen.[32]

Handelt es nicht um eine „normale" Testamentsvollstreckung, bei der der Testamentsvollstrecker befugt ist, über den gesamten Nachlass zu verfügen, § 2205 Satz 2 BGB, so erfolgt ein Eintrag im Erbschein.

25 Bei einer aufschiebenden Bedingung wird die Testamentsvollstreckung erst dann im Erbschein vermerkt, wenn die Bedingung eingetreten ist. Ist nur eine reine Vermächtnisvollstreckung nach § 2223 BGB angeordnet, ist die Testamentsvollstreckung im Erbschein nicht auszuweisen, weil der Erbschein nur das Erbrecht der Erben, nicht aber schuldrechtliche Beschränkungen der Erben ausweist.[33]

Im Testamentsvollstreckerzeugnis sind neben der Person des Testamentsvollstreckers weitere Angaben erforderlich, soweit Abweichungen von den gesetzlichen Regelbefugnissen vorliegen. Dies betrifft ebenso Erweiterungen, wie die Dauertestamentsvollstreckung, als auch Beschränkungen oder negative Anordnungen, wie das Verbot der Veräußerung von Nachlassgegenständen. Enthält das Testamentsvollstreckerzeugnis keine Angaben, so wird damit im Sinne der negativen Publizität zum Ausdruck gebracht, dass dem Testamentsvollstrecker die gesetzlichen Regelbefugnisse nach § 2203 bis 2206 BGB zustehen, aber auch keine weiter gehenden.[34]

28 vgl. im übrigen Mayer in Mayer/Bonefeld/Wälzholz/Weidlich, Testamentsvollstreckung, Rn. 63 ff.
29 Vgl. Kroiß in: der Dauner-Lieb/Heidel/Ring, Anwaltskommentar, § 2364 Rn. 2.
30 Reimann in Bengel/Reimann, Handbuch der Testamentsvollstreckung, Kapitel 2, Rn. 243.
31 Vgl. Kroiß in: der Dauner-Lieb/Heidel/Ring, Anwaltskommentar, § 2361 Rn. 4.
32 Reimann den Bengel/Reimann, Handbuch der Testamentsvollstreckung, Kapitel 2, Rn. 248.
33 Reimann in Bengel/Reimann, Handbuch der Testamentsvollstreckung, Kapitel 2, Rn. 244 mit weiteren Beispielsfällen.
34 Vgl. Kroiß in: der Dauner-Lieb/Heidel/Ring, Anwaltskommentar, § 2368 Rn. 9.

Muster für den Antrag eines Institutsvollstreckers auf Erteilung des Testamentsvollstreckerzeugnisses

Amtsgericht R hausen, 05.12.05

Gegenwärtig: Graf, Rechtspfleger

Es erscheint Herr Martin geb. am 27.01.1959

- handelnd als Bevollmächtigter für die *Spar-Vermögens-Verwaltungs-Bank AG* in R hausen -

- ausgewiesen durch Vorlage des gültigen Personalausweises und durch Vorlage der Vollmacht der *SVVB AG in* R hausen vom 30.11.2005-

Der Erschienene erklärt:

Der zuletzt in R hausen wohnhaft gewesene **Dipl.-Ing. Clemens** *ist* am *09.10.2005 in R-Hausen gestorben* (Sterbebuch-*Nr.* 005).

Eine Sterbeurkunde befindet sich bei 9 IV 516/05.

Der Erblasser war zur Zeit des Todes deutscher Staatsangehöriger.

Folgende Verfügungen von Todes wegen sind vorhanden:
zwei notarielle Testamente vom 27.11.1998 und 19.02.2004 und ein privatschriftliches Testament vom 21.11.2002

Eröffnung erfolgte am 26.10.2005 in 9 IV 516/05.

Hiermit erkläre ich namens der *Spar-Vermögens-Verwaltungs-Bank AG* in R hausen die Annahme des Amtes als Testamentsvollstrecker.

Sodann erklärte der Erschienene nach Belehrung über die Bedeutung einer Versicherung an Eides Statt und nach Hinweis auf die strafrechtlichen Folgen einer wissentlich oder fahrlässig falsch abgegebenen Versicherung an Eides Statt:

Ich versichere an Eides Statt: Mir ist nichts bekannt, was der Richtigkeit meiner folgenden Angaben entgegensteht:

Der Erblasser hat außer den angegebenen keine weiteren Verfügungen von Todes wegen hinterlassen.

In der Verfügung von Todes wegen sind folgende Anordnungen getroffen worden:

Zum Testamentsvollstrecker wurde die *Spar-Vermögens-Verwaltungs-Bank AG* ernannt.

Der Testamentsvollstrecker hat den Nachlass zu verwalten.
Auf § 3 des notariellen Testamentes vom 19.02.2004 wird Bezug genommen.

Ich beantrage, der *Spar-Vermögens-Verwaltungs-Bank AG* in R hausen ein Zeugnis über *die Bestellung* zum Testamentsvollstrecker zu erteilen.

vorgelesen, genehmigt und unterschrieben:

....

R - Hausen, den 05.12.2005

(Graf)
Rechtspfleger

Muster eines Testamentsvollstreckerzeugnisses für einen Institutsvollstrecker

AMTSGERICHT R HAUSEN

TESTAMENTSVOLLSTRECKERZEUGNIS

Die *Spar-Vermögens-Verwaltungs-Bank AG*, Anstalt des öffentlichen Rechts, vertreten durch den Vorstand, , R hausen

ist zum Testamentsvollstrecker über den Nachlaß des am 09.10.2005 in R hausen verstorbenen, zuletzt in R hausen wohnhaft gewesenen

Diplom Ingenieur

geboren am in G k

ernannt worden.

Der Erblasser hat angeordnet:

1.

zu meinem Testamentsvollstrecker ernenne ich die *Spar-Vermögens-Verwaltungs-Bank AG*. Sie ist als Testamentsvollstrecker von den Beschränkungen des § 181 BGB befreit.

2.

Für die Dauer der Vorerbschaft ist sie Dauer-Testamentsvollstrecker. Die Dauer-Vollstreckung besteht über die 30-jährige Frist hinaus bis zum Tode des Vorerben. Die *Spar-Vermögens-Verwaltungs-Bank AG* ist auch Nacherben-Testamentsvollstrecker. Die Nacherben-Testamentsvollstreckung endet 6 Monate nach Eintritt der Nacherbfolge.

VI. Inbesitznahme des Nachlasses und erste Maßnahmen

Die Inbesitznahme des Nachlasses bedeutet, dass sich der Testamentsvollstrecker den tatsächlichen Einfluss über die Nachlassgegenstände verschaffen muss und für sie rechtlich wie tatsächlich verantwortlich ist. Er muss sich daher beispielsweise auch um so profane Dinge wie die Absicherung des Hauses oder die Versorgung der Haustiere kümmern. 26

Eine Vorstellung des Testamentsvollstreckers bei den Erben gehört nicht nur zu den Höflichkeitsformel, sondern hilft dem Testamentsvollstrecker auch, Spannungen von Anbeginn der Vollstrekkung an möglichst gar nicht erst aufkommen zu lassen. Das erleichtert ihm seine Amtsführung erheblich und ist damit bereits der erste Schritt für einen erfolgreichen Abschluss der Vollstrekkung mit einverständlicher Vergütungsregelung und Entlastungsvereinbarung.

Befinden sich Nachlassgegenstände bei Dritten, sind sie dort herauszufordern. Sollen Erinnerungsgegenstände an Familienangehörige oder Freunde herausgegeben werden, ist stets darauf zu achten, dass dies im Einverständnis mit den eigentlich zuständigen Erben geschieht und dieses Einverständnis sowie die Herausgabe schriftlich dokumentiert und zu den Akten genommen wird.

Grob strukturiert können folgende, regelmäßig erforderliche Maßnahmen unterschieden werden:

1. Inbesitznahme der Wohnung/ des Hauses 27

- Absicherung (Schlüssel, Fenster geschlossen, Bewachung während der Beerdigung, besondere Absicherung erforderlich für wertvolle Hausratsgegenstände, Kunstsammlungen, Teppiche usw.)
- Versorgung der Haustiere und Pflanzen

2. Kontaktaufnahme 28

- zu den Erben
- dem Arbeitgeber
- dem Vermieter (Schönheitsreparaturen, Kündigung, Räumung der Wohnung)
- dem Steuerberater
- der Berufsgenossenschaft
- der Kfz-Meldestelle
- den Kreditkarteninstituten
- der Rentenversicherung
- dem Finanzamt
- dem Grundbuch-/ Katasteramt, Handelsregister
- den Gläubigern des Erblassers

29 3. Ermittlung der Nachlassaktiva

- Bankvermögen
- Wertpapierdepots
- Bausparverträge
- Lebensversicherungsverträge
- Grundvermögen
- Beteiligungen
- Auslandsvermögen
- evtl. Ansprüche auf Sterbegeld (Krankenkasse, Beihilfe, BeamtenversorgungsG)

Die ersten Informationen über Bankvermögen kommen für Testamentsvollstrecker, die aus dem Bankenbereich kommen, aus dem eigenen Hause. Soweit der Erblasser – wie häufig – daneben auch noch Bankbeziehungen zu anderen Häusern unterhält, kann der Kundenberater, der für den Kunden einen Finanzplan erstellt hat, mit weiteren Informationen dienen. Weitere Anhaltspunkte ergeben sich regelmäßig über aufgefundene Kontoauszüge. Es ist darauf zu achten, dass diese Kontoauszüge auch über einige Jahre rückwärts vorliegen, um gegebenenfalls Ansprüche, die gegen den Nachlass erhoben werden, abwehren zu können. Darüber hinaus ermöglicht die Kenntnis über zurückliegende Zahlungsvorgänge Rückschlüsse auf das finanzielle Gebaren des Erblassers.

30 Routinemäßig sollte zur Ermittlung weiteren Bankvermögens der Bundesverband Deutscher Banken[35] oder der Bundesverband Mittel- und Ostdeutscher Länder e. V.[36] eingeschaltet werden, um bundesweit nach weiteren Konten des Erblassers, auch nach Schließfächern und Wertpapierdepots zu forschen. Es empfiehlt sich, die persönlichen Daten des Erblassers so umfassend wie möglich anzugeben und einige Wochen Zeit für die – im Übrigen gebührenpflichtige – Recherche einzuplanen.[37] Für die Postbank empfiehlt sich eine vorsorgliche Anfrage bei der Postbank am Wohnort des Erblassers.

Über Bausparverträge erteilt die Bundesgeschäftsstelle der Landesbausparkassen Auskunft,[38] die organisatorisch dem Deutschen Sparkassen- und Giroverband (DSGV) angegliedert sind.[39]

Anfragen zu Lebensversicherungen werden durch den Gesamtverband der Deutschen Versicherungswirtschaft e. V.[40] beantwortet. Auf die im Einzelfall bestehende Möglichkeit, die Bezugsberechtigung einer Lebensversicherung zu widerrufen, um die Versicherungssumme in den verteilungsfähigen Nachlass zu ziehen, sei hier nur am Rande hingewiesen.[41]

31 4. Ermittlung der Nachlasspassiva

- Arzt- und Krankenhausrechnungen
- Darlehensverpflichtungen
- Steuervorauszahlungen (ggf. ist Antrag auf Herabsetzung auf Null zu stellen)

35 Bundesverband Deutscher Banken, Burgstraße 28, 10178 Berlin, www.bankenverband.de oder www.bdb.de.
36 Bundesverband Mittel- und Ostdeutscher Länder e. V., Kurfürstendamm 178/179, 10707 Berlin.
37 Bonefeld in Mayer/Bonefeld/Wälzholz/Weidlich, Testamentsvollstreckung, Rn. 708 f.
38 Bundesgeschäftsstelle der Landesbausparkassen, Friedrichstraße 83, 10117 Berlin.
39 www.dgsv.de oder www.lbs.de.
40 Gesamtverband der Deutschen Versicherungswirtschaft, Friedrichstr. 191, 10117 Berlin, www.gdv.de.
41 vgl. i.e. Bonefeld in Mayer/Bonefeld/Wälzholz/Weidlich, Testamentsvollstreckung, Rn. 731 f. m.w.N.

5. Beendigung von Vertragsverhältnissen 32

- Mietvertrag
- Versorgungsverträge (Strom, Wasser, Telefon, Internet, GEZ, Kabelanschluss)
- Vereinsmitgliedschaften (ADAC; Beamtenbund)
- Zeitschriften und Zeitungen
- Daueraufträge
- Versicherungen
- Gebühreneinzugszentrale[42] (GEZ)

Mietrechtlich ist zu beachten, dass der Tod des Erblassers nicht automatisch zur Beendigung des Mietverhältnisses führt, sondern es einer Kündigung bedarf. Bei den Rechtsfolgen ist zwischen allgemeinem Mietrecht und Wohnraummietrecht zu unterscheiden. Im Wohnraummietrecht gibt es das Eintrittsrecht für die nächsten Angehörigen nach §§ 563, 563a BGB. Fehlen Angehörige, ist dringend zu raten, von dem Sonderkündigungsrecht nach § 564 BGB Gebrauch zu machen. Die Kündigungserklärung kann bei angeordneter Testamentsvollstreckung nur durch den Testamentsvollstrecker abgegeben werden, wegen § 2202 Abs. 1 BGB aber erst ab Amtsantritt erklärt werden. Damit ist die Einhaltung der Frist des § 564 Satz 2 BGB vielfach nicht möglich. Allgemein wird dem Testamentsvollstrecker eine Überlegungsfrist von bis zu zwei Wochen nach Amtannahme zugebilligt, um noch zeitlich rechtzeitig die Kündigung auszusprechen.[43]

Im Bereich der Versicherungen ist insbesondere an die private Haftpflichtversicherung, die Hausratsversicherung, die Kfz-Haftpflicht und –Kaskoversicherung, die Wohngebäudeversicherung, die Rechtsschutzversicherung, Unfallversicherung und private Krankenversicherung zu denken. Sämtliche Versicherungen sind möglichst umgehend über den Todesfall zu benachrichtigen. Sodann ist zu klären, welche Versicherung sinnvollerweise noch vorübergehend aufrecht erhalten werden soll, weil dies der Absicherung des Nachlasses dient. Besonders ist hier an die Hausrat- und Gebäudeversicherung zu denken, ebenfalls an die Kfz-Versicherung. Besteht eine Unfallversicherung, und ist mit dieser eine Todesfallleistung vereinbart, so ist sofort zu reagieren. Der Tod muss innerhalb von 48 Stunden dem Versicherer gemeldet werden, um ihm gegebenenfalls die Möglichkeit einer Obduktion zu ermöglichen. 33

6. Handlungsempfehlungen für den Testamentsvollstrecker

Der Nachlass des Maximilian Graf von Koks erscheint sehr übersichtlich. Zu seiner Inbesitznahme genügen daher zunächst folgende Maßnahmen: 34

- Die bei der Spar-Verwaltungs-Bank AG vorhandenen Konten – einschließlich des Mietkontos und des Wertpapierdepots – werden in Nachlasskonten umgeschrieben, auf die nur der Testamentsvollstrecker bzw. sein Bevollmächtigter Zugriff hat.
- Zeitgleich erfolgt die Kontaktaufnahme zu den Erben.
- Die Inbesitznahme des Mehrparteienhauses in Wanne-Eickel erfolgt dadurch, dass sich der Kundenberater als (Bevollmächtigter des) Testamentsvollstrecker(s) bei den Mietern vorstellt und sie darüber unterrichtet, dass die Mietverhältnisse bis zu Auseinandersetzung des Nachlasses seiner Verwaltung unterliegen.

42 Gebühreneinzugszentrale der öffentlich-rechtlichen Rundfunkanstalten, 50656 Köln, www.gez.de.
43 ausführlich Bonefeld in Mayer/Bonefeld/Wälzholz/Weidlich, Testamentsvollstreckung Rn. 744 ff.

- Alle Vertragsverhältnisse werden, soweit sie nicht das Mehrfamilienhaus und die damit in Zusammenhang stehenden Versicherungen betreffen, gekündigt.

VII. Erstellung des Nachlassverzeichnisses

35 Die Erstellung des Nachlassverzeichnisses gehört zu den zentralen Pflichten des Testamentsvollstreckers. Es bildet die unverzichtbare Grundlage

- für eine ordnungsgemäße Amtsführung des Testamentsvollstreckers
- für die von ihm geschuldete Rechnungslegung gemäß § 2218 BGB
- für die Herausgabe des Nachlasses bei Amtsbeendigung
- für die Ausübung der Kontrollrechte der Erben.

Ein Verstoß gegen die Verpflichtung zur Erstellung des Nachlassverzeichnisses stellt eine grobe Pflichtverletzung dar und kann gegebenenfalls einen Entlassungsgrund darstellen.

1. Zeitpunkt der Erstellung

36 Das Nachlassverzeichnis ist unverzüglich im Sinne des § 121 Abs. 1 BGB nach der Amtsannahme zu erstellen, ohne dass es einer Aufforderung durch den Erben oder einen anderen Berechtigten bedürfte. Die Verpflichtung endet erst mit Beendigung des Amtes als Testamentsvollstrecker, in diesem Falle auch, wenn das Verzeichnis bis zu diesem Zeitpunkt noch nicht erstellt worden sein sollte. Anders als der Erblasser kann der Erbe auf das Nachlassverzeichnis verzichten.[44]

2. Anspruchsberechtigte

37 Die Verpflichtung zur Erstellung des Nachlassverzeichnisses besteht gegenüber[45]

- den Erben bzw. der Erbengemeinschaft,
- den Pfändungsgläubigern,
- den Nießbrauchsberechtigten.

Die Verpflichtung besteht nicht gegenüber

- den Pflichtteilsberechtigten,
- den Vermächtnisnehmern.

3. Inhalt und Stichtag des Verzeichnisses

38 Das Nachlassverzeichnis hat alle Gegenstände aufzuführen, die der Verwaltung des Testamentsvollstreckers unterliegen. Hierzu gehören neben den Nachlassaktiva auch die Nachlasspassiva, auch soweit sie zweifelhaft oder bestritten sind. [46] Nach ganz überwiegender Auffassung[47] ist es nicht erforderlich, dass die Nachlassgegenstände beschrieben oder ihrem Wert nach ermittelt werden.[48]

44 Weidlich in Dauner-Lieb/Heidel/Ring, Anwaltkommentar BGB, § 2215, Rn. 4, 5.
45 Mayer in Mayer/Bonefeld/Wälzholz/Weidlich, Testamentsvollstreckung, Rn. 80.
46 Weidlich in Dauner-Lieb/Heidel/Ring, Anwaltkommentar BGB, § 2215, Rn. 6.
47 Vgl. Weidlich in Dauner-Lieb/Heidel/Ring, Anwaltkommentar BGB, § 2215, Rn. 6 a.E.
48 Mayer in Mayer/Bonefeld/Wälzholz/Weidlich, Testamentsvollstreckung, Rn. 81 m.w.N.

Gehört ein Unternehmen zum Nachlass, so empfiehlt sich die Erstellung einer handelsrechtlichen Zwischenbilanz auf den Tag der Amtsannahme und zwar schon aus Gründen der Beweissicherung. Auch wird angeraten, Saldenbestätigungen der Geschäftspartner einzuholen.[49]

Nach § 2215 Abs. 2 BGB ist das Nachlassverzeichnis vom Testamentsvollstrecker zu unterschreiben und mit der Angabe des Tages seiner Aufnahme zu versehen, insgesamt also schriftlich zu erstellen. Als Stichtag wird richtigerweise der Tag der Amtsannahme des Testamentsvollstreckers anzugeben sein. Sollten dem Testamentsvollstrecker Veränderungen zwischen dem Erbfall und seiner Amtsannahme bekannt geworden sein, so empfiehlt es sich, dies in einer Erläuterung zum Verzeichnis darzulegen.[50]

4. Amtliche Erstellung

Nach § 2215 Abs. 3 BGB kann der Erbe verlangen, bei der Aufnahme des Verzeichnisses zuge- 39
zogen zu werden. Der Testamentsvollstrecker ist gem. § 2215 Abs. 4, 1. Alt. BGB berechtigt und nach § 2215 Abs. 4, 2. Alt. BGB auf Verlangen des Erben verpflichtet, das Verzeichnis als amtliches Nachlassverzeichnis errichten zu lassen. Zuständig hierfür sind nach § 20 Abs. 1 BNotO die Notare.[51]

Eine Verpflichtung zur eidesstattlichen Versicherung der sorgfältigen und richtigen Erstellung des Nachlassverzeichnisses ergibt sich unter den allgemeinen Voraussetzungen der §§ 2218 Abs. 1, 666, 260 Abs. 2, 261 BGB.

5. Kosten

Nach § 2215 Abs. 5 BGB fallen die Kosten für die Erstellung des Nachlassverzeichnisses und eine 40
etwaige Beglaubigung dem Nachlass zur Last.

Muster für ein sehr einfaches Nachlassverzeichnis

Das nachfolgende Nachlassverzeichnis ist ein Beispiel dafür, dass in der Praxis auch Verzeichnisse anerkannt werden, die nicht allen formalen Voraussetzungen genügen, sofern sie nur die notwendigen Grundstrukturen enthalten.

49 Mayer in Mayer/Bonefeld/Wälzholz/Weidlich, Testamentsvollstreckung, Rn. 81.
50 Mayer in Mayer/Bonefeld/Wälzholz/Weidlich, Testamentsvollstreckung, Rn. 84.
51 Die Zuständigkeit kann in den einzelnen Bundesländern unterschiedlich geregelt sein, vgl. hierzu Klumpp in Bengel/Reimann, Handbuch der Testamentsvollstreckung, Kap. 3, Rn. 27.

Nachlassverzeichnis

Nachlass

des Herrn

verstorben am 09.10.2005 in Sterbeurkunde 2005

Bezeichnung:	Euro
Bebaute Hof- und Gebäudefläche, Bauplatz; Lage v. RE Blatt 0543 Flur 347, Flurstück 527, Liegenschaftsbuch 14034, Lastenfrei; Größe: 762 m² Die dortige Immobilie ist Baujahr 1969 und renovierungsbedürftig.	200.000,00
Kunstgegenstände, Teppiche	-,--
Mobiliar / Einrichtungsgegenstände	-,--
Haus- und Küchengeräte	-,--
Unterhaltungselektronik:	-,--
Bargeld- und Wertpapiervermögen:	
Bankguthaben	37.761,-
Kurswert der Wertpapiere per 07.10.2005	441.202,83
Wert der geschlossenen Beteiligungen Gem. Anlage	242.634,52
Bruttonachlasswert	921.598,35
abzüglich	
Kosten der Bestattung/ städt. Gebühren	6.006,00
Kosten der Testamentsvollstreckung 2% des Bruttonachlaßwertes incl. USt	21.381,08
Wert des Nachlasses	894.211,27

, den 12. 4. 2006

D. Unerwartete Probleme tauchen auf

41 *„Es kommt immer anders, als man denkt"*. Diese alte Spruchweisheit gilt auch bei der Testamentsvollstreckung. Selbst ein vorangegangenes perfektes Estate Planning und eine präzise juristische Gestaltung der letztwilligen Verfügung einschließlich der Anordnung der Testamentsvollstreckung können Komplikationen, die sich aufgrund menschlicher Schwächen des Erblassers ergeben, nicht immer verhindern. Die nachfolgenden Situationen sind geradezu typisch, können aber naturgemäß nur eine beschränkte Auswahl darstellen. Bemerkenswert dabei ist, wie recht einfache Lebenssachverhalte komplexe juristische Folgen nach sich ziehen können.

I. Zusätzliche Erben melden sich

Ein geradezu klassischer Fall: Die Sünden der Vergangenheit holen Graf Koks ein. Es meldet sich der aus einer außerehelichen Beziehung stammende Sohn Emil Steiner, ein pikantes Detail, das Graf Koks zu Lebzeiten stets vor seiner Gattin zu verheimlichen wußte. 42

1. Wie kann es dazu kommen?

Vor einem Notar errichtete Testamente werden stets in die besondere amtliche Verwahrung beim Nachlassgericht am Wohnort des Testierenden gegeben.[52] Über die Verwahrung wird ein Hinterlegungsschein ausgestellt. Außerdem informiert das Nachlassgericht das Geburtsstandesamt des (künftigen) Erblassers automatisch über jedes bei ihm in die Verwahrung gegebene Testament. Das Geburtsstandesamt ist zeitlebens Anlaufstelle für alle wichtigen Informationen betreffend des Personenstands der in seinem Zuständigkeitsbereich geborenen Person. Auch nichteheliche Abkömmlinge werden dort vermerkt. 43

Der Todesfall eines Menschen wird automatisch an sein Geburtsstandesamt gemeldet. Aufgrund der Information, die das Geburtsstandesamt von der Hinterlegung des Testamentes hat, wird die Nachricht vom Tod an das Nachlassgericht weitergeleitet, gemeinsam mit den Informationen über die Abkömmlinge oder sonstigen gesetzlichen Erben. Das hinterlegte Testament wird eröffnet.[53] Auch wenn es Graf Koks zu seinen Lebzeiten gelungen ist, seinen außerehelichen Sohn vor seiner Ehefrau geheim zu halten, im Todesfall wird sein Sohn als gesetzlicher Erbe durch das Nachlassgericht vom Ableben des Vaters unterrichtet.

2. Welche rechtlichen Probleme stellen sich?

Nichteheliche Abkömmlinge sind erbrechtlich den ehelichen Nachkommen gleichgestellt. Im Testament des Grafen Koks heißt es zur Erbfolge: *„Erben meines Vermögens sollen meine Kinder nach den Regeln der gesetzlichen Erbfolge werden."* 44

Folglich besteht die Erbengemeinschaft nicht nur, wie ursprünglich angenommen, aus den ehelichen Kindern Max und Moritz, sondern gemeinsam mit dem nichtehelichen Kind Emil Steiner. Am Nachlass sind sie zu gleichen Teilen beteiligt, also mit je 1/3, und zwar vom Zeitpunkt des Todes des Grafen Koks an.

13

52 Auch eigenhändige bzw. privatschriftliche Testamente können in die besondere amtliche Verwahrung geben werden. Der Mitwirkung eines Notars oder Rechtsanwaltes bedarf es hierzu nicht. Die Verwahrung ist kostenpflichtig. Sie erfolgt in einem begehbaren Tresorraum des Nachlassgerichts, der Schutz vor Feuer und unbefugtem Zugriff bietet.

53 An die Testamentseröffnung sind verschiedene Rechtsfolgen geknüpft. Mit der Testamentseröffnung beginnt für den Erben grundsätzlich die sechswöchige Frist zur Ausschlagung der Erbschaft, § 1944 Abs. 2 BGB. Auch das Finanzamt tritt nunmehr auf den Plan. Gemäß § 7 Erbschaftssteuerdurchführungsverordnung ist es durch das Nachlassgericht über die Eröffnung des Testamentes zu unterrichten. Die Eröffnung eines Testamentes erfolgt in der Praxis dadurch, dass die letztwillige Verfügung aus dem verschlossenen Umschlag entnommen wird. Auf das so eröffnete Testament wird ein sogenannter Eröffnungsvermerk in Form eines Stempels mit einer Unterschrift gesetzt. Das Testament verbleibt sodann im Original bei den Nachlassakten. Grundsätzlich besteht für das Nachlassgericht keine Pflicht, die in der letztwilligen Verfügung eingesetzten Erben zu ermitteln. Die gesetzlichen Erben werden aber regelmäßig unterrichtet. In Baden-Württemberg und Bayern bestehen Sonderregelungen. Hier hat das Nachlassgericht von Amts wegen die Erben zu ermitteln, in Bayern beschränkt auf Fälle, bei denen ein Grundstück oder wesentliches Aktivvermögen vorhanden ist.

Erbengemeinschaften mit zwischen ehelichen und nichtehelichen Abkömmlingen oder sonstigen „Patchwork-Verhältnissen" sind psychologisch in besonderem Maße streitbelastet. Die „legitimen" Kinder neigen dazu, das nichteheliche als Eindringling in ihre Familien- und Vermögenssphäre zu empfinden. Umgekehrt reagiert das nichteheliche Kind als Ausgegrenzter. Dieses Streitpotential hat immer auch Auswirkung auf die Testamentsvollstreckung. Zum einen wird es bei einer zerstrittenen Erbengemeinschaft nicht einfacher, eine befriedigende Erbauseinandersetzung herbeizuführen. Zum anderen könnten die ehelichen Erben, ggf. aber auch der nichteheliche Erbe versucht sein, das Testament wegen des Übergehens eines Pflichtteilsberechtigten (§ 2079 BGB) oder wegen Irrtums des Erblassers bei der Testierung (§ 2078 BGB) anzufechten. Führt eine solche Anfechtung zur Unwirksamkeit der letztwilligen Verfügung, so kann davon auch die Anordnung der Testamentsvollstreckung betroffen sein mit der Folge, dass die Testamentsvollstreckung wegfällt und sich die bisherige Testamentsvollstreckung nach den Grundsätzen der vermeintlichen Testamentsvollstreckung[54] zu beurteilen ist.

Im vorliegenden Fall ist der testamentarischen Verfügung des Grafen Koks nicht zu entnehmen, dass er seinen unehelichen Abkömmling anders behandelt wissen wollte, als seine ehelichen Kinder. Das Auftreten des Emil Steiner erschwert daher zwar die Aufgaben des Testamentsvollstreckers, hat aber keine Auswirkungen auf die Anordnung der Testamentsvollstreckung als solche.

3. Handlungsempfehlung für den Testamentsvollstrecker

45 Die Verwaltungsvereinbarung[55] wurde bislang lediglich zwischen dem Testamentsvollstrecker und den Erben Max und Moritz Graf von Koks abgeschlossen. Es ist daher dringend anzuraten, in die Vereinbarung nunmehr auch Emil Steiner einzubeziehen und die Vereinbarung ggf. insgesamt den sich geänderten Verhältnissen anzupassen. Zusätzliche Vermögenswerte stellen sich heraus.

4. Auslandsbankkonten

46 Ein Fall aus der täglichen Praxis: Der Testamentsvollstrecker stellt fest, dass der Erblasser über erhebliche Vermögenswerte im Ausland verfügt und die daraus resultierenden nicht unerheblichen Zinseinkünfte in den letzten 10 Jahren dem deutschen Fiskus verschwiegen hat, ebenso wie seinem langjährigen Vermögensberater.

Der Testamentvollstrecker diskutiert die eingetretene Lage mit allen drei Beteiligten. Emil Steiner entscheidet sich sofort dafür, entsprechende berichtigte Steuererklärungen abzugeben. Die beiden anderen Söhne sind der Auffassung, ihnen könne keiner etwas, schließlich würden sie im Ausland leben. Sie verlangen vom Testamentsvollstrecker, dass er die Steuerhinterziehung von Graf Koks nicht aufdeckt. Welche Handlungsalternative hat der Testamentsvollstrecker?

Der Erbfall ist ein geradezu klassischer Fall, in dem die Steuersünden zu Tage treten. Die vielfältigen Erklärungspflichten der Banken, Versicherungen und Notare, die Kontrollmitteilungen, die das Erbschaftsteuerfinanzamt aufgrund der vorhandenen Unterlagen an das für die Einkommensteuer des Erblassers zuständige Finanzamt schickt sowie die Mitteilsamkeit vermeintlich übergangener Erben haben schon häufig manche kritischen Fragen nach der Steuerehrlichkeit des Erblassers in den zurückliegenden Jahren aufkommen lassen. Im Extremfall können diese Feststellungen auch Anlass für eine Steuerfahndung werden.

54 Zum Vergütungsanspruch des vermeintlichen Testamentsvollstreckers vgl. oben unter § 9 C. VII.

55 Siehe oben unter § 13 C. III.

Der Testamentsvollstrecker ist nicht verpflichtet, aktiv nach Unrichtigkeiten in den vom Erblasser abgegebenen Steuererklärungen zu suchen. Erst dann, wenn er tatsächlich erkennt, dass Unrichtigkeiten oder gar Steuerhinterziehungen vorliegen, ist er verpflichtet, dies gemäß §§ 153 Abs. 1, Satz 2, 34 AO unverzüglich anzuzeigen und die erforderliche Richtigstellung vorzunehmen. Bloßes Erkennenmüssen setzt die Anzeigepflicht nicht in Gang.[56] Verstößt er gegen die Anzeigepflicht, kann er sich aufgrund dieses Verhaltens selbst strafbar machen.[57] 47

Die Erben befinden sich in folgendem Dilemma: Wenn sie sich korrekt verhalten, können sie gemäß § 169 Abs. 2 Satz 2, 3 AO rückwirkend bis zu 10 Jahren[58] für die Steuerschulden des Erblassers herangezogen werden. Darüber hinaus schulden die Erben die durch den Erblasser verwirkten Hinterziehungszinsen. Gem. § 238 AO belaufen sich die Hinterziehungszinsen auf 0,5% pro angefangenem Monat. Dieser scheinbar harmlose Betrag errechnet sich auf 6% pro Jahr bzw. 60% im Fall einer auf 10 Jahre verlängerten Festsetzungsfrist. Darüber hinaus eröffnet sich für das Finanzamt je nach Fallgestaltung aufgrund eines nicht aufklärbaren Sachverhaltes gem. § 162 AO noch die Möglichkeit zu einer Schätzung der Besteuerungsgrundlagen. So kann sich durchaus eine Verdoppelung der Steuerschuld im Vergleich zu der Schuld ergeben, die der Erblasser bei korrekter Versteuerung hätte bezahlen müssen.[59]

5. Handlungsempfehlung für den Testamentsvollstrecker:

Keinesfalls darf der Testamentsvollstrecker in diesen Fällen der Versuchung unterliegen, den Erben „etwas Gutes tun" zu wollen. Die Gefahr der Aufdeckung ist extrem hoch und damit die der eigenen Strafbarkeit. Werden Bankenmitarbeiter aufgrund von (General-) Vollmachten für den Vorstand tätig, dürften auch arbeitsrechtliche Folgen nicht ausgeschlossen sein. Schließlich darf auch der Imageschaden für das eigene Institut nicht übersehen werden. Es gibt daher nur eine Option: Die berichtigende Steuererklärung ist notfalls auch gegen den Willen der Erben abzugeben. 48

6. Gesellschaftsbeteiligung

Eines Tages erhält der Testamentsvollstrecker Post von einem Steuerberater. Es handelt sich um einen Bescheid über die einheitliche und gesonderte Gewinnfeststellung einer Immobilien-GbR, an der Graf Koks sich wenige Jahre vor seinem Tod beteiligt hatte, ohne seinen Kundenberater hiervon zu informieren. Der Testamentvollstrecker stellt fest, dass Graf Koks sich zusammen mit seinem Steuerberater und seinem Arzt an einem Mehrfamilienhaus in Mecklenburg-Vorpommern beteiligt hatte. 49

56 Tipke in Tipke-Kruse, Abgabenordnung/FGO, § 153 Tz. 12. (Lfg. 95 - 07/2001).

57 Für den Erben gilt vergleichbares: Strafrechtlich kann er für die Steuerhinterziehung des Erblassers nicht zur Verantwortung gezogen werden. Erkennt er aber bei Sichtung des Nachlasses, dass der Erblasser gegenüber dem Finanzamt falsche oder unvollständige Angaben gemacht hat, so trifft ihn gem. § 153 Abs. 1 S. 2 AO in gleichem Maße, wie ursprünglich den Erblasser (sowie später den Testamentsvollstrecker) die Verpflichtung, unverzüglich die erforderliche Richtigstellung vorzunehmen. Verstößt er gegen diese Pflicht, kann er sich aufgrund dieses Verhaltens selbst strafbar machen.

58 In Abhängigkeit vom konkreten Einzelfall kann die Rückwirkung auch noch einige Jahre länger sein. Nach § 170 Abs. 2 Nr. 1 AO beginnt die zehnjährige Verjährungsfrist in vielen Fällen erst mit Ablauf des dritten Kalenderjahres, das dem Jahr folgt, in dem die Steuer entstanden ist. Darüber hinaus kennt § 171 Abs. 12 AO noch spezielle Tatbestände zur Ablaufhemmung.

59 vgl. Schiffer/Rott in Schiffer/Rödel/Rott, Haftungsgefahren im Unternehmen, Rn. 1725.

Das Problem in dieser Fallkonstellation liegt bereits im Vorfeld: Es ist nicht gelungen, den Erblasser dafür zu sensibilisieren, dass jede finanztechnische Entscheidung ihre spezifischen Auswirkungen auf seine Vermögensnachfolge hat. Gerade gesellschaftsrechtliche Beteiligungen erfordern eine präzise Abstimmung zwischen der gesellschaftsrechtlichen und der erbrechtlichen Ebene der Vermögensnachfolge. Die Fallkonstellationen sind dabei sehr unterschiedlich. Das vorgestellte Fallbeispiel bildet nur eine von vielen denkbaren Möglichkeiten ab. Selbst innerhalb dieses Fallbeispiels sind wiederum verschiedene Möglichkeiten denkbar.

a) Es gibt keinen schriftlichen Gesellschaftsvertrag

50 Bei der Gesellschaft bürgerlichen Rechts handelt es sich um die Grundform aller Gesellschaften. Der Vertragsschluss kann sogar bei den sog. Gelegenheitsgesellschaften[60] mündlich erfolgen.

Fehlt es an abweichenden Vereinbarungen, so führt der Tod eines Gesellschafters einer GbR zur Auflösung der Gesellschaft, § 727 Abs. 1 BGB. Der Erbe des verstorbenen Gesellschafters beziehungsweise der für ihn handelnde Testamentsvollstrecker hat den übrigen Gesellschaftern den Tod unverzüglich anzuzeigen. Darüber hinaus hat er im Wege der Notgeschäftsführung die bisherigen Aufgaben des Erblassers fortzuführen, bis die übrigen Gesellschafter anderweitige Fürsorge treffen können. Schließlich hat er an der Auseinandersetzung der Gesellschaft nach §§ 730 ff. BGB mitzuwirken. Der verbleibende Überschuss ist dem Nachlass zuzuführen.

b) Es gibt einen schriftlichen Gesellschaftsvertrag mit Fortsetzungsklausel, aber ohne Nachfolgeklausel

51 Diese sogenannte reine Fortsetzungsklausel findet sich häufig in formularmäßig gestalteten Gesellschaftsverträgen. Sie verhindert die Auflösung und Liquidation der GbR bei Tod eines ihrer Mitglieder und regelt, dass die Gesellschaft unter den verbliebenen Gesellschaftern fortgesetzt wird. Tritt der Fortsetzungsfall ein, wächst der Anteil des Verstorbenen am Gesellschaftsvermögen den verbliebenen Gesellschaftern an, § 738 BGB (ggf. i.V.m. §§ 105 Abs. 3, 161 Abs. 2 BGB). Den Erben steht als Ausgleich für den Verlust des Gesellschaftsanteils ein schuldrechtlicher Abfindungsanspruch zu.[61] Dieser ist durch Erstellung einer Ablichtungsbilanz auf den Todestag zu ermitteln. Dabei ist der Verkehrswert für das lebende Unternehmen einschließlich aller stillen Reserven und des Goodwill maßgeblich.[62] Abweichende Berechnungsmethoden werden häufig im Gesellschaftsvertrag im Interesse des Fortbestandes des Unternehmens vereinbart.[63]

Für Altverbindlichkeiten der Gesellschaft haften die Erben mit der Nachhaftungsbegrenzung nach § 736 Abs. 2 BGB i. V. m. § 160 HGB. Darüber hinaus haben sie gegen die Gesellschaft und die verbleibenden Gesellschafter nach § 738 Abs. 1 BGB i. V.m. § 1922 BGB einen Anspruch auf Freistellung von diesen Verbindlichkeiten. Schließlich können sie von den erbrechtlichen Haftungsbeschränkungen der §§ 1975 ff. BGB Gebrauch machen.[64]

60 Als Beispiel sei hier nur der Zusammenschluss mehrerer Personen zu einer gemeinsamen Bergbesteigung genannt.
61 Der Anspruch richtet sich gegen die Gesellschaft, § 124 HGB, sowie gegen die Gesellschafter, §§ 128, 130 HGB, vgl. BGH WM 1972, 1400.
62 Baumbach/ Hopt, Handelsgesetzbuch, 32. Aufl., § 138 Rn. 49, 21.
63 Eine Voraussetzung für die Wirksamkeit dieser Abfindungsklauseln ist die Gleichbehandlung aller Gesellschafter. Nur bei Ausscheiden eines Gesellschafters durch Tod kann die Abfindung ganz ausgeschlossen werden, vgl. BGH WM 1971, 1338, Reimann DNotZ1992, 487).
64 S.o. unter B.I.4).

c) Es gibt einen schriftlichen Gesellschaftsvertrag mit Nachfolgeklausel

Diese Form der Nachfolgeklausel findet sich häufig in individuell gestalteten Gesellschaftsverträgen. Zu unterscheiden ist zwischen 52

- der sog. erbrechtlichen Nachfolgeklausel,
- der rechtsgeschäftlichen Nachfolgeklausel sowie
- der gesellschaftsrechtlichen Eintrittsklausel.

Durch die erbrechtliche Nachfolgeklausel wird im Gesellschaftsvertrag in Abänderung der Vorschrift des § 727 BGB der Gesellschaftsanteil des versterbenden Gesellschafters erblich gestellt. Der Erbe tritt dann automatisch, also ohne weitere rechtsgeschäftliche Erklärungen, in die bisherige Gesellschafterstellung des verstorbenen Gesellschafters ein.[65]

Bei Vorhandensein einer rechtsgeschäftlichen Nachfolgeklausel die bei Tod eines Gesellschafters dessen Mitgliedschaft kraft der Regelung im Gesellschaftsvertrag automatisch auf eine benannte Person über, ohne dass diese Erben des Verstorbenen zu sein braucht.[66]

Die gesellschaftsrechtliche Eintrittsklausel gibt es dem Erblasser das Recht, die Person des Eintrittsberechtigten sowohl durch lebzeitige Benennung, als auch durch letztwillige Verfügung[67] zu bestimmen. Der Begünstigte erlangt damit im Sinne eines Vertrages zu Gunsten Dritter nach § 328 BGB einen – einklagbaren – Anspruch auf Aufnahme in die Gesellschaft.

d) Handlungsempfehlung für den Testamentsvollstrecker

Gesellschaftsrechtliche Beteiligungen im Bereich der Personengesellschaften sind schon aufgrund des komplizierten Zusammenspiels von Erbrecht und Gesellschaftsrecht für den Testamentsvollstrecker in höchstem Maße haftungsträchtig. Hinzu kommt die im Einzelfall häufig schwierig zu entscheidende Frage, welche Gesellschafterrechte der Testamentsvollstrecker ausüben darf und welche dieser Rechte den Gesellschaftererben als Kernbereich stets selbst zugewiesen bleiben. Die Hinzuziehung eines Fachanwaltes ist bei derartigen Fragestellungen deshalb stets angezeigt. 53

7. Auslandsimmobilie

Nach 8 Monaten erhält der Testamentvollstrecker Nachricht davon, dass Graf Koks Eigentümer einer Ranch in Florida war. Im Zuge der weiteren Nachforschungen stellte sich heraus, dass der Erblasser diese Ranch vor etwa fünf Jahren von einem entfernten Onkel geerbt hatte. Seinen Kundenberater hat er hierüber (natürlich) nicht informiert. 54

Auch bei dieser Sachverhaltskonstellation handelt es sich um einen typischen Fall: Der Erblasser hat überhaupt nicht realisiert, dass die Zugehörigkeit von Auslandsvermögen die Abwicklung seines Nachlasses ganz entscheidend beeinflussen kann.

65 vgl. BGH NJW 1983, 2376, 2377. Bei der Sonderform der qualifizierten erbrechtlichen Nachfolgeklausel bestimmt der Gesellschaftsvertrag, dass nur ein oder mehrere näher bestimmte Erben in die Gesellschaft eintreten.

66 Die rechtsgeschäftlichen Nachfolgeklausel ist nur wirksam, wenn der begünstigte mitwirkt, denn eine Gesellschafterstellung verschafft nicht nur Rechte, sondern begründet auch Pflichten. Ein Vertrag zulasten Dritter ist aber unzulässig. Vgl. i.Ü. auch BGH, NJW 1978, 264.

67 auch durch ein Vermächtnis, vgl. BGH NJW-RR 1987, 989.

In vorliegendem Fall liegt ein Sachverhalt des Internationalen Erbrechts[68] vor, der zu einer sog. Nachlassspaltung führt. Das nach Art. 25 Abs. 1 BGB grundsätzlich an die deutsche Staatsangehörigkeit von Graf Koks anknüpfende Erbstatut, wonach zur Gänze deutsches Erbrecht gelten würde, wird durch die Regelung des Art 3 Abs. 3 EGBGB verdrängt. Danach gilt das Recht des Belegenheitsstaates für die dort befindlichen Nachlassgegenstände, sofern dieses Recht diese Nachlassgegenstände besonderen Vorschriften unterwirft. Die nach dem Recht der USA maßgebliche Teilrechtsordnung des Bundesstaats Florida als Belegenheitsstaat unterwirft die Erbfolge in den unbeweglichen Nachlass der zur Zeit des Todes geltenden sog. lex rei sitae. Dies hat zur Folge, dass der in Florida belegenen Nachlassteil als selbstständig anzusehen ist, während der übrige Nachlassteil dem deutschen Erbrecht unterfällt. Entsprechendes gilt auch für die Zulässigkeit der Testamentsvollstreckung und die Rechtsstellung des Testamentsvollstreckers.[69]

Im Ergebnis unterliegt das Grundstück in Florida daher weder den deutschen Erbrechtsregeln, noch der Testamentsvollstreckung.

8. Handlungsempfehlung für den geschäftsmäßigen Testamentsvollstrecker

55 Das Vorhandensein von ausländischem Grundbesitz ist schon aufgrund des komplizierten Zusammenspiels von inländischem und ausländischem Erbrecht für den Testamentsvollstrecker in höchstem Maße haftungsträchtig. Hinzu kommen regelmäßig schwierige Fragen des Steuerrechts. Die Hinzuziehung eines Fachanwaltes ist bei derartigen Fragestellungen deshalb stets angezeigt.

II. Auswirkungen auf Erbschaftsteuererklärung und Testamentsvollstreckerzeugnis

56 Zunächst wird der Testamentsvollstrecker wegen des „diskreten" Vermögens in der Schweiz berichtigte Einkommensteuererklärungen nach § 153 AO einreichen. Werden die Erben mit Steuernachforderungen auf die Steuerschuld von Graf Koks belastet, so stellen diese Steuerschulden Nachlassverbindlichkeiten dar. Dadurch verringert sich der Aktivnachlass, folglich zugleich auch die Bemessungsgrundlage für die Erbschaftsteuer. Die vom Testamentsvollstrecker geltend zu machenden Abfindungs- oder Auseinandersetzungsansprüche bezüglich der Immobilien-GbR führen zu einer Erhöhung der Bemessungsgrundlage für die Erbschaftsteuer.

Da Emil Steiner als zusätzlicher Erbe in Erscheinung getreten ist, erstreckt sich die Aufgabe des Testamentsvollstreckers zur Abgabe der Erbschaftsteuererklärungen nunmehr auch auf den ihm bislang gänzlich unbekannten Erben.

Das unbeschränkt erteilte Testamentsvollstreckerzeugnis ist unrichtig, gleiches würde im Übrigen für einen ggf. erteilten Erbschein[70] gelten, der einzuziehen wäre. Dem Testamentsvollstrecker ist

68 Siehe ausführlicher oben unter B.V.

69 So ausdrücklich BayObLG Beschl.v. 26.11.2004 – 1Z BR 74/04, FamRZ 2005, 1017, 1018, dem die Sachverhaltskonstellation entnommen ist.

70 Ein besonnen agierender Testamentsvollstrecker wird aus Kostengründen im vorliegenden Fall keinen Erbschein beantragt haben. Das notarielle Testament wird – jedenfalls in Verbindung mit dem Eröffnungsprotokoll des Nachlassgerichts – für eine Legitimation gegenüber den Bankinstituten und den Mietern ausgereicht haben. Für die Umschreibung des deutschen Immobilienvermögens und die Eintragung des Testamentsvollstreckervermerks im Grundbuch reichen diese Unterlagen ebenfalls regelmäßig aus.

in entsprechender Anwendung des § 2369 BGB ein gegenständlich beschränktes Testamentsvollstreckerzeugnis zu erteilen, weil Graf Koks wegen des Immobilienvermögens teilweise nach ausländischem Recht beerbt wurde.

§ 14 Formulierungshilfen

A. Für Anordnungen in letztwilligen Verfügungen

I. Checkliste zur Testamentsvollstreckeranordnung

1 1. Schritt: Gestaltungsalternativen zur Testamentsvollstreckung prüfen[1]
- reine Vollmachtslösungen
- Stiftungserrichtung
- alternative erbrechtliche Regelungen
- familienrechtliche Lösungen
- gesellschaftsvertragliche Optionen

2 2. Schritt: Wirksame letztwillige Verfügung errichten[2]
- den richtigen Gestaltungsberater wählen
- handschriftliches (gemeinschaftliches) Testament
- notarielles Testament / Erbvertrag

3 3. Schritt: Die richtige Person zum Testamentsvollstrecker bestimmen[3]
- Vertrauen
- Verbindlichkeit und Bestimmtheit
- fachliche Befähigung
- Unabhängigkeit
- Bonität
- körperliche und geistige Verfassung
- professionelle Infrastruktur
- zertifizierte Testamentsvollstrecker/ Fachberater/ Fachanwälte

4 4. Schritt: Die Inhalte der Testamentsvollstreckeranordnung präzise festlegen[4]
- Auseinandersetzungsvollstreckung
- Dauer-/ schlichte Verwaltungsvollstreckung
- Testamentsvollstreckung bei Vor- und Nacherbschaft
- Testamentsvollstreckung mit beschränktem Aufgabenkreis
- Pflichtteilsbeschränkung in guter Absicht

5 5. Schritt: Die richtige Vergütungsanordnung treffen[5]
- Pauschalvergütung
- zeitabhängige Vergütung

---

1 Einzelheiten siehe § 4 A.
2 Einzelheiten siehe § 4 B.
3 Einzelheiten siehe § 4 C.
4 Einzelheiten siehe § 4 D.
5 Einzelheiten siehe § 9.

- tabellenmäßige Vergütung

6. Schritt: Schiedsgerichtsklausel bedenken[6] 6

7. Schritt: Dem Testamentsvollstrecker Hilfsmittel zur Aufgabenerfüllung an die Hand geben[7] 7

- (notarielle) Generalvollmachten
- (grundstücksbezogene) Einzelvollmachten
- (internationale) Nachlassvollmacht
- unternehmensbezogene Generalvollmacht
- Pflichtteilsvollmacht
- Einzelvollmacht zur Abwicklung der Bestattung

II. Grundmuster mit Ersatztestamentsvollstrecker-Bestimmung

„Ich ordne Testamentsvollstreckung an. (Es folgt die Aufgabenbeschreibung der Testamentsvollstreckung[8]). 8

Zum Testamentsvollstrecker bestimme ich (…). Der Testamentsvollstrecker ist in der Eingehung von Verbindlichkeiten für den Nachlass nicht beschränkt. Darüber hinaus ist er von den Beschränkungen des § 181 BGB befreit.[9]

Für den Fall, dass der von mir ernannte Testamentsvollstrecker sein Amt nicht antritt, es später niederlegt oder aus rechtlichen oder tatsächlichen Gründen an der Amtsausübung gehindert ist, soll die Testamentsvollstreckung gleichwohl fortbestehen. Ersatztestamentsvollstrecker[10] soll in diesem Fall (…) sein.

Sollte auch dieser Testamentsvollstrecker nicht ernannt werden können, ersuche ich die Arbeitsgemeinschaft Testamentsvollstreckung und Vermögenssorge (AGT) e.V. in Bonn, hilfsweise das Nachlassgericht, einen Testamentsvollstrecker zu ernennen. Die Auswahl soll aus dem Kreise der von der AGT zertifizierten Testamentsvollstrecker, der Fachberater für Testamentsvollstreckung und Nachlassverwaltung (DStV e.V.) oder eines Fachanwalt es für Erbrecht erfolgen.[11]

Testamentsvollstrecker und Ersatztestamentsvollstrecker haben die Befugnis, ihrerseits einen Ersatztestamentsvollstrecker mit ebenfalls dieser Befugnis zu benennen. Sie sind darüber hinaus berechtigt, nach ihrem billigen Ermessen gemäß § 317 BGB bis zu zwei Mittestamentsvollstrecker[12] zu ernennen, soweit sie dies für spezielle Aufgabenkreise für erforderlich halten."

(Weitere Regelungen, z. B. zur Vergütung[13])

6 Einzelheiten siehe § 4 D X.
7 Einzelheiten siehe § 4 E.
8 Siehe hierzu die nachfolgenden Muster A III und A IV.
9 Erläuterungen siehe § 4 D II.
10 Erläuterungen siehe § 4 D IV.
11 Erläuterungen siehe § 4 D IV.
12 die Einsetzung mehrerer Testamentsvollstrecker bietet Vorteile (u.a. höhere Sachkompetenz, Möglichkeit der Streitentscheidung durch das Nachlassgericht nach § 2224 BGB), hat aber auch Nachteile (u. U. schwerfälligere Entscheidungsabläufe, i. d. R. höhere Kosten, vgl. §). Aus diesem Grund empfiehlt es sich oftmals, die Frage der Einschaltung von Mittestamentsvollstreckern der Entscheidungskompetenz des „ersten" Testamentsvollstreckers zu überlassen. Auch wird der Erblasser bei der Abfassung seiner letztwilligen Verfügung oftmals noch gar nicht genau wissen, ob sein Vermögen im Todesfall tatsächlich noch so strukturiert ist, dass es unterschiedlich spezialisierter Testamentsvollstrecker bedarf.
13 Je spezieller der Aufgabenbereich des Testamentsvollstreckers gestaltet ist, um so individueller sollte die Vergütungsanordnung (Einzelheiten siehe zu § 9) sein.

III. Aufgabenbeschreibung Abwicklungsvollstreckung[14] mit Pflichtteilsvollmacht[15] für Testamentsvollstrecker

9 (Anordnung der Testamentsvollstreckung)

„Aufgabe des Testamentsvollstreckers ist die Bewirkung der Auseinandersetzung des Nachlasses unter den Erben. Die Testamentsvollstreckung erstreckt sich auf alle zum Nachlass gehörenden Gegenstände. Eine Dauertestamentsvollstreckung ist nicht angeordnet.[16]

Der Testamentsvollstrecker hat zunächst die angeordneten Vermächtnisse zu erfüllen. Sodann soll er für die Ausführung der Teilungsanordnung sorgen. Zur Bestimmung der Höhe der Beträge, die sich meine Erben anrechnen lassen müssen, soll der Testamentsvollstrecker Gutachten eines öffentlich bestellten und vereidigten Grundstückssachverständigen einholen und zu Grunde legen. Für die Bewertung der Kunstsammlung soll nach freier Wahl des Testamentsvollstreckers eine Schätzung entweder durch das Auktionshaus „Sothebys" oder „Christies" maßgeblich sein.[17]

Meinem Testamentsvollstrecker weise ich weiterhin die Aufgabe zu, die Pflichtteilsansprüche meines nichtehelichen Sohnes (...) zu erfüllen.[18] Hierzu erteile ich ihm unter Befreiung von den Beschränkungen des § 181 BGB die Vollmacht, alle Maßnahmen zu treffen, die in diesem Zusammenhang notwendig sind. Meine Erben belaste ich mit der Auflage, diese Vollmacht nicht zu widerrufen."

(weitere Regelungen, z. B. zur Vergütung)

IV. Aufgabenbeschreibung Dauertestamentsvollstreckung

10 (Anordnung der Testamentsvollstreckung)

„Aufgabe des Testamentsvollstreckers ist:

1. Die Erfüllung der von mir ausgesetzten Vermächtnisse,
2. Die Bewirkung der Erbauseinandersetzung unter allen Miterben, wobei meine Teilungsanordnungen zu berücksichtigen sind,
3. Die Verwaltung aller meinem Enkel (...) zufallenden Geschäftsanteile an der (...) GmbH & Co. KG. Bezüglich dieses Teils der Testamentsvollstreckung bestimme ich ergänzend folgendes:

14 Beispielsweise verwendbar zusammen mit dem Grundmuster A II.

15 In Anlehnung an Klingelhöffer, ZEV 2000, 261, 262.

16 Die Abwicklungsvollstreckung nach §§ 2203, 2204 BGB ist zwar der gesetzliche Regelfall, so das es dieses sowie des vorangegangenen Satzes eigentlich nicht bedürfen würde. Andererseits muss bedacht werden, dass in einem Streitfall die Auslegung des letzten Willens durch einen Dritten erfolgen wird, der regelmäßig von den Beweggründen des Erblassers am weitesten entfernt steht, nämlich dem zuständigen Gericht, und das oft erst viele Jahre nach der Testierung. In der Praxis hatte sich deshalb als sinnvoll erwiesen, auch vermeintliche Selbstverständlichkeiten ausdrücklich in die letztwilligen Verfügungen aufzunehmen, um sie den Auslegungskünsten des konkret zu Entscheidung berufenen Richters, die auch vor notariellen Testamenten nicht halt machen, zu entziehen.

17 Vgl. zu dieser Möglichkeit der Nachlassbewertung bei Kunstwerken OLG Köln, Urt. v. 05.10.2005, 2 U 153/04, NJW 2006, 625-627.

18 Die Abwicklung und Erfüllung von Pflichtteilsansprüchen gehört nicht zum gesetzlichen Aufgabenkreis des Testamentsvollstreckers (§ 7 H. I. 3. c). Gerade in Situationen wie der vorliegenden, bei der es um die Auseinandersetzung eines vermögensmäßig anspruchsvoll strukturierten und wertvollen Nachlasses handelt, erscheint es sinnvoll, eine – auch emotionale - Konfliktsituation zwischen ehelichen und nichtehelichen Abkömmlingen durch die Zwischenschaltung eines professionellen Testamentsvollstreckers als neutralem Abwickler von vornherein gar nicht erst entstehen zu lassen.

Mein Enkel (...) soll erst von dem Zeitpunkt an über die ihnen zufallenden Geschäftsanteile verfügen können, an dem er sein 27. Lebensjahr vollendet haben wird. Bis zu diesem Zeitpunkt soll der Testamentsvollstrecker die Verwaltung des Erbteils meines Enkels übernehmen. Dabei kommt ihm die Befugnis zu, alle mit den Geschäftsanteilen zusammenhängenden Rechte und Pflichten einschließlich des Stimmrechts in der Gesellschaftsversammlung auszuüben.[19] Insoweit belaste ich meinen Enkel mit der Auflage, dem Testamentsvollstrecker – soweit rechtlich erforderlich – eine Vollmacht zur Ausübung der Gesellschafterrechte zu erteilen.

Die jährlichen Ausschüttungen sollen durch den Testamentsvollstrecker nicht an meinen Enkel ausgezahlt, sondern bis zum Ende der Testamentsvollstreckung gesondert auf einem Festgeldkonto angelegt werden. Von dieser Anweisung kann der Testamentsvollstrecker abweichen, wenn sich nach seinem billigen Ermessen die Notwendigkeit ergibt, die Ausschüttungen ganz oder teilweise für die Ausbildung meines Enkels verwenden zu müssen."

(weitere Regelungen, z. B. zur Vergütung[20])

V. Vergütungsanordnung bei einer geschäftsmäßigen Abwicklungstestamentsvollstreckung[21]

„Der Testamentsvollstrecker soll für seine Tätigkeit eine angemessene Vergütung erhalten. Als angemessene Vergütung ist der Betrag anzusehen, der sich aus der Rheinischen Tabelle des Deutschen Notarvereins in der zum Zeitpunkt meines Todes gültigen Fassung ergibt. Sollte der Testamentsvollstrecker bei Amtsantritt zertifizierter Testamentsvollstrecker oder Fachberater für Testamentsvollstreckung sein, soll die Vergütung pauschal um 15 % erhöht werden, sofern die Vergütungstabelle diesen Umstand nicht bereits mit einem höheren Zuschlag berücksichtigt. 11

Bemessungsgrundlage soll mein Bruttonachlass sein. 50 % der Grundvergütung kann sich der Testamentsvollstrecker bei Antritt seines Amtes sofort aus dem Nachlass entnehmen. Sollte die Testamentsvollstreckung nach Ablauf eines Jahres noch nicht abgeschlossen sein, steht dem Testamentsvollstrecker ein weiterer Vorschuss zu. Dieser Vorschussanspruch gilt für jedes Jahr der Testamentsvollstreckung. Der Vorschussanspruch ist jedoch beschränkt auf 75 % der zum Zeitpunkt der Vorschussentnahme verwirklichten Testamentsvollstreckervergütung. Die gesamte Testamentsvollstreckervergütung wird mit dem Ende der Vollstreckung fällig.

Der Testamentsvollstrecker hat darüber hinaus einen Anspruch auf Ersatz der erforderlichen Auslagen einschließlich einer angemessenen Vermögensschadenhaftpflichtversicherung sowie der Umsatzsteuer. Berufsmäßige Dienste des Testamentsvollstreckers sind von der Testamentsvollstreckervergütung erfasst/nicht erfasst/ in folgendem Umfang erfasst (...).

Ferner vermache ich dem von mir zuerst benannten Testamentsvollstrecker einen einmaligen Betrag von 10.000,00 €, der unter der Bedingung steht, dass der Testamentsvollstrecker sein Amt angenommen und abgewickelt hat. Das Vermächtnis wird zeitgleich mit der Aushändigung des Nachlasses an die Erben fällig und kann dem Nachlass noch durch den Testamentsvollstrecker selbst entnommen werden."

19 Zur Testamentsvollstreckung an Kommanditanteilen vgl. § 7 V.

20 In diesem Fall kann nur eine individuelle Vergütungsregelung der besonderen Verantwortung, die dem Testamentsvollstrecker in diesem Fall zukommen soll, gerecht werden, weitere Einzelheiten siehe § 9.

21 Muster nach Rott/Schiffer, Testamentsvollstreckung, Moderne Formen der Vergütung von Testamentsvollstreckern in der Praxis, BBEV 2008, 22 ff.

VI. Vergütungsanordnung bei einer geschäftsmäßigen Dauertestamentsvollstreckung[22] (z. B. Banken und Vermögensverwalter)

12 „Der Testamentsvollstrecker soll für seine Tätigkeit eine angemessene Testamentsvollstreckervergütung erhalten. Diese bestimme ich wie folgt:

Mein Wertpapiervermögen befindet sich bereits in der Verwaltung von (...). Diese soll dort entsprechend den von mir zuletzt vor meinem Tode vorgegebenen Richtlinien fortgesetzt werden. Für diesen Teil der Verwaltung des Nachlasses erhält der Testamentsvollstrecker eine Vergütung in Höhe von 0,5 % des Bestands des Wertpapiervermögens, wie er sich zu Beginn eines jeden Jahres darstellt. Soweit der Testamentsvollstrecker Immobilien verwaltet, erhält er als Vergütung 1,5 % des Bruttojahresertrags. Bei der Veräußerung einer Immobilie erhält er 1 % der im Notarvertrag vereinbarten Gegenleistung. Soweit der Testamentsvollstrecker für Geschäfte der vorbezeichneten Art Provisionen erhält, hat er sich diese auf seine Testamentsvollstreckervergütung anrechnen/nicht anrechnen zu lassen. Die Vergütung ist jeweils zum 28. Februar eines jeden Jahres fällig.

Der Testamentsvollstrecker ist berechtigt, angemessene monatliche Abschlagszahlungen aus dem Nachlass zu entnehmen und erhält zusätzlich einen Auslagenersatz, der sofort fällig ist. Hierzu gehören insbesondere, aber nicht ausschließlich, die gesetzliche Umsatzsteuer, Reiseauslagen, Telekommunikationsauslagen sowie die Aufwendungen für eingeschaltete Hilfspersonen (Rechtsanwälte, Steuerberater, Makler, zusätzlich für meinen Nachlass abgeschlossene Vermögensschadenhaftpflichtversicherung u. a.). Die Auslagen für Telefon, Internet und Porto kann der Testamentsvollstrecker nach seiner Wahl entweder konkret berechnen oder mit 25,00 € monatlich pauschalieren. Im Zweifel ist der Testamentsvollstrecker berechtigt, die Höhe der Testamentsvollstreckervergütung gemäß § 315 BGB nach billigem Ermessen zu bestimmen."

13 VII. Generalvollmacht

I.

1. Ich, (…), geb. am (…), wohnhaft (…),

– nachfolgend „Vollmachtgeber" genannt –

erteile hiermit

(…), geb. am (…), wohnhaft (…),

– nachfolgend „Bevollmächtigter" genannt –

22 Muster nach Rott/Schiffer, Testamentsvollstreckung, Moderne Formen der Vergütung von Testamentsvollstreckern in der Praxis, BBEV 2008, 22 ff.

Generalvollmacht[23]

mich in allen persönlichen und vermögensrechtlichen Angelegenheiten, bei denen eine Stellvertretung gesetzlich zulässig ist, zu vertreten. Die Vollmacht soll auch und erst recht dann wirksam sein, wenn ich infolge Alters- oder Krankheit meine Angelegenheiten ganz oder teilweise nicht mehr selbst besorgen kann, namentlich auch, wenn ich geschäftsunfähig werden sollte. Die Vollmacht soll in diesem Fall als Vorsorgevollmacht zur Vermeidung der Anordnung einer Betreuung dienen.

Die Vollmacht soll ausdrücklich auch über meinen Tod hinaus gelten.

2. Als Generalvollmacht soll die Vollmacht in ihrem Umfang unbeschränkt sein. Insbesondere soll die Vollmacht die nachfolgenden Angelegenheiten erfassen, ohne dass dies abschließend gemeint wäre oder dass damit eine Beschränkung der Vollmacht getroffen würde:

2.1 Vermögensangelegenheiten

Die Vollmacht umfasst insbesondere die Befugnis, alle Rechtshandlungen und Rechtsgeschäfte im Namen des Vollmachtgebers vorzunehmen und den Vollmachtgeber vor Gerichten zu vertreten sowie Prozesshandlungen aller Art vorzunehmen, Grundbesitz zu veräußern und zu erwerden, Grundpfandrechte einschließlich Zinsen und Nebenleistungen und sonstige Rechte für beliebige Gläubiger und Berechtigte zu bestellen und die Eintragung im Grundbuch zu bewilligen und zu beantragen, die dingliche Zwangsvollstreckungsunterwerfung nach § 800 ZPO zu erklären, die Löschung von allen dinglichen Rechten zu erklären und im Grundbuch zu bewilligen, über sonstige Vermögensgegenstände aller Art zu verfügen, den Vollmachtgeber vor Behörden, Dienststellen, Notariaten, Banken sowie Versicherungsgesellschaften aller Art im In- und Ausland umfassend zu vertreten, Zahlungen und Wertgegenstände anzunehmen, über Bankkonten und Depots sowie sonstiges Geldvermögen aller Art im Namen des Vollmachtgebers zu verfügen und Bankkonten und Depots zu eröffnen und aufzulösen, Verbindlichkeiten einzugehen und Kreditverträge abzuschließen.

Die Vollmacht umfasst auch die Befugnis, Verfügungen von Todes wegen anzuerkennen oder anzufechten, Erbschaften anzunehmen oder auszuschlagen, mich als Erben, Pflichtteilsberechtigten, Vermächtnisnehmer, Schenker oder Beschenkten in jeder Weise, auch bei Vermögens- und Gemeinschaftsauseinandersetzungen zu vertreten und Erklärungen für mich abzugeben und alles zu tun, was zur vollständigen Regelung von Nachlässen und zu deren Teilung notwendig ist.

Die Vollmacht umfasst weiterhin die Ausübung von Gesellschafterrechten, insbesondere zur Teilnahme an Gesellschafterversammlungen und zur Stimmrechtsausübung sowie Anmeldungen zum Handelsregister.

2.2 Verträge, Erklärungen und Anträge

Der Bevollmächtigte ist außerdem befugt, mich in allen Vertragsangelegenheiten, bei der Abgabe von Erklärungen sowie bei der Erstellung von Anträgen zu vertreten. Insbesondere umfasst die Vollmacht hierbei nachfolgende Angelegenheiten, ohne dass dies abschließend gemeint wäre:

23 Das vorliegende Muster ist als sog. Vorsorgevollmacht gestaltet. Um dem Bevollmächtigten zu ermöglichen, auch grundstücksbezogene Rechtsgeschäfte für den Vollmachtgeber tätigen zu können, soll die Vollmacht I. notariell beurkundet werden, was grundsätzlich nicht notwendig ist, vgl. § 4 A.I.3.

- Verträge jeglicher Art unter beliebigen Bedingungen abzuschließen, Vergleiche jeder Art einzugehen sowie Schenkungen im Rahmen von Anstands- und Pflichtschenkungen zu machen;
- Vereinbarungen mit Kliniken, Alters- und/oder Pflegeheim abzuschließen;
- Erklärungen jeder Art, wie Einwilligungen, Anfechtungserklärungen, Kündigungen, Austritte, Rücktritte, Widerrufe und Verzichte abzugeben und entgegenzunehmen;
- mich in Renten-, Versorgungs-, Beihilfe-, Steuer-, Pflegeversicherungs-, Versicherungs- und sonstigen Angelegenheiten und zur Beantragungen von Leistungen jeder Art wie Renten, Versorgungsbezüge, Pflegeversicherungsleistungen, Grundsicherung oder Sozialhilfe zu vertreten;
- geschäftsähnliche Handlungen wie Mahnungen, Fristsetzungen, Anträge und Mitteilungen sowie alle sonstigen Verfahrenshandlungen für mich vorzunehmen;
- Rechtsstreitigkeiten für mich als Kläger oder Beklagter durch alle Rechtszüge zu führen, Prozessbevollmächtigte zu bestellen, Vergleiche abzuschließen, Verzichte zu erklären und Ansprüche anzuerkennen, Wiedereinsetzung in den vorherigen Stand, einstweilige Verfügungen und Arreste zu erwirken und mich in allen gerichtlichen und außergerichtlichen Verfahren als Gläubiger oder Schuldner, Kläger oder Beklagter oder in jeder sonstigen in Frage kommenden Eigenschaft zu vertreten.

Die Vollmacht erstreckt sich auch auf meine Vertretung gegenüber Gerichten, Behörden, öffentlichen Registern und Amtspersonen sowie gegenüber allen natürlichen und juristischen Personen. Sollte mein Bevollmächtigter zu meinem Testamentsvollstrecker bestimmt werden, so soll die Vollmacht hierdurch nicht erlöschen, sondern parallel zu seinem Testamentsvollstreckeramt fortbestehen.[24] Als Bevollmächtigter soll er nicht den Beschränkungen des Testamentsvollstreckers unterliegen.

2.3 Persönliche Angelegenheiten

Der Bevollmächtigte ist weiterhin zur Vertretung in allen persönlichen Angelegenheiten befugt. Insbesondere umfasst die Vollmacht nachfolgende persönliche Angelegenheiten:

Ärztliche Maßnahmen

Die Vollmacht umfasst die Befugnis zur Einwilligung in ärztliche Maßnahmen, wie in eine Untersuchung des Gesundheitszustandes, eine Heilbehandlung oder einen ärztlichen Eingriff, auch dann, wenn die begründete Gefahr besteht, dass der Vollmachtgeber aufgrund der Maßnahme stirbt oder einen schweren und länger andauernden gesundheitlichen Schaden erleidet (§ 1904 BGB).

Unterbringung

Die Vollmacht berechtigt dazu, den Aufenthalt des Vollmachtgebers zu bestimmen. Die Vollmacht umfasst auch die Befugnis zu Unterbringungsmaßnahmen im Sinne des § 1906 BGB, insbesondere eine Unterbringung des Vollmachtgebers, die mit Freiheitsentzug verbunden ist, die sonstige Unterbringung des Vollmachtgebers in eine Anstalt, einem Heim oder einer sonstigen Einrichtung oder die Vornahme von sonstigen Freiheitsentziehungsmaßnahmen durch mechanische Vorrichtungen, Medikamente o.ä. über einen längeren Zeitraum.

24 Diese Klarstellung empfiehlt sich, um von vornherein Zweifel über das rechtliche Schicksal der Vollmacht zu vermeiden, wenn der Bevollmächtigte zum Testamentsvollstrecker bestellt wird. Die gewählte Formulierung ermöglicht es dem Testamentsvollstrecker, wahlweise als Testamentsvollstrecker oder als Bevollmächtigter zu agieren. Je nach Strukturierung des Nachlasses lässt sich so möglicherweise sogar die kostspielige Erteilung eines Testamentsvollstreckerzeugnisses vermeiden.

Ich bin darüber belehrt, dass der Bevollmächtigte für die Einwilligung zu den vorgeschriebenen ärztlichen Maßnahmen und Maßnahmen der Unterbringung im Regelfall gem. § 1904 BGB bzw. § 1906 BGB der Genehmigung des Vormundschaftsgericht bedarf.

Totenfürsorge

Die Vollmacht berechtigt auch zu sämtlichen Entscheidungen über meine Totenfürsorge und über Art und Umfang meiner Beerdigung.

Sonstiges

Die Vollmacht umfasst das Recht, die Herausgabe meiner Person von jedem zu verlangen, der mich meinem Bevollmächtigten gegenüber widerrechtlich vorenthält. Die Vollmacht umfasst das Recht, meinen Umgang auch mit Wirkung für und gegen Dritte zu bestimmen.

Die Vollmacht berechtigt, über meinen Fernmeldeverkehr zu entscheiden, zur Weiterleitung, Entgegennahme, zum Anhalten und Öffnen meiner Post sowie zur Anforderung und Entgegennahme von Wahlunterlagen.

Die Vollmacht berechtigt meinen Bevollmächtigten, Strafanzeigen und/oder Strafanträge bei den zuständigen Stellen in meinem Namen zu stellen.

Weiterhin ist der Bevollmächtigte befugt, meine sämtlichen Rechte des Vollmachtgebers gegenüber Ärzten, Krankenhäusern, Pflegeheimen etc. wahrzunehmen, alle nötigen Auskünfte und Informationen zu verlangen, Einsicht in die Krankenakten zu nehmen und Entscheidungen über Untersuchungen, Heilbehandlungen und ärztliche Eingriffe zu treffen. Die Betroffenen werden dazu insoweit von ihrer Schweigepflicht entbunden.

3. Der Bevollmächtigte kann in Vermögensangelegenheiten Untervollmacht erteilen und dabei diese Vollmacht ganz oder teilweise auf Dritte übertragen. In den persönlichen Angelegenheiten ist die Vollmacht nicht übertragbar, Untervollmacht darf insoweit nicht erteilt werden.

   Von den Beschränkungen des § 181 BGB ist der Bevollmächtigte in den Vermögensangelegenheiten befreit, so dass er befugt ist, Rechtsgeschäfte im Namen des Vollmachtgebers mit sich selbst oder als Vertreter eines Dritten vorzunehmen.

4. Die Vollmacht ist jederzeit widerruflich. Der Vollmachtgeber wurde vom Notar darüber belehrt, dass bei einem Widerruf der Vollmacht die Rückgabe der ausgehändigten Ausfertigung erforderlich ist, um den Rechtsschein des Fortbestehens der Vollmacht zu vermeiden.

5. Einen Ersatzbevollmächtigten will ich zur Zeit nicht bestimmen.[25]

II.
Betreuungsverfügung

Für den Fall, dass trotz der vorstehend erteilten Generalvollmacht von Amts wegen eine Betreuung anzuordnen ist, bestimme ich als Betreuer den vorstehend benannten Bevollmächtigten.

25 Entsprechend den Überlegungen zur Ersatztestamentsvollstreckerbestimmung ist in der Praxis dringend zu empfehlen, auch einen Ersatzbevollmächtigten auszuweisen. Von den häufig zu lesenden Formulierungen, dass der Ersatzbevollmächtigte erst sich durch Vorlage eines ärztlichen Attestes ausweist, woraus sich ergibt, dass der Bevollmächtigte zur Aufgabenerfüllung nicht in der Lage ist, muss allerdings aus praktischen Gründen abgeraten werden. Die Vollmacht dient dazu, dass ein Dritter Vertrauen in die Vormachtstellung des Bevollmächtigten haben darf. Je mehr Einschränkungen die Vollmacht schon von der Urkunde her unterliegt, um so weniger wird sie im Geschäftsverkehr Akzeptanz finden. Wenn der Bevollmächtigte beschränkt werden soll, so sollte dies durch eine präzise Ausformulierung des der Vollmacht zu Grunde liegenden Auftragsverhältnisses geschehen, einer Mühe, der sich offenbar viele Gestalter nicht unterziehen wollen.

Der Betreuer ist u.a. auch zu Entscheidungen über die Vornahme oder das Unterbleiben ärztlicher Behandlungen jeder Art, der Aufenthaltsbestimmung einschließlich der Unterbringung und anderer freiheitsentziehender Maßnahmen, namentlich auch durch mechanische Einrichtungen und Medikamente, Auflösung von Vertragsverhältnissen und zu sonstigen Entscheidungen, wie dies beispielhaft in der vorstehenden Vollmacht näher dargelegt wurde, befugt.

Ich wurde darauf hingewiesen, dass vorstehende Verfügung nach Kenntnis über die Einleitung des Verfahrens über die Bestellung eines Betreuers gemäß § 1901 a BGB an das zuständige Nachlassgericht abzuliefern ist. Mir ist bekannt, dass die Möglichkeit besteht, die Vorsorgevollmacht und Betreuungsverfügung im Zentralen Vorsorgeregister zu hinterlegen. Eine solche Hinterlegung wird derzeit nicht gewollt.

III.
Patientenverfügung

Für den Fall, dass ich einmal nicht mehr in der Lage sein sollte, medizinischen Maßnahmen zuzustimmen oder solche abzulehnen, habe ich eine gesonderte Patientenverfügung getroffen.[26] Es ist mein Wunsch, dass der Bevollmächtigte oder der notfalls bestellte Betreuer meine in der Patientenverfügung zum Ausdruck kommenden Wünsche soweit wie möglich umsetzt.

IV.
Ausfertigungen

Der Bevollmächtigte erhält sofort eine Ausfertigung dieser Vollmachtsurkunde.

(....................), den ....

(Unterschrift)

26 Die Inhalte der Patientenverfügung sind höchstpersönlicher Art. Nach diesseitigen Verständnis haben diese Ausführungen in der Vollmacht, die den rechtsgeschäftlichen Bereich betrifft, nichts zu suchen. Darüber hinaus entspricht es einer allgemeinen Erfahrung, dass sich die Einstellung eines Menschen zu der Frage, wie er sich die Gestaltung eines menschenwürdigen Sterbens vorstellt, mitzunehmendem Lebensalter und gewonnenen Erfahrungen ändert. Mit jeder Änderung in diesem Bereich der persönlichen Wertvorstellungen müsste dann auch eine Kosten auslösende Änderung der (notariellen) rechtsgeschäftlichen Vollmacht erfolgen. Patientenverfügungen sollten daher stets separat und privatschriftlich verfasst werden.

VIII. Unternehmensbezogene Generalvollmacht

14

Ich, (...), geb. am (...), wohnhaft (...),

– nachfolgend „Vollmachtgeber" genannt –

erteile hiermit

(...), geb. am (...), wohnhaft (...),

– nachfolgend „Bevollmächtigter" genannt –

Generalvollmacht[27]

Ich bin alleiniger Inhaber der Firma (...). Weiterhin bin ich Mitgesellschafter der (...) GmbH mit Sitz in (...) sowie der (...) GmbH & Co. KG mit Sitz in (...). Darüber hinaus bin ich an der (...) Familien-Verwaltungsgesellschaft beteiligt.

Der Bevollmächtigte ist in Bezug auf die vorstehenden Unternehmen und Unternehmensanteile berechtigt, mich in allen Fällen, in denen eine Vertretung gesetzlich zulässig ist, zu vertreten. Die Vollmacht gilt ausdrücklich auch über meinen Tod hinaus.

Der Bevollmächtigte ist insbesondere, ohne dass dies abschließend gemeint wäre oder das damit eine Beschränkung der Vollmacht getroffen würde, befugt,

- alle mit meinem Unternehmen oder Unternehmensanteilen verbundenen oder im Zusammenhang stehenden Rechtsgeschäfte vorzunehmen,
- über meine sämtlichen betrieblichen Konten zu verfügen,
- das Unternehmen oder die Unternehmensanteile zu veräußern und die Veräußerungsbedingungen zu vereinbaren,
- das Einzelnunternehmen in eine GmbH oder GmbH & Co. KG umzuwandeln, die Geschäftsführung als Geschäftsführer zu übernehmen oder Geschäftsführer zu bestellen sowie
- alle Erklärungen abzugeben, die für die Unternehmensfortführung erforderlich oder zweckdienlich sind;
- meine Rechte in den Gesellschafterversammlungen wahrzunehmen.

Der Bevollmächtigte ist von sämtlichen Beschränkungen des § 181 BGB befreit.

(.....................), den ....

(Unterschrift)

27 Die Erteilung einer separaten, auf die unternehmerischen Beteiligungen bezogenen Generalvollmacht ist deshalb sinnvoll, weil es sich hier regelmäßig um reine Geschäftsvorgänge handelt. Geschäftspartnern gegenüber ist es häufig eher kontraproduktiv, zu viele Informationen aus dem persönlichen Vorsorgebereich zu kommunizieren, wie dies bei einer üblichen Generalvollmacht geschieht.

B. Für die Korrespondenz mit dem Nachlassgericht

15 I. Erklärung über die Annahme des Amtes als Ersatztestamentsvollstrecker und Antrag auf Erteilung eines Bestätigungsvermerks

Amtsgericht (…)
- Nachlassgericht -

Aktenzeichen: (…)
Nachlasssache (…), geboren am (…), verstorben am (…)

Sehr geehrte Damen und Herren,

am (…) ist (…), geboren am (…), verstorben. Eine Sterbeurkunde liegt Ihnen vor. (…) war zeitlebens deutscher Staatsangehöriger.

In ihrem notariellen Testament vom (…) (UR-Nr. (…) des Notars (…)) hat (…) den (…) zu seinem Testamentsvollstrecker ernannt (§ 4 des Notartestaments). Das Testament liegt Ihnen bereits vor. Mit Schreiben vom (…) hat dieser die Annahme des Amtes abgelehnt.

Nach § 4 Abs. 2 des Notartestaments bin ich als Ersatztestamentsvollstrecker bestimmt. Ich nehme hiermit das Amt an.

Bitte übersenden Sie mir kurzfristig eine kostenfreie schriftliche Bestätigung über den Eingang der Annahmeerklärung. Ein Testamentsvollstreckerzeugnis benötige ich derzeit nicht, einen entsprechenden Antrag behalte ich mir jedoch vor.

Mit freundlichen Grüßen

(Testamentsvollstrecker)

II. Antrag auf Akteneinsicht bei Pflichtteilsregulierung durch Testamentsvollstrecker 16

Amtsgericht (…)
- Nachlassgericht -

Aktenzeichen: (…)
Nachlasssache (…), geboren am (…), verstorben am (…)

Sehr geehrte Damen und Herren,
in obiger Nachlasssache beantrage ich hiermit, mir in Begleitung des Schriftsachverständigen (...)

Einsicht in die Nachlassakte zu gewähren.

BEGRÜNDUNG:

Das berechtigte Interesse[28] an der begehrten Nachlassakteneinsicht begründet sich wie folgt:

Der Erblasser errichtete am (...) ein handschriftliches Testament. Dieses wurde am (...) durch das Nachlassgericht unter dem obigen Aktenzeichen eröffnet. In diesem Testament bin ich zum Testamentsvollstrecker ernannt. Ich habe mein Amt angetreten und hierüber von ihnen eine Bestätigungsvermerk erhalten.

In dem Testament wurde mir u. a. die Aufgabe zugewiesen, die Pflichtteilsansprüche des nichtehelichen Sohnes (...) zu erfüllen und hierzu durch den Erblasser umfassend Vollmacht erteilt. Der Sohn erhebt nunmehr den Einwand, das Testament stamme nicht vom Erblasser. Zur Vermeidung einer kostspieligen und langwierigen gerichtlichen Auseinandersetzung[29] habe ich mich mit dem Sohn darauf verständigt, dass handschriftliche Testament mit dem Schriftsachverständigen (...) im Original einzusehen und zu untersuchen.

Mit freundlichen Grüßen

(Testamentsvollstrecker)

28 Die Einsicht in Nachlassakte setzt immer die Darlegung eines berechtigten Interesses voraus. Auch im Falle anwaltlicher Vertretung werden Nachlassakten regelmäßig nicht versandt, sondern müssen vor Ort bei dem Nachlassgerichten eingesehen werden, um die Gefahr des Verlustes von Originalunterlagen zu vermeiden.

29 Alternativ könnte die Klärung des Einwandes des Sohnes hier entweder in einem Erbscheinsverfahren vor dem Nachlassgericht oder einer Feststellungsklage vor dem Prozessgericht geführt werden. In der Praxis erweist sich der hier gewählte Weg, der allerdings nur einverständlich mit dem Sohn beschritten werden kann, als wirtschaftlich vernünftiger. Regelmäßig zeigt sich nämlich, dass sich die Bedenken gegen die Authentizität eines handschriftlichen Testamentes nicht bestätigen lassen.

17 III. Antrag auf Erteilung eines Testamentsvollstreckerzeugnisses

Amtsgericht (...)
- Nachlassgericht -

Aktenzeichen: (...)
Nachlasssache (...), geboren am (...), verstorben am (...)

Sehr geehrte Damen und Herren,
in obiger Nachlasssache beantrage ich hiermit, mir ein (...)

Testamentvollstreckerzeugnis

zu erteilen.

Am (...) ist in (...) der am (...) geborene (...) - nachfolgend kurz bezeichnet als „der Erblasser" - verstorben. Die Sterbeurkunde vom (...) wurde bereits zu den Akten gereicht. Der Erblasser hinterließ das am ( ) errichtete handschriftliche Testament. Dieses wurde am ( ) durch das Nachlassgericht unter dem obigen Aktenzeichen eröffnet. In diesem Testament bin ich zum Testamentsvollstrecker ernannt mit dem gesetzlichen Aufgabenbereich der Abwicklungsvollstreckung nach §§ 2203 bis 2206 BGB. In der Ausübung des Amtes sind mir keine Beschränkungen auferlegt worden. Mit Schreiben vom ( ) habe ich mein Amt angenommen und hierüber von ihnen den Bestätigungsvermerk vom (...) erhalten.

Ein Rechtsstreit über meine Ernennung als Testamentsvollstrecker ist nicht anhängig. Die Richtigkeit dieser Erklärung werde ich vor dem Nachlassgericht an Eides statt versichern und mich hierzu - wie telefonisch besprochen – am (...) um (...) Uhr beim Nachlassgericht einfinden.[30]

Bitte nehmen Sie zur Vereinfachung der Korrespondenz meine Geschäftsadresse in das Testamentsvollstreckerzeugnis auf.

Den Wert des Nachlasses[31] gebe ich mit (...) an.

Mit freundlichen Grüßen

(Testamentsvollstrecker)

30 Zur Abnahme der eidesstattlichen Versicherung sind neben den Amtsgerichten auch die Notare berufen, §§ 2368 Abs. 2, 2356 Abs. 2 S. 1 BGB. In kostenmäßiger Hinsicht lässt sich durch die unmittelbare Abgabe der eidesstattlichen Versicherung vor dem Nachlassgericht die Mehrwertsteuer einsparen. Wenn die Unterlagen, wie im hier angenommenen Fall, bereits beim Nachlassgericht vorliegen (ansonsten müssen sie dem Antrag beigefügt werden, vgl. i. E. § 6 B III.), dürfte dieser Weg, zumal wenn er vorher abgesprochen ist, auch zeitlich schneller sein, als der Weg über den Notar.

31 Der Wert bemisst sich nach Abzug der Verbindlichkeiten und dient allein zu Kostenzwecken für das Gericht.

IV. Schreiben zur Beendigung des Amtes 18

Amtsgericht (...)
- Nachlassgericht -

Aktenzeichen: (...)
Nachlasssache (...), geboren am (...), verstorben am (...)

Sehr geehrte Damen und Herren,
in obiger Nachlasssache reiche ich die mir unter dem (...) erteilte Ausfertigung des

Testamentvollstreckerzeugnisses zurück.

Begründung:

Mein Amt als Testamentsvollstrecker hat am (...) mit der vollständigen Erfüllung der mir zugewiesenen Aufgaben seine Erledigung gefunden.

Bitte bestätigen Sie mir kurz die Rückgabe.

Mit freundlichen Grüßen

(Testamentsvollstrecker)

C. Zur ordnungsgemäßen Verwaltung

I. Muster für ein Nachlassverzeichnis des Testamentsvollstreckers 19

Der am (...)
in (...)
verstorbene (...[Vor- und Nachname des Erblassers, Beruf, ggf. Güterstand]), geboren am (...),
hat mich in seinem Testament vom (...), eröffnet durch das Nachlassgericht in (...) am (...) zu (...[Aktenzeichen]) zum Testamentsvollstrecker ernannt.

Ich habe das Amt des Testamentsvollstreckers am (...) angenommen. Das Testamentvollstreckerzeugnis [alternativ: die Bestätigung der Amtsannahme] wurde mir durch das Nachlassgericht unter dem (...) erteilt.

Auf den Tag der Annahme des Testamentsvollstreckeramtes am (...) er stelle ich folgendes

Nachlassverzeichnis

1.	**Aktiva**	
1.1.	Grundstücke	(...) EUR
1.2.	bewegliche Gegenstände	(...) EUR
1.2.1	Bargeld	(...) EUR
1.2.2	Hausrat (geschätzt)	(...) EUR
1.2.3	Kunstgegenstände (geschätzt)	(...) EUR
1.2.4	persönliche Gegenstände (geschätzt)	(...) EUR
1.2.5	Kraftfahrzeuge[32]	(...) EUR
1.2.6	sonstige bewegliche Gegenstände (geschätzt)	(...) EUR
1.3.	Forderungen	(...) EUR
1.3.1	Girokonto-Nr.	(...) EUR
1.3.2	Sparkonto-Nr.	(...) EUR
1.3.3	Geldmarktkonto-Nr.	(...) EUR
1.3.4	Festgeldkonto-Nr.	(...) EUR
1.3.5	Wertpapierdepot-Nr.	(...) EUR
1.3.6	Lebensversicherung-Nr. (...) bei (...)[33]	(...) EUR
1.3.7	Sterbegeld[34]	(...) EUR
1.3.8	sonstige Forderungen[35]	(...) EUR
2.	**Passiva**	
2.1	gesicherte Verbindlichkeiten[36]	(...) EUR
2.2.	ungesicherte Verbindlichkeiten	(...) EUR
2.2.1	Überziehungskredit-Nr. (...) bei (...)	(...) EUR
2.2.2	Bankdarlehen-Nr. (...) bei (...)	(...) EUR
2.2.3	Privatdarlehen bei (...)	(...) EUR
2.2.4	Steuerschulden	(...) EUR
2.2.5	offene Forderungen[37]	(...) EUR

32 I.d.R. wird ein Sachverständigengutachten einzuholen sein.
33 Nur sofern tatsächlich in den Nachlass fallend und nicht kraft echten Vertrages zu Gunsten Dritter übertragen.
34 Hat heute in der Praxis nur noch im Bereich der Beamtenversorgung oder bei privaten Versicherungen eine signifikante Bedeutung.
35 Z.B. private Darlehensforderung.
36 Z. b. Grundschulden.
37 Z.B. aus Heilbehandlungskosten.

2.2.6	Bestattungskosten	(...) EUR
2.2.7	Sonstige Verbindlichkeiten	(...) EUR

3. Reiner Nachlasswert (...) EUR

Veränderungen des Aktiv- oder Passivnachlasses zwischen Erbfall und Annahme des Testamentsvollstreckeramtes sind nach meinen Erkenntnissen nicht eingetreten.

(...), den (...)

(Testamentsvollstrecker)

II. Schreiben zur Erfüllung der Auskunftsverpflichtung 20

An die Erbengemeinschaft (...)

Aktenzeichen: (...)
Nachlasssache (...), geboren am (...), verstorben am (...)

Sehr geehrte Damen und Herren,

in obiger Nachlasssache nehme ich Bezug auf das ihnen unter dem (...) übersandte Nachlassverzeichnis. Seither haben sich in Bezug auf den Nachlass folgende Veränderungen ergeben, über die ich sich hiermit unterrichten möchte:

1. Die rückständigen Einkommensteuererklärungen für den Erblasser konnten zwischenzeitlich erstellt werden. Hiernach ergibt sich voraussichtlich ein Steuererstattungsanspruch in Höhe von (...).
2. Für die Immobilie (...) konnte zwischenzeitlich ein Kaufinteressent gefunden werden. Denn der notarielle Übertragungsvertrag soll am (...) beurkundet werden. Ich erwarte einen Veräußerungserlös in Höhe von (...). Die Maklercourtage in Höhe von (...) wird vom Erwerber getragen.
3. Die ausgesetzten Geldvermächtnisse konnten zwischenzeitlich aus der vorhandenen Liquidität vollständig erfüllt werden.

Über die weitere Entwicklung werde ich Sie selbstverständlich immer zeitnah unterrichtet halten.

Mit freundlichen Grüßen

(Testamentsvollstrecker)

21 III. Muster für einen Auseinandersetzungsplan

Aktenzeichen: (...)

Nachlasssache (...), geboren am (...), verstorben am (...)

Auseinandersetzungsplan

I.
Erbrechtliche Ausgangslage

(Kurze Darstellung des Inhaltes der letztwilligen Verfügung, Benennung der Erben, Vermächtnisnehmer, des Testamentsvollstreckers und der ansonsten am Nachlass Beteiligten einschließlich Feststellungen zur Annahme der letztwilligen Zuwendungen, dem Bestehen oder Fehlen Ausgleichungspflichtiger vor Empfänger und der Anhörung der Erben zum Teilungsplan).

II.
Bestand des Nachlasses

Der Bestand des auseinanderzusetzenden Nachlasses ergibt sich aus dem durch den Testamentsvollstrecker unter dem (...) erstellten Nachlassverzeichnis in der Fassung vom (...), die sämtliche Veränderungen des Nachlasses darstellt und bereits die vom Testamentsvollstrecker entnommene Vergütung berücksichtigt. Der Reinnachlass beläuft sich danach auf (...). Er enthält keine unteilbaren Gegenstände mehr.

III.
Vollzug der Auseinandersetzung

Von dem unter Ziff. II. festgestellten Reinnachlass entfallen unter Berücksichtigung der unter Ziff. I. festgehaltenen Quote auf den Miterben (...) EUR, den Miterben (...) EUR sowie den Miterben (...) EUR. Hiervon haben bereits erhalten: (...) EUR. Die danach noch offen stehenden Beträge in Höhe von (...) EUR werden durch den Testamentsvollstrecker auf die ihm bekannten Konten der Erben überwiesen.

IV.
Schlusserklärungen

Mit der Erfüllung der unter Ziff. III. festgestellten Überweisungen ist die Testamentsvollstreckung beendet.

Der Teilungsplan wird hiermit für verbindlich erklärt.

(...), den (...)

(Testamentsvollstrecker)

Stichwortverzeichnis

fette Zahlen = Paragraph
andere Zahlen = Randnummer

Q

R

S

T